책 쓰자면 맞춤법

초판1쇄 펴냄 2015년 08월 30일
2판10쇄 펴냄 2023년 09월 11일

지은이 박태하
펴낸이 유재건
펴낸곳 엑스북스
주소 서울시 마포구 와우산로 180, 4층
대표전화 02-334-1412 | **팩스** 02-334-1413
홈페이지 https://blog.naver.com/xplex
원고투고 및 문의 editor@greenbee.co.kr

편집 이진희, 구세주, 송예진, 김아영 | **디자인** 권희원, 이은솔
마케팅 육소연 | **물류유통** 유재영, 류경희 | **경영관리** 유수진

엑스북스(xbooks)는 (주)그린비출판사의 책읽기·글쓰기 전문 임프린트입니다.
저작권법에 의해 한국 내에서 보호를 받는 저작물이므로 무단전재와 복제를 금합니다.
책값은 뒤표지에 있습니다. 잘못 만들어진 책은 구입처에서 바꿔 드립니다.
ISBN 979-11-953463-8-7 03700

책 쓰자면 맞춤법

박태하

xbooks

들어가는 글

명색이 '책 쓰자면 맞춤법'이라는 제목을 단 책을 펼쳐 드신 분이라면, '어의없다'라는 말에 어이없어하실 줄 알고 '문안하다'라는 말이 무난해 보이지는 않으실 줄로 믿습니다. 한 발 나아가 글을 쓰다가 불현듯 '이 맞춤법이 맞나' 의심도 가져 보고 검색도 해보셨을지도 모르겠고요. 이 정도만 되어도 어디 가서 맞춤법 갖고 무안을 당하거나 놀림받는 일은 없으셨을 텐데, 뭘 또 이런 책까지 일부러 찾아 펴셨을까 생각하니 대체 무슨 부귀영화를 누리려고 이 고생을 자처하시는지 안타까움을 금할 길이 없네요. 하지만 한편으로는 또 그런 분들한테 아니고서는 이 책이 딱히 읽힐 데도 없으니 올바른 국어 사용에 대한 낮은 관심과 대한민국 출판 시장의 암울한 현실에도 덩달아 안타까움을 금할 길이 없답니다.

하지만 무엇보다도 안타까움을 금할 길 없는, 그리고 죄송스럽지만 미리 고백하지 않을 수 없는 사실은 이 책을 아무리 열심히 읽으셔도 한글 맞춤법을 '완벽 마스터' 할 수는 없다는 겁니다. 네놈이 쓴 책을 기껏 펴 든 사람한테 초장부터 이 무슨 맥 빠지는 소리냐 싶으시겠지만 어쩔 수 없어요. 이건 꼭 제 탓이라기보다는 맞춤법이 그만큼 어렵기 때문이거든요. 미리 발뺌하려고 하는 말이 아니라 정말 그래요. 명색이 '책 쓰자면 맞춤법'이라는 제목을 단 책을 펼쳐 드신 분이라면 이미 알고 계시겠지만요.

1988년 제정되어 지금까지 몇 차례의 개정을 거치며 이어져 오고 있는 「한글 맞춤법」은 6개 장 57개 항과 부록으로 이루어져 있습니다. 몇 개 되지도 않는 거 그냥 다 외워 버리면 그만 아니냐고 호탕하게 큰소리치실 분들께 말씀드리자면, 각 항이 수학 공식처럼 깔끔히 정리되어 있는 게 아니라 딸려 있는 수많은 예제와 예외를 같이 보아야 하기 때문에 외우는 게 거의 불가능해요. 설사, 정말로 설사 다 외운다 하더라도 활용 등의 복잡한 요소를 따져 봐야 해서 실전에서 적용하기가 쉬운 것도 아닙니다. 기껏 맞게 썼는갑다 싶어도 어법과 문맥과 상황에 딱 맞는 단어를 구사했다고 보기 어려운 경우도 태반인 데다가 시간이 지나며 바뀌는 것도 있고요. 게다가 「외래어 표기법」은 또 어쩌실 것이며……. 어휴, 맞춤법 따위는 저 같은 편집자들이 알아서 할 테니 그냥 편한 대로 쓰세요, 하고 싶은 마음이 굴뚝같다니까요.

하지만 어찌 그러겠습니까. 어린 백성들을 생각하신 세종대왕님의 애틋한 마음도 마음이거니와, 소중한 한글이 너무 막 굴려지는 건 아닐까 하는 걱정도 걱정이거니와, 모두가 맞춤법을 잘 지키면 편집자들의 일거리가 좀 줄어들지 않겠는가 하는 개인적인 기대도 기대이거니와, 맞춤법을 잘못 쓰면 무엇보다도, 무엇보다도…… 부끄럽잖아요. 맞춤법을 틀리는 이성에 대한 호감이 약해진다는 대학생이 무려 84퍼센트라는, 여자친구에게 "감기 빨리 낳으세요"라는 문자를 보낸 남자가 차일 가능성이 93퍼센트라는 냉혹한 설문조사 결과만 봐도 그렇지 않나요?* 특히나 글깨나 읽고 글쓰기도 좋아하는 분이시라면, 다년간의 편집자 생활을 통해 지켜봐 온바, 자신이 맞춤법을 잘못 썼다는 걸 나중에 알게 되면 아무도 뭐라 하지 않아도 스스로 무척 부끄러워하시더라고요.

좀 더 진지하게 이야기하자면, 맞춤법은 정확한 의사소통을 위한 기본적인 약속입니다. 물론 맞춤법이 조금 틀리더라도 소통에 크게 지장이 없는 경우도 많지요. 논점에 집중하지 않고 사소한 맞춤법 가지고 꼬투리 잡는 건 저도 질색이고요. 하지만 맞춤법을 잘 지킨 글은 그렇지 못한 글에 비해 (아주아주 조금이라도 더) 품격 있어 보이는 게 사실입니다. 인터넷상의 게시물이나 댓글이든, 공문이나 기획서든, 뭔가 사고를 치고 쓴 사과문이나 해명서든, 소설이나 실용서든, 맞춤법을 잘 지킨 글에 어쩔 수 없이 더 신뢰감이 드는 경험은 많이들 겪어 보셨을 거예요. '반드시'라고 할 수는 없지만, 바른 맞춤법은 글쓴이

* 「여대생 90%, 맞춤법 틀리는 이성에 호감 약해져」, 『연합뉴스』, 2013년 10월 7일 자; 「여친에 '감기 빨리 낳으세요' 문자한 男… 차일 가능성 92.9%」, 『한국경제』, 2014년 10월 8일 자.

가 글에 대해 얼마나 정확하고 엄밀하고자 하는지를 보여 주는 하나의 거울 역할은 충분히 한다고 생각합니다. 책을 많이 읽으신 분들이 맞춤법을 더 정확히 구사하는 경향도 분명히 존재하고요.

편집자로서의 경험을 덧붙이자면, 맞춤법을 정확하게 지킨 글은 저자에게 감탄케 하고, (할 일이 줄어든다는 점에서) 감사하게 하며, 나아가 '이 저자의 맞춤법과 띄어쓰기는 엄정한 사고를 거친 산물이니 더더욱 주의해야겠구나' 하는 마음까지도 들게 합니다. 물론 그렇지 않은 글을 허투루 대한다는 말은 절대, 절대 아닙니다만, 맞춤법을 잘 지킨 글에는 '빨간 펜'을 대는 데 좀 더 신중해지는 게 인지상정이요, 업계의 공공연한 비밀입니다. 오탈자를 만났을 때에도 보통의 경우라면 별생각 없이 '잘못 쓰셨구나' 하고 고칠 확률이 크지만, 맞춤법을 꼼꼼히 지키는 저자의 글이라면 '이건 실수가 맞을까? 내가 모르는 단어가 따로 있는 건 아닐까? 이렇게 쓰신 숨은 의도가 있는 건 아닐까?' 한 번 더 생각해 보게 되지요. 편집자의 영양가 없는 만담은 이쯤 해두고, 중요한 건 역시 보기 좋은 떡이 먹기도 좋고, 나아가 떡 만든 사람에 대한 신뢰도 높인다는 거 아닐까요?

떡도 그런데 하물며 글은 어떻겠습니까. 하고많은 표현 수단 중에 '글'을 선택한 사람이 그 글을 담는 그릇인 맞춤법에 너무 무감각하거나 그것을 푸대접하는 것으로 보인다면 그 글의 퀄리티에 대해서도 아무래도 조금은 의심의 눈초리가 가지 않을까요? 뭐, 여러 번 말해 뭐하겠어요. 여러분들 스스로도 이 사실을 너무도 잘 알고 계시니 주변 사람들 아무도 안 읽을 게 뻔한(저도 알아요……) 이 책을 지금 이렇게 펴 들고 읽고 계신 걸 텐데 말입니다. 자, 그런 의미에서, 아무리 맞춤법이 어렵고 까다롭다 한들 저만은 여러분을 환영해 드려야겠지요? 두 팔 벌려 환영합니다. 웰컴 투 더 맞춤법 월드!

*   *   *

'맞춤법' 하면 보통은 철자법만을 떠올리기 쉽지만, 「한글 맞춤법」의 제일 앞에 붙은 총론을 보면 1항은 (좁은 의미의 맞춤법이라고 할 수 있는) 철자법, 2항은 띄어쓰기, 3항은 외래어 표기에 관한 원칙들을 밝히고 있습니다. 그러니까 이 모든 게 (넓은 의미의) 맞춤법에 포함된다는 말이지요. 이 책은 이 세 개의 항과 짝을 이루는 세 개의 부로 구성되어 있습니다. 다만 1항과 2항의 순서를 바꾸어 1부는 띄어쓰기, 2부는 철자법, 3부는 외래어 표기와 문장부호를 다루고 있지요(문장부호는 「한글 맞춤법」의 부록에 등장합니다).

　　그리고 이 책은 「한글 맞춤법」을 비롯하여 「표준어 규정」과 「외래어 표기법」 등 국립국어원이 관할하는 규정들을 모든 설명의 근거로 삼습니다. 본문 중 나오는 단어의 뜻풀이 역시 국립국어원에서 펴낸 『표준국어대사전』을 기본으로 했고요. 이 규정들과 『표준국어대사전』은 국립국어원 홈페이지(http://

www.korean.go.kr)에서 쉽게 열람하고 검색할 수 있답니다.

또 이 책은 '책 쓰자면 맞춤법'이라는 제목을 단 책답게 글 쓰기에 관심이 있는, 혹은 직업이나 기타 이유로 관심이 '있어야만 하는' 분들을 1차 대상으로 하여 쓰였습니다. 작가 지망생, 파워블로거 등의 인터넷 콘텐츠 생산자, 리포트를 자주 써야 하는 학생들, 기업이나 기관의 SNS나 홍보 담당자, 나아가 초보 기자나 초보 편집자 등이 이 범주에 속할 수 있겠네요. 여기서 '에이 뭐야, 나 같은 초보한텐 어렵겠잖아'라고 생각하실지 모를 여러분이 이 책을 여기서 덮는다면 그것만큼 안타까움을 금할 길 없는 것도 없을 것 같아 부랴부랴 덧붙이자면, 그렇다고 이 책이 다른 맞춤법 책보다 특별히 더 어려운 내용을 다루고 있는 건 또 아니란 말씀! 글 쓰는 데 실제적으로 도움이 될 수 있도록, 그리고 쉽게 활용할 수 있도록 구성에 신경을 썼기 때문에 저렇게 말씀드리는 겁니다. 띄어쓰기에 대해 많이들 궁금해하시지만 이에 대해 상세하게 정리된 맞춤법 책이 없다는 생각에서 띄어쓰기에 꽤 많은 분량을 할애한 것도 그렇고, 책을 다 읽은 뒤에는 곁에 두고 사전처럼 사용할 수 있도록 부록을 구성한 것도 그렇고요. 그러니 난이도에 관해서라면 너무 걱정하지 마세요. 물론 맞춤법 자체가 엄청 쉬울 수는 없는 노릇이라 술술 읽힐 거라는 장담까지는 차마 못 드리겠습니다만 편한 마음으로 읽으셔도 괜찮을 거예요.

띄어쓰기를 설명하면서 활용, 접사, 어미 등의 문법적 요소에 대한 간략한 설명이 자연스럽게 이루어지도록 했기 때문에 1부부터 차근차근 읽어 가시는 게 가장 좋겠지만, 혹시 띄어쓰기에 별 관심이 없거나 괜히 어려워 보여 주저되시는 분들은 2부부터 읽으셔도 큰 상관은 없습니다. 2부는 여러분이 생각하시는 보통의(?) 맞춤법 책처럼 되어 있으니까요.

글쓰기에 기본적인 관심이 있으셨던 분들은 이 책을 통해 그동안 알고 있었던 지식을 정리할 수 있기를, 또 실제 글쓰기 생활에서 유용하게 써먹을 수 있는 팁들을 익힐 수 있기를 바랍니다. '완벽 마스터'까지는 힘들더라도 한두 단계 업그레이드쯤은 충분히 가능할 거예요. 특별히 글쓰기에 관심이 없더라도 친구들과의 문자와 카톡, 혹은 SNS에 끊임없이 자신의 흔적을 남기실 수밖에 없는 여러분 역시 이 책을 통해 맞춤법 때문에 겪을 부끄러움과는 영영 작별하게 되기를 진심으로 바랍니다. 혹시라도 썸남썸녀에게 "아프지 말고 빨리 낳아ㅠㅠ"라는 순수한 호의의 문자를 보내고 "낳긴 뭘 낳아! 너나 낳아!"라는 시퍼렇게 날 선 답장을 받아 보신 여러분이라면 다시는 그런 일을 겪지 않기를, 그리고 93퍼센트가 아닌 나머지 7퍼센트의 경우이기를 또 진심으로 바라고요. 아, 그런데 혹시나 아주 혹시나, 그 썸남썸녀가 저런 답장만 보낸 것이 아니라 이 책을 선물로 보냈다면, 그분 참 사려 깊고 안목도 있으시니까 꼭 잡는 편이 좋겠다고 말씀드리고 싶습니다.

*　　*　　*

맞춤법을 보는 우리의 시각에 관한 이야기를 잠깐 해볼까 합니다. 학자나 편집자 중에는 맞춤법을 반드시 지켜야 할 지상과제처럼 생각하시는 분들이 종종 있습니다. 맞춤법을 맹목적으로 따르다가는 글맛이 확연히 달라지는데도 맞춤법에 맞추느라 저자/화자의 원래 의도를 손상시키고 '어법에 맞지 않으니 어쩔 수 없다'라는 식의 태도를 보이고는 하지요. 하지만 언어는 변할 수밖에 없고 실제로도 변화하고 있습니다. 의사소통을 정확하게 할 수 있다는 전제하에 표현하는 방법이 많으면 많을수록 언어는 더 풍부해진다고 생각하고요. 현재의 어법에 조금 맞지 않더라도 사람들이 실제로 쓰는 말들을 받아들여 그 언어가 더 풍부해질 수도 있는데, 맞춤법 규정이라는 잣대를 들이대 무조건 '순화'해 버리는 건 위험한 발상이라고 생각합니다.

　　반면 '원칙도 뭣도 없는', '현실과 동떨어진' 맞춤법이라며 깊은 냉소를 보이는 분도 계시죠. 하지만 (이 책을 읽으면서 깨닫게 되신다면 좋겠지만) 맞춤법은 우리가 생각하는 것 이상의 합리성과 규칙성을 띠고 있습니다. 물론 그 규칙이 어려워서 문제이긴 하지만, 파고들어 보면 그렇게 어려울 수밖에 없는 고충이 이해되는 지점도 있고요. 실제 언어생활을 반영하려 하되, 그것이 규범 안에서 정리될 수 있도록 애쓴 타협의 결과물이 바로 맞춤법 규정입니다. 원래 규칙이라는 건 통용을 위해 보수적인 습성을 띨 수밖에 없는 데다가 수천만 명이 사용하는 방대한 어휘에 일관적이고 일괄적으로 적용할 수 있는, 모두가 만족할 만한 규칙을 만드는 것도 쉬운 일은 아니니 조금은 너그러워지셔도 좋을 것 같아요. 국립국어원도 더디게나마 꾸준히 규정을 손보고 용례를 갱신하고 있기도 하고요. 예컨대 2015년 6월에는 원래 부정적인 뉘앙스로만 쓸 수 있었던 '너무'를 긍정적인 뉘앙스로도 쓸 수 있도록 『표준국어대사전』의 내용이 수정되기도 했지요.

표준어 규정에 대한 이러한 맹목적인 추종과 무조건적인 적대감 모두를 벗어나 맞춤법을 바라보는 태도가 필요하지 않을까요? 우리에게 '유연한 가이드라인'을 제공해 준다는 것 정도면 맞춤법 규정의 존재 의의로 충분하지 않을까 싶습니다. 명색이 맞춤법 책이라지만, 저 또한 이 책에서 열심히 설명한 맞춤법들을 모두 반드시 지켜야 한다고 생각하진 않아요. 문학 작품을 쓰시는 분들이라면 입말(구어체)이나 사투리(방언), 아직 사전에 등재되지 않은 신조어의 사용은 피할 수도 없고 피해서도 안 되겠지요. 심지어 특별한 뉘앙스를 전달하기 위해서라면 의도적으로 잘못 쓴 맞춤법 같은 것들도 필요할 때가 있을 거고요. 아무래도 맞춤법의 옳고 그름을 이야기하는 책이다 보니 어쩔 수 없이 "이렇게 쓰면 안 됩니다"라고 말씀은 드리지만, 받아들일 건 받아들이시고 거를 건 거르세요. 다만 잘못된 맞춤법이라도 '어떻게 써도 그만이지' 식의 거친 인식보다는 바른 말이 무엇인지를 알고, 그것이 그 상황에서 쓰일 수 없거나 쓰여서는 안 되는 근거를 갖는 것이 좋지 않을까 생각합니다. 이러한 인식이 글의 치밀함, 사고의 섬세함과 통하는 지점이 있을 거고요.

덧붙여, 국립국어원의 노고를 십분 인정하는 것과 별개로, 맞춤법이 단일 국가기관의 권위에 의해 결정되는 것이 과연 바람직한 일인가에 대해서는 고민해 볼 지점이 있는 것 같습니다. 물론 편의와 효용성의 측면에서야 장점이 있는 게 사실이지만, 수많은 단어와 그 의미들의 경합 과정이 결국 '제도'의 틀로 수렴될 수밖에 없는 현실이 과연 바람직한 것인지 말이에요. 더군다나 지난 2014년 봄, 국립국어원이 『표준국어대사전』에 실린 '사랑'의 뜻풀이 중 일부를 "어떤 상대의 매력에 끌려 열렬히 그리워하거나 좋아하는 마음"에서 "남녀 간에 그리워하거나 좋아하는 마음"으로 수정한 데서 보여 준 명백한 퇴행성은 언어와 권력의 관계까지 되짚어 보게 하는 계기였다고 봅니다. 당장 어떤 해결책을 제시할 수는 없겠지만 한 번쯤은 생각해 볼 문제가 아닐까 싶네요.

책을 본격적으로 시작하기도 전에 무게를 잡으며 실컷 엄살을 떨 만큼 어려운 맞춤법을 전문 연구자도 아닌 저 같은 일개 직업인이 설명한다는 것 자체가 무리 혹은 부담으로 느껴지기도 합니다. 그러면서도 결국 이 책을 쓰게 된 변명(?)을 해보자면, 편집자로서 10년 동안 저자들의 원고(와 후배 편집자들의 교정지)를 봐오면서 헷갈리거나 놓치고 넘어가기 쉬운 부분들을 어느 정도 패턴화해서 알고 있다는 게 그나마 제가 가진 장점이 아닐까 생각했습니다. 그래서 이 책도 언어학적으로 엄정한 설명보다는 용례를 보여 주고 요령을 설명하는 데 주력했고요. 문법의 측면에서 부족한 점을 책을 쓰는 동안 열심히 공부하며 메워 갔지만 분명 한계가 있으리라 생각합니다. 책 속에 숨어 있을 여러 오류와 실수, 미흡한 점들에 대해서는 귀를 열어 두고 차근차근 보완해 가겠습니다.

살아가면서 내 이름이 박힌 책을 한 번은 내지 않을까 어렴풋이 생각해 오긴 했지만, 그 시작이 '맞춤법 책'이 될 줄은 꿈에도 몰랐습니다. 책을 쓸 기회와 책을 쓰는 고통을 함께 주신, 항상 길을 열어 주시는 엑스북스 유재건 사장님께 감사드립니다. 그리고 이 책을 비롯하여 앞으로 제가 쓸 모든 책이 바쳐질 아내 임시연에게 깊은 사랑을 전합니다.

2015년 8월
불타는 화양리에서

차례

일러두기

1 본문 중 등장하는 단어의 뜻풀이는 국립국어원에서 펴낸 『표준국어대사전』을 기본으로 했습니다. 본문에서 '사전'이라 함은 일반적으로 『표준국어대사전』을 가리킵니다.

2 밑줄은 설명 중인 단어나 요소가 눈에 잘 띄도록 친 것입니다. 단, 잘못된 표기에는 밑줄을 사용하지 않았습니다.

3 본문 글줄 위에 찍힌 점은 이미 앞에서 설명한 단어의 띄어쓰기나 철자의 바른 표기를 상기시키기 위한 것입니다.

1부 띄어쓰기

편집자 입장에서 보자면 띄어쓰기 이놈은 뭐랄까, 참 얄궂은 놈입니다. 특별히 되게 어렵진 않은데 손은 많이 가고, 그런 만큼 티가 나진 않기 때문이죠. 띄어쓰기가 엉망인 원고를 잘 다듬어 놓아 봐야 제 눈에만 '드디어 원고가 원고다워졌어!' 하며 흐뭇하지, 남들 보기엔 아무 감흥이 없는 게 당연한 일 아니겠어요? 맞춤법이나 오탈자에는 민감하신 저자분들도 띄어쓰기 고친 건 잘 알아봐 주지도 않아요. 물론 사람이 생색내려고 일하는 건 아니라지만…… 이렇게 눈에 잘 띄지도 않는 주제에 혹시나 실수라도 하면 괜히 찜찜하고 '업계인들' 보기에 무안한 건 마찬가지이니, 참 계륵 같은 놈이지요.

이러한 현실에 통탄하여 세계 각국의 편집자들과 함께 '반(反)띄어쓰기연합'을 만들어 볼 생각도 했습니다. 하지만 꿈★은 이루어질 수 없었으니, 일본어나 중국어는 의미를 쉽게 파악할 수 있도록 띄어 쓸 때가 있긴 해도 원칙적으로는 띄어쓰기가 없고요, 영어를 비롯하여 로마자 알파벳을 사용하는 언어들은 띄어쓰기가 필수이긴 하지만("I am a boy"를 "Iamaboy"라고 쓰면 안 되잖아요?) 활용형들을 데이터베이스에 입력해 놓으면 컴퓨터로 잡아내기가 어렵지 않더라고요. 그야말로 한국인을 위한 워드프로

세서라는 흔글조차도 영어 띄어쓰기는 잘 잡는데 한글 띄어쓰기는 100퍼센트 잡아낼 수 없으니 말 다한 거 아닙니까! 이렇게 한국 편집자들 말고는 띄어쓰기에 골머리를 앓는 이들이 없어 저의 야심 찬 계획은 수포로 돌아갔다는 안타까운 소식입니다.

하지만 어쩌겠어요. 한국어에서 띄어쓰기의 필요성과 중요성을 부인할 수 있으신 분? 한 번쯤 그 장면을 상상하며 야릇한 미소를 짓지 않는다면 진정한 초등학생이 될 수 없다는 전설의 문구 "아버지가방에들어가신다"를 비롯하여, 한국어에는 띄어쓰기가 아니라면 뜻이 통하지 않거나 애매해지거나 민망해지는 예들이 많습니다. "무지개같은내친구"라든가 "누나가자꾸만져요"라든가……. 아니그전에띄어쓰기가없으면문장이당최눈에들어오지가않는것은모두가느끼실텐데당장이문장만해도읽으려면얼마나성가시고번거로운지눈이핑글핑글돌고신경질이마구나고그렇지않습니까? 이렇게까지 극단적인 예를 들지 않더라도, 너무 엉망인 띄어쓰기는 글의 가독성을 현저히 떨어뜨리지요.

그나마의 위안이라면, 첫 단락에서 살짝 말씀드린 것처럼 "특별히 되게 어렵진 않다"라는 겁니다. 물론 이 말에 발끈하실 분들도 있으시겠지만, 심지어 무려 전(前) 국립국어원장님께서도 "띄어쓰기는 나도 어렵다"라고 고백하셨다는 훈훈한 일화도 있지만,* 제가 드리고 싶은 말씀은 띄어쓰기에 관한 한 그래도 어느 정도는 '요령'을 키울 수 있다는 거예요. 2부에서 다룰 (좁은 의미

---

* 「前 국립국어원장의 고백 "띄어쓰기, 나도 자신 없다"」, 『조선일보』, 2013년 5월 22일 자.

의) 맞춤법은 외울 것도 많고 활용형도 따져야 하고, 아무리 잘 익혀 둔다 해도 익혀 둔 범위 바깥의 것이 튀어나올 수밖에 없습니다. 이미 익숙해진 잘못된 맞춤법들은 눈에 잘 안 띄고 지나치기도 쉽고요. 반면에 띄어쓰기는 아무리 제깟 놈이 날고 기어 봐야 띄어 쓰거나 붙여 쓰는 두 경우밖에 없는 데다가 판단할 요소들이 그렇게 많지 않아 요령 붙이기가 비교적 수월해요. 물론 그 요령이란 게 그리 쉽지만은 않은 게 문제라면 문제지만, 앞으로 차근차근 살펴보면서 감을 익히실 수 있을 겁니다. 혹여나 어렵지 않을까 겁먹지 않으셔도 되는 게, 띄어쓰기는 맥락상 판단이 가능한 경우가 많아 좀 틀린다고 해도 어지간하면 큰 지장도 없고, 또 그렇게까지 부끄러울 것도 없으니까요. 실제로 공간을 절약하거나 가독성을 높이기 위해 어느 정도의 변칙(?)은 묵인되기도 하고요.

자, 그럼 본격적으로 띄어쓰기의 원칙과 요령에 대해서 알아보겠습니다. 그리고 그 출발점이 되는 명제가 바로 앞 쪽 맨 위에 써놓은 「한글 맞춤법」 제2항 "문장의 각 단어는 띄어 씀을 원칙으로 한다"랍니다.

단어는 전부 뗀다, 조사만 빼고!

"문장의 각 단어는 띄어 씀을 원칙으로 한다." 곁가지를 다 쳐 버리고 이 문장의 핵심만 간추려 본다면 어떻게 될까요? 네, 그렇습니다. "단어는 띄어 쓴다"지요. 그럼 단어란 무엇인지만 알면 되겠네요? 이 책 내내 우리에게 기준이 되어 줄 『표준국어대사전』에는 '단어'가 다음과 같이 정의되어 있습니다.

　　분리하여 자립적으로 쓸 수 있는 말이나 이에 준하는 말. 또는 그 말의 뒤에 붙어서 문법적 기능을 나타내는 말. "철수가 영희의 일기를 읽은 것 같다"에서 자립적으로 쓸 수 있는 '철수', '영희', '일기', '읽은', '같다'와 조사 '가', '의', '를', 의존명사 '것' 따위이다.

　　그래도 가장 권위 있다는 사전에 올라온 예문치곤 어째 좀 야릇해 보이지 않나 싶긴 하지만 기분 탓이려니 하죠. 어쨌든 예로 든 것들이 다 단어고 그것들을 전부 띄어 쓴다면 "철수˅가˅영희˅의˅일기˅를˅읽은˅것˅같다"라고 띄어 써야 할 텐데 실제로 그러진 않잖아요? 여기서 「한글 맞춤법」 중 띄어쓰기를 다루는 5장의 첫 항이 등장합니다. 바로 "조사는 그 앞말에 붙여 쓴다"라는 것(41항)! 당차게 느낌표까지 찍어 놓긴 했지만 유난 떨 것도 없는 게, 평소에 '은', '는', '이', '가', '을', '를' 같은 걸 띄어 쓰는 분은 거의 없잖아요? 이러한 조사들은 혼자선 쓰일 수 없고, 앞말에 찰싹 달라붙어 그 앞말과 다른 말의 관계를 보여 주는 역할을 한답니다. 앞에 나온 단어의 정의 중에서 "분리하여 자립적으로 쓸 수 있는 말"까지는 감히 못 넘보고 "이에 준하는 말"에 들어가는 거죠.

단어의 정체를 좀 더 확실히 파악하기 위해, 한국어의 9품사 이야기를 잠깐 하고 넘어가는 게 좋겠네요. 시작한 지 얼마 되지도 않았는데 이런 딱딱한 이야기를 꺼내는 것이 저도 썩 내키지는 않지만, 단어가 뭔지를 알려면 아무래도 이 방법이 가장 좋을 것 같아서요. 대신 최대한 간단하게 핵심만 보고 갈 테니 잠시만, 아주 잠시만 중학교 국어 시간으로 돌아간다 생각하고 가볍게 봐주셨으면 합니다. 금방 끝낼게요.

품사란 단어를 기능, 형태, 의미에 따라서 나눈 갈래를 의미하는데요, 한국어 단어의 품사는 다음의 아홉 가지로 나뉜답니다.

① 명사: 하늘, 사랑, 아내, 삼겹살, 축구, 성남FC……
② 대명사: 나, 너, 그들, 우리, 그것, 저것, 여기, 그놈……
③ 수사: 하나, 둘, 셋, 일, 이, 삼, 백, 천, 만, 첫째, 둘째……

④ 동사: 살다, 춤추다, 마시다, 흘리다, 묻다, 찾다……
⑤ 형용사: 외롭다, 빨갛다, 심심하다, 어지럽다……

⑥ 관형사: 새, 헌, 옛, 첫, 그런, 다른, 어떤, 한, 두, 몇……

⑦ 부사: 몹시, 빨리, 곰곰이, 부디, 그래서, 산들산들……

⑧ 감탄사: 아하, 어이구, 어머나, 여보세요, 옳지……

⑨ 조사: 은/는, 이/가, 을/를, 와/과, 에게, 까지, 부터……

설명은 생략하고 각 품사에 속하는 단어들의 예만 들어 봤는데도 그냥 딱 아시겠죠? 학창 시절 수업 시간에 성실히 들으셨던 분들은 기억이 나실 테고, 그때는 공부에 도통 취미가 없으셨던 분들이라도 이제는 눈치로 감을 잡으실 수 있을 겁니다. 그럼 각각의 품사에 대해 살짝만 설명을 보태 볼까요?

명사(名詞)는 한자에 '이름 명' 자가 들어가는 데서 알 수 있듯이 사물이나 대상의 '이름'을 나타내고, 대명사(代名詞) 역시 한자에 드러난 그대로 명사를 '대신'해서 쓰이는 말입니다. 수사(數詞)는 수량(혹은 순서)과 관련된 말이고요. 이 녀석들은 문장에서 '몸통'이 되는 구실을 한다고 묶어서 '체언'(體言)이라고 불린답니다.

동사(動詞)와 형용사(形容詞)는 둘 다 문장 내에서 '어떻다' 하고 서술하는 역할을 하지요. 동작[動]을 나타내는 동사와 성질·상태·형태[形]를 나타내는 형용사로 구분하여 생각하면 됩니다. 이 친구들의 가장 중요한 특징은 바로 '활용'(活用)을 한다는 거예요. 그래서 이 둘을 묶어 체언과 짝을 이루는 말로

'용언'(用言)이라고 하고요.

활용이 무엇인지를 간단히 설명하자면, 우리는 '먹다'라는 동사를 그 모양 그대로만 사용하지 않습니다. 문장 안에서 "먹는다-먹고-먹어서-먹으니-먹으며-먹을-먹게-먹거니와-먹었네-먹을까" 등으로 다양하게 변형시켜 쓰지요. 형용사 '아름답다'도 마찬가지로 "아름답고-아름다워서-아름다우니-아름다우며-아름다울-아름답게-아름답거니와-아름다웠네-아름다울까" 등으로 변형시켜 쓰고요. 별거 없습니다. 한국어를 모국어로 사용하는 사람이라면 누구나 자연스럽게 하고 있는 이러한 변형이 바로 활용이에요. 참고로 국어사전에는 다양한 활용형들을 모두 실을 수 없어서 대표로 기본형, 그러니까 '먹다'와 '아름답다'만 실려 있답니다. 그러니 **사전을 찾을 때는 항상 기본형으로** 찾아야겠죠?

기본적으로 체언, 용언, 조사만 있으면 문장을 만들 수 있습니다. "끼니를 때웠다", "시간이 흘렀다", "조건이 까다롭다"처럼요(물론 조사 없이도 만들 수는 있어요. 문장이 쓸데없이 비장해져서 그렇죠. "끼니 때웠다", "시간 흘렀다", "조건 까다롭다"……). 하지만 이런 문장만 쓸 수 있다면 이 세상이 얼마나 재미없고 심심하겠어요? 여기서 바로 관형사와 부사가 등장합니다. 그럼 이 밋밋한 문장들에 관형사와 부사를 넣어 볼까요?

• 첫 끼니를 대충 때웠다.

- 다섯 시간이 어영부영 흘렀다.
- 모든 조건이 엄청 까다롭다.

음, 그렇다고 되게 재밌어지진 않네요(시무룩……). 그래도 원래 문장보다 훨씬 의미가 풍부해진 건 차마 부인할 수 없으실 겁니다. 끼니는 끼니인데 '첫' 끼니, 시간은 시간인데 '다섯' 시간, 조건은 조건인데 '모든' 조건이 됐잖아요! 여기서 '첫', '다섯', '모든'은 각각 '끼니', '시간', '조건'(모두 체언)을 꾸미는 '관형사'입니다. 또 보세요. 그냥 때운 게 아니라 '대충' 때웠고, 그냥 흐른 게 아니라 '어영부영' 흘렀고, 그냥 까다로운 게 아니라 '엄청' 까다롭다네요. 여기서 '대충', '어영부영', '엄청'은 각각 '때웠다', '흘렀다', '까다롭다'(모두 용언)를 꾸미는 '부사'입니다. 이렇게 **관형사는 체언을, 부사는 용언을 꾸며 문장의 의미를 더욱 풍부하게 해주지요.** 부사는 용언뿐 아니라 문장 전체를 꾸미거나('그러나', '왜냐하면' 등) 다른 부사를 꾸미기도 합니다('좀 더 크다'에서 부사 '더'는 형용사 '크다'를 꾸미는 반면, 부사 '좀'은 바로 이 부사 '더'를 꾸미고 있죠).

참고로 사전에 관형사와 부사로 등재된 단어들은 의외로 그 수가 많지 않아요. 대신에 용언을 활용해서 관형사와 부사의 역할을 대신하게 하는 경우가 꽤 많습니다. 예컨대 "푸른 하늘"은 '푸른'이 명사 '하늘'을 수식하는 구조잖아요? 하지만 '푸른'이라는 관형사가 따로 있는 게 아니라 형용사 '푸르다'를 활용해 관형사 역할을 하게 한 거예요. "힘차게 달린다"에서는 '힘차게'라는 부사가 따로 있는 게 아니라 형용사 '힘차다'를 활용해 부사 역할을 하게 한 거고요. "<u>우는</u> 아이", "<u>낡은</u> 외투", "<u>곱게</u> 늙다"에서 밑줄 친 것들 모두 마찬가지랍니다. '울다', '낡다', '곱다'를 활용해서 관형사나 부사의 역할을 하게 한 거죠. 이런 방식으로, 수식하는 자리에 쓸 수 있는 단어의 수가 엄청나게 풍부해진답니다.

한마디 더 보태면, 하나의 단어가 반드시 하나의 품사로만 쓰일 수 있는 건 아닙니다. "<u>다섯</u> 시간"에서의 '다섯'은 '시간'을 꾸미는 관형사였지만, "그 집은 애가 <u>다섯</u>이다"에서의 '다섯'은 수사거든요. "<u>매일</u>이 즐겁다" 할 때의 '매일'은 명사지만, "그걸 <u>매일</u> 먹니?" 할 때의 '매일'은 '먹니'를 수식하는 부사고요. 이런 단어들은 사전에 각각의 쓰임이 모두 실려 있습니다.

자, 설명할 게 별로 없는 감탄사와 조사는 그냥 넘어가고…… 어라, 품사 이야기 벌써 끝났네요? 네 쪽짜리 초압축 품사 설명이었습니다만, 이 정도만으로도 이 책을 읽어 가는 덴 크게 지장 없을 거예요. 앞으로 '체언', '활용', '형용사' 이런 얘기 나와도 당황하지 마시고 쫙쫙 읽어 나가시길!

다시 본줄기로 돌아와서, 결론은 **조사를 뺀 나머지 여덟 개 품사들은 모두 띄어 쓰라**는 겁니다. 어려울 건 하나도 없습니다만, 확 와닿지 않을 수 있으니 눈에 익은 속담들을 가지고 실습을 해보도록 하겠습니다.

- 배 보다 배꼽이 더크다.

  → 배보다 배꼽이 더 크다.

  이 문장은 명사 '배', 조사 '보다', 명사 '배꼽', 조사 '이', 부사 '더', 형용사 '크다'로 이루어져 있네요. '~에 비해서'를 의미하는 조사 '보다'는 앞말에 붙여 쓰고, '크다'를 꾸미는 부사 '더'는 띄어 써야 합니다.

- 믿는 도끼에 발등찍힌다.

  → 믿는 도끼에 발등 찍힌다.

  동사 '믿다'를 활용해 관형사처럼 쓴 '믿는', 명사 '도끼', 조사 '에', 명사 '발등', 동사 '찍히다'를 활용한 '찍힌다'로 이루어진 문장입니다. 조사 '에'만 붙이고 다 띄어 쓰면 오케이랍니다.

- 공든탑이 무너지랴.

  → 공든 탑이 무너지랴.

  명사 '탑'과 그것을 꾸미는 '공든'은 띄어 써야겠네요. 명사 '공'(功)과 동사 '들다'의 활용형인 '든'도 띄어 써야 하는 것 아니냐고 의문을 가지시는 분들은 굉장히 바람직한 문제 제기를 하신 겁니다. 짝짝짝! 하지만 '공들다' 자체가 "어떤 일을 이루는 데에 정성과 노력이 많이 들다"라는 뜻을 가진 한 단어짜리 동사라서 붙여 써야 해요. 물론 "저기 가서

<u>공 들고</u> 서있어!"에서는 위의 뜻이 아니니 띄어 써야겠죠?

- 낫놓고 기역자도 모른다.

  → 낫 놓고 기역 자도 모른다.

  '공들다'는 한 단어지만 '낫놓다'는 아닙니다. 명사 '낫'과 동사 '놓다'의 활용형 '놓고'는 띄어 써야 해요. '기역자'도 엄밀히 말하자면 명사 '기역'과 명사 '자'의 결합이라 띄어 써야 하고요.

- 도둑이 제발 저린다.

  → 도둑이 제 발 저린다.

  물론 '제발'이라는 단어가 있긴 합니다. 하지만 'please'의 의미라면 모를까 한국어 '제발'에 '자신의 발'이라는 뜻은 없어요! '저의'(대명사+조사)가 줄어들어 관형사처럼 쓰인 '제'와 그 꾸밈을 받는 명사 '발'은 띄어 써야 합니다.

- 밥먹을때는 개도 안건드린다.

  → 밥 먹을 때는 개도 안 건드린다.

  '밥먹다'라는 동사도 없으니 '밥'과 '먹을'도 띄어야겠네요. 부주의하게 자주 붙여 쓰는 '때' 역시 별도의 명사이므로 띄어 써야 하고요. 동사 '건드린다'를 수식하는 부사 '안'도 마찬가지로 띄어 씁니다.

조금 감이 잡히시나요? '더˅크다', '발등˅찍힌다', '공든˅탑', '낯˅놓고', '제˅발', '밥˅먹을˅때', '안˅건드린다'에서 띄어 쓴 각각의 부분이 모두 별도의 단어라는 거! 한편 '공들다'에서 보듯이 원래는 따로따로 쓰이던 단어들이 자주 함께 쓰이다 보면 한 단어로 인정받아 붙어서 쓰이기도 합니다. 예컨대 '개', '똥', '밭' 세 개의 단어가 합쳐진 '개똥밭'도 한 단어라 "개똥밭에 굴러도 이승이 좋다"에서처럼 붙여 써야 하죠. 이러한 단어들을 '합성어'라고 하는데요, 여기에 대해서는 뒤에 자세히 다룰 테니 궁금하시더라도 조금만 참으시길! 어쨌든 "단어는 띄어 쓴다"가 띄어쓰기의 흔들림 없는 제1원칙이라는 건 꼭 기억하시고요.

아, 여기서 놓치기 쉬운 부분 하나만 강조하고 갈게요. 한 글자짜리 관형사와 부사를 뒷말에 붙여 쓰는 경우가 오죽 흔해야 말이죠. 이를테면 '몇', '새'[新], '헌', '전'(全), '전'(前) 같은 관형사나 '안', '못', '잘' 같은 부사 말입니다. '맛있는 삼겹살'을 '맛있는삼겹살'로 쓰거나 '얼른 먹자'를 '얼른먹자'로 쓰지는 않으시면서도(물론 그렇게 쓰는 분들도 없진 않죠……), 그래도 우리가 끈끈한 정으로 먹어 주는 한민족인데 저 연약한 한 글자짜리 아이들을 혼자 두는 건 너무 야박한 거 아니냐 싶어서인지 많이들 붙여 쓰시더라고요. 하지만 여러분, 글자 수 가지고가 아니라 '단어냐 아니냐'를 가지고 판단하셔야죠! 그러니까,

- 몇살이니? → 몇 살이니?
- 새옷을 샀다. → 새 옷을 샀다.
- 전국민이 울었습니다. → 전 국민이 울었습니다.
- 안먹을래. → 안 먹을래.
- 못일어났어요. → 못 일어났어요.
- 잘가! → 잘 가!

이렇게 모두 띄어 써야 맞습니다. 물론 신문의 헤드라인이나 방송의 자막 같은 데서는 공간을 절약하거나 시각적으로 편안해 보이기 위해서 일부러 붙여 쓰기도 하는데요, 원칙적으로는 바르지 못한 표기랍니다. 하기야 꼭 관형사와 부사가 아니더라도 한 글자짜리 녀석들에는 많이들 마음이 약해지시는가 봐요. "떡볶이 먹을래?"는 잘 띄어 쓰시면서도 "빵먹을래?"는 붙여 쓰고, "사랑할 시간"은 띄어 쓰시면서도 "사랑할때"는 붙여 쓰고…… 그러시면 안 됩니다! 엄밀히 말하면 '공사 중', '주차 중', '출발 전', '방송 후' 같은 녀석들 역시 모두 띄어 써야 맞고요.

"어휴, 더 강조 안해도 돼. 안그래도 띄어 쓰려고 했어"라고 투덜거리진 말아 주세요. 저도 잔소리라면 질색이지만, "안해도 돼", "안그래도"라고 하면서 그런 말씀 하시면 제가 어디 마음 놓고 그만할 수 있겠느냐 말입니다. "안 해", "안 그래도"라고 꼭 띄어 쓰겠다고 약속하지 않으면 설명 더 안 할랍니다.

> ▶ 조사를 제외한 나머지 여덟 개 품사의 단어는 모두 띄어 쓴다.
>
> ▶ 특히 한 글자짜리 관형사/부사를 붙여 쓰지 않도록 주의한다.
>
> 전 부대에 알린다.   안 그래도 얘기하려고 했어.
>
> 자네 잘 만났네. 이거 좀 보게.   더 있다가 가지.

조사 아닌 척해도 조사하면 다 나올 너

약속을 진짜 하셨는지 안 하셨는지 궁금하긴 하지만, 확인할 길이 없으니 설명이나 계속하는 수밖에 없네요. 앞에서 조사는 설명할 게 별로 없다며 넘어갔었죠? 하지만 에이, 설마 그 정도로 얘기할 게 없으려고요. 예로 들었던 "은/는, 이/가, 을/를, 와/과, 에게, 로서, 까지, 부터"처럼 뻔한 녀석들 말고도 조사의 종류는 의외로 많습니다. 특히 조사 같지 않게 생긴 녀석들이 신경이 쓰이는데요, 이를테면 '인즉'이나 '야말로'도 조사라는 건 많이들 모르셨을 거예요. 조사를 붙인다는 건 알아도 그게 조사인지 모르면 별수 없잖습니까? 지금부터는 이렇게 '조사인 줄 모르기 십상인 조사들'을 예문과 함께 익혀 볼게요.

- 너마저 그럴 줄은 몰랐는데 실망이다. (=까지)
- 그거 지금 나보고 하는 이야기야? (=한테=더러)
- 네가 그런 생각을 한다는 것조차 몰랐지 뭐야.

- 무슨 얘기야? 진짜 만날 때<u>마다</u> 왜 이래?
- 네가 그렇게 욕하는 그 사람<u>보다</u> 네가 나은 게 뭐 있어?

뭔가 분위기가 요상하고 내막도 궁금한 대화이긴 한데, 지금 아셔야 할 건 그 내막이 아니라 밑줄 친 '마저', '보고', '조차', '마다', '보다'를 비롯하여 괄호 안의 '까지', '한테', '더러' 등이 모두 조사라 붙여 써야 한다는 사실입니다. 단, 모양은 같은데 조사가 아닌 것들까지 붙여 쓰면 안 되겠죠? 이를테면 "일이나 <u>마저</u> 끝내자"(부사 '마저'), "나 좋단 남자는 <u>마다</u>하지 않아"(동사 '마다하다'의 활용형), "앞으로 <u>보다</u> 좋은 연인이 될게"(부사 '보다')에서의 밑줄 부분은 조사가 아니니 띄어 써야 합니다. '보고' 역시 "날 뭘로 <u>보고</u> 그래"에서는 동사 '보다'의 활용형이라 띄어 써야 하는데요, 앞 쪽의 예문 "지금 나<u>보고</u> 하는 이야기야?"에서의 '보고' 역시 어차피 '보는' 거 아니냐고 생각하실 수도 있지만, '한테'와 바꿔 쓸 수 있는 '보고'는 조사가 맞습니다. "나<u>보고</u> 하는 이야기"(조사)는 나'한테' 하는 이야기고, "<u>나 보고</u> 하는 이야기"(동사)는 나를 보고 나서 그걸 가리켜 다른 사람한테 하는 이야기가 되는 거, 이해되시죠?

- 어휴, 오늘<u>따라</u> 왜 이렇게 피곤하게 구니?
- 너<u>야말로</u> 내 말은 전혀 안 듣고 날 피곤하게 하고 있잖아.
- 네 말<u>마따나</u> 내가 그렇다 쳐도, 너까지 그러면 쓰니?

- 정말 너하고 이야기 못 해먹겠다. (=와=랑)

'따라'나 '하고'도 무신경하게 띄어 쓰는 경우가 많으니 유의해야겠네요. 그래도 "친구 따라 강남 간다"(동사 '따르다'의 활용형), "그만하도록 하고"(동사 '하다'의 활용형) 같은 데에선 붙여 쓰면 안 되는 거 아시겠죠? '야말로'는 "너 야말로"처럼 쓰는 경우는 별로 못 봤는데 "너야 말로" 꼴로 띄어 쓰는 경우가 많더라고요. '야말로'가 한 묶음이니 모두 붙여 주셔야 합니다! '말마따나' 꼴로밖에 안 쓰이는 속 좁은 조사 '마따나'는 혹시나 '말맞다나'나 '말맞따나' 꼴로 쓰지 않도록 주의하시고요.

- 힘깨나 쓰더니만 아주 한 대 치겠다?
- 너같이 무책임한 애랑은 진짜 친구 못 해먹겠다. (=처럼)
- 친구? 친구는커녕 같은 하늘 아래 사는 것도 부끄럽다!
- 그 말인즉 우리가 앞으로 얼굴 볼 일은 없겠다? (=인즉슨)
- 인연 끊으려고 아주 작정했군그래! (=그려)

아니, 이 친구들 아까부터 분위기가 심상치 않더니만……. 에이 뭐, 신경 쓰지 마세요. 다 잘되겠죠! 그러거나 말거나 설명으로 들어가 보면, '깨나'는 '어느 정도 이상'의 뜻을 나타내는 조사입니다. '꽤나' 아니었느냐고 흠칫 놀라신 분들도 안심하세요. 부사 '꽤'에 조사 '나'가 붙은 '꽤나'도 쓸 수 있답니다. 물론 "힘깨나 쓴다"는 붙이고 "힘 꽤나 쓴다"는 띄어 써야 겠지만요. 많이들 틀리시는 띄어쓰기인 '커녕'은 그 모양 그대로 쓰이는 경우("밥커녕 죽도 못 먹었다")보단 앞의 예문에서처럼 'ㄴ커녕/은커녕/는커녕' 꼴로 더 많이 쓰인다는 거 알아 두시고, '인즉/인즉슨'은 "그 말인 즉(슨)"처럼 애먼 곳에서 띄어 쓰지 않도록 주의하세요. 마지막의 '그래'는 좀 당황스러우시죠? "나도 그래"처럼 '그렇다'라는 의미일 때는 띄어 쓰는 게 맞지만, 내용을 강조하기 위해 끝에 덧붙이는 '그래/그려'는 놀랍게도 조사랍니다. "서럽군그래", "먹지그래", "예쁘구먼그려"처럼 쓰면 돼요. 그럼 "잘 알겠군그래"라고 외치며 넘어가 볼까요?

'같이'는 약간 설명이 필요합니다. 조사 '같이'는 '처럼'의 뜻을 가진 경우("너같이", "얼음장같이", "바보같이")와 '때'를 강조하는 경우("매일같이", "새벽같이")에 쓰인답니다. 반면 부사로서 말 그대로 '함께'를 의미하는 '같이'는 띄어 써야 해요. "나랑 같이 사업하자"에서의 '같이'를 붙여 쓰면 안 됩니다(그나저나 왜 아까부터 자꾸 친구들끼리 민감해지기 쉬운 예문이 나오는 거죠?).

하지만 '같이'에서 더 주의해야 할 것은, 당연히 덩달아 붙여 쓸 것 같은 '같은'은 띄어 써야 한다는 사실입니다. '같이'는 사전에 조사이자 부사로 등재되어 있는데, '같은'은 '같다'의 활용형으로 봐서 따로 실려 있지 않거든요. '같아', '같을' 따위도 마찬가지고요. 그러니 '같이'를 제외한 '같다/같은/같을/같아/같고/같지' 등은 앞말과 띄어 써야 한다고 기억해 두시면 좋겠네요. "너˅같은", "얼음장˅같다", "바보˅같아서"처럼 말이죠. 물론 '감쪽같다', '쏜살같다'처럼 이미 한 단어로 굳은 것들은 저럴 때에도 붙여 써야겠지만요("감쪽같아", "쏜살같은" 등).

마지막으로 조사에 관한 유의 사항 하나 더! 바로 **조사는 몇 개가 되든 붙여 쓴다**는 거예요. 예를 들어 "그 문제가 시작된 것은 너에게서부터라고 할 수 있다"라는 문장을 보면, '에게서', '부터', '라고' 모두 별도의 조사입니다. 그런데 하나도 안 띄어 썼지요? "집에서/처럼", "학교에서/만/이라도" 등도 마찬가지예요. 조사는 앞말이 뭐가 되었든 그 앞말에 붙이니 조사 뒤에 오는 조사도 붙여야죠. 조사가 하나둘 붙어 글자 수가 늘어날수록 어쩐지 숨이 턱턱 막혀 오는 것 같고 '여기서 띄어야 하나?', '이다음에 띄나?' 멈칫멈칫하게 되는 그 마음만큼은 제가 다 알아 드릴 테니 걱정 말고 붙여 쓰세요!

> ▶ 다음 형태의 글자들은 조사로서 앞말에 붙여 쓴다.
>
> 그거 좋군그래. / 멋있군그려.   돈깨나 있어 보이던데?
> 나더러 거길 가라고?   그날따라 기분이 이상했어.
> 하는 말마다 헛소리구나!   그 사람 말마따나 네가 나빴네.
> 라면마저 다 떨어졌어.   지금 누구보고 얘기하니?
> 삶는 거보다는 굽는 게 좋아.   그거야말로 희소식이다.
> 그 말인즉(슨) 다 먹어 치웠다?   사람이 오는지조차 몰랐어.
> 봄날처럼 따뜻하더라.   밥은커녕 쌀 한 톨 없던데?
> 너하고 나하고 몇 년지기냐?   나한테 그래 봐야 소용없어.   (계속)

▶ '같이'는 조사로서 앞말에 붙여 쓰지만, '같은/같아/같을' 등 '같다'의 다른 활용형들은 띄어 쓴다.

딸같이 여겨 왔다.   딸 같아서 자꾸 마음이 쓰인다.

내 딸 같은 걸 어떡하냐.   네 딸이 꼭 너 같을 거다.

제발 그 딸 같다는 말 좀 안 하면 안 될까요?

▶ 조사는 몇 개가 되든 붙여 쓴다.

단어인 듯 단어 아닌 너 (1) — 어미

'그깟 조사들' 하며 무시하기에는 그래도 꽤 만만찮죠? 하지만 조사만 봤다고 끝이 아니라는 무시무시한 현실……. '조사인 줄 몰랐는데 알고 보니 조사인 것들'이 저렇게나 만발한 마당에, '조사 같아 보이는데 알고 보니 조사가 아닌 것들'이 없을 리 없잖아요? 이러한 녀석들 중에서 먼저 '어미'에 대해 살펴보도록 하겠습니다.

앞에서 활용에 관해 간단히 보았는데요, 다시 한번 만만한 '먹다'를 불러와서 활용을 해볼까요? "먹<u>는다</u>-먹<u>고</u>-먹<u>어서</u>-먹<u>으니</u>-먹<u>으며</u>-먹<u>을</u>-먹<u>게</u>-먹<u>거니와</u>-먹<u>었네</u>-먹<u>을까</u>-먹<u>겠다</u>-먹<u>자</u>-먹<u>자꾸나</u>-먹<u>도록</u>-먹<u>든지</u>-먹<u>더구나</u>" 등등. 여기서 밑줄 친 글자들, 그러니까 용언의 뒤에서 활용을 시키는 이 녀석들이 바로 '어미'(語尾)랍니다. 한자 뜻대로 '단어 꼬리'라고 할 수 있겠네요. 이에 반해 활용의 거친 풍파 속에서도 굳건히 자리를 지키는 심지 곧은 '먹'은 '단어의 근간'이 된다고 '어간'(語幹)이라고 부른답니다.

어미는 이렇게 활용을 시키면서 용언에 의미를 덧붙입니다(체언에는 어미가 붙을 수가 없어요!). 과거를 나타내는 어미, 의지를 나타내는 어미, 높임의 뜻을 나타내는 어미, 추측을 나타내는 어미 등등. 그리고 여기서 핵심은 결국 이겁니다. **어미는 별도의 단어가 아니라 단어 안에서 변화하는 특정 부분을 가리킨다**는, 그렇기 때문에 "단어는 띄어 쓴다"라는 원칙과 상관없이 **전부 붙여 써야 한다**는 사실!

덧붙이자면 동사도 형용사도 아닌 주제에 활용을 하는 별난 친구가 하나 있는데요, 조사 중에서 특별히 서술을 하는 역할을 맡고 있는 '이다'가 그 주인공입니다. "이다-이고-이니-인-일-이면-이어서(여서)-이지만-이기를-이거니와-이었네" 등으로 활용하지요. "나는 왕이다"를 예로 들어 보면, "나는 왕인데, 엄마한테 혼났다"(여기서 어미는 'ㄴ데'), "나는 왕이지만 외롭다"(어미는 '지만'), "내가 왕인지 잘 모르겠다"(어미는 'ㄴ지') 등으로 쓰이는 거죠. 활용을 하긴 하지만 엄연히 조사라 앞말에 붙여 써야 한다는 거 꼭 기억해 두시고요, 괜히 불려 나와 고생한 왕은 힘내렴!

어미의 종류는 엄청나게 다양합니다. 슬쩍슬쩍 나온 예들만 해도 꽤 많은데, 여러 개가 줄줄이 붙어 새로운 어미를 만드는 일도 부지기수거든요. 예를 들어 '먹다'를 '먹는'으로 활용할 때 붙는 '는'도 어미고, 거기서 파생된 '는다', '는구나', '는다나', '는다고' 따위도 모두 어미랍니다. 외국인들이 이 찬란한 한국어 어미의 향연 앞에서 얼마나 고생할지를 생각하면 제 기분이 다 아득해질 정도라니까요. 아무튼 그 수많은 어미 중에서 띄어쓰기를 하는 데 거슬릴 만한 녀석들을 좀 추려 봤답니다.

- 미안해. 내가 먼저 사과<u>할걸</u>. (ㄹ걸)
- 아냐, 네 전화 놓<u>칠세라</u> 계속 신경 쓰고 있었어. (ㄹ세라)
- 서로 돕지는 못<u>할망정</u> 다퉈서야 되겠니. (ㄹ망정)
- 넌 어쩜 그리 착<u>할뿐더러</u> 말도 잘하니! (ㄹ뿐더러)
- 앞으로 아무리 바<u>쁠지언정</u> 너는 꼭 챙길게. (ㄹ지언정)
- 넌 정말 알면 <u>알수록</u> 좋은 친구야! (ㄹ수록)

서로 잡아먹을 기세로 싸운 게 무색할 만큼 급화해한 친구들입니다. 그것 보세요. 제가 신경 쓰지 마시라고 했죠? 참고로 문장 끝 괄호에 들어 있는 건 어미의 원래 모양입니다. '사과하다'라는 동사가 "사과하<u>고</u>–사과하<u>는</u>–사과하<u>면</u>–사과하<u>여서(=사과해서)</u>"로 활용하는 데서 알 수 있듯 '사과하'까지가 어간이고, 여기에 'ㄹ걸'이 붙어 '사과할걸'이 되는 거죠. '착하다'의 어간 '착하'에 'ㄹ뿐더러'가 붙어 '착할뿐더러'가 되는 거고요. 'ㄹ'이 눈에 좀 거슬리긴 하지만, 대부분은 'ㄹ' 떼고 기억해 두어도 큰 지장이 없습니다. '세라', '뿐더러', '지언정', '수록' 등이 딴 데 쓰일 일은 거의 없으니까요("이번 호에는 <u>세라복 특집이 수록</u>되었다" 같은 문장을 반례라고 들고 오시면 곤란해요). 여차하면 띄어 쓰기 쉬운 이 어미들을 꼭 기억해 두시길! 한편 '망정'은 예문에서처럼 "~는 못할망정" 꼴로 쓸 때는 '못하다'를 활용시키는 어미로 보아 붙여 쓰고, "~하기(에) 망정이지" 꼴로 쓸 때는 의존명사(잠시 후에 설명합니다)로 보아 띄어 쓴답니다.

'ㄹ걸'은 좀 설명이 필요하네요. 책깨나 읽었다 싶은 분들도 많이 틀리시는 띄어쓰기인데요, '~할 것을'의 구어적인 표현이라고 생각해서 "내가 먼저 사과할 것을……"의 느낌으로 "내가 먼저 사과할 걸"이라고 띄어 쓰는 경우가 많습니다. 하지만 여러분, 잊지 마세요. **'ㄹ걸'은 가벼운 감탄이나 반박 혹은 뉘우침이나 아쉬움을 나타내는 종결 '어미'랍니다!** "걔가 너보다 더 잘 <u>마실걸?</u>"(반박), "술이나 좀 더 <u>마실걸</u>"(아쉬움)에서처럼 붙여 써야 해요. 물론 진짜로 '것을'이 줄어든 '걸', 그러니까 "각자 마실 걸 챙겨 오자" 같은 데서는 붙여 쓰면 안 되겠죠? "그러다간 <u>후회할걸</u>"이 맞고, "그렇게 <u>후회할 걸</u> 왜 했어"가 맞습니다. 헷갈리시면 'ㄹ걸'이 '종결' 어미라는 걸 기억해 두세요. 문장을 끝맺을 때는 요렇게 붙여 쓸 일이 더 많을걸요?

같은 원리로 **'ㄹ게'와 'ㄴ걸' 역시 붙여 써야 합니다.** '볼게요'는 '볼 것이에요'의 구어체 준말이 아니라 '보다'에 약속을 나타내는 어미 'ㄹ게'를 붙여 활용한 '볼게'를 높임말로 쓴 꼴이에요.

"제가 한번 볼게요"라고 붙여 써야 합니다. 'ㄴ걸' 역시 마찬가지라 "정말 많이 바빴는 걸요"가 아니라 "바빴는걸요"로 붙여 써야 하고요. 자, 그럼 "기억할게, 기억할게!"라고 약속해 주시면서 다음 어미들로 넘어가 볼까요? 혹시 "기억할 거야"라고 하시려면 꼭 띄어 말하기(?) 해주시고요.

- 알다시피 우리가 하루 이틀 인연이냐.
- 우린 원래 처음 만나자마자 통했잖아!
- 마음도 넓디넓은 친구야! 오늘 술은 내가 사도 괜찮지?
- 그럼, 나야 좋고말고!
- 네 지갑이 열릴라치면 화낼 테니 각오해! (ㄹ라치면)
- 알겠어. 오늘 밤에는 일찍 들어가게 둘쏘냐! (ㄹ쏘냐)

역시 화해에는 술이 빠질 수 없구나 하는 교훈(?)과 함께 설명으로 들어가 보겠습니다. 이 어미들 역시 띄어 써놓고 그냥 넘어가기 십상인 놈들이에요. 특히 '알다시피'는 '알다 시피/알다싶이/알다 싶이'로 쓰지 않도록 철자와 띄어쓰기 모두 주의해 주세요. '하자마자'도 '하자 마자'라고 띄어 쓰는 경우가 많은데, '자마자' 전체가 어미랍니다. 또 'ㄹ라치면' 같은 경우는 '치다'를 따로 생각해서 '할라 치면'으로 써오셨을 확률이 크지만, 어미라는 거 아신 이상 그러시면 안 돼요. 또 그러실라치면 미워할 겁니다('치다'에 관해서는 80쪽도 함께 참고하세요).

'디'는 앞 글자에 붙이는 건 그렇다 치더라도 뒤에 오는 글자까지 끌어서 붙인다는 점에서 굉장히 독특한 녀석입니다. '차디 차다', '붉디 붉다', '길디 길다'라고 쓰면 안 되고 '차디차다', '붉디붉다', '길디길다'라고 써야 해요. 주의할 점은 '잘디잘다'와 '달디달다'는 '자디잘다'와 '다디달다'로 써야 한다는 거! 특별한 문법적인 이유가 있는 게 아니라 그렇게 쓰이던 게 굳은 거라니까 그냥 외워 두시는 편이 편할 듯하네요.

'고말고'도 참 희한하게 생겼습니다. 긍정의 뜻을 강조하여 대답할 때나 붙여 쓰지("거기는 내가 가고말고!"), '하는지 안 하는지'의 의미라면 붙여 쓰면 안 된다는 것("거기를 가고 말고는 네가 알 바 아니지")쯤은 이제 눈치껏 아시겠죠? 참고로 붙여 쓰는 '고말고'는 '다마다'로 바꿔도 뜻이 통하니까 '다마다'로 바꿔 봐서 말이 될 때만 붙여 쓰면 됩니다. "나야 좋다마다!", "거기는 내가 가다마다!". 어때요, 별로 어렵지 않죠? 이럴 땐 "그럼 ~ 쉽고말고!"라고 대답해 주시는 센스!

'고말고'는 의외로 하나의 어미이지만, '락말락'은 그렇지 않다는 사실 하나 덧붙이고 가지요. '보일랑말랑'과 '보일락말락' 사이에서는 한 번쯤 고민해 보셨을 것 같은데요, 글자 모양으로 따지자면야 후자가 맞지만 띄어쓰기는 틀렸답니다. '락말락'이라는 어미는 없고, '거의 그렇게 되려는 모양'을 나타내는 어미 'ㄹ락'을 '보이다'와 '말다' 각각에 붙인 거라서 띄어 써야 하거든요. "보일락 말락", "눈이 감길락 말락 한다"처럼 씁니다.

자꾸 눈에 거슬리는 'ㄹ'들이 불쑥불쑥 출몰하길래 말씀드리자면, 사실 앞말에 따라 'ㄹ' 대신 '을'을 쓰기도 합니다. 그러니까 'ㄹ걸/을걸', 'ㄹ세라/을세라', 'ㄹ망정/을망정', 'ㄹ뿐더러/을뿐더러', 'ㄹ지언정/을지언정', 'ㄹ수록/을수록', 'ㄹ라치면/을라치면', 'ㄹ쏘냐/을쏘냐'는 같은 의미를 갖는 짝꿍 어미란 말씀! '사과할걸'은 '사과하+ㄹ걸'이지만 '먹을걸'은 '먹+을걸'이고, '못할망정'은 '못하+ㄹ망정'이지만 '잊을망정'은 '잊+을망정'이죠. 군이 일부러 구분해서 기억하실 필요까진 없지만 정확한 문법으로는 그렇다고요.

아, 참고로 이러한 어미들도 모두 사전에 당당히 이름을 올리고 있답니다. '달리기', '삼겹살', '아름답다', '무척'처럼 여러분이 '단어'라는 말을 듣고 머릿속에 떠올릴 수 있는 그런 녀석들만 실려 있는 게 아니에요. '었', '는다', '고말고'는 물론이거니와 'ㄹ락', 'ㄹ쏘냐', '을뿐더러' 이런 것도 다 실려 있다니까요? 못 믿겠으면 검색해 보세요! 심지어 '물론이거니와'의 '거니와'도 어미로 실려 있는걸요.

> ▶ 다음 형태의 글자들은 어미이므로 붙여 쓴다.
>
> 암, 내가 똑똑히 봤고말고!
> 갈라치면 잡는 통에 못 갔지.
> 어이없을뿐더러 화가 난다.
> 날이 갈수록 행패가 심해져요.
> 고맙단 말은 못할지언정 말야.
>
> 인턴은 사무실에서 살다시피 했다.
> 머리는 나쁠망정 손은 부지런하다.
> 바람 불면 날아갈세라 했지.
> 가만히 보고 있을쏘냐!
> 오자마자 들볶기 시작하더라고.

▶ '-ㄹ걸/을걸', 'ㄴ걸/는걸/은걸/던걸', '-ㄹ게/을게' 등도 어미이므로 붙여 쓴다. '것'과 헷갈리지 않도록 한다.

그런 줄은 꿈에도 모를걸.   이건 차마 몰랐는걸.

앞으로 꼭 조심할게요.   cf) 남의 걸 왜 갖고 갔어?

▶ 반복하여 강조하는 '디'는 앞뒤에 모두 붙여 쓴다.

하얗디하얀 너의 그 얼굴   나무 밑둥이 어찌나 굵디굵던지.

cf) 잘디잘다(X) 자디잘다(O)   달디달다(X) 다디달다(O)

단어인 듯 단어 아닌 너 (2) — 접사

단어가 아니라 붙여 써야 하는 녀석에는 어미만 있는 게 아닙니다. '접사'라는 녀석이 또 있거든요. 사전적 정의로는 "단독으로 쓰이지 아니하고 항상 다른 어근이나 단어에 붙어 새로운 단어를 구성하는 부분"이라고 하는데, 역시 사전의 설명보다는 실제 예를 보는 편이 이해가 빠르겠지요?

접사에는 두 종류가 있는데요, 단어의 머리[頭]에 붙는 '접두사'의 예로는 '맨'('맨밥', '맨땅', '맨주먹'), '덧'('덧버선', '덧니') 등을 들 수 있겠네요. 반면 단어 꼬리[尾]에 붙는 '접미사'로는 '보'('울보', '털보'), '거리다'('기웃거리다', '까불거리다') 등이 있겠고요. 뭔가 의미와 뉘앙스를 갖고 있긴 한데 혼자 쓰일 수는 없고 다른 단어에 붙어서 새 단어를 만드는 데나 쓰이는 어쩐지 불쌍한 이 느낌, 아시겠죠? 중요한 건 "새로운 단어를 구성하는 부분"이라는 사전의 설명에서 알 수 있듯이, 접사 또한 어미와 마찬가지로 **하나의 단어가 아니라 단어의 일부이기 때문에 붙여 써야 한다**는 사실입니다.

접사도 종류가 꽤 많습니다. 특히 한자는 접사로 써먹기가 좋아서 활용도가 굉장히 높아요. 예컨대 '고'(高)를 접두사로 써서 '고학년', '고자세', '고지방' 등의 단어를 만든다거나 '비'(費)를 접미사로 써서 '접대비', '급식비', '유흥비' 등의 단어를 만든다거나 말이죠.

이렇게 접사가 붙어 만들어진 단어들을 전문 용어로 '파생어'라고 하는데요, 이 녀석들은 그 자체로 한 단어로 굳어 사전에 실려 있을 가능성이 높지만(맨밥, 덧버선, 선생님, 기웃거리다, 고학년, 급식비 등 모두 그렇습니다!), 그렇지 않더라도 접사는 앞말이나 뒷말에 붙여 써야 합니다. 이미 직관적으로 많이들 그렇게 쓰고 계시긴 하지만 그래도 헷갈리는 녀석들은 있게 마련이니 차근차근 살펴보도록 하죠.

- 내 삼촌뻘 된다고 했던 그분 기억나지?
- 그분이 대체 몇 년생인데 삼촌뻘이라는 거야?
- 정확히는 모르지만 쉰 살가량 되신 걸로 아는데.
- 뭐? 마흔 살쯤으로밖에 안 보이던데?

밑줄 친 '뻘', '생', '가량', '쯤'은 띄어 쓰기 쉽지만 사실은 접사라 붙여 써야 하는 것들입니다. '형님 뻘', '80년대 생', '두 시간 가량', '내일 쯤에는'은 모두 잘못 띄어 쓴 거예요!

- 여기 어디<u>께</u>에 계신다던데 연락 한번 드려 볼까?
- 에이, 그냥 우리<u>끼리</u> 마시자.
- 인사<u>치레</u>라도 연락은 드려 보는 게 어떨까 싶은데.
- 그<u>까짓</u> 거 마음대로 해.
- 왜 이렇게 시니컬하니? 하기야 그게 너<u>답지</u>. (답다)

어라? 이 친구들, 기껏 화해해 놓고 또 분위기가 묘해집니다. 우리만의 다정한 시간을 방해하는 것들은 모두 멀리하고 싶은 친구 A의 마음을 저렇게도 몰라 주는 친구 B가 조금 야속하긴 합니다만, 어쨌건 위의 예문들에서처럼 쓰이는 '께', '끼리', '치레', '까짓', '답다'는 모두 접사라 붙여 씁니다. 혹시나 해서 덧붙이자면 여기서의 '께'는 "당신께", "선생님께" 할 때의 '께'와는 달라요. '에게'의 높임말인 '께'는 조사고요, 예문에서 쓰인 '께'는 시간이나 공간을 나타내는 명사 뒤에 붙어 '근처'의 뜻을 더하는 접사랍니다. "정오께", "2년 전께", "지하철역께"처럼 써요. 조사나 접사나 붙여 쓰는 건 매한가지지만, 그래도 정확히 알아 두는 편이 좋겠죠?

'치레'는 명사로, '까짓'은 관형사로 쓰이는 경우가 있습니다. "어쩜 그렇게 치레뿐이니?"나 "나한테 까짓 고생쯤은 아무 것도 아니었어"처럼 말이죠. 하지만 이건 제가 도시락 싸 들고 다니며 제발 앞말하고 붙여 달라고 애원해 봐야 콧방귀도 안 뀌실 것 같으니 패스하겠습니다. 마지막으로 명사 뒤에 붙는 접사 '답다'는 이걸 활용한 '다워', '다울' 등도 다 붙여야 해요. "남자답구나", "인간답게 살고 싶다", "메시다운 플레이"처럼 요. 은근히 많이들 띄어 쓰시는데 꼭 기억해 주세요!

- 너는 어째 그렇게 매사 불만투성이냐?
- 시끄럽고, 담배 사게 오백 원짜리 있으면 하나 줘.
- 너 이런 식으로 가져간 게 얼마어치인지 알아?
- 알 게 뭐야. 아예 날짜별로 기록이라도 해놓지?
- 친구를 뿌리째 벗겨 먹을 놈 같으니라고!
- 어쩌다 한 번씩 그러는 거 가지고 과장이 좀 심하다?

아이고, 결국 이렇게 또 아웅다웅하고 마네요! 안타까운 마음을 금할 길이 없지만 또 곧 화해하지 않을까 하는 기대를 품고 꿋꿋이 설명을 계속해 보겠습니다. '짜리'나 '어치' 같은 말도 접사로서 붙여 씁니다. "두 살배기" 할 때의 '배기'도 마찬가지로 접사라는 거 함께 기억해 두시면 좋겠네요. '별'(別)과 '씩' 역시 "직업별로", "학년별로", "넷씩이나", "한 사람에 두 개씩" 처럼 꼭꼭 붙여 쓰시고요.

'째'는 예문에서처럼 '그대로'나 '전부'의 뜻을 가진 접사도 있고("그릇째", "껍질째"), '차례'를 나타내는 뜻을 가진 접사도 있습니다("며칠째", "첫째", "두 잔째", "세 번째"). 두 경우 모두 접사니 붙여 써야 하는데요, 특히 전자의 경우에는 '채'로 잘못 쓰는 경우가 심심치 않게 눈에 띄니 주의하세요. '그릇채', '껍질채'는 잘못된 표현이랍니다. 기억하세요, **'전부'는 '채'가 아닌 '째'라는 거!** 그런 의미에서 '통째로'가 맞겠어요, '통채로'가 맞겠어요? 네, '통째로'라고 쓰셔야 합니다!

지금까지 본 접사들만 해도 꽤 많은데 띄어 쓰기 쉬운 접사들이 좀 더 남아 있네요. 서로 삐진 것 같은 두 친구에게는 잠시 시간이 필요할 테니 녀석들은 그냥 두고, 간단하게 나열만 해보겠습니다. '아, 이런 놈들도 있었지. 그런데 붙여 쓰는 거였구나' 하는 마음으로 훑어보시면 좋을 것 같네요. 먼저 명사 앞에 붙는 접두사부터 볼까요?

- 대(對): 대국민 사과문, 대북한 전략
- 반(反): 반사회적 행동, 반정치적인 태도
- 반(半): 반자동, 반나체, 반죽음
- 범(汎): 범정부적 차원, 범유럽적 시각
- 재(在)/주(駐): 재남가주 동문회, 주루마니아 대사관
- 총(總): 총예산, 총공격, 총인원
- 탈(脫): 탈냉전 시대, 탈학교 청소년

어때요, 띄어 쓸까 붙여 쓸까 고민되던 녀석들이죠? 이 중에서도 특히 자주 띄어 쓰시는 '대'와 '별', 붙여 써주시고요, 더 주의해야 할 것은 '총'입니다. 명사 앞에서는 앞에서처럼 붙여 쓰지만, 통틀어 숫자가 얼마인지를 말할 때는 그 숫자를 꾸미는 '관형사'로 쓰이기 때문에 띄어 써야 하거든요. "총 여덟 명", "총 600쪽"처럼 말이죠.

- 경(頃): 새벽 네 시 반경, 모레경에는, 20세기 초경
- 꼴: 한 개에 100원꼴, 매일 열 명꼴
- 당(當): 시간당, 1인당, 한 마리당
- 발(發)/행(行): 인천발 광저우행, 유럽발 위기, 결승행 티켓
- 분(分): 초과분, 백 명분, 일 년분
- 백(白): 주인백, 관리소장백
- 산(産): 터키산 양탄자, 상주산 곶감, 2015년산 제품
- 호(號): 새마을호, 타이타닉호, 인듀어런스호

이상은 띄어 쓰기 쉬운 접미사들입니다. 특별히 보태서 설명할 만한 내용은 없고 그냥 눈에 익혀 두시면 좋겠다 싶지만, '뭐 이렇게 많아? 저걸 일일이 다 외우라고?' 하며 미간을 찌푸리실 여러분의 모습이 눈앞에 보이는 듯도 하네요……. 물론 그렇게 투덜거리면서도 공책에 적어 가며 외우시겠다면야 얼마든지 환영입니다만, 그러지 않고 편하게 읽고 계신 분들은

그냥 접사란 이런 거고 붙여 쓰는구나 정도의 감각만 익혀 두셔도 좋겠습니다.

> ▶ 다음 형태의 글자들은 접사이므로 앞말 혹은 뒷말에 붙여 쓴다.
>
> 오천 명가량 입장했습니다.
> 네까짓 게 그래 봤자지!
> 그럼 한 개에 5000원꼴이네?
> 대체 나다운 게 뭔데! (*답다)
> 솔직히 대테러 대책은 핑계지.
> 반노예 상태나 다름없었죠.
> 겨우 열 살배기 애일 뿐이야.
> 종류별로 묶어 놓았습니다.
> 내 형님뻘 되시는 분이야.
> 58년생 개띠입니다.
> 딸기 오천 원어치만 주세요.
> 주러시아 한국 대사관
> 이게 대체 몇 번째니?
> 너희쯤이야 한 손으로도 충분해.
> 올해의 총결산을 해보았다.
> 탈조선이라는 말이 자주 보인다.
> 네놈은 당장 교도소행이다.
>
> 아마 밤 열 시경이었을 겁니다.
> 건물 입구께에 있을게.
> 같은 것끼리 묶어라.
> 최저임금이 시간당 얼마지?
> 반정부적 움직임을 억누르겠단 거지.
> 오늘 들어온 도쿄발 소식입니다.
> 좀 조용히 합시다. — 고시원 총무백
> 총 300인분을 준비해 놓았다.
> 1994년산 보르도 와인
> 한 번에 두 개씩 먹지 마!
> 재밴쿠버 한인 엔지니어 협회
> 오만 원짜리밖에 없는데요.
> 그냥 쟁반째로 주세요.
> 오늘쯤엔 연락하려고 했어요.
> 말치레로 그러는 거 질색이야.
> 홋, 볼수록 헛점투성이로구나!
> 세월호를 잊을 수 없습니다.

여기서 접사와 관련해서 하나 짚고 넘어갈 내용이 있습니다. 다음 문장을 한번 볼까요? "배송이 완료 되었다는데 물건을 못 받아서 확인 하니 경비실에 있어서 이제야 수령 했다." 뭔가 좀 어색한 기운이 느껴지시나요? 네, "완료되었다고", "확인하니", "수령했다"처럼 붙여 써야 하는 걸 잘못 띄어 썼네요. 이렇게 명사 뒤에 붙는 '하다'와 '되다'를 띄어 쓰는 분들이 종종 있으시더라고요. '이걸 대체 왜 띄어?'라고 생각하시는 분들이라도 혹시 이런 의문 안 가져 보셨어요? '하다'는 어떨 때 붙이고 어떨 때 떼지? '업그레이드하다', '카톡하다' 같은 건 어떻게 써야 하지? 지금부터 이 문제에 대해 이야기해 볼까 합니다.

사전을 찾아보면 '하다'는 동사로도 쓰이고 접사로도 쓰입니다. 예컨대 "사랑을 <u>하다</u>", "밥을 <u>하다</u>"에서는 목적어('사랑', '밥')를 필요로 하는 동사인 반면, "사랑<u>하다</u>", "밥<u>하다</u>"에서는 앞말에 붙어 동사를 만들어 주는 접사지요. 이렇게 구문의 의미가 같아도 생긴 모양에 따라 '하다'의 문법적 역할이 달라진답니다. 아무튼 명사 뒤에 접사 '하다'가 붙은 수많은 단어들이 한 단어로 굳어 사전에 등재되어 있어요. '발송하다', '제안하다', '순수하다', '행복하다'……. 이 접사 '하다'는 명사뿐 아니라 부사 뒤에도 붙을 수 있어서 '반짝하다', '빨리하다', '덜컹하다' 등도 사전에 등재되어 있답니다.

문제는 사전의 접사 '하다' 항목에 "일부 명사 뒤에 붙어"라는 단서 조항이 붙어 있다는 거예요. 대체 어떤 명사는 되고 어떤 명사는 안 되기에 '일부 명사'라는 애매한 말을 달아 놓았느냔 말이죠. 예를 들면 '다운로드하다'나 '카톡하다'는 사전에 등재되어 있지 않은데 붙여 써야 하나요, 띄어 써야 하나요? 이 질문에 국립국어원은 명쾌한 답을 주고 있지 않습니다. 어학사전이란 단어를 구사하기 전에 그 정확한 뜻과 용법을 미리 알기 위해 찾아볼 수도 있고(어떻게 쓰는 게 맞는지 알려 주는 '규범적 기능'), 이미 사용된 단어가 어떠한 뜻과 용법으로 쓰였는지를 알기 위해 찾아볼 수도 있습니다(쓰인 단어가 어떤 의미를 갖는지 알려 주는 '해석적 기능'). 이 두 가치를 한 권의 사전에 버무려 담는 게 쉽지는 않을 거예요. '하다'가 접사로 쓰이는 경우가 분명히 있으니 사전에 싣기는 해야겠는데, 그렇다고 어느 경우에만 쓰인다고 꼬집어 말할 수도 없고……. 그 난감함이 결국 "일부 명사 뒤에 붙어"라는 애매한 구절로 정리된 게 아닐까 싶네요.

마침 누군가 국립국어원 홈페이지에 '카톡하다'의 띄어쓰기에 대해 질문해 둔 것을 발견했는데요, 이런 답변이 달려 있더라고요. "'카톡하다'의 경우는 아직 사전에 올라 있지 않은 표현으로 '사람이나 동물, 물체 따위가 행동이나 작용을 이루다'의 '하다'를 붙여 '카톡(을) 하다'와 같이 쓰는 것이 어떨까 합니다"라고요. 명색이 국립국어원인데 아직 사전에 올려 두지 않은 단어를 쓰라고 권장하는 흔적을 인터넷에 남겨 두는 건 좀 그렇고, 그렇다고 쓰지 말라고 엄격하게 고집할 수도 없으니 "어떨까 합니다" 같은 소심한(?) 표현이 나온 것 같습니다. 뭐, 이 정도는 너그러이 이해해 주자고요.

결론을 이야기하자면, 사전에 등재되지 않은 '□□ 하다'는 원칙적으로는 띄어 쓰는 게 맞습니다. 하지만 그걸 금과옥조처럼 떠받들 필요까진 없다는 게 제 생각이에요. '업그레이드하다'와 '업데이트하다'는 사전에 올라 있으니 붙여 쓰고, '다운로드하다'는 사전에 안 올라 있으니 '다운로드 하다'나 '다운로드를 하다'로 고쳐 쓴다니 이상하잖아요? '다운로드하다'라고 쓰고 접사로 썼다고 우기면 그만이죠, 뭐! (참고로 국립국어원은 '다운로드하다'를 '내려받다'로 순화해서 쓰기를 권장하고 있습니다. 그래서 사전에도 안 올려놓았나 봐요.) 같은 논리를 '되다'에도 적용할 수 있겠죠? 사전에 '발송되다'는 실려 있고 '배송되다'는 실려 있지 않다고 해서 꼭 '배송이 되다'나 '배송 되다'라고 써야 할 필요는 없겠습니다. 요령껏 붙여 쓰자고요.

물론 명사 뒤의 '하다'나 '되다'를 무조건 붙일 수 있는 건 아닙니다. 이를테면 "커피 하실래요?"(먹다/마시다), "추우니까 꼭 목도리 하고 가라"(착용하다), "과학 하는 사람으로서"(종사하다)처럼 동사 '하다'의 다른 여러 용법에 속하는 경우까지 그럴 수는 없죠. '커피하다', '목도리하다', '과학하다'가 별도의 동사로 인정되는 건 아무래도 시기상조 같고요. '되다' 역시 "나 오늘 완전히 바보 되었어", "다음 달에 엄마 된다며?"처럼 피동의 의미가 아니라 '진짜로 그것이 되는' 것을 의미할 때는 띄어 써야겠습니다.

무조건 붙일 수 없는 다른 경우가 하나 더 있는데요, 이건 약간 난이도가 높으니 잘 따라오세요. "그런 생각하는 건 위험해" 같은 문장에서는 '하다'를 붙여 쓰면 안 됩니다. 이 문장은 "그런 생각을 하는 건 위험해"처럼 조사가 생략되어 있거든요. 아니, 그렇게 따지면 '사랑하다'와 '업그레이드하다'도 '사랑을 하다', '업그레이드를 하다'를 줄인 거 아니냐고요? 근데 이건 왜 못 줄이게 하느냐고요? 바로 문장 맨 앞의 '그런'의 존재 때문이지요. "그런 생각을 하다"를 "그런 생각하다"라고 쓰면 의미의 단위가 뭉개져 버리잖아요? 아직 갸우뚱하실 것 같으니 예문으로 몇 개 더 살펴볼게요.

- 자기 이야기 하는 데 바빠서 정신이 없었다.
  그는 자기 자신에 대해 이야기하는 것을 즐겼다.
- 듣기 싫은 말 하는 데에는 일가견이 있다.
  듣기 싫다고 해도 계속 말하는 사람들이 꼭 있다.
- 그런 터무니없는 자랑 하는 녀석이 어디 제정신이냐?
  그렇게 터무니없는 걸 자랑하는 녀석이 내 아들이라니.

위 문장들은 모두 제대로 띄어 쓴 문장입니다. "자기 이야기", "듣기 싫은 말", "터무니없는 자랑"을 하나의 묶음으로 봐서 뒤에 오는 '하다'를 붙이지 않는 거 보이시나요? 너무 어렵다는 생각 하실 수도 있고, 별로 안 어렵다고 생각하실 수도 있겠지만······ 나중에 이것과 비슷한 사례들이 또 나올 테니까 그때 다시 생각해 볼 기회가 있을 거예요!

그러고 보니 '하다'와 '되다'보다는 좀 덜 쓰이지만 또 빼놓을 수 없는 것이 있습니다. 이것까진 모르셨던 분들 많으실 텐데요, 피동의 의미를 가지는 '당하다'와 '받다', 그리고 공손한 행위의 뜻을 더하는 '드리다' 또한 모두 접사라는 사실! 모두 앞말에 붙여 써야 한답니다. 아래처럼 말이죠.

- 무시당하다, 이용당하다, 수색당하다, 퇴출당하다
- 차별받다, 대접받다, 강요받다, 진찰받다
- 말씀드리다, 설명드리다, 공양드리다, 사죄드리다

주의할 점은 피동과 공손의 의미가 아니라 진짜로 무언가를 받고 주는 경우까지 붙여 쓰면 안 된다는 겁니다('당하다'는 그럴 일이 없으니 그냥 붙여 쓰면 돼요). "복 받으실 겁니다", "통지서 받았어?", "용돈 드렸어"처럼요. 구체적인 사물이나 대상을 가리키는 명사 뒤에서는 띄어 쓰지만, 동작이나 상태와 관련된 추상적인 명사 뒤에서는 붙여 쓴다고 보면 됩니다. 거칠게 말하자면, 짝을 이루는 말이 '하다'인지 '주다'인지 따져 보세요. '차별받다'의 반대말은 '차별하다'지 '차별주다'가 아니잖아요? '통지서 받다'의 반대말은 ('통지서하다'가 아니라) '통지서 주다'인데 말이죠. '설명드리다'의 낮춤말은 '설명주다'가 아니라 '설명하다'인데, '용돈 드리다'의 낮춤말은 '용돈 주다'이지 '용돈하다'가 아니고요. 단, 이렇게 '하다'와 꼭 일대일로 교환이 되지 않더라도 '행위성'을 가진 추상적인 명사들 뒤에서는 붙여 쓴답니다. '미움받다', '버림받다', '강요받다', '충격받다' 등이 그러한 예들이에요. 자, 그럼 걸려오는 전화를 받을 때 '전화받다'이고, 전화기를 건네받을 땐 '전화 받다'인 것도 아시겠죠? 방금 설명드린 게 어렵진 않죠?

> ▶ 명사 뒤에 붙어 접사로 쓰인 '하다', '되다'는 붙여 쓴다. 단, 의미상 하나의 명사가 아니라 앞의 '구절' 뒤에 연결될 때는 붙여 쓰지 않는다.
>
> ▶ 명사 뒤에서 피동의 의미를 더하는 '당하다', '받다'와 공손의 의미를 더하는 '드리다'는 접사이므로 붙여 쓴다. 단, 정말로 주고받을 때 쓰는 동사 '받다'와 '드리다'는 붙여 쓰지 않는다.

과감하게 띄면 그만, 의존명사

지금까지의 내용을 정리해 보면 이렇습니다. ① 모든 단어는 띄어 쓴다. ② 그래도 조사는 붙인다. ③ 어미와 접사는 별도의 단어가 아니라 단어를 구성하는 일부이므로 붙여 쓴다. 어때요, 깔끔하죠?

헌데 어쩐지 신경 쓰이는 녀석이 또 하나 있습니다. 바로 '의존명사'라는 녀석이에요. 이 녀석은 이름에도 분명히 드러나 있듯 '명사'이고 그렇기에 '단어'라서 ②나 ③까지 갈 것도 없이 그냥 띄어 쓰면 그만입니다. 그런데 문제는 이 녀석들이 어째 명사처럼 안 보여서 자꾸 사람을 멈칫멈칫하게 만든다는 거예요.

의존명사의 대표적인 예로 '것'을 들 수 있겠네요. 우리는 이 말 앞에 다른 무언가가 있어야 한다는 걸 직관적으로 알고 있습니다. 친구한테 '맛있는 것' 먹으러 가자고 한다든지, 드라마 속 재벌 아버지가 잔뜩 화가 나서 아들에게 '못난 것'이라고 한다든지, 철수가 영희의 일기를 또 '읽은 것' 같다든지 말이죠. 이렇게 '것' 앞에는 뭐가 됐든 다른 단어가 하나 있어야 하고, 그 앞말과 띄어 써야 하는 거죠. '것'은 '거', '게'(것이), '걸'(것을), '건'(것은) 등으로 변형되어 쓰인다는 것쯤은 다 알고 있으시죠? 'ㄹ걸', 'ㄴ걸', 'ㄹ게'를 이 의존명사 '것'과 헷갈리면 안 된다는 건 이미 말씀드린 바 있고요(41쪽 참조).

다른 명사들은 혼자서도 씩씩하게 쓰이는데 이렇게 남한테 기대어 살아가야 하는 슬픈 운명을 타고난 이런 친구들이 바로 의존명사입니다. 하지만 따지고 보면 인간도 딱히 다를 바 없으니 너무 짠해하진 마세요. 어쨌든 "창피할 따름이다", "부끄러울 뿐입니다", "아픈 데를 찔렸어", "잘생겼기에 망정이지"에서 밑줄 친 것들이 바로 앞에 자신을 꾸며 주는 다른 단어들을 필요로 하는 의존명사랍니다('망정'은 어미로도 등장했던 녀석이네요). 그럼 **의존명사는 별도의 단어이니 띄어 써야 한다**는 사실을 염두에 두고 예문으로 넘어가 볼까요?

- 어떻게 저런 생각 없는 말을 할 수가 있지?
- 국민 따위는 눈에 들어오지 않는 게지.
- 1년 치 할 욕을 다 하게 만드네.
- 집권하고 언제 잘한 적이 있던가?
- 잘하는 건 됐고 잘할 뻔한 것도 없는 거 같은데?
- 정치, 경제, 사회 등 뭐 하나 제대로 돌아가는 게 없어.

이 친구들이 갑자기 왜 이런 심각한 얘기를 시작했는지는 저로서도 도통 알 수가 없네요. 아무튼 중요한 건 위 문장들에서 밑줄 친 '수', '따위', '치', '적', '뻔', '등'이 모두 의존명사라는 사실입니다. 나오기도 자주 나오고 붙여 쓰기도 자주 붙여 쓰는 이 녀석들 꼭 기억해 주세요. 단, '따위'의 경우 보통의 명사들 뒤에서는 띄어 쓰지만 '이따위/그따위/저따위/요따위/고따위/조따위'는 한 단어로 굳어서 붙여 쓴다는 건 알아 두시고요.

참고로 「한글 맞춤법」에는 '등'처럼 "두 말을 이어 주거나 열거할 적에 쓰이는 말들은 띄어 쓴다"라는 규정이 있답니다(45항). "아침 겸 점심", "서울 대 수원", "육 대 삼", "사과 및 딸기", "열흘 내지 보름" 등이 예가 될 수 있겠네요. 이 중에서 '겸'과 '대'가 바로 의존명사랍니다('및'과 '내지'는 부사고요). '겸'은 명사를 나열할 때뿐 아니라 "명절도 쇨 겸", "얼굴도 볼 겸 해서" 같은 때에도 쓸 수 있어요. 역시 앞말하고 띄어 쓴 거 보이시죠?

- 아무리 그래도 이 정도일 줄은 몰랐는데.
- 그렇게 무능하고 무성의하기도 힘들 텐데 말이야.
- 대장 격인 사람이나 그 아랫사람이나 매한가지지.
- 그러고도 제 딴에는 잘한다고 생각할 거 아냐?
- 이제는 국민들 위하는 척하는 것도 포기한 것 같아. (=체)
- 포기하는 김에 자기 정치 생명도 포기해 줬으면 좋겠네.

'줄'과 '딴'도 붙여 쓰기 쉬운 단어인데 꼭 띄어 쓰셔야 합니다. "내딴에는 재밌는줄 알았지"가 아니라 "내ˇ딴에는 재밌는 ˇ줄 알았지"가 맞아요. '척/체'의 경우는 '척하다/체하다'가 한 단어라 뒤에 오는 '하다'를 붙여 쓴다는 것도 알아 두시고요.

두 번째 문장에 나오는 '텐'의 원래 모양은 '터'입니다. "등산을 갈 터이다"나 "이미 가버린 터였다" 꼴로 쓰이는 그 '터' 말이죠. 뒤에 오는 말에 따라 '터이야'는 '테야'로, '터이니'는 '테니'로, '터인데'는 '텐데'로 줄여 쓸 수 있는 건 다 아실 겁니다. "그거 내가 먹을 테야", "형도 배고플 텐데?", "형은 밖에서 뭐 먹고 들어올 테니까 괜찮아"처럼 모두 띄어 쓰면 됩니다만, 저럴 땐 일단 형한테 좀 물어보고 먹는 게 좋지 않을지……

- 그럴 양이면 이 지경까지 오지도 않았겠지.
- 이거 하라는 둥 저거 하라는 둥 시키는 건 어찌나 많은지.
- 그러는 통에 우리 같은 서민들만 죽어나잖아.

- 우리도 포기하자. 그 작자들이 정신 차릴 리가 없잖아?
- 나도 거의 포기할 참이야.
- 퇴임할 즈음에는 나라 꼴이 어떨까 싶다.

어쩐지 암울한 기분이 드는 건 필시 기분 탓일 겁니다. 암요, 그렇고말고요. 아무튼 티격태격하던 친구들도 이 부분에 대해서는 의견이 일치하며 화해의 기미가 보이니 그나마 다행이랄까요? 휴, 근데 왜 자꾸 한숨이 나지……. 밑줄 친 '양', '둥', '통', '리', '참', '즈음'이 의존명사라 띄어 쓴다는 걸 기억하겠다고 약속해 주신다면 이런 제게 작은 위로가 될 것 같네요.

▶ 다음의 단어들은 의존명사로서 앞말과 띄어 쓴다.

그럴 것까지는 없지 않나?   쇠귀에 경 읽는 격이지.
같이 밥도 먹을 겸 들렀어요.   가는 김에 내 것도 갖다 줘.
하는 둥 마는 둥 했어.   고사리, 미나리 등의 나물류
그리 말하니 유감일 따름이다.   태풍 따위에 꺾일 줄 알고?
내 딴에는 널 위해서 한 건데.   그 정도에 마음이 풀릴 리 없다.
내가 동작이 빨랐기 망정이지.   자칫하면 넘어질 뻔했어.
조금 당황했을 뿐이야.   어쩔 수 없었단 말입니다.
그는 기분이 매우 좋은 양했다.   거기 간 적 있지? 모를 줄 알아?
서른 즈음에 알게 되었지.   막 출발하려던 참이었습니다.
두 달 치 생활비란 말이야!   그러기가 쉽지 않을 터인데.
잔소리를 해대는 통에 말이야.   네 잘난 척(체)은 정말 지겹다.

의존명사와 관련하여 하나 더 알아 둘 것은 **단위를 나타내는 말들은 모두 의존명사**라는 겁니다. 그러니까 '킬로미터', '리터', '톤', '헥타르' 같은 것들 말이에요. 물론 "무게를 나타내는 단위로는 그램, 킬로그램, 톤 등이 있다" 같은 문장에서는 평범한 명사로 쓰이지만, '오십 킬로그램', '이천 미터' 같이 쓰일 때의 '킬로그램'과 '미터'는 앞에 무엇인가(여기서는 숫자)를 필요로 한다는 점에서 의존명사인 거죠. 그러니 '육백그램'이 아니라 '육백ˇ그램', '시속 육십킬로미터'가 아니라 '시속 육십ˇ킬로미터'로 띄어 써야 한답니다.

단, 앞말을 아라비아 숫자로 쓰거나 단위를 알파벳 기호로 쓸 때는 붙여 써요. 아마도 미학적인(?) 이유 때문인 것 같은데요, '육백 그램'은 '600그램' 또는 '600g'으로 쓸 수 있고(설마 '육백g'이라고 쓰실 분은 없겠죠?), '팔백 밀리리터'는 '800밀리리터'나 '800ml'로 쓸 수 있습니다.

단위가 영어로 된 것만 있는 건 아니죠. 종류가 얼마나 많은데요. 예컨대 '한ˇ달', '두ˇ달' 할 때의 '달'도 단위랍니다. '한달', '두달'로 자주 붙여 쓰시는데 그러면 안 돼요! '두ˇ시간', '삼ˇ주', '십ˇ년' 모두 띄어 쓰고요(물론 '2시간', '3주', '10년'은 붙입니다!). 이 외에도 '한ˇ가지', '두ˇ마리', '세ˇ뼘', '네ˇ살', '다섯ˇ권', '여섯ˇ채', '일곱ˇ명', '여덟ˇ대', '아홉ˇ잔', '열ˇ번', '이십ˇ회', '삼십ˇ리', '쉰일곱ˇ살', '칠십ˇ시간', '백오십만ˇ원' 등 수많은 단위들이 있습니다. 아무래도 한 글자짜리가 많아서 무심코 붙여 쓰기도 쉽고 가독성을 이유로 일부러 붙여 쓰는 경우도 꽤 많습니다만, 숫자와 결합하여 무언가를 세는 데 쓰이는 단위는 원칙적으로는 모두 띄어 쓴답니다!

여기에 하나 덧붙는 규정이 있습니다. 아라비아 숫자를 쓰지 않더라도 **'차례'를 나타내는 의존명사는 붙여 쓸 수 있다**는 거예요. 그러니까 개수를 세는 '오십 개'는 붙여 쓸 수 없지만 차례를 나타내는 '오십번'이나 '오십번째'는 붙여 쓸 수 있다는 거죠('번'에 접사 '째'가 합쳐진 '번째'도 하나의 의존명사예요). 이러한 예를 더 들어 보면 '십칠대(代)', '이십사등', '오십팔회', '백십삼차', '일학년', '구사단', '칠연대', '삼층', '팔단', '육급(級)' 등이 있습니다. 영어의 개념을 잠시 빌려오자면 'one-two-three'를 쓰는 곳에서는 못 붙여 쓰지만, 'first-second-third'를 쓰는 곳에서는 붙여 쓸 수 있는 거죠(물론 영어와 한국어의 용법이 달라서 정말 그대로 대응시키면 조금 애매할 겁니다. 개념만 참조하세요). '년', '월', '일', '시', '분', '초' 또한 넓은 의미로 '~번째'의 뜻을 포함하고 있기 때문에 붙여 쓰는 걸 허용하는 반면, '오 개년', '팔 개월', '일곱 시간' 등 '기간'을 나타내는 말은 붙여 쓸 수 없지요. 자, 그렇다면 여기서 퀴즈! '삼 일'의 띄어쓰기는 어떻게 될까요? 위를 힐끗 보시고 "띄어 쓰는 게 원칙이지만 붙여 쓸 수 있다"라고 의기양양 대답하신다면, 땡입니다! 설마 그렇게 쉬운 걸 내겠어요? '사흘'의 뜻일 때는 '기간'을 의미하니 띄어서만 써야 하고요("삼 일 동안 못 잤어"), 어느 달의 세 번째 날이라는 뜻일 때는 '차례'니까 띄어 써도 붙여 써도 되는 거죠("다음 달 삼일"). 차이를 아시겠지요?

이렇게 차례를 나타내는 의존명사와 함께 자주 쓰이는 단어로 '제'(第)가 있습니다. '제1법칙', '제2부', '제3장', '제4회', '제5도살장'처럼 쓰이죠. 여기서 대뜸 이 녀석 이야기를 꺼낸 이유는 **'제'가 접두사라 뒤를 띄어 쓰면 안 된다**는 걸 말씀드리기 위해서입니다. '제1 법칙'도 되고(원칙) '제1법칙'도 되지만(허용), '제 1법칙'으로 쓰면 틀려요. 많이들 틀리는 띄어쓰기이니 꼭 기억해 두세요!

여기서 숫자의 띄어쓰기도 보고 가겠습니다. 제일 기본이 되는 건 **"수를 적을 적에는 '만' 단위로 띄어 쓴다"**라는 규정입니다(44항). 어려울 것 없어요. "(일)천이백삼십사조˅오천육백칠십팔억˅구천(일)백이십삼만˅사천오백육십칠"이나 "1234조˅5678억˅9123만˅4567"처럼 적으면 됩니다. 만 단위가 안 되는 '36'과 '2580'은 '삼십 육', '이천 오백 팔십'처럼 줄줄이 떼지 마시고 '삼십육', '이천오백팔십'으로 붙여 적으면 되고, 만 단위를 넘어가는 '532700'은 '오십삼만˅이천칠백'으로 띄어 쓰면 돼요. 쉽지요? 아, 물론 계약서 따위에서는 변조 방지를 위해 전부 붙여 쓰는 관례가 있는 건 다 아실 테고요.

하나 더 말씀드리고 싶은 건 자릿수를 표시하는 쉼표의 사용법입니다. 보통은 세 자리마다 쉼표를 찍곤 하는데요, 천(thousand), 백만(million), 십억(billion)처럼 세 단위로 끊는 영

미식 숫자 세기에서 나온 관례임은 다들 알고 계시는 바입니다. 만, 억, 조, 경, 해처럼 네 단위로 끊어 세는 한국식으로라면 쉼표도 네 자리마다 찍어 주는 게 편하겠지만, 오랫동안 굳어온 '세 자리 쉼표'의 용법까지 뒤집기에는 아무래도 무리인가 봐요. 사실 앞의 규정대로 네 자리씩 띠어서 쓰는 것만 확실히 해주어도 크게 필요가 없기도 하고요.

이러한 관례를 인정한다면 '7059만 7121'과 '70,597,121'은 모두 가능한 표기라고 볼 수 있습니다(후자의 경우는 표나 그래프 같은 곳에 주로 쓰이죠). 다만 '7,059만 7,121'처럼 만 단위로 끊은 숫자 각각에 쉼표를 찍어 주는 것은 피해야 해요. 여기서 '만'을 떼어 다시 숫자로 만들면 '7,0597,121'이 되는데, 이건 한국어식도 영어식도 아닌 정체불명 해괴망측 표기가 되잖아요? 천 단위까지만 있을 때에야 '3152'로 쓰나 '3,152'로 쓰나 크게 상관없겠지만(하지만 이렇게 짧은 숫자에 군이 쉼표를 붙일 필요가 있을까요?), 만 단위가 넘어갈 때에는 위에서처럼 이상한 자릿수 표기를 하지 않도록 주의해 주세요.

숫자 쓸 때 조심할 점 하나 더 덧붙일게요. '300만'을 쓰려다 실수로 '300백만' 같은 요상한 표기를 하는 경우가 심심치 않게 보여서 말이죠. 규정에 안 맞는 표기지만 꾹 참고 계산해 본다 해도 3억이 되니 뜻도 안 맞잖습니까? '20십만', '500백원'처럼 숫자와 글자를 겹쳐 적는 실수는 하지 말자고요.

이번에는 '백수십', '수백개' 같은 데 쓰이는 '수'의 띠어쓰기에 대해 보고 갈까요? 어려울 거 없습니다. 그냥 숫자의 일부라고 생각하고 만 단위로 띄어 쓰면 돼요. 뒤의 단위랑도 띄고요. '수십˅개', '수백만˅인파', '수억˅원', '십수˅년', '수억˅수천만˅명', '수˅명', '수˅킬로미터'처럼요. 단, 이 '수'가 들어간 많은 단어들이 한 단어로 인정되어 사전에 등재되어 있다는 건 알아 두시면 좋겠네요. 수일, 수개월, 수년, 수회, 수차례 등은 모두 붙여 쓴답니다.

'몇'도 '수'와 마찬가지라 '몇십˅개', '몇백˅킬로그램', '몇천만˅명', '몇억˅원', '오백몇˅명', '이천몇˅킬로미터', '몇˅명', '몇˅가지'처럼 쓰면 됩니다. 다만 결정적인 차이가 하나 있는데, 숫자의 앞에 붙든 뒤에 붙든 의문문에서는 띄어 쓴다는 거예요. "이거 몇 십 개쯤이니?", "합격자는 삼백오십 몇 명인가?", "몇 억이나 받아먹었냐?"처럼 말이죠. 평서문에서 쓰는 '몇십', '백몇'은 뭉뚱그려진 하나의 수로 보지만, 의문문의 경우에는 그 '몇'에 초점을 맞추어 물어보는 것이기 때문이죠.

마지막으로 숫자 뒤에 '여'를 써야 할 때가 있죠. "이십여 년 동안", "10여 분 후에", "삼백여 명"처럼요. 이때의 '여'는 앞에서 봤던 '접사'이기 때문에 앞 숫자에 붙여 쓰면 됩니다. 아, 혹시나 해서 덧붙이자면, '여'(餘)는 '남을 여'라서 그 수를 '넘을' 때만 쓸 수 있는 말이에요. 대략을 의미하는 '약'(約)과는 의미가 다르니 주의하시길! 자, 어때요, 이 정도면 어떤 숫자라도 잘 띄어 쓰실 수 있겠죠?

▶ 단위를 나타내는 말들은 의존명사이므로 띄어 쓴다. 단, 앞에 오는 수를 아라비아 숫자로 쓸 때나 단위를 기호로 표기할 때는 붙여 쓴다.

▶ 차례를 나타내는 의존명사는 붙여 쓰는 것을 허용한다.

▶ '제'(第)는 접두사이므로 뒤를 띄어 쓰지 않는다.

▶ 숫자는 '만' 단위로 띄어 쓴다. '수'와 '몇'도 숫자의 일종으로 보고 같은 방식으로 띄어 쓴다. 단, 의문문에서의 '몇'은 무조건 띄어 쓴다.

▶ '여'(餘)는 접사이므로 앞의 숫자에 붙여 쓴다.

조사냐 어미냐 접사냐 의존명사냐 – 네 정체를 밝혀라!

조사, 어미, 접사는 붙여 쓰고 의존명사는 띄어 쓰는 거 알겠으니 이 정도면 된 거 아니냐고요? 그렇다고 말씀드릴 수 있다면야 제가 제일 신날 텐데 거짓말은 차마 할 수 없고, 휴우……. 지금까지 본 것들은 그래도 정직해서(혹은 연기가 서툴러서) 정체를 잘 숨기지 못하는 녀석들이고, 생긴 모양이 똑같아서 조사인지 어미인지 접사인지 의존명사인지 쉽게 알기 힘든 녀석들이 꽤 있거든요. 이런 녀석들은 의미와 용법에 따라 띄어쓰기가 달라진답니다. 지금부터 이런 난감한 녀석들을 불러내서 하나씩 살펴볼 거예요. 실제로 도움이 많이 될 부분이니 잘 따라와 주시길!

(ㄱ) 소주를 마실지 맥주를 마실지는 내가 정한다.

(ㄴ) 술을 마시지 않은 지 무려 사흘이나 되었다.

우선 '지'입니다. 같은 '지'지만 띄어쓰기가 다른데요. (ㄱ)에 나오는 두 개의 '지'는 모두 선택의 의미를 내포한 '어미'이고, (ㄴ)의 '지'는 시간의 경과를 의미하는 '의존명사'랍니다. 어미는 붙이고 의존명사는 띄어 쓰는 거 아시지요?

어미 '지'에는 선택의 의미 말고도 다양한 용법이 있어요. "나는 돈을 받지 않았다", "그렇지 않다", "거짓이지 사실이 아니다" 모두 어미 '지'가 쓰인 용례랍니다. 여러 경우가 있어서 헷갈릴 것 같지만 **'시간이 얼마나 지났나'와 관련되어 있는 경우만 떼고, 나머지 경우에는 모두 붙인다**고 기억해 두면 틀릴 일이 없을 거예요. 그럼 예문을 몇 개 더 보면서 감을 잡아 보시죠.

- 그 일을 맡을지 말지는 아직 결정하지 못했습니다.
- 밥 먹은 지 얼마 되지 않았는데 벌써 배고프다.
- 무슨 일이 일어났는지 누가 속 시원히 말 좀 해줘요.
- 할머니께서 돌아가신 지 이십 년이 지났지.
- 기차가 언제 도착하는지 아시나요? 언제가 될지……
- 지금이 몇 시인지는 알 수 없다.

  (※ 마지막 두 문장에서 시간은 대화의 소재일 뿐 여기서의 '지'는 시간의 '경과'와는 아무 관련이 없습니다!)

（ㄱ) 우리만 마신 게 아니라 쟤네도 마셨다고요!

（ㄴ) 두 달 만에 만났으면 재밌게 술 마시지 왜들 싸워.

（ㄱ)의 '만'은 쉽게 말해 'only'의 뜻이죠. "왜 나만 갖고 그래", "밥만 먹고 살 수 있나", "꼭 그런 것만은 아니야" 등등 꽤 자주 쓰이는 조사니까 익숙하실 겁니다. 여태껏 써오신 대로 편안하게 붙여 쓰시면 그만이에요. 반면 （ㄴ)의 '만'은 지속된 '기간'(혹은 횟수)을 나타내는 의존명사라 띄어 씁니다. '지'와 마찬가지로 **기간을 이야기할 때만 떼면 되니** 함께 기억해 두면 편하겠죠?

- 고기만 먹지 말고 야채도 많이 먹어. 너만 먹어.
- 만난 지 열흘 만에 사귀기 시작했다.
- 일 년 만의 나들이에 아이들만 신났다.
- 네가 날 어떻게 생각하는지만이 중요할 뿐이다.
- 이야, 대체 이게 얼마 만이니?
- 더도 말고 덜도 말고 다섯 번만 더 시도해 보자.
- 그 실험은 다섯 번 만에 성공했다. (※ 지속된 횟수)

（ㄱ) 한 달간의 금주 뒤에 마시는 술은 꿀맛이로구나!

（ㄴ) 서로 간에 예의를 지켜야 즐거운 술자리가 된다.

（ㄱ)의 '간'은 기간을 나타내는 접사라 붙여 쓰고, （ㄴ)의 '간'은 '사이'를 나타내는 의존명사라 띄어 씁니다. 의존명사 '간'은 추

상적 사이와 물리적 사이 모두에 쓰일 수 있지요. '간'의 띄어

쓰기 역시 '지'와 '만'과 마찬가지로 시간(혹은 기간)과 관련되었

는지의 여부로 판단할 수 있는데요, 주의할 점은 위의 두 개와

는 반대라는 사실! 그러니까 **기간과 관련되어 있을 때에만 붙여 쓴**

다는 거죠. 뭐가 이 모양이냐고 화가 나실지도 모르지만, 아니,

화나신 지 벌써 오래인지도 모르지만, 그래도 이렇게라도 묶어

서 기억할 수 있는 게 어디예요……. 아무쪼록 파이팅입니다!

- 서울–광주 간 KTX 철로가 개통되었다.
- 부모 자식 간에 그러는 거 아니다.
- 지역 간 격차가 매우 커서 문제가 되고 있다.
- 지난 일 년간 대한민국에는 무슨 일이 있었던 걸까.
- 지리산에서 십 년간 수련하신 우리 도사님!
- 어쨌든 간에 일단 만나서 이야기하자.
- 밥이건 죽이건 간에 일단 좀 먹고 보자.
- 당신이 무슨 일을 하든 간에 저로서는 알 바 아닙니다.

마지막 세 유형의 문장에서도 띄어 쓴다는 거 눈에 익혀 두

시면 좋겠네요. 덧붙여 의존명사 '간'이 붙어 한 단어로 굳은

것들이 몇 개 있으니 기억해 두시면 좋겠고요. '부부간', '부자

간', '모녀간', '부녀간', '모자간', '형제간', '자매간', '남매간', '동

기간'(학교나 회사의 '同期'가 아니라 형제·자매·남매를 뜻하는 '同

氣'), '고부간' 등이 그 예랍니다.

> (ㄱ) 술잔이 비었는데 채워 주지를 않으니 화날 <u>만하지</u>.
>
> (ㄴ) 그래도 그렇지, 덩치는 산<u>만 한</u> 놈이 쪼잔하게 왜 그래?

'만'은 앞에서 이미 살펴보았는데요, 이번엔 '만하다' 꼴로 쓰이는 두 놈을 따로 묶어 보았습니다. (ㄱ)처럼 '~할 만하다' 식으로 쓰이는 '만'은 타당한 이유가 있거나 그러한 것이 가능함을 나타내는 의존명사입니다(기간을 나타내는 의존명사 '만'과는 별개의 존재예요). 의존명사니까 띄어 써야겠지요? 단, '화날 만 하지'라고 뒤까지 띄어 쓰시면 안 됩니다. '만하다'가 한 단어로 사전에 등재되어 있거든요.

반면 (ㄴ)처럼 무언가를 비교할 때 쓰는 '~만 하다' 꼴은 앞말에 붙이고 뒤를 뗍니다. '만'은 조사라 붙이고 '하다'는 별도의 동사로 봐서 띄어 쓰는 거지요. 반대말이 '~만 못하다'라는 걸 생각하면 좀 더 쉽게 띄어 쓰실 수 있겠죠?

- 쥐꼬리<u>만 한</u> 월급으로 살아가야 하는 딱한 젊은이들.
- 그 일을 해낼 <u>만한</u> 실력을 갖춘 사람이 찾기 쉽겠니?
- 황의조 선수<u>만 한</u> 훌륭한 공격수는 흔치 않지!
- 내가 너<u>만 한</u> 자식이 있어! / 저도 아저씨<u>만 한</u> 아버지가 계십니다.
- 잊을 <u>만하면</u> 자꾸 떠올라서 미치겠어요.
- 네가 아무리 잘해 봐야 그 사람<u>만 할</u>까?
- <u>그만한</u> 일로 그렇게 호들갑을 떨다니!

(※ 원칙대로라면 '그만 한'이 맞지만, '그만하다'는 한 단어로 굳어서 쓰인답니다. '이만하다/저만하다/고만하다/조만하다/요만하다' 등도 마찬가지라 '이만한/저만한' 등도 붙여 쓰고요.)

• 그런 무책임한 행동을 하다니 애인이 그럴 만도 하네.

(※ '만하네'는 원래 붙여 쓰지만, 여기에서처럼 다른 조사가 끼면 붙여 쓸 수 없어요. "먹을 만은 한가?"도 마찬가지!)

(ㄱ) 이 시간에 연 술집은 여기밖에 없네.

(ㄴ) 술집 밖에 있지 말고 먼저 들어가 있어.

(ㄷ) 혼자 기다리고 있기 뻘쭘하니 먼저 한 잔 마실밖에.

(ㄴ)의 '밖에'는 문자 그대로 '밖'(=바깥)이라는 명사에 조사 '에'가 붙은 경우라 앞말과 띄어 씁니다. '바깥에'라고 바꿔 써도 완벽히 호환이 되지요. 반면 (ㄱ)에서처럼 'only'의 뜻으로 쓰이는 '밖에'는 조사라서 앞말에 붙여 쓴답니다. 이 조사 '밖에'가 쓰이는 흔한 예가 바로 "할수밖에없다"인데요, 어떻게 띄어 쓰는 게 맞을까요? 잠시 생각해 보시고…… 정답은 "할∨수밖에∨없다"입니다. '수'는 의존명사이니 띄고 '밖에'는 조사니까 붙여 쓰는 거죠. 별로 어렵지 않지요? 앞으로 "할수∨밖에∨없다"나 "할∨수∨밖에 없다"라고 쓰시면 기껏 설명한 제 입장에선 허탈할 수밖에 없다…….

한편 (ㄷ)은 자주 보이는 형태는 아니지만 종결 어미 'ㄹ밖에'입니다. "~할 수밖에 다른 수가 없다"라는 뜻이니 조사 '밖에'의 사촌쯤 된달까요. 어미라서 체언에 못 붙고 용언에 붙는다는 차이가 있을 뿐, 실제로 (ㄷ)의 문장도 "한 잔 마실 수밖에"라고 고쳐도 아무 위화감이 없답니다. 이렇게 (ㄱ)과 (ㄷ)처럼 그것밖에 없다는 의미일 때는 붙여 쓰고, (ㄴ)처럼 '바깥'이라고 고쳐 쓸 수 있을 때만 띄어 쓴다고 생각하면 별로 어려울 게 없겠어요.

그럼 '그밖'의 띄어쓰기는 어떻게 할까요? "그밖의 안건들"을 "그 바깥의 안건들"이라고 고치면 어색하다고 (ㄱ)에서처럼 덜컥 붙여 쓰면 안 된답니다. 그렇다고 여기서 '밖'이 'only'의 뜻은 아니잖아요? 모양만 보지 말고 의미를 함께 보셔야죠. 주어진 범위의 것 '바깥'을 의미하기 때문에 (ㄴ)의 경우라 볼 수 있습니다. '그 밖의', '그 밖에'라고 띄어 써야 하죠. 아, 그러고 보니 띄어쓰기에 따라 문장의 뜻이 달라지는 예를 들 수 있겠네요. "그밖에 없어"라고 하면 "오직 그 사람뿐이야"라는 뜻이지만, "그 밖에 없어"는 "거기 바깥에 없어"라는 뜻이 되니 꼭 구분해서 써야겠습니다.

관련해서 함께 보면 좋을 것이 '그외'와 '이외'입니다. 여기서의 '외'(外)가 '바깥 외' 자니까 의미상 '그 외에도', '그 외의 것', '이 외에는'처럼 띄어 쓰는 게 맞아요. 하지만 하나 주의해야 할 건 '이외'(以外)라고 붙여 쓰는 경우가 있다는 겁니다. 다음 예문들을 볼까요?

- 이 외에는 모두 가짜다.

- 이 이외에는 모두 가짜다.

- 이것 외에는 모두 가짜다.

- 이것 이외에는 모두 가짜다.

모두 뜻이 같고 바르게 띄어 쓴 문장이랍니다. '무엇 외에'와 '무엇 이외에'를 모두 쓸 수 있고, 그 '무엇'의 자리에 대명사 '이/이것'이 올 수도 있는 거 이해가 되시나요? 반면 "그 외에는 모두 가짜다"는 가능하지만, "이것 그외에는 모두 가짜다"라고 쓰지는 않으니 '그외'를 붙여 쓸 일은 없다고 보면 됩니다. 자, 그럼 정리하는 예문과 함께 복습을 해보죠.

- 사랑밖에 모르는 나는 거기밖에 갈 곳이 없었어요.

- 이 문제를 해결할 사람은 그밖에 없다.

- 너희 정말 그렇게밖에 못 하겠니?

- 이 이야기는 여태까지 너에게밖에 한 적 없어.

- 반지하 창문 밖에 고양이 그림자가 스쳐 지나갔다.

- 저 밖에 있었던 사람은 저밖에 없다고요!

- 어이가 없다고밖에 말 못 하겠네. 기가 막힐밖에……

- 그 밖의 다른 건의 사항은 게시판을 이용해 주세요.

- 그 외에도 많은 볼거리들이 관람객을 맞았다.

- 이 외의 일은 절대 발설하지 마라.

- 그 넓은 펜션에 우리 가족 이외에는 아무도 없었다.

(ㄱ) 난 당연히 더 마실 수 있어. 네 상태가 걱정될 뿐이지.

(ㄴ) 괜찮으니 안주나 더 시켜. 남은 거라곤 깍두기뿐이네.

이번에는 '뿐'입니다. (ㄱ)의 '뿐'은 '~할 따름이다'라는 뜻을 갖는 의존명사라 띄어 쓰고, (ㄴ)의 '뿐'은 '그것만이고 더는 없음'의 뜻을 가진 조사라 붙여 쓰지요. 뜻으로 구분하는 게 약간 헷갈릴 수 있는데요, 다행히도 우리를 도와줄 공식이 하나 있으니, **앞말이 용언이면 뒤에 오는 '뿐'은 의존명사라 띄어 쓰고, 앞말이 체언이면 뒤에 오는 '뿐'은 조사라서 붙여 쓴다**는 거죠. "걱정될 뿐"과 "깍두기뿐"만 봐도 딱 감이 오지 않습니까? "그럴 뿐 아니라", "전해 들었을 뿐", "왼손은 거들 뿐", "가진 건 이것뿐", "그곳에는 애들뿐", "열 명뿐" 등등…… 어렵지 않죠? 단, 동사도 형용사도 아닌 주제에 활용을 하는 독특한 녀석이라고 말씀드렸던 '이다'(39쪽 참조)는 용언으로 봅니다. "너일뿐 아니라"가 아니라 "너일 뿐 아니라"가 맞는 것도 이 때문이죠. 많이 쓰는 문장 형태 중 하나인 "~할∨뿐(만)∨아니라"와 "~일∨뿐(만)∨아니라"의 띄어쓰기를 기억해 두시면 좋겠네요. 어미 'ㄹ뿐더러'를 쓰기 때문에 붙여 써야 했던 "~할뿐더러"와 "~일뿐더러"와 비교해서 함께 말이에요(40쪽에 나왔었죠).

그리고 조사 뒤에 연달아 붙는 조사 '뿐'까지 '앞에 체언 아니네?' 하며 띄어 쓰면 안 됩니다. "너뿐 아니라"는 붙여 쓰는 걸 쉽게 알 수 있는데, "너에게서뿐 아니라"에서의 '뿐'을 띄어 쓰지 마시라고요. 조사는 몇 개가 되든 붙인다는 거 기억하고 있으시죠?

지나가는 이야기 하나 보태면, 문장을 "뿐만 아니라"라고 시작하는 경우 있잖아요. 이게 엄밀히 말하자면 문법적으로는 잘못된 거랍니다. 생각해 보세요. 의존명사건 조사건 '뿐'은 앞에 다른 단어가 필요하잖아요? 그러니 "이뿐만 아니라", "그뿐만 아니라", "그뿐 아니라"라고 하면 모를까, 앞에 아무것도 없이 "뿐만 아니라"라고 문장을 시작하는 건 옳지 못한 어법이 되는 거죠. 크게 거부감이 없으시다면 이왕이면 어법을 지켜주시는 것도 좋을 것 같네요.

- 이 난국을 타개하실 분은 선생님뿐이십니다.
- 아무리 그래도 넌 나한테 친구일 뿐이라니까.
- 그 자식, 너랑뿐 아니라 그 여자랑도 연락하고 있더라.
- 밥만 한 끼 먹었을 뿐이라는데?
- 나뿐 아니라 우리 모두가 그저 그를 아낄 뿐이다.
- 육체적으로뿐 아니라 정신적으로도 성숙했다.
- 육체적으로 성장하다뿐 아니라 정신적으로 성숙했다.

마지막 문장의 경우 용언인 '성장하다' 뒤라서 띄어 써야 할 것 같지만, "육체적으로 성장하다"가 통째로 하나의 명사구 역할을 하고 있기 때문에 붙여 쓴 겁니다. "머리가 어지럽다뿐 아니라 가슴도 울렁거린다"에서도 마찬가지고요. 좀 헷갈리실 수도 있고 자주 쓰이는 형태의 문장도 아니지만(보통 "육체적으

로 성장했을 뿐 아니라", "머리가 어지러울 뿐 아니라"처럼 많이 쓰죠),
이런 경우도 있을 수 있다는 것 정도는 알아 두세요.

> (ㄱ) 아쉬운 대로 가볍게 먹고 일찍 헤어지자.
> (ㄴ) 가볍게? 됐어. 난 나대로 2차 갈 테니 넌 너대로 집에 가.

(ㄱ)의 '대로'는 "어떤 모양이나 상태와 같이"의 뜻을 가진 의
존명사입니다. 의존명사 '대로'는 이 외에도 뉘앙스가 비슷하
면서도 다른 여러 가지 뜻을 가지는데요, "~하는 즉시 또는 족
족"의 의미를 갖기도 하고("도착하는 대로", "틈나는 대로"), 상태
의 심각함을 나타내기도 합니다("망할 대로 망했다"). "할 수 있
는 최대한"이라는 의미도 있고요("될 수 있는 대로"). 어떤 경우
든 의존명사이니 띄어 씁니다. 한편 (ㄴ)의 '대로'는 따로따로
구별됨을 나타내는 조사이고, 조사 '대로'에는 이 뜻 이외에도
"앞말에 근거해서"의 뜻도 있습니다("법대로", "매뉴얼대로").

  의존명사 '대로'든 조사 '대로'든 뜻이 많아 헷갈릴 것 같
지만, 구별하는 방법은 간단합니다. '뿐'과 마찬가지로 **체언 뒤에
서는 붙이고 용언 뒤에서는 뗀다는 것!** 위 단락에서 나온 것들만
봐도 "아쉬운 대로", "도착하는 대로", "틈나는 대로", "망할 대
로", "될 수 있는 대로" 등 용언의 활용형 뒤에서는 모두 띄어
썼지요? "나대로", "너대로", "법대로", "매뉴얼대로" 등 체언
뒤에서는 붙여 썼고요. 다른 예문들로 확인해 보겠습니다.

- 회의 자료는 인원수대로 준비해 주세요.

- 어머님이 돌아오시는 대로 출발할 겁니다.

- 그건 그거대로 문제고, 이건 이거대로 문제야.

- 제 마음대로 말해도 되겠습니까? 본 대로 느낀 대로요.

- 법대로 합시다. 법전에 쓰여 있는 대로 처리하자고요.

- 그런대로 지낼 만하지만 쓸쓸한 건 어쩔 수가 없네.

  (※ 공식에 따르면 '그런 대로'라고 띄어 쓰는 게 맞지만, '그런대
  로'가 한 단어로 굳은 말입니다.)

(ㄱ) 아무리 다녀 봐도 이 집만큼 괜찮은 집이 없어.

(ㄴ) 마실 만큼 마셨으니 이제 작작 좀 하고 집에 가자.

두 경우 모두 앞말과 비슷한 정도를 나타낸다는 점에서는 의미
상 큰 차이는 없습니다. 다만 (ㄱ)의 '만큼'은 조사고, (ㄴ)의 '만
큼'은 의존명사예요. 이것 역시 체언 뒤에 붙느냐 용언 뒤에 붙
느냐로 띄어쓰기 여부를 구분한다고 생각하면 만사 오케이!
물론 '이다'는 용언으로 취급해야겠죠?

- 내가 그 사람만큼 잘나가지는 못해도 양심은 있어.

- 그 시험은 까다로운 만큼 통과하기가 어렵다.

- 형이 나만큼 힘들어? 응?

- 그리 예뻐했던 만큼, 너희만큼은 안 그럴 줄 알았는데.

- 얼마만큼 무서워? 호랑이만큼? / 네가 무서워하는 만큼.

- 고생한 만큼 합당한 대가가 주어질 것이다.
- 큰일인 만큼 입단속 확실히 시켜.
- 큰일이니만큼 입단속 확실히 시켜.

  (※ '이다'를 활용한 '이니' 뒤니까 띄어 써야 할 것 같지만, '니만큼'과 '리만큼' 등은 별도의 어미로 인정받아 사전에 등재되어 있답니다.)

'뿐', '대로', '만큼' 세 가지는 이렇게 용언('이다' 포함) 뒤에서는 띄어 쓰고, 체언(조사 포함) 뒤에서는 붙여 쓴다는 걸 기억해 두시면 요긴하게 써먹을 수 있답니다.

- (ㄱ) 너나마 같이 마셔 준다니 정말 다행이지 뭐야.
- (ㄴ) 아쉬우나마 나로 괜찮다면야······.
- (ㄷ) 그 술집까지는 이십 분 나마 걸어야 하는데 괜찮지?

'나마'는 꽤 스펙터클하네요! (ㄱ)에서는 조사, (ㄴ)에서는 어미, (ㄷ)에서는 의존명사로 쓰였으니 말입니다. (ㄱ)과 (ㄴ)은 의미상으로는 모두 뭔가 '아쉽지만 그래도' 하는 느낌인데요, 앞말이 체언(위에서는 '너')이면 조사로 쓰인 거고 용언(위에서는 '아쉽다')이면 어미로 쓰인 겁니다. 어느 경우든 붙여 써야겠죠? 반면 '남짓'의 뜻을 가진 (ㄷ)의 '나마'는 의존명사이니 띄어 써야겠고요.

사실 (ㄴ)의 경우는 일부러 띄어 쓰기도 쉽지 않을 정도로 붙이는 게 익숙하고, (ㄷ)의 경우는 그리 자주 쓰이는 용법은 아닙니다. 결국 말씀드리고 싶은 건 (ㄱ)과 같은 '나마'를 띄어 쓰지 마시라는 거죠. 명사 뒤에 붙어 '~라도'의 의미를 갖는 '나마'는 조사니까 꼭 붙여 주세요!

아, 앞말에 따라 '이나마'(조사)와 '으나마'(어미)가 쓰이는 경우도 있는데 괜히 헷갈리지 마시고 붙여 쓰시면 됩니다. 한마디로 (ㄷ)처럼 '남짓'의 의미일 때 말고는 다 붙이면 되는 거죠.

- 아이나마 있으니 그래도 제가 살아갈 수 있어요.
- 이렇게나마 말하지 않으면 듣지도 않으니까.
- 전화로나마 목소리를 들으니까 좋네.
- 변변치 못하나마 많이 잡수십시오.
- 늦었으나마 인사 드리고 올게.
- 두 시간이나마 함께 있고 싶어.
- 두 시간 나마 갇혀 있었던 셈이다.
- 학자금 대출로 이천만 원 나마의 빚이 있다고요.

(ㄱ) 술 좋아하는 사람치고 나쁜 사람 없지.

(ㄴ) 동의할 수 없지만 그런 셈 치고 술이나 마시자.

(ㄱ)에 쓰인 조사 '치고'는 "전체가 예외 없이"의 뜻으로 앞말에 붙여 씁니다. 주로 뒤에 부정적인 서술어가 나오죠. "공짜치고 제대로 된 것 없다"처럼 말이에요. "그중에서 예외적으로"라는

뜻도 있어서 "겨울 날씨<u>치고</u> 따뜻했다"처럼도 쓰입니다. 반면 (ㄴ)의 '치고'는 "어떠한 상태라고 인정하거나 사실인 듯 받아들이다"라는 뜻의 동사 '치다'의 활용형입니다. 별도의 단어니 당연히 띄어 써야겠고요. 예문을 보면서 구분해 볼까요?

- 그런 말을 하는 사람<u>치고</u> 제대로 된 사람 못 봤다.
- 처음 한 것<u>치고</u> 아주 잘했구나!
- 오래 쉬신 것<u>치고</u>는 감각이 여전히 살아 있으시네요.
- 그건 그렇다 <u>치고</u> 내 말 좀 들어 보라니까.
- 그 녀석이 문제였다 <u>치고</u> 얼른 대책이나 생각해 보자.
- 그가 그랬는지는 둘째 <u>치고</u> 일단 그 말이 안 믿겨.
- 속는 셈 <u>치고</u> 한번 믿어 보시라니까요.

그런데 어째 좀 헷갈려 보이기도 합니다. 특히 마지막 두 개는 붙여 써야 맞는 거 아닌가 고개를 갸웃하실 수도 있어요. 하지만 의미를 잘 따져 보면 "인정하거나 받아들이다"의 뜻이 숨어 있는 게 보이실 겁니다. 이게 잘 보이지 않는 분들을 위해 더 쉽게 구분하는 요령을 하나 알려 드리자면, '치고'를 '중에서는'으로 바꿔 봐서 자연스러우면 붙여 쓰고, 어색하면 띄어 쓰는 방법이 있어요. "그런 말을 하는 사람 중에서는", "처음 한 것 중에서는", "오래 쉬신 것 중에서는"은 비교적 자연스러운 반면, "그건 그렇다 중에서는", "문제였다 중에서는", "둘째 중에서는", "속는 셈 중에서는"은 이상하니까요. 어때요, 만든 공식치곤 꽤 쓸 만하죠?

(ㄱ) 친구로서 얘기하는바 너는 술을 좀 줄여야 해.

(ㄴ) 일찍이 우리 형님께서도 그렇게 얘기하신 바 있지.

'바'는 참 많이들 틀리시는 얄궂은 띄어쓰기입니다. (ㄱ)은 정확히 말씀드리자면 어미 'ㄴ바'인데요, 어떤 말을 하기 전에 관계되는 배경이나 근거를 제시하는 데 쓰입니다. 금방 와닿지 않으실 테니 예문부터 먼저 보는 게 좋겠네요.

- 너의 죄가 큰바 너는 벌을 받아야 마땅하다.
- 공지사항이 발표된바 알림판에 게시해 두었습니다.
- 하드디스크를 포맷한바 운영체제를 설치해야 합니다.
- 우리의 갈 길은 이미 정해진바 이제는 전진뿐이다.

각 문장의 처음부터 'ㄴ바'까지가 뒤에 이어질 본론을 이야기하기 위한 조건절 역할을 하고 있습니다. '~하니(했으니) ~한다' 식의 구조라고 이해하셔도 크게 무리는 없겠네요.

반면 (ㄴ)의 '바'는 의존명사로서 앞에서 말한 내용을 가리키는 역할을 합니다. 의존명사 '바'는 이 외에도 일의 방법이나 방도, 기회나 형편, 자기주장의 단언적 강조 등의 용법을 갖지요. 역시 예문으로 확인해 보겠습니다.

- 우리의 갈 길은 아직 정해진 바 없다.
- 그는 이미 여러 곳을 다녀온 바 있다.
- 이렇게 환대해 주시니 몸 둘 바 모르겠습니다.
- 일이 이렇게 된 바 어쩌겠습니까.

• 우리의 의지를 천명하는 바이다.

아무래도 이 경우가 눈에 익어서인지 많이들 띄어 쓰시는데요, (ㄱ)의 'ㄴ바'까지 띄어 쓰지 않도록 조심하셔야 해요. 결국 문장의 생김새와 의미를 가지고 판단해야 하는 문제라 쉽지는 않은 게 사실이지만요.

'뒤에 조사를 붙여 본다' 같은 요령이 있긴 합니다. 의존명사 '바'는 "정해진 바가 없다", "다녀온 바가 있다", "몸 둘 바를 모르겠다", "이렇게 된 바에야", "천명하는 바이다"처럼 적당한 조사를 찾아 넣어도 원래의 문장과 같은 뜻이 되거든요. 반면 'ㄴ바'는 접속의 역할을 하는 '이니' 정도나 겨우 붙일 수 있을 뿐("너의 죄가 큰바이니", "공지사항이 발표된바이니") 다른 조사를 넣기가 힘들어요. 어느 정도 언어 감각이 있어야 판단이 가능하기 때문에 '공식'이라고 하기엔 좀 애매하지만, 그래도 모르는 것보다는 낫지 않을까요?

> (ㄱ) 아무래도 어젯밤에 술을 너무 많이 마신 듯하다.
> (ㄴ) 어제 아침에 그랬듯이 오늘 아침도 진짜 괴롭구나.

'듯' 역시 만만찮은 띄어쓰기입니다. '듯'은 '듯이'의 준말인데, 의존명사 '듯이'와 어미 '듯이'가 다 있고, 두 경우의 띄어쓰기가 다르니 구분해서 써야 하거든요. 기본적인 의미 구분부터 해보면, 짐작이나 추측을 나타내는 '듯이'는 의존명사라 (ㄱ)처럼 띄어 쓰고, 뒤 절의 내용이 앞 절의 내용과 거의 같음을 나타내는 '듯이'는 어미라 (ㄴ)처럼 붙여 쓰지요. 하지만 역시 이런 설명으로는 감이 잘 안 오죠? 이번에도 일찌감치 예문을 불러오는 편이 나을 것 같네요.

- 남편은 어젯밤에 들어오지 않은 듯하다.
- 너 하는 짓을 보니 오늘 출발하기는 틀린 듯싶다.
- 비가 쏟아지듯 오는 걸 보니 출근길이 막힐 듯하다.
- 사람들이 말하듯, 우리가 우승하기는 힘들 듯하다.
- 사람마다 생김새가 다르듯이 생각도 다르다.
- 비 온 후에 죽순이 돋듯이 창업 열풍이다.
- 그녀의 미소가 잡힐 듯 말 듯 하다.
- 미움도 그리움도 모두 눈 녹듯 사라지겠지.

어때요, 조금 구분이 되시나요? 짐작이나 추측을 나타내는, 그러니까 "~한(할) 것 같다"라는 뜻의 '듯/듯이'는 앞말과 띄어 씁니다. 예문을 다시 보면, "들어오지 않은 것 같다", "출발하기는 틀린 것 같다", "출근길이 막힐 것 같다", "우승하기는 힘들 것 같다"라는 뜻이니 모두 띄어 썼잖아요? 그런 것 같기도 하고 아닌 것 같기도 한 "잡힐 듯 말 듯" 역시 띄어 썼고요. 따라서 "올 듯 말 듯", "먹는 듯 마는 듯" 등도 다 띄어 써야 합니다.

반면 뒤 절의 내용이 앞 절의 내용과 거의 같음을 나타내는 '듯/듯이'는 붙여 씁니다. 쉽게 말해서 '비유'의 의미에 가까울 때는 붙여 쓴다고 보면 돼요. 예문의 "쏟아지듯", "말하듯", "다르듯이", "돋듯이", "녹듯" 모두 그런 경우입니다. 어때요, 처음의 설명보다는 조금 더 감이 잡히시나요?

'듯' 앞에 오는 글자의 모양을 가지고도 힌트를 얻을 수 있습니다. 용언('이다' 포함!)을 '은', '는', 'ㄹ', 'ㄴ' 등으로 활용한 뒤에 오는 '듯'은 띄어 쓰지요. '먹은 듯', '먹는 듯', '먹을 듯', '꿈인 듯', '꿈일 듯'처럼요. 모두 추측하는 느낌이 들죠? 반면 용언의 어간에 바로 붙거나 '으시', '었', '겠' 뒤에 오는 '듯'은 붙여 씁니다. '먹듯', '먹으시듯', '먹었듯', '먹겠듯', '꿈이듯', '꿈이었듯', '꿈이겠듯'처럼 말이죠. 이건 모두 비유하는 느낌이 들고요. 예문 몇 개 더 보시면 확실히 알 수 있을 겁니다.

- 아무래도 꿈을 <u>꾼 듯</u>하다.
  사람이 꿈을 <u>꾸듯</u> 동물도 꿈을 꾼다고 한다.
- 조금 있다가 <u>갈 듯</u>합니다.
  구름에 달 <u>가듯</u>이 가는 나그네.
- 내 <u>것인 듯</u> 내 것 아닌 내 것 같은 너
  이게 내 <u>것이듯</u> 그게 네 것이지.

아, 눈치채셨겠지만 추측하는 '듯' 뒤의 '하다'와 '싶다'는 붙여 써야 한답니다. 뒤에 설명하겠지만 '보조용언'의 용법이거든요. 그런데 앞의 예문 중에서 "그녀의 미소가 잡힐 듯 말 듯 하다"는 왜 띄어 썼느냐 물으신다면, 접사 '하다'를 설명할 때 말씀드린 경우와 마찬가지로 '잡힐 듯'+'말 듯하다'가 아니라 '잡힐 듯 말 듯'+'하다'로 의미가 나뉘기 때문이라고 답하겠

습니다(55쪽 참조. 제가 또 나올 거라고 했죠?). 그러니 "보일 듯 말 듯 한 별빛"도 띄어 쓰는 게 맞겠고요. 반면 "소 닭 보듯 하다"처럼 비유의 의미일 때는 붙여 쓸 일이 없답니다.

> (ㄱ) 술 마시러 나오라는데 무슨 말이 그렇게 많아?
>
> (ㄴ) 술 마시러 나오는 데 중요한 건 역시 마음가짐이지.

'데'의 띄어쓰기는 사실 별로 어렵지는 않은데요, 띄어 쓰는 경우가 있다는 사실을 전혀 모르고 무신경하게 붙여 써서 틀리는 경우가 많습니다. 심지어 방송 자막 같은 데서도 단골로 틀리더라고요. (ㄱ)의 '데'는 정확히는 어미 'ㄴ데'예요. 문장에 따라서 'ㄴ데'뿐만 아니라 '는데', '은데', '던데' 꼴로도 쓰이는데 모두 같은 역할을 합니다. 아래 예문을 보면 아시겠지만, 일부러 띄어 쓰려고 해도 어색해서 못 그러실 듯하네요.

- 밥을 먹고 있는데 초인종이 울렸다.
- 할 일은 많은데 시간이 너무 부족해서 걱정이에요.
- 피곤해 보이던데 저쪽 가서 한숨 자고 와.

문제는 (ㄴ)과 같은 의존명사 '데'입니다. (ㄴ)에서는 '경우'를 나타내는 말로 쓰였는데, 이 외에도 '장소', '일이나 것' 등을 의미하기도 하지요. 다음 예문들을 보세요.

- 엎친 데 덮친 격.
- 너 가는 데가 어디라고 했지?

- 글을 쓰는 데 무엇이 필요할까?
- 아버지를 다시 만나는 데 십 년이 걸렸다.
- 사람이 살아가는 데 필요한 것들은 의외로 많지 않다.
- 그의 학설은 새로운 시대를 여는 데 일조했다.
- 그녀는 울고 있는 데 반해 그는 상황을 즐기고 있다.
- 그곳에 정자가 있었던 데서 유래한 지명이다.

바로 이러한 '데'들을 잘못 붙여 쓰는 경우가 많다는 거죠. 위의 '데'들을 슬쩍 붙여 놓아도 아무런 이상한 낌새도 못 느끼고 지나치실 분들이 태반일 겁니다. 구분하는 요령을 말씀드리자면, 의존명사 '데'는 장소의 의미로 쓰인 경우는 쉽게 '곳'으로 고칠 수 있고("너 가는 곳이 어디라고 했지?"), 나머지 '경우', '일', '것'의 의미일 때에는 조사 '에'를 덧붙여도 자연스럽게 읽힙니다. "엎친 데에", "글을 쓰는 데에", "다시 만나는 데에", "사람이 살아가는 데에", "시대를 여는 데에", "울고 있는 데에 반해", "정자가 있었던 데에서"처럼요. 이 두 경우가 아니라면 모두 붙여 쓰면 된답니다. 그럼 헷갈리는 예들을 좀 더 볼까요?

- 차가 지나가는데 조심해야지.

  차가 지나가는 데는 조심해야지.
- 황의조 선수는 움직임도 좋은데 슈팅도 잘한다.

  황의조 선수는 움직임도 좋은 데다가 슈팅도 잘한다.

이 문장들은 모두 맞게 띄어 쓴 겁니다. 각각의 경우 위 문장과 아래 문장 사이에 의미상 큰 차이는 없어요. 단지 뉘앙스와 어법상으로만 약간 다를 뿐이죠. 어쨌든 단순 접속인 위 문장의 '데'를 띄어 쓴다거나, '경우나 것' 등을 의미하는 아래 문장의 '데'를 붙여 쓰는 건 틀린 띄어쓰기랍니다. 특히 '~한 데다가' 꼴은 띄어 쓴다고 외워 두시면 편할 것 같네요.

앞에서 '대로'는 이미 살펴본 바 있는데요, '대로'와 '데로'의 구분에 대해서도 잠깐 보고 가겠습니다. '대로'의 용법은 앞에서 보신 대로고요(77~78쪽 참조), '데로'는 막 살펴본 의존명사 '데'(그중에서도 '장소'의 뜻)와 방향을 나타내는 조사 '로'가 합쳐진 겁니다. 그러니까 '곳으로'와 같은 뜻인 거죠. "제가 어머님 계신 데로 찾아뵙겠습니다", "너 있는 데로 금방 갈게"처럼 써야 합니다. 이때 '대로'를 쓰지 않도록, '데로'를 쓰더라도 붙여 쓰지 않도록 조심하시길! 이제는 "네가 가는 데로 갈게"와 "네가 가는 대로 갈게"의 의미 차이를 설명할 수 있으시겠죠?

(ㄱ) 취하니까 남자들도 여자들도 모두 아름다워 보이는걸!

(ㄴ) 소주, 맥주, 막걸리 들을 엄청나게 마셨거든.

(ㄷ) 이미 취했는데 무얼 마신들 어떠하리!

(ㄱ)의 '들'은 복수형을 만드는 조사입니다. 굳이 설명을 덧붙이지 않아도 익숙하시죠? 명사나 대명사 뒤에 자주 붙지만 부사 뒤에 붙어 주어가 복수임을 알려 주기도 한답니다. "많이들 먹어", "잘들 있어"처럼요.

(ㄴ)처럼 띄어 쓰는 경우는 조금 낯설게 느끼실지도 모르겠네요. 이때의 '들'은 의존명사로서 '등'과 똑같은 의미와 용법을 가지고 있답니다. 여러 개의 명사를 나열한 뒤에 나오는 '들'은 띄어 쓴다고 보시면 돼요(59쪽에서 본 「한글 맞춤법」 45항처럼요).

여기서 잠깐 '등'과 '들'의 정확한 의미를 짚고 가자면, 여러분은 "바구니에 사과, 배, 귤 등(또는 들)이 담겨 있다"라는 문장을 보면 어떤 그림이 그려지시나요? 사과와 배와 귤만 담겨 있는 그림? 혹은 그 외의 다른 과일들도 함께 담겨 있는 그림? 정답은 "둘 다 가능하다"입니다. '등'과 '들'은 앞에 나열된 것들만 있다는 뜻도 되고 그 외의 것들이 더 있다는 뜻도 되니 문맥에 따라 판단해야 한답니다. 띄어쓰기랑은 상관없지만 모르시는 분들이 많을 거 같아 말씀드려 봤어요.

한편 (ㄷ)의 '들'은 정확히 말하자면 "~한다고 할지라도"의 의미를 갖는 어미 'ㄴ들'입니다. 붙여 써야겠죠. 똑같은 모양의 'ㄴ들'이 체언 뒤에 쓰이면 조사가 되기도 해요. "난들 알겠느냐", "우린들 좋겠느냐"처럼 말이죠. 아, 은근히 많이들 쓰시는 '낸들'은 잘못된 표현입니다. '나'에다 'ㄴ들'을 붙여서 '난들'로 쓰면 그만인데 '나'를 '내'로 바꿀 이유가 없으니 말이에요. 자, 그럼 복습용 예문 갑니다!

- 그들은 가방 속에 화장품, 속옷, 세면도구 들을 챙겼다.
- 너희들, 그 사실은 알고들 있니?
- 어린이들에게는 많은 사랑, 관심, 배려 들이 필요하다.

- 광장에 남자들, 여자들, 노인들, 아이들이 모여 있었다.
- 광장에 남자, 여자, 노인, 아이 들이 모여 있었다.

(ㄱ) 마침 나가려던 <u>차</u>였는데 자네가 여길 어찌 알고?

(ㄴ) 근처에서 삼 <u>차</u>를 하고 집에 가는 길에 냄새가 나더군.

(ㄷ) 결혼 3개월 <u>차</u> 새신랑이 무슨 술을 그리 먹고 다녀?

(ㄹ) 그게 어때서? 나와는 술에 대한 관점 <u>차</u>가 있구만.

(ㅁ) 그냥 인사<u>차</u> 들른 건 아닐 테고, 어서 앉게.

'차'라는 별거 없어 보이는 글자도 참 갖가지 꼴로 쓰이죠? 우선 (ㄱ), (ㄴ), (ㄷ)의 '차'는 모두 의존명사입니다. 어떤 일을 하려던 기회나 순간(ㄱ), '번'이나 '차례'(ㄴ), 주기나 경과의 해당 시기(ㄷ) 등 다양한 뜻을 가지고 있지만 의존명사라 띄어 쓴다는 점에서는 공통점이 있지요.

(ㄹ)의 '차'(差)는 '차이'를 의미하는 명사입니다. 앞의 명사와 별개의 단어로 봐서 '나이 차', '세대 차', '실력 차'처럼 띄어 쓰는 게 원칙이죠. 물론 '개인차', '견해차'처럼 한 단어로 굳은 것들이 있긴 하지만요.

(ㅁ)의 '차'(次)는 명사 뒤에 붙어 '목적'의 뜻을 더하는 접사입니다. "사업차 미국에 다녀왔어"처럼 쓰죠. 그러니 접사인 이 경우의 '차'를 제외하고는 모두 띄어 쓴다고 보시면 돼요. 단, (ㄴ)과 같은 경우의 '차'는 차례를 나타내는 의존명사의 경우니

까 붙여 써도 되긴 합니다(63쪽 참조).

- 나서려던 차에 전화가 딱 왔지 뭐야.
- 이미 수십 차 전화를 드렸습니다만. (※ 붙여 써도 됩니다!)
- 내가 이 회사에서만 12년 차야.
- 세대 차를 굳이 극복해야 해? 그냥 살면 안 되는 거야?
- 신혼여행차 갔던 곳인데, 텔레비전에 나오더라고.

"12년 차" 같은 건 좀 애매하긴 합니다. '차'를 '차례'로 볼 것인지(붙여 써도 됨), '기간'으로 볼 것인지(붙여 쓸 수 없음) 해석하기 나름이라서요. 원칙적으로는 띄어 쓰되, 관례적으로 많이 붙인다 정도로 알아 두시는 편이 어떨까 싶어요.

맺기 전에 하나 더! '일차방정식'부터 '사차방정식'까지는 한 단어로 굳어 사전에 등재되어 있더라고요. 그럼 오차, 육차, 칠차방정식은 띄어 써야 하는 거냐고요? 에이, 그렇게 팍팍하게 구실 것까지야…… 그냥 붙여 써도 될 것 같네요.

(ㄱ) 지구상에는 맛있는 안주가 너무 많은 것 같다.

(ㄴ) 인터넷상의 맛집은 믿을 게 못 된다는 게 내 신념이지.

(ㄷ) 그런 신념하에서라면 정보는 대체 어디에서 얻니?

2017년 6월 이전까지만 해도 (ㄱ)과 (ㄴ)의 띄어쓰기가 달랐습니다. 물체의 위나 위쪽을 일컫는 명사인 (ㄱ)의 '상'은 띄어 쓰고, 명사 뒤에 붙어 '그것과 관계된 입장'이나 '그것에 따름',

'추상적인 공간에서의 한 위치'의 뜻을 더하는 접사인 (ㄴ)의 '상'은 붙여 썼지요. 쉽게 말해 물리적으로 어딘가의 위에 있는 경우, 그러니까 '위'랑 바꿔서 말이 되는 경우('지구 위')에는 띄어 쓰고, 나머지 경우('미관상', '사실상', '절차상', '경험상', '역사상' 등)에는 붙여 썼던 건데요, 이게 2017년 6월부터는 모두 접사로 통일되었답니다. 그러니 어느 경우든 붙여 써야겠죠?

'하'라고 다르겠어요? 정말로 물리적인 아래쪽을 뜻한다면 띄어 쓰고, 추상적 의미의 아래, 그러니까 '관련된 조건이나 환경'의 뜻을 더하는 접사로 쓰일 때는 붙여 썼었지만('지배하', '조건하', '지도하' 등) 이제 이것도 붙이는 걸로 통일한답니다.

그동안 구분은커녕 아마도 그냥 다 띄어 쓰셨을 확률이 크지 않을까 싶지만…… 이런 규칙하에서 꼭꼭 붙여 주시길!

- 도로상의 모든 차량은 신호에 따라야 합니다.
- 일신상의 이유로 방송에서 하차하게 되었다.
- 교각하 추락 주의!
- 독재하에서는 언론이 제 역할을 하지 못한다.

> (ㄱ) 안주가 아주 먹음직한데? 이런 가게를 누가 찾아냈어?
> (ㄴ) 아무래도 지난번 모임 때 다 같이 왔음 직한데.

'음직하/ㅁ직하'라는 접사는 참 신기하게 생겼는데요, (ㄱ)에서처럼 '그럴 만한 가치가 있다'라는 의미를 만듭니다. '믿음직하다'는 '믿을 만한 가치가 있다', '바람직하다'는 '바랄 만한 가치가 있다'라는 뜻이 되죠. 이 예들은 붙여 쓰는 게 낯익으시죠?

문제는 (ㄴ)에서처럼 띄어 쓰는 경우도 있다는 거예요. '그럴 가능성이 있다'라는 뜻의 보조형용사 '직하다'를 쓰는 경우죠. '먹음 직하다'는 '먹을 가능성이 있다', '있음 직하다'는 '있을 가능성이 있다'라는 뜻입니다. 과거형에 붙는 경우가 좀 더 눈에 익을 거예요. "동생이 먹었음 직한데?", "여기에 유적이 있었음 직합니다"처럼요. 쉽게 말해 '할 법하다'라는 뜻일 때 이렇게 띄어 쓰면 됩니다. 예문으로 구분해 볼까요?

- 형이 믿음직한 사람임을 증명해 봐! (믿을 만한)
  형이 믿음 직한 거짓말을 생각해 봐! (믿을 법한)
- 그는 참 바람직한 성품을 가지고 있지. (남들이 바랄 만한)
  거기 가는 건 그가 바람 직한 일이지. (그가 바랄 법한)

어때요, 의미의 차이가 눈에 보이죠? 음, 그렇다면 소설은 '있음 직한' 일을 그린 것일까요, '있음직한' 일을 그린 것일까요? 이 질문에 대해서는 소설의 본질이란 무엇인가에 대한 심도 깊은 토론이 필요할 것 같으니 여기까지만 하죠.

> (ㄱ) 오늘 술값은 내가 낼게. 사장님, 여기 얼마예요?
> (ㄴ) 와, 박태하 님이 쏘신다! 만세!

(ㄱ)의 '님'은 직위나 신분 뒤에 붙어 높임의 뜻을 더하는 접사

입니다. '교수님', '대리님', '원장님', '경찰서장님', '장관님'에서의 '님'과 같은 용례이지요. '선생님', '이모님', '사모님'처럼 한 단어로 등재되어 있는 것들도 많습니다. 반면 (ㄴ)의 '님'은 의존명사로서 성이나 이름 뒤에 붙어 그 사람을 '씨'보다 높여 부르는 말이죠('씨' 역시 의존명사예요!) '유재석 씨', '유재석 님', '재석 씨', '재석 님', '유 씨', '유 님' 다 띄어 쓴답니다. 외국인 이름도 마찬가지라 '루간스키 씨', '마이조 오타로 님'처럼 띄어 쓰면 돼요. (ㄱ)과 (ㄴ)을 묶어서 **직위나 신분 뒤의 '님'은 붙이고, 성이나 이름 뒤의 '님'은 뗀다**고 정리할 수 있겠네요.

"그럼 '유느님'은요?"라고 물어보고 싶어 입이 근질근질하셨죠? 네네, 대답해 드릴게요. 붙여 쓰면 됩니다. '님'에는 옛 성인이나 신격화된 인물의 이름 뒤에 붙어 그 대상을 높이고 존경의 뜻을 더하는 '접사'로서의 용법이 있거든요. '하느님', '공자님', '예수님', '부처님'처럼요. 사실 '유느님'은 '유+느님'이라 이 설명에 딱 맞진 않지만 이 경우라고 보면 되죠, 뭐.

그러고 보면 인터넷에서 자주 쓰는 '님'이라는 표현은 문법적으로는 옳지 않답니다. "님은 거기 가봤음?"이나 "그건 님이 잘못함ㅇㅇ"처럼 쓰곤 하는데 '님'은 의존명사니까 앞말을 필요로 하지 않겠어요? 그렇다고 '임'을 쓰자니 이건 국어사전에 '사모하는 사람'이라고만 되어 있어서 영 껄끄럽고…… '님'에 어서 빨리 새로운 뜻이 추가되어야 하지 않을까 싶네요.

자, 그럼 직위나 신분 뒤의 '님'은 붙이고, 성이나 이름 뒤의

'님'(씨)은 뗀다는 공식을 기억하면서 예문을 살펴보겠습니다.

- 회장님, 이번 일은 조용히 처리하시는 편이 좋겠습니다.
- 홍길동 님, 7번 창구로 와주십시오.
- 장 대리님, 식사는 하셨어요?
- 고길동 님은 그야말로 오늘날 현현하신 공자님, 예수님, 부처님이십니다!
- 최 씨는 어쩜 저렇게 말이 많을까?
- 최씨 고집 하면 또 알아주지!

그런데 마지막의 '최씨'는 왜 붙였느냐고요? 바로 그 위 문장의 '최 씨'는 특정한 인물 한 사람을 가리키는 데 반해 '최씨 고집'에서는 그 성씨 전체를 가리키고 있습니다. '그 성씨 자체', '그 성씨의 가문이나 문중'의 뜻을 더하는 접미사 '씨'의 용법이 따로 있거든요. 그렇기 때문에 "그의 성은 남씨다", "한국에는 김씨가 가장 많다" 등에서도 붙여 씁니다. "박씨 부인", "최씨 문중", "희빈 장씨", "민씨 일파" 등에서도 마찬가지예요.

호칭의 띄어쓰기를 좀 더 보자면, 「한글 맞춤법」 48항에는 다음과 같은 규정이 있습니다. "성과 이름, 성과 호 등은 붙여 쓰고, 이에 덧붙는 호칭어, 관직명 등은 띄어 쓴다." 특별히 어려운 말은 없으니 간단히만 설명드리자면, 성과 이름은 원칙적으로 붙여 쓰지만 구분할 필요가 있을 때는 띄어 쓰는 것도 허용합니다. '남궁도'는 구분을 위해 '남 궁도' 또는 '남궁 도'로 쓸 수 있다는 거죠. 성 뒤에 이름 대신 호(號)나 자(字)를 쓸 때도 붙여 씁니다('이태백', '한석봉', '이퇴계'). 단, 호나 자가 성 앞에 올 때는 띄어 쓰고요('퇴계이황'이 아니라 '퇴계 이황'). 마지막으로 "호칭어, 관직명 등은 띄어 쓴다"라는 말은 뭐 특별히 설명 안 해도 되겠죠? '오상식 차장님', '김 교수', '최 변호사', '백범 김구 선생', '김학범 감독님', '박민규 작가님', '강 위원장', '최 양', '이 군'처럼 쓰면 됩니다.

하나 더 덧붙이자면, 사람을 나타내는 명사 뒤에서 높임의 뜻을 더하는 '분'은 접사입니다. "남편분께서 연락 주셨습니다", "환자분 성함이 어떻게 되시죠?", "저 여자분께 칵테일 한 잔 드리게"처럼 붙여 써야 해요. 물론 이런 경우가 아닌 '분'들, 그러니까 "어서오세요! 몇 분이시죠?", "찬성하시는 분은 손을 들어 주세요", "저기 계신 느끼하게 생긴 분이 보내시는 겁니다" 같은 문장에서는 의존명사라서 띄어 써야 하고요.

자, 이렇게 해서 헷갈릴 만한 조사, 접사, 어미, 의존명사 들을 구분해 보았습니다. 다 외워 두시면 좋겠지만, 어휴, 이게 말이 쉽죠! 한 번에 정복하겠다는 생각보다는 지금까지 설명한 기본 개념을 바탕으로, 글을 쓰다가 나오는 것들을 그때그때 찾아보면서 익혀 두는 정도면 충분하지 않을까 싶네요. 특히 여기 나왔던 것들은 띄어쓰기가 의심될 때마다 찾아보시고요. 흔글의 빨간 줄은 이 녀석들 잡아내는 데 영 재주가 없으니 너무 믿지 마시길!

그럴 때 이 책을 기억해 주시고 다시 집어들어 주신다면야 저로선 정말 감사한 일이지만, 직접 사전을 찾아보시는 것도 좋은, 아니 오히려 더 추천하는 방법입니다. 이를테면 "직업 별로 구분해 보자"라는 문장을 쓸 때 '별'을 띄어 쓰는지 붙여 쓰는지 헷갈린다면, 사전에서 '별'을 찾아보는 거죠. 『표준국어대사전』 검색 결과 맨 아래에 '접사'인 '별'이 반짝반짝 빛나고 있습니다. '접사는 붙여 쓴다'라는 사실을 아는 우리는 회심의 미소를 지으며 붙여 쓸 수 있는 거죠. 물론 어미 같은 경우는 찾기 힘들 수도 있어요. 검색창에 'ㄴ걸', 'ㄹ세라'를 쳐봐야겠다는 생각이 선뜻 들기는 아무래도 좀 힘들겠죠. 그래도 '변하지 않는 어간'을 떼고 남은 부분이 어디부터인지를 잘 따져 보면서 반복하다 보면 익숙해지고 요령도 차츰 붙을 겁니다.

한꺼번에 이렇게나 많은 지식을 던져 드리고 훌쩍 다음 장으로 넘어가는 건 아무래도 너무 불친절한 것 같죠? 정리를 도와 드리는 의미로 연습문제를 준비해 봤습니다. 그럼 필기구를 손에 쥐고 갈매기(∨)를 그려 볼까요?

연습문제 'V'기호를 이용해 다음 문장들을 알맞게 띄어 쓰세요.

① 다들아시다시피이지구상에는수많은생물이살고있습니다. 이는수만년간진행된진화의결과인바알면알수록알고싶은 것이더많아지더라고요. 그런만큼제가앞으로연구를하는데

이것만큼은꼭밝히고싶을따름입니다. 그것이제삶의첫번째
목표이고저는그걸할수밖에없는사람입니다.

② 아버지가신지몇년되었다고너희들마저그러면엄마는어떻
게사니. 너희가콩알만했을때부터불면날아갈세라얼마나애
지중지했는데한사람씩도아니고동시에왜그러니. 너희보고
이렇게나마살아있는거모르겠니. 그러든말든알바아니라는
게야? 이럴줄알았으면너희한테그리정성쏟지말걸.

③ 형말마따나그녀석이진짜사이코같은데가있더라고. 술집에
서행패를부리는통에경찰서까지간바있을뿐더러헤어진여
자친구괴롭히다가문제가된적도있고. 빨리신고했기망정이
지안그랬으면큰일날뻔했어. 그까짓녀석을따끔하게혼은못
낼망정그럴만했다고두둔하는놈들은대체뭐지?

④ 너하고보낸시간들이다지난일이된다니믿을수가없다. 스무
살쯤에만나웃고울고떠드는등수많은감정을나눴는데오년
만에헤어지는구나. 너는내게항상믿음직한연인이었고우리
같이잘어울리는커플도흔치않았는데. 너보다아니너만큼좋
은사람을만나기는어려울듯해. 항상잘지내라.

⑤ 사십오년가량살면서내딴에는성실했다고자부하는데뉴스

만봐도알수있듯이요즘세상이망하고있는듯하니어떻게살
아야할지도무지모르겠다. 나하나조차건사하기힘들고우리
가족끼리사는것도벅차서열살배기아들내미보기부끄럽지
만세상이흘러가는대로그냥보고만있다.

(정답은 137쪽에)

그저 사전만 믿고 가는 합성어의 띄어쓰기

연습문제는 잘 푸셨나요? 채점 결과는 어땠나요? 만족할 만하
신가요? 혹시 좌절하셨을지도 모르지만, 첫술에 배부르기가
어디 쉽나요. 연습문제 직전에 말씀드렸듯이 그저 차근차근 익
혀 가시기를 바랄 뿐입니다!

지금까지 띄어쓰기의 기초(?)에 대해 살펴봤는데요, 여기에
요령인 듯 요령 아닌 요령 같은 말 한마디 보태 볼게요. "뭐는
붙이고 뭐는 뗀다" 식으로 구분해서 생각하기보다는 "띄어 쓸
수 있는 건 다 띄어 쓴다"라고 생각하는 쪽이 실제로 적용하기
가 훨씬 편하거든요. 모든 단어는 띄어 쓴다는 큰 틀하에서, 붙
여서밖에 쓸 수 없는 조사, 접사, 어미 등을 익혀 두는 거죠. 즉,
'띄어 쓴다'를 초기값(디폴트)으로 사고 회로를 바꾸는 겁니다.

그 사고 회로에 추가해야 할 게 바로 '합성어'입니다. 그러
니까 "원래는 띄어 써야 하는데 한 단어로 굳어서 붙여 써요"

라고 말씀드리고 넘어갔던 그놈들 말이죠. 앞에서만 해도 '수년', '수차례'라든가, '부부간', '남매간'이라든가, '그런대로'와 '되는대로', '그만하다', '일차방정식' 등등 꽤 여럿 나왔었죠? 조사, 접사, 어미 이외에 이 녀석들도 붙여 준다는 것까지만 확실히 익혀 둔다면 띄어쓰기는 8부 능선을 넘는 겁니다.

말이야 쉽지, 바로 이런 합성어들이야말로 띄어쓰기를 어렵게 생각되게 만들고 또 실제로 어렵게 만드는(나아가 화나게 만드는!) 주범이 아닐까 싶습니다(전 국립국어원장님이 "띄어쓰기는 나도 어렵다"라고 하신 것도 다름 아닌 바로 이 합성어 때문이었어요⋯⋯). 예를 들어 보면, '쓸모없다'는 "쓸 만한 가치가 없다"라는 뜻으로 굳어서 붙여 씁니다만, '쓸모 있다'는 그렇지 않아서 띄어 써야 해요. 그러니까 "쓸모 있는 것과 쓸모없는 것을 구분해라"라고 띄어쓰기를 해야 한다는 건데, 이런 통탄스러운 현실에 대해 국립국어원은 다음과 같이 변명(?)하고 있습니다.

'없다'가 붙어 합성어가 된 표제어와 '있다'가 붙어 합성어가 된 표제어가 모두 일대일로 대응되는 것은 아닙니다. '쓸모있다'보다 '쓸모없다'가 **훨씬 더 많이 쓰이므로** 표제어로 등재한 것입니다. '~없다'는 '~없이'처럼 부사를 만들기도 합니다. 그만큼 '~없다'의 쓰임이 훨씬 많습니다. 표준국어대사전은 **생산성이 높은 쪽**, 즉 쓰임이 많은 쪽을 등재하고 있으니 참고하시기 바랍니다. [강조는 인용자]

쉽게 말해서 "많이 쓰이고 딴 데 써먹기 좋은 단어니까"라는 거네요? 그러니 어려울 수밖에요. 얼마나 많이 쓰이고, 얼마나 써먹기가 좋은지는 대체 뭘 기준으로 하느냔 말입니다! 물론 국립국어원은 "그러니까 부족하나마 저를 그 기준으로 삼아 주시라니까요"라고 새침하게 대답하겠지만요. 지금 읽고 계신 이 책의 띄어쓰기도 꼼짝없이 국립국어원의 기준을 따르고 있고, 그래서 방금 전에 '꼼짝없이'도 붙여서 썼고요. 그러니까 여기서 **그 기준이라는 건 결국 『표준국어대사전』에 실려 있느냐 실려 있지 않느냐**입니다. '띄어쓰기'는 붙여 쓰고 '띄어 쓰다'는 띄어 쓰는 것도 『표준국어대사전』에 '띄어쓰기'만 실려 있고 '띄어쓰다'는 실려 있지 않기 때문이죠. (아, 예전에는 '띄어쓰기'는 붙여 쓰고 '붙여 쓰기'는 띄어 쓰는 해괴하고도 아이러니한 광경도 볼 수 있었는데요, 지금은 '붙여쓰기'도 사전에 올라서 붙여 씁니다. 물론 '붙여 쓰다'는 그럴 수 없고요.)

생각해 보면 사용 빈도 및 생산성을 기준으로 한 단어로 인정한다는 원칙이 아주 이해되지 않는 건 아닙니다. 단어란 결국 의미의 단위잖아요? '띄어쓰기'나 '쓸모없다'처럼 자주 써서 굳은 말, 하나의 의미 단위로 인식되는 말들을 반드시 띄어 써야 한다고 정해 놓는 건 또 그것대로 문제 아닐까요? '띄어쓰기'라는 단어에 "글을 쓸 때 각 낱말을 띄어 쓰는 일"이라는 특정한 뜻이 완전히 밀착해서 결합되었는데 그걸 무시하기는 힘든 것도 사실이에요.

한 단어로 인정하느냐 마느냐에 있어 사용 빈도 말고도 중요한 기준이 있습니다. 합성어가 되면서 **원래의 의미를 뛰어넘는 새로운 뜻이 추가되는 경우**는 한 단어로 인정받기가 훨씬 수월하답니다. '떡값'을 예로 들어 보면, 원래 '떡을 사고 내는 돈'의 의미로만 쓰이던 '떡 값'은 '떡'과 '값'이 별도의 단어이므로 띄어 쓰는 게 맞았지만(물론 다들 그냥 막 붙여 쓰셨겠지만……), '특별 수당'이라든가 '비자금' 등의 비유적 의미가 덧붙어 자주 쓰이다 보니 '떡값'이 한 단어로 인정되었습니다. 그러니 엄밀히 말하자면 "인절미랑 가래떡이랑 전부 해서 떡 값이 얼마죠?", "이번 명절에는 직원들 떡값이라도 좀 챙겨 줘야 할 텐데"라고 띄어쓰기가 달라져야 한답니다.

'뛰어넘다' 같은 경우도 원래는 정말로 폴짝 '뛰어서' 무언가를 '넘는' 걸 가리키기 위해서 쓰이기 시작한 말이었을 텐데, 의미가 확장되어 어려운 일을 이겨 내거나("역경을 뛰어넘고") 일정한 범위에서 벗어나는("상상을 뛰어넘는구만") 것을 비유하는 데까지 쓰이면서 합성어의 지위를 인정받게 된 거고요.

'그런대로'나 '되는대로'도 마찬가지예요. 단순히 많이 쓰여서가 아니라 독특한 뜻이나 뉘앙스가 덧붙었기 때문에 한 단어로 인정된 겁니다. 원래 '그런 대로'는 순수하게 '그렇게 하는 대로'라는 뜻이었겠지만, 여기에 '썩 만족스럽진 않지만'의 뉘앙스까지 더해져 '그런대로'가 한 단어가 되었죠("그런대로 괜찮아"). '되는 대로'도 '함부로', '형편에 따라', '가능한 한 최대로'

의 뜻으로 확장되며 '되는대로'가 한 단어로 인정받았고요("되는대로 집어던졌다", "되는대로 먹어", "되는대로 빨리 와").

하나만 더 볼까요? '귀신같다'는 개별 단어의 뜻대로라면 정말 귀신으로 보이거나 느껴진다는 말이겠지만, 뭔가 신기하고 대단한 재주를 보고는 꼭 귀신 같다면서 비유해서 쓰기 시작한 것이 굳어서 결국 "동작이나 추측이 정확하고 재주가 기막히게 뛰어나다"라는 뜻으로 사전에 오르게 되었답니다(아직 역사가 짧아 등재되진 않았지만 요즘 많이 쓰는 '깨알 같다'도 몇 년 뒤에는 사전에 오를지도 몰라요!). 자, 이런 예들을 보면 "띄어 쓰든 붙여 쓰든 마음대로 하게 내버려 둬!"라는 말이 말처럼 쉽지만은 않다는 것도 조금은 이해가 되실지도요.

한 단어로 인정받는 것은 이처럼 사용 빈도와 생산성, 역사적 맥락과 의미의 차이를 종합적으로 고려하여 결정됩니다. 하지만 "오케이. 근데 실전에서는 어쩌라고?"라고 하실 여러분의 모습이 눈에 선하네요. 무슨 공식이 있어서 족집게 요점 정리를 할 수도 없는 노릇이고, '한 단어인 줄 잘 모르지만 실상은 한 단어라서 붙여 써야 하는 합성어들'과 '많이들 붙여 쓰지만 사실은 합성어로 인정받지 못해서 띄어 써야 하는 단어들'의 목록을 정리해 드린다 한들 그게 완벽할 리도 없으니 말이에요. 제 입장에선 그저 "헷갈릴 때마다 의심해 보고 사전을 찾아보시라"라는 말씀밖에는······.

혹시 이 부 시작할 때 제가 했던 말 기억하시나요? 특별히 되게 어렵진 않다는 말요. 그게 정말로 쉬워서라기보다는 그냥 사전 등재 여부에 따라 판단하면 된다는 점에서 그렇게 말씀드린 바라는 것을 이제야 슬며시 고백합니다. 그럼 '되는대로' 같은 것의 등재 여부를 일일이 다 찾아봐야 하는 거냐고 물으신다면, 으음, 네에…… 편집자들은 실제로 그런 일을 합니다. 특별히 되게 어렵진 않은데 "손은 많이 간다"라는 이야기가 괜히 나온 게 아니에요.

하지만 직업 편집자가 아닌 이상 그 정도로까지 공들일 필요는 없으니 너무 부담 갖진 마세요. 말씀드렸잖아요. 띄어쓰기란 게 틀려도 맥락상 판단이 가능한 경우가 많아 어지간하면 글을 이해하는 데 큰 지장 없다고요. 사실 편집자들도 읽는 데 별로 거슬리지 않는다면 그렇게까지 꼼꼼하게 찾아보지 않기도 하고, 띄어 쓰는 게 맞는 경우라도 가독성을 이유로 붙여 쓰는 경우도 많아요. 물론 저는 조금 전에 '지장 없다'를 붙여 써야 할지 띄어 써야 할지 확인하려고 찾아보긴 했지만 이건 명색이 맞춤법 책이니까 그런 거죠. 아무튼 여러분들은 사전이라는 판단 기준이 있다는 사실을 아시는 것 정도면 충분하고, 나아가 어쩐지 수상해 보이는 녀석들을 의심하며 찾아보는 행동력까지 갖추신다면 그야말로 더 바랄 게 없겠습니다.

예컨대 '볼장 다 봤다? 응? 가만있자. 볼장? 볼 장? 이건 한 단어인가?', '스며들다는 한 단어인가?', '마무리 짓다? 매듭 짓다? 이건 어떻게 쓰지?' 하면서 검색을 해보는 거죠. 붙여서 검색해 봐서 안 나오면 한 단어가 아니라는 말이니 띄어 쓰면 됩니다. '볼장'과 '마무리짓다'는 사전에 안 나오니 '볼 장', '마무리 짓다'라고 띄어 써야 하고, '스며들다'와 '매듭짓다'는 사전에 나오니 붙여 써야 하는 거죠. 아, 용언은 기본형으로 검색해야 하는 거 아시죠? '스며들어', '매듭지은'이라고 검색하면 안 나오는 게 당연한데도, 검색해 봤다고 스스로의 성실함에 뿌듯해하며 띄어 쓰시면 곤란합니다. 표준어가 아니거나 잘못된 표기라서 안 나올 수도 있는데, 그런 경우에는 의심이 되는 단어들을 이것저것 다 넣어 봐야 하고요.

그럼 본격적으로 문장을 가지고 연습을 해볼까요? "영락없이지애비를꼭빼닮았어"라는 문장을 보죠. 일단 띄어 쓸 수 있는 한 최대한 다 띄어 쓰면 "영락ˇ없이ˇ지ˇ애비를ˇ꼭ˇ빼ˇ닮았어" 정도 될까요? 그런데 '영락없이'나 '빼닮았어' 정도는 혹시 한 단어가 아닐지 살살 의심이 가네요. 기본형인 '영락없다'를 『표준국어대사전』에서 검색해 보니 "조금도 틀리지 아니하고 꼭 들어맞다"라는 뜻의 형용사로 등재되어 있습니다(참고로 '영락없이'도 자주 쓰이다 보니 부사로 따로 등재되어 있어요!). '빼닮다'도 "생김새나 성품 따위를 그대로 닮다"라는 뜻의 동사로 등재되어 있고요. 그러니 이 문장은 "<u>영락없이</u>ˇ지ˇ애비를ˇ꼭ˇ<u>빼닮았어</u>"라고 쓰면 맞는 겁니다. 다음으로 "그렇게대문짝만하게써붙였는데왜못봐"라는 문장을 보죠. 이건 최대한 띄어 쓰면 "그렇게ˇ대문짝만ˇ하게ˇ써ˇ붙였는데ˇ왜ˇ못ˇ봐" 정도 되겠네요. '~만 하다' 꼴은 띄어 쓰는 거 기억하시죠(71쪽 참조)? 그런데 여기서 '대문짝만하다'가 혹시 한 단어 아닐까 의심이 가신다면 꽤 뛰어난 감각을 갖고 계신 거예요. 저게 정말로 대문짝 크기라서 저렇게 말하는 건 아니잖아요? 실제로 '대문짝만하다'는 "(과장하여)(익살스럽게) 매우 크다"라고 사전에 등재되어 있답니다. '써붙이다'도 살짝 의심되어 검색해 봤더니 이건 등재어가 아니네요. 그러니 정답은 "그렇게ˇ대문짝만하게ˇ써ˇ붙였는데ˇ왜ˇ못ˇ봐"가 된답니다. 어때요, 재미있죠? 없어도 있다고 쳐주시고, 딱 한 문장만 더 볼게요. "진심어린충고에귀기울이지않고모른척하니짜증나더라고"를 띄어쓰기해 보세요. 정답은 "진심ˇ어린ˇ충고에ˇ귀ˇ기울이지ˇ않고ˇ모른ˇ척하니ˇ짜증ˇ나더라고"입니다. 검색해 보셨겠지만(그죠? 해보셨죠?) '진심어리다', '귀기울이다', '모른척하다', '짜증나다' 모두 등재어가 아니거든요.

　문장으로 연습해 보니 합성어 띄어쓰기가 왜 어려운지(혹은 귀찮은지) 더 실감 나시죠? '진심어리다', '귀기울이다', '모른척하다', '짜증나다' 같은 게 등재됐는지 안 됐는지를 일일이 외우기가 얼마나 힘들겠어요. 아니 가능하긴 하겠어요? 같은 '나다'가 붙더라도 '기억나다', '바닥나다'는 붙여 쓰고 '큰일 나다', '고장 나다'는 띄어 써야 하는데도요? 전문 편집자가 아니라면 적당히 하셔도 된다는 게 그냥 드린 말씀이 아니랍니다. 물론 완벽주의를 추구하신다면야 말리지는 않겠습니다만…….

편집자 입장에서는 이런 기준이 있다는 게 한편으로는 귀찮으면서도 또 한편으로는 다행이다 싶기도 해요. 그 기준이 없다면 내가 아까 이 단어를 붙여 썼는지 띄어 썼는지(최소한 책 안에서 통일은 해야 할 테니까요) 기억나지 않을 때 더 골치 아플 것 같거든요. 하지만 '들어가는 글'에서도 잠시 말씀드렸듯이, 이렇게 유일한 기준이 존재한다는 건 편리하기도 한 반면, 언어생활의 다양성과 역동성 면에서는 오히려 해가 되는 듯 보입니다. 『표준국어대사전』이 이렇게까지 권위를 얻기 전에는 다양한 회사에서 펴낸 사전들이 경합하면서 어떤 것을 표제어로 올릴 것인가에 대한 고민과 토론이 활발히 이루어졌다면, 요즘은 국립국어원이 최후의 판관처럼 떡 하니 버티고 있는 모양새라 다른 사전들이 영 맥을 못 추고 있거든요. 이런 부분에서 다소 아쉬움이 남지만 이 얘기는 여기까지만 할게요.

자, 그럼 감사하게도 여러분께서 귀찮음을 무릅쓰고 친히 사전을 찾아봐 주신다고 칩시다. 그런데 등재된 단어 중간중간 요상한 기호들이 보일 거예요. 예컨대 '경제관념'을 찾으면 '경제-관념'이라고 나오고, '경제체제'를 찾으면 '경제^체제'라고 나옵니다. 이게 무엇인고 하니, '-' 기호는 "의미가 나뉘는 곳이라 표시를 해놓긴 했지만 한 단어니까 꼭 붙여 써라"라는 뜻이고, 전문 용어나 고유명사에 쓰이는 '^' 기호는 "띄어 쓰는 게 원칙이지만 붙여 써도 된다"를 의미하는 것이랍니다. 그러니 '경제관념'은 꼭 붙여야 하고, '경제체제'는 띄어 써도 붙여 써도 상관없는 거죠(참고로 '-' 기호는 의미가 나뉘는 모든 단어에 들어 있어요. '맨-밥', '사랑-하다' 같은 파생어와 '귀신-같다', '영락-없다' 같은 합성어 모두 붙여 쓰라고 일러 주는 거죠). 경제와 관련된 단어들 몇 개 더 찾아보면, '경제-관념', '경제-사상', '경제-생활'은 꼭 붙여 쓰고(모두 의미가 조금씩 확장되었습니다), '경제^체제', '경제^구조', '경제^지표', '경제^활동', '경제^개발'은 마음대로 쓰고, '경제상황', '경제논리', '경제불황', '경제이념', '경제질서'는 사전에 안 나오니 모두 띄어 써야 합니다.

하지만 아무래도 이건 좀 너무하죠? 이걸 어떻게 일일이 다 찾아보겠어요. 그래서 편집자들도 '명사+명사' 꼴의 합성명사에 대해서는 융통성을 발휘하곤 합니다. '낡은 모자'를 '낡은모자'로 붙여 쓰는 건 안 될 말이지만, '야구 모자'를 '야구모자'로 쓰는 것 정도는 괜찮다고 보는 거죠. 책 속 다른 단어들과의 형평성이나 단어가 눈에 익은 정도를 고려하여 의미 파악을 방해하지 않는 선에서 붙여 쓰는 것이랍니다. '정치개혁', '기술이민', '철강산업', '가죽지갑', '고속승진', '재정상황', '사회이론', '축구선수', '연습문제' 정도라면 사전에 등재되진 않았지만 붙여 써도 아무도 뭐라고 하지 않을 거예요. 물론 이럴 때에도 센스가 좀 있어야 하는 게, '한국 사학자'와 '한국사 학자' 같은 단어는 띄어쓰기를 구분해 주는 게 좋겠죠? 한 편의 글 안에서 같은 단어의 띄어쓰기를 통일하는 센스도 꼭 챙기시고요. 위 줄에는 '유럽여행'이라고 붙여 쓰고 바로 아래 줄에는

'유럽 여행'이라고 띄어 쓰면 보기 좀 그렇잖아요.

'^' 기호가 전문 용어나 고유명사에 쓰인다고 말씀드렸는데요, 「한글 맞춤법」에는 "성명 이외의 고유명사는 단어별로 띄어 씀을 원칙으로 하되, 단위별로 띄어 쓸 수 있다"(49항), "전문 용어는 단어별로 띄어 씀을 원칙으로 하되, 붙여 쓸 수 있다"(50항)라는 규정이 있습니다. 두 경우 모두 "단어별로 띄어 쓴다"가 원칙이고 붙여 쓸 수 있게 허용해 준 거죠. 「한글 맞춤법」에 공식적으로 포함된 예제는 다음과 같습니다.

- 대한 중학교(원칙)　　　　　대한중학교(허용)
  한국 대학교 사범 대학(원칙)　한국대학교 사범대학(허용)
- 만성 골수성 백혈병(원칙)　　만성골수성백혈병(허용)
  중거리 탄도 유도탄(원칙)　　중거리탄도유도탄(허용)

별거 아니죠? 저 개인적으로는 붙여 쓰는 편을 선호합니다. 시각적으로도 그렇지만 의미를 명확히 전달하기 위해서도 그래요. 예컨대 '강북 중학교'라고 썼을 때 (물론 문맥으로 파악은 되겠지만) 이게 특정 중학교의 이름인지, 강북에 있는 중학교 일반을 가리키는 건지 헷갈릴 수 있잖아요? 영어의 경우 'Gangbuk Middle School'과 'Gangbuk middle school'로 대문자를 써서 구분할 수 있겠지만, 한국어로는 이게 안 되니 '강북중학교'(학교 이름)와 '강북 중학교'(강북 지역의 중학교)로 구분하는 게 아쉬운 대로 한 방법이 아닐까 생각합니다.

전문 용어의 경우도 마찬가지예요. '18세기 영국에서 증기 기관의 발명을 토대 삼아 일어난 사회 전반적인 대변혁'을 가리키는 '산업혁명'은 위 50항의 규정에 따라 '산업^혁명'이라고 사전에 등재되어 있습니다. 붙여 써도 띄어 써도 되는 거죠. 그런데 "반도체 산업 혁명"에서처럼 일반적인 의미에서 해당 산업 분야의 획기적인 발전을 지칭할 때도 있을 거잖아요? 이 두 경우를 구분하기 위해 전자의 경우는 '산업혁명'으로, 후자의 경우는 '산업 혁명'으로 쓰는 게 좋지 않을까 싶은 거죠.

물론 '민주화를 위한 전국교수협의회', '프라하의 봄', '유엔난민 고등판무관 사무소', '환경 교육을 위한 재단'처럼 길이가 길거나 명사가 아닌 것들이 섞여 있는 경우까지 전부 붙여 쓰기는 애매할 테니 유연하게 판단해야겠습니다. 어쨌건 중요한 건 고유명사든 전문 용어든 딱 봤을 때 이게 하나의 실체라고 직관적으로 알 수 있도록 하는 것 아닐까요?

그렇다고 사전을 덜컥 믿으면 안 되는 띄어쓰기

여러분이 "썩 마음에 들진 않지만 알겠어. 그럼 사전만 믿고 가면 된다는 거지? 실려 있는지 없는지만 따지면 되는 거지?"라고 한발 물러서 주신다(라고 생각하)니 저로선 정말 감사한 일이지만, 여기서 송구스럽게도 또 한 번 뒤통수를 때리는 말씀을 드리지 않을 수 없습니다. "저기, 꼭 그렇지만은 않아요⋯⋯"라고요. 사전에 등재는 되어 있지만, 기계적으로 붙여 쓰면 곤란한 경우가 꽤 많아서 말이에요.

이를테면 앞서 본 '떡값'만 해도 사전에 등재는 되어 있지만 여기에 '떡을 사고 치르는 값'이라는 뜻이 포함되어 있지 않기 때문에 "인절미랑 가래떡이랑 전부 해서 떡 값이 얼마죠?"처럼 띄어 써야 합니다. '되는대로'도 마찬가지예요. 사전에 등재된 뜻("아무렇게나 함부로", "사정이나 형편에 따라", "가능한 한 최대로")이 아닌 경우, 예컨대 "엄마가 정규직이 <u>되는 대로</u> 꼭 놀이공원 데려갈게ㅠㅠ" 같은 문장에서는 붙이면 안 되는 거죠. 그러니까 사전에 해당 표제어가 나온다고 냅다 가져다 쓰면 안 되고 꼭 뜻을 확인해 봐야 한다는 말씀! 이런 사례들을 모두 망라할 수는 없지만, 몇 가지만 예를 들어 함께 살펴볼게요.

"**다음날** 아침에야 눈을 떴다"라는 문장을 쓰려다 '다음날'의 띄어쓰기가 궁금해져 사전을 찾아본다고 칩시다. 그러면 붙여 쓴 '다음날'이 '짠' 하고 등장해요. 하지만 반가워하기에는 이른 것이, 사전에 등재된 '다음날'은 "정하여지지 아니한 미래의 어떤 날"이라는 뜻이거든요. 하지만 우리가 쓰려는 문장에서의 '다음날'은 '과거'의 어떤 '정해진' 날이잖아요? 그러니 사전에 실린 '다음날'과는 다른 놈이고, 한 단어로 인정받지 않았으니 띄어 써야 하는 거죠. 말 그대로 '다음의 날'을 가리킬 때는 굳이 의미의 확장이 있다고 보지 않아서 합성어로 인정해 주지 않지만, '언젠가'에 가까운 뜻으로 쓰일 때는 의미의 확장으로 봐서 한 단어로 인정한 거랍니다. "우리 <u>다음날</u>에 만나 밥이나 먹죠" 같은 때만 붙여 쓰는 거죠.

'**한번**'은 사전에 실려 있지만 '**한 번**'과 구분해서 써야 합니다. '한 번', '두 번', '세 번', '서른 번', '백삼십 번'처럼 횟수를 셀 때의 '번'은 단위를 나타내는 의존명사이므로 띄어 씁니다. 그런데 '한번'이라고 붙여 쓰는 경우가 있으니, "어디 <u>한번</u> 해볼까?", "<u>한번</u> 먹어 봐"처럼 'try'의 의미가 있다거나 "<u>한번</u>은 그런 일이 있었지"처럼 과거 어느 때를 말한다거나 "말 <u>한번</u> 잘했다"처럼 강조하는 의미로 쓰일 때 등이죠. 이런 경우는 의미가 확장된 것으로 봐서 붙여 씁니다. 그까짓 거 그냥 아무렇게나 쓰면 안 되나 싶으시겠지만, "<u>한 번</u> 와봤어"와 "<u>한번</u> 와봤어"의 차이를 생각해 보세요. "한 번 와봤어"는 두 번도 세 번도 아니고 딱 한 번 와봤다는 얘기겠고, "한번 와봤어"는 지나가다 들러 봤다는 의미겠지요? 물론 극단적인 예지만 이렇게 띄어쓰기 하나로 문장의 의미가 달라질 수 있으니 마냥 편하게 쓰라고 할 수만도 없답니다. 그렇다면 여기서 퀴즈 하나! "한 번 엎지른 물은 다시 주워 담지 못한다"라는 문장에서 '한번'의 띄어쓰기는 어떻게 해야 할까요? 같은 물을 두 번 세 번 엎지를 수 있는 것도 아니고 '일단'의 뜻으로 쓰였기 때문에 붙여 쓰는 게 맞겠네요. "한 번 실패하더라도 두 번, 세 번 다시 도전하자"에서는 띄어 써야겠고요.

'**한 잔**'과 '**한잔**'도 구분합니다. '한 잔', '두 잔' 셀 때는 띄어 쓰고, "간단하게 한 차례 마시는 차나 술 따위"라는 뜻일 때에는 붙여 써요. "요 앞에 가서 커피나 한잔할까?"처럼 말이죠(심지어 '한잔하다'가 한 단어예요!). "소주 한 잔 어때?"는 맥락을 따져 봐야겠네요. 보통은 이따 간단히 술 마시는 거 어떠냐는 의미일 테니(물론 말하는 사람에 따라 '간단히'가 아닐 수도 있지만요) 붙여 쓰는 게 맞겠지만, 회식 자리에서 '네가 요즘 술을 줄이려고 노력 중인 건 잘 알고 있어. 그래도 혹시 네가 마시고 싶어 할지도 몰라서 한번 물어보는데, 딱 한 잔만 마실 테야?'의 의미로 물어보는 거라면 띄어 쓰는 게 맞겠습니다.

'한'이 나온 김에 잠깐만 옆으로 새면, "한목소리로 말렸다", "한집안 사람이다"에서의 '한목소리', '한집안'은 붙여 씁니다. 하나, 둘, 셋 세는 게 아니라 '같은'의 뜻이 강한 경우로 봐서 한 단어로 인정되었거든요. 다만, 이전에는 이러한 '한'의 접사로서의 용법을 인정해서 사전에 없는 '한가족'이나 '한무리'도 붙여 썼었는데요, 너무 헷갈려서인지 2015년 가을, 이런 '한'도 그냥 관형사로 보고 띄어 쓰자고 통일해 버렸답니다. 한 단어가 아닌 '한 가족', '한 무리'는 이제 띄어 써야 해요!

그러고 보니 '한집안' 할 때의 **집안**도 가문이나 공동체의 뜻일 때는 붙여 쓰고, 집의 내부 공간을 말할 때는 띄어 쓴답니다. "집안 어른들"과 "집 안의 가구들"로 구분이 되는 거죠. 참고로 '집안일'은 '집이라는 실제 공간 안에서 일어나는 일'을 의미하는 것이 아니라 "살림을 꾸려 나가면서 하여야 하는 여러 가지 일" 또는 "자기 집이나 가까운 친척 집에 생기는 일이나 행사"를 뜻하는 말로 굳어졌기 때문에 붙여서만 쓴답니다.

　'볼일'은 '용무' 혹은 '용변'의 뜻일 때만 붙여 씁니다. 진짜 봐야 할(만나야 할) 일을 가리킬 땐 굳이 붙여 쓰지 않고요. 그러니 "너한테 볼일 없어"는 붙여 쓰고, "더 이상 너 볼 일 없어"는 띄어 써야 합니다. 그렇다면 '별볼일없다'는 어떻게 띄어 쓸까요? 일단 이 정도면 한 단어일 수도 있지 않을까 하는 생각에 검색을 해봐도 나오지를 않아요. 그러면 쪼개서 써야 하는데, '볼일'의 의미에 따라 띄어쓰기가 달라집니다. 대체로 '하찮아서 볼 만한 가치가 없다'의 뜻으로 많이 쓰니 "별 볼 일 없다"라고 띄어 쓰면 되는데요, '특별한 용무가 없다'란 뜻일 때는 '별 볼일 없다'라고 써야 합니다. "넌 참 별 볼 일 없는 놈이야"와 "너한테 별 볼일 없어"가 되는 거죠.

　'큰소리'는 "목청을 돋워 가며 야단치는 소리", "잘난 체하며 장담하거나 과장하여 하는 말", "고분고분하지 않고 당당히 하는 말"이라는 세 가지 뜻이 있습니다. 그러니 이 뜻이 아닌, 말 그대로 '볼륨이 큰 소리'는 띄어 써야 하지요. 비슷한 예로 '우는소리'는 "엄살을 부리며 곤란한 사정을 늘어놓는 말"이라서 정말로 엉엉 훌쩍 우는 소리는 띄어 써야 하고요. 아래 예문들로 확인해 보세요.

- 감히 어디다 대고 큰소리니?
- 그렇게 큰소리를 치더니만 내 이럴 줄 알았다.
- 아침 댓바람부터 큰 소리로 노래를 부르며 춤을 추었다.
- 넌 어째 만나기만 하면 우는소리냐?
- 어젯밤에 어디서 여자아이가 우는 소리 못 들었어?

명사 뒤에 '같다'가 붙는 경우 중에서도 주의할 게 많죠. 예컨대 앞에 '귀신같다' 나왔었죠? "그놈 재주가 참 귀신같지 않냐?"는 붙여 쓰지만, "앗! 방금 전에 지나간 거 귀신 같지 않냐?"는 붙이면 안 된다는 거 알고 계시리라 믿습니다. '꿈같다'는 "세월이 덧없이 빠르다"나 "덧없고 허무하다"의 뜻이라서 "그 시절이 꿈같네"는 붙여 쓰고 "아까 꾼 거 아무래도 안 좋은 꿈 같아"는 띄어 쓰고요. '불같다'도 "성격이 불같아서"는 붙여 쓰지만, "음, 사건의 열쇠는 화로에 남아 있던 불 같구만"에서는 띄어 씁니다.

'같이하다/함께하다'에 대해서도 살펴볼까요? 이것도 예문으로 보는 편이 좋을 것 같네요.

- 저는 아내와 평생을 같이하기로 약속했습니다.
  그는 우리와 의견을 같이했다.
  너와 함께한 시간 속에서 아픔은 사라지고.
  자리에 함께해 주신 여러분들께 감사드립니다.

- 이번에 그 친구랑 일을 <u>같이</u> 하기로 했는데 말이야.

   오늘 연습은 선배님과 <u>함께 해</u>보도록 합시다.

위 네 문장과 아래 두 문장의 용법 차이가 느껴지시나요? 붙여 쓰는 '같이하다/함께하다'는 "경험이나 생활 따위를 더불어 하다", "서로 어떤 뜻이나 행동 또는 때 따위를 동일하게 가지다"라는 뜻을 갖는 반면, 아래 두 문장 같은 경우는 저런 심오한(?) 뜻 없이 그냥 진짜 말 그대로 같이, 투게더, 하는 겁니다. 이때의 '같이/함께'는 동사 '하다'를 수식하는 부사고요.

이 뉘앙스 차이가 잘 안 느껴지신다면 필살의 '부사 빼보기' 스킬을 써보세요. 부사란 놈은 빼도 문장 자체가 비문이 되지는 않잖아요? '같이'를 없애 봐서 비문이 되면 부사가 아닌 경우니까 붙여 쓰고, 별로 이상해지지 않으면 부사인 경우니까 띄어 씁니다. 앞의 예문들 가지고 한번 해보세요. "평생을 하기로", "의견을 했다", "너와 한 시간 속에서", "자리에 해 주신"은 어색한 반면, "그 친구랑 일을 하기로 했는데", "선배님과 해보도록 합시다"는 자연스럽잖아요.

이렇게 '하다' 때문에 헷갈리는 띄어쓰기가 많답니다. 앞에서 본 것처럼 접사로서의 '하다'와 'do'라는 의미를 가진 동사 '하다'가 섞여 있으니 그럴 수밖에요. **'대신하다'**의 경우도 마찬가지라서 "그는 나를 <u>대신할</u> 수 없을걸?"처럼 '대체하다'라는 의미일 때는 붙여 쓰고, "그가 내 업무를 <u>대신 할</u> 수는 없을 테니까"처럼 부사 '대신'이 쓰인 경우에는 띄어 쓰지요.

'하다'에는 이런 용법도 있습니다. "노래하면 기분이 좋다"라는 문장과 "노래 하면 조용필이지"라는 문장을 보세요. 앞 문장은 동사 '노래하다'에 어미 '면'을 붙여 활용한 거지만, 뒤 문장은 화젯거리를 한정해서 '~하면 누구다/무엇이다' 꼴로 쓴 경우입니다. 이때는 띄어 써야 해요. "노래하면 조용필이지"라고 붙여 버리면, 개나 소나 노래만 하면 다 조용필이게요.

'무엇하다'도 한번 살펴볼까요? '뭐하다', '뭣하다' 등으로 줄여 쓰기도 하는 이 단어도 의미에 따라 띄어쓰기가 달라집니다. 사전에 등재된, 붙여 쓰는 '무엇하다'에는 "내키지 않거나 무안한 느낌을 알맞게 형용하기 어렵거나 그것을 표현할 말이 생각나지 않을 때 암시적으로 둘러서 쓰는 말"이라는 뜻이 있어요. 쉽게 말해 '좀 그래……'의 느낌일 때 쓰는 거죠. "아무리 그래도 그건 좀 뭣하지 않냐?"처럼 말이에요. 반면 말 그대로 '무엇(을) 하다'라는 뜻일 때는 띄어 써야 합니다. "너 지금 뭐 해?"처럼 말이죠. "어제 뭐 했어?"('어제 무엇을 했어?')와 "어제 뭐했지?"('어제 이러저러해서 좀 곤란했지?')는 의미가 다른 거죠. 이런 거 알아서 뭐 하겠느냐고 하지 마시고 기억 좀 해주세요.

'허물없다'라는 단어는 "서로 매우 친하여 체면을 돌보거나 조심할 필요가 없다"라는 뜻의 형용사입니다. 아무리 친해도 사람 사이에 기본적으로 조심은 좀 해야 하지 않나 싶은 생각이 들긴 하지만…… 아무튼 그래서 붙여 쓰는데요, 저런 의미로 쓰이지 않은 경우, 그러니까 '흠(허물)이 없다'라는 뜻일 때는 붙여 쓰면 안 됩니다! "우리는 정말 <u>허물없는</u> 사이다"와 "그렇게 <u>허물 없는</u> 사람이 어디 있니?"로 띄어쓰기가 달라지네요. **'다되다'** 같은 경우, 한 글자짜리 부사들을 붙여 쓰지 말아 달라는 저의 간곡한 부탁을 기억하신다면 "밥이 다 되다"라고 띄어 쓰실 거예요. 그런데 혹시나 싶어 '다되다'를 찾아봤더니 사전에 등재되어 있거든요. '오! 이렇게 신기할 수가!' 하면서 "밥이 다되다"라고 쓰면 안 되는 것이, 사전의 '다되다'는 "완전히 그르친 상태에 있다"라는 뜻입니다. "이거 완전히 다됐구만!" 할 때나 쓰는 거죠. 물론 밥을 하다 완전히 망했을 때에도 쓸 수 있겠지만요. **'덜떨어지다'** 는 원래 어린아이 머리에 덕지덕지 붙은 때를 의미하는 '쇠딱지'가 아직 다 떨어지지 않았다는 뜻이었는데, 이걸 비유적인 의미로 자꾸 쓰다 보니 "나이에 비하여 어리고 미련함"을 뜻하는 한 단어로 인정받았습니다. 그러니 "저런 <u>덜떨어진</u> 놈"은 붙여 쓰고, "단풍이 아직 <u>덜 떨어졌다</u>"는 띄어 쓰는 게 맞는답니다. **'빼먹다'** 같은 경우는 사전에 빠뜨리거나 농땡이 친다는 의미가 실려 있거든요? "너를 깜빡 <u>빼먹었네</u>", "수업을 <u>빼먹고</u> 놀러갔어"는 붙여 쓰고, "꼬치에서 소시지만 낼름 <u>빼 먹다니!</u>"는 띄어 쓰면 되겠습니다. **'눈뜨다'** 는 잠에서 깨거나 이치를 깨닫는 경우에는 한 단어로 보아 붙여 쓰지만 정말로 눈을 뜨는 경우에는 띄어 쓰지요. "지금쯤이면 <u>눈뜰</u> 때가 됐는데", "드디어 팀 플레이에 <u>눈떴다</u>", "<u>눈 뜨지</u> 말고 그대로 손만 들어"처럼 말입니다. **먹고살다**'는 "생계를 유지하다"라는 뜻을 가진 한 단어라서 "먹고살기 힘들어", "그래 갖고 어디 먹고살겠느냐"는 붙여 쓰고, "나무늘보는 뭘 먹고 사나요?"는 띄어 쓰고요.

이런 예들을 꼽자면 한도 끝도 없습니다. '노루귀'는 식물 이름으로만 등재되어 있기 때문에 동물 노루의 귀를 가리키려면 '노루 귀'로 띄어 써야 한다거나, '발라먹다'는 "남을 꾀거나 속여서 물건을 빼앗아 가지다"라는 뜻밖에 없어서 생선 가시는 '발라 먹어야' 한다거나……. 어휴, 여기까지만 할게요. 다시 한번 강조하지만, 중요한 것은 사전에 등재되었다고 덜컥 쓰면 안 된다는 사실! 아예 안 찾아봤으면 모를까 이왕 찾아보셨다면 사전에 실린 뜻과 내가 구사할 문장 속에 쓰이는 뜻이 일치하는지 확인해 보고 쓰는 게 좋겠습니다.

아, 뜻도 뜻이거니와 문법적으로도 맞지 않아서 띄어쓰기를 구분해야 하는 경우도 있으니 조금만 더 이야기를 보탤게요. 쉬운 예로 "우리 큰딸이 사줬어"와 "다 큰 딸한테 쓸데없는 소리네요"를 보세요. '큰딸'이 '맏딸'을 의미하기 때문에 후자는 띄어 써야겠지만, 문법적으로도 말이 안 되는 게 '다'는 부사라 '큰'(형용사 '크다')은 꾸밀 수 있지만 '큰딸'(명사)은 꾸밀 수 없으니까요. 조금 어려운 예로, '소용없다'는 사전에 "아무런 쓸모나 득이 될 것이 없다"라는 뜻으로 등재되어 있는데요, (특별히 의미가 다르지도 않은데!) "아무 소용 없다"는 띄어 써야 맞는답니다. 응용력 뛰어나신 분들이라면 그 이유를 추리해 내실 수 있을 듯도 한데……. 왜 그런지 말씀드리자면 '아무+(소용+없다)'가 아니라 '(아무+소용)+없다'의 구조거든요. "자기 <u>이야기</u> 하는 데 바빠서"(55쪽)에서 밑줄 부분을 띄어 썼던 것과 비슷한 맥락인 거죠. 문법적으로 보자면, 관형사인 '아무'는 체언('소용')이나 꾸밀 수 있지 용언('소용없다')은 못 꾸미기 때문이기도 하고요. 비슷한 이유로 '쓸데없다'는 붙이고 '아무 쓸 데 없다'는 띄어서 써야겠습니다('데'의 띄어쓰기도 기억나시죠?).

이상 이해가 가건 말건 상관없이 띄어쓰기의 어려움을 듬뿍 느끼지 않을 도리가 없었던 합성어 파트였습니다. 이까짓 합성어 띄어쓰기 조금 틀린다고 해도 별 상관 없겠지만요. 아무튼 "사전에 실린 뜻과 일치하는 합성어는 붙여 쓰는 것이 원칙이다"라는 것 정도는 기억해 주셨으면 좋겠어요.

띄어쓰기의 마지막 난관, 보조용언

자, 이렇게 슬금슬금 8부 능선에 올랐으니 이제 띄어쓰기의 최고봉(!)이라고 할 수 있는 '보조용언'에 오를 차례입니다. 아직 용언하고도 썩 친하다고 하기는 뭐한데 애는 뭘 또 친구까지 데려오나 싶으시지요? 그런 낯설고 별로 안 중요해 보이는 이름 달고 있는 거 안 쓰면 그만 아니냐고 생각하실 수도 있겠네요. 하지만 안타깝게도 보조용언은 여러분이 생각하는 것 이상으로 훨씬 자주 쓰인답니다. 예를 들어 보면 "제안에 대해 생각해 보았다", "작품을 만들어 냈다", "어른이 되어 간다", "그녀는 가 버렸다"에서 밑줄 친 것들이 다 보조용언이거든요. 심지어 방금 전에 쓴 "예를 들어 보면"에서 '보면'도 보조용언인걸요. 이 보조용언들을 짝이 되는 '본용언'과 구분해서 보면,

- 생각해 보았다: 생각하다(본용언)+보다(보조용언)
- 만들어 냈다: 만들다(본용언)+내다(보조용언)
- 되어 간다: 되다(본용언)+가다(보조용언)
- 가 버렸다: 가다(본용언)+버리다(보조용언)

이런 구조가 됩니다. 중요한 뜻은 본용언이 가지고 보조용언은 말 그대로 보조적인 의미를 더할 뿐이죠. "제안에 대해 생각했다", "작품을 만들었다", "어른이 된다", "그녀는 갔다"라고만 해도 기본적인 의미는 전달되지만 보조용언을 붙여서 더 상세한 의미를 전달하고 있습니다. 동사 '읽다'도 '읽어 가다', '읽어 내다', '읽어 놓다', '읽어 달라', '읽어 두다', '읽어 드리다', '읽어 버리다', '읽어 보다' 등 다양한 보조용언(밑줄 친 것들)을 만나 폭넓은 의미를 전달할 수 있게 되고요. 어때요, '보조'치고는 꽤 중요한 역할을 하죠? 이 녀석들이 없으면 표현의 폭이 얼마나 좁아지겠어요.

자, 그럼 이런 녀석들의 띄어쓰기는 어떻게 하느냐? 바로 앞에 네놈이 다 띄어 써놓고 새삼스레 뭘 또 물어보느냐며 혀를 차실 분도 있겠지만 꿋꿋하게 이야기를 이어 가자면, **보조용언은 "띄어 씀을 원칙으로 하되, 경우에 따라 붙여 씀도 허용"**합니다(47항). 그러니까 "생각해보았다", "만들어냈다", "되어간다", "가버렸다"처럼 붙여 써도 된다는 말이지요. 앞 단락에 등장하는 '읽다' 패밀리도 다 붙여 쓸 수 있습니다.

하지만 같은 책이나 글 안에서 너무 원칙 없이 혼용되면 곤란하니 출판사들은 대체로 자체적인 규정을 통해 보조용언 띄어쓰기의 통일성을 갖추곤 합니다. 모든 책에 똑같은 규정을 적용하는 것까지는 아니더라도 한 권의 책 안에서는 통일하는 게 기본이고요. 모든 보조용언을 띄어 쓰는 경우도 있고, 너무 길어지면 보기 안 좋으니 여섯 글자까지는 붙이고 일곱 글자부터는 뗀다든가("생각해보았다"는 붙이고 "생각해 보았지만"은 떼고), 띄는 걸 원칙으로 하되 한 글자짜리 본용언 뒤에는 붙인다든가("생각해 보았다"는 떼고 "가보았다", "써왔다"는 붙이고) 하는 식으로요. 참고로 여러분이 지금 읽고 계시는 이 책은 마지막 규칙으로 정하여 썼답니다. 인터넷에 글을 쓸 때야 편히 쓰더라도, 혹시라도 출판을 준비하신다면 대략이나마 통일해 주면 훨씬 보기 좋아지는 게 바로 이 보조용언이에요.

하지만 보조용언이라고 무조건 붙여 쓸 수 있는 건 또 아니니, 붙여 쓸 수 있는 경우가 딱 정해져 있습니다. 자, 우선 **본**

용언과 보조용언 사이가 '아/어' 꼴로 이어져야만 붙여 쓸 수 있다는 걸 꼭 기억해 두세요. "생각해 보았다", "만들어 냈다", "되어 간다", "가 버렸다"에서 밑줄 친 부분이 다 '아/어' 꼴 활용의 흔적이랍니다. '만들어'와 '되어'는 빼도 박도 못하게 눈에 잘 보이지만, 안 보이는 나머지 두 개도 뚫어져라 보면 보이는데요, '생각해'는 '생각하여어'가 준 거고, '가'도 '가아'에서 '아'가 생략된 말이거든요. 그래서 이 경우들은 모두 보조용언을 붙여 쓸 수 있는 거랍니다. 앞에서 붙여 쓸 수 있다고 했던 '읽다' 패밀리 다시 한번 살펴보세요. 전부 '어' 꼴로 연결되어 있죠?

붙여 쓸 수 있는 두 번째 경우는 **의존명사에 '하다'나 '싶다'가 붙을 때**예요. 의존명사 '듯', '만', '법', '뻔', '성', '양', '척', '체'에 '하다'나 '싶다'가 붙은 '듯하다/듯싶다', '만하다', '법하다', '뻔하다', '성하다/성싶다/성부르다', '양하다', '척하다', '체하다'도 보조용언으로 쳐주거든요. 이 녀석들은 '아/어' 꼴과 상관없이 붙여 쓸 수 있답니다. "밤새 눈이 올 듯하다", "그 애는 매번 착한 척한다"라는 문장을 볼까요? 본용언 '오다'에 '듯하다'가 붙어 추측의 의미를, 본용언 '착하다'에 '척하다'가 붙어 가식(?)의 의미를 더해 줌으로써 보조용언으로서의 역할을 충실히 수행하고 있습니다. 이런 경우에도 "올듯하다", "착한척하다"로 붙여 쓸 수 있어요. 앞에서는 '만하다', '듯하다' 등은 띄어 써야 한다고만 말씀드렸는데(71쪽, 83쪽), 이제야 고백하자면 사실은 붙여 쓰는 것도 허용되어 있습니다. '그럴 만하다'도 되고, '그럴만하다'도 돼요. 단, 앞에 나왔던 '직하다'는 그럴 수 없답니다(92쪽). '직'은 의존명사가 아니라서요.

이렇게 '듯하다' 꼴의 보조용언이 붙어 아예 한 단어로 굳은 단어들이 몇 개 있습니다. '그럴듯하다', '볼만하다', '알은척하다/알은체하다', '본척만척하다/본체만체하다', '젠체하다', '될성부르다'가 그것들이에요. 기억해 두시면 사전 안 찾아봐도 되고 편하겠죠?

자, 이러한 커다란 원칙하에서 유의해야 할 점이 있으니, 보조용언의 띄어쓰기를 고민하기 전에 그 동사가 문장 안에서 보조용언으로 쓰이는 게 맞는지 아닌지부터 확인해야 한다는 겁니다. 용언 두 개가 이어진다고 해서 무조건 '본용언+보조용언'이 아니니까요. "나누어 팔다", "태워 없애다", "구워 먹다", "주워 가지다" 같은 구문을 보세요. '팔다'와 '없애다'는 아예 보조용언으로 쓰이는 일이 없는 동사들이고, '먹다'와 '가지다'는 보조용언으로 쓰일 수는 있지만 이 경우는 그 용법이 아니에요. "나누어서 팔다", "태워서 없애다", "구워서 먹다", "주워서 가지다"처럼 이어지는 동작을 두 개의 본동사로 이어 쓴 거거든요. 이렇게 사이에 '서'를 넣어 봐서 자연스럽게 이어진다면 이때 뒤에 오는 용언은 보조용언이 아니라고 보면 됩니다. "누나가 사 온 치킨"은 언제나 입에 착착 붙지만 '사서+오다'의 의미인 '사 온'은 엄밀히 말하면 붙이면 안 되는 거예요!

그러니 보조용언으로 쓰일 수 있는 동사들이 문장 안에서 정말 보조용언으로 쓰였는지 본용언으로 쓰였는지를 잘 구분해야 합니다. 예컨대 "작품을 만들어 냈다"를 작품을 '기어이 완성했다'라는 의미로 쓴 거라면 '내다'는 보조용언이 맞으니까 띄어도 붙여도 상관이 없습니다만, 작품을 만들고 나서 그것을 '제출했다'라는 의미라면("작품을 만들어서 냈다") 여기서의 '내다'는 보조용언이 아니라 별도의 동사이니 반드시 띄어 써야 해요. "서류를 찢어 버렸다"도 찢어서 훌훌 털어 버렸다는 뜻이라면 '버리다'가 보조용언이니 띄어도 붙여도 상관없지만, 서류를 찢은 다음에 그걸 어디에 버렸다는 의미라면("서류를 찢어서 버렸다") 붙여 쓸 수 없는 거지요. 그녀가 차츰차츰 성숙해졌다면 진행의 의미를 담은 보조용언 '가다'를 쓴 경우니까 "그녀는 그렇게 여인이 되어 갔다"도 되고 "되어갔다"도 됩니다. 하지만 그녀가 여인이 되어 어디론가 가버렸다면("여인이 되어서 갔다") 띄어서만 쓸 수 있겠죠(사실 글을 쓸 때 보조용언의 용법이 아닌 걸 의도할 때는 애초부터 '서'를 꼬박꼬박 붙여 주는 게 최선이 아닐까 싶긴 해요. "만들어서 냈다", "찢어서 버렸다"라고요).

보조용언으로 쓰였더라도 **중간에 조사가 끼어 있으면 붙여 쓸 수 없다**는 것도 알아 두세요. "읽어 보았다"는 "읽어보았다"로 붙여 써도 되지만, "읽어는 보았다", "읽어만 보았다"는 "읽어는보았다", "읽어만보았다"로 붙여 쓸 수 없습니다. "바쁜 척했다" 역시 "바쁜척했다"로 붙여 써도 되지만, "바쁜 척을 했다", "바쁜 척이나 하고"는 "바쁜척을 했다", "바쁜척이나 하고"로 붙여 쓸 수 없고요. 보조용언은 '척하다'지 '척'이 아니잖아요?

『표준국어대사전』에 보조용언(보조동사와 보조형용사)으로 등재된 단어는 50개쯤 됩니다. 지금까지 예문으로 등장했던 것들 외에도 '놓다'("열어 놓다"), '두다'("기억해 두세요"), '오다'("참아 왔다"), '주다'("사랑해 주다") 등등 꽤 종류가 많은데요, 이것들을 책 뒤의 <부록1>에 정리해 두었답니다. 주욱 훑어보면서 '아, 요런 놈들이 있구나' 하고 눈에 익혀 두시면 좋을 것 같네요!

▸ 보조용언은 띄어 쓰는 것을 원칙으로 하되 붙여 쓰는 것을 허용한다. 이는 ① '아/어' 꼴 뒤에 보조용언이 오는 경우, ② 의존명사 뒤에 '하다', '싶다'가 오는 경우에 적용된다.

▸ 보조용언으로 쓰이지 않은 경우까지 붙여 쓸 수는 없다.
  기어이 만든 경우: 작품을 만들어 냈다 / 작품을 만들어냈다(O)
  만들어 제출한 경우: 작품을 만들어 냈다(O) 작품을 만들어냈다(X)
  이는 두 용언 사이에 '서'를 붙여 봄으로써 구분할 수 있다.

▸ 본용언과 보조용언 사이에 조사가 끼어 있으면 붙여 쓸 수 없다.
  만나 보았다 / 만나보았다(O)   만나는 보았다(O) 만나는보았다(X)

그럼 지금부터는 보조용언 띄어쓰기의 본격적인 주의 사항 몇 가지를 골라 살펴보겠습니다. 가볍게 '**드리다**'부터 시작해 볼까요? "책을 <u>읽어 드리곤</u> 했다", "고객님께 <u>배송해드렸다</u>"처럼 보조용언으로 쓰일 때는 붙여 써도 되고 띄어 써도 됩니다. 하지

만 접사로서의 '드리다'가 따로 있었던 걸 기억하시는지요? '말씀드리다', '사과드리다' 같은 건 꼭 붙여 써야 했잖아요(56쪽 참조). 이 두 경우를 헷갈리면 안 되겠습니다. '드리다' 앞에 명사('말씀', '사과')가 올 때는 접사니까 붙여 쓰고요, 다른 동사의 '아/어' 활용형('읽어', '배송해')이 올 때는 보조용언이니까 붙여도 되고 띄어도 된다는 거 기억해 두세요.

'보다'를 체크해 볼까요? 우선 이 녀석은 보조용언으로도 많이 쓰이지만, 본용언으로도 워낙 많이 쓰이다 보니 이 단어를 포함하여 한 단어로 굳은 합성동사들이 꽤나 많습니다. '돌아보다', '내려다보다', '거들떠보다', '눈여겨보다', '우러러보다', '훑어보다' 처럼요. 이 단어들 뒤에 붙은 '보다'를 보조용언으로 착각해서 붙일까 뗄까 고민하고 있으면 안 된다는 거죠 (역시, 합성어 난이도의 생생한 위엄……).

한편 "네가 나를 버릴까봐 무서웠어"에서 '봐'도 보조용언 '보다'로부터 온 겁니다. '버리다'의 활용형 '버릴까' 뒤에 추측의 의미를 나타내는 보조용언 '보다'를 '보아'로 활용하여 그걸 다시 '봐'로 줄인 구조인 거죠. 하지만 이렇게 많이들 붙여 쓰시는 '까봐'와 그 친구인 '나봐'는 붙여 쓸 수가 없어요. '아/어' 꼴이 아니라 'ㄹ까'와 '나' 꼴로 이어져 있으니까요(반면 '아/어' 꼴로 활용한 '버려봐'는 붙여 쓸 수 있습니다). 자, 기억해 두세요. **'까 봐'와 '나 봐'의 '봐'는 무조건 띄어 쓴다**는 사실! 나아가 '아/어'로 이어지지 않은 채 보조용언 '보다'가 오는 "읽다 보니"(어미

'다'), "읽나 보지?"(어미 '나') 등도 꼭 띄어 써야겠습니다. '읽다' 패밀리라고 전부 다 붙여 쓸 수 없다는 것도 아시겠죠?

다음으로, '보다'가 보조용언으로 쓰일 수 있다고 '보이다' 까지 그럴 거라고 생각하면 안 돼요. 물론 문법적 관점에 따라 '보이다'를 보조용언으로 보는 경우도 있고 그럴 만한 충분한 근거도 있지만, 어디까지나 『표준국어대사전』을 기준으로 한 다면 '보이다'에는 보조용언으로서의 용법이 없답니다. "사람 이 착해 보인다", "길이 넓어 보였다"처럼 띄어서만 써야 하죠.

'있다'에는 보조용언의 용법이 있습니다. "서 있다", "앉아 있다", "듣고 있다", "먹고 있다"를 보면 앞의 동사가 본용언이 고 뒤의 '있다'가 진행 중이라는 의미의 보조용언 역할을 하고 있잖아요? 그럼 붙여 써도 되느냐고요? 물론 그럴 수 있지만, 여기서도 절대 잊어서는 안 될 것은 바로 '아/어'! "서있다"와 "앉아있다"는 붙여서도 쓸 수 있지만 "듣고 있다"와 "먹고 있 다"는 띄어서만 쓸 수 있답니다.

반드시 붙여서만 쓰는 특이한 보조용언도 있으니 요건 꼭 기억해 둬야겠습니다. 먼저 '지다'가 있어요. "이루어진다", "넓 어져서", "차가워지면", "행복해지길" 모두 붙여 썼지요? '아/ 어' 뒤에 '지다'가 붙은 이러한 형태의 쓰임이 굳어 아예 접사 처럼 쓰이게 되었고, 국립국어원에서는 이를 반영하여 붙여서 만 쓰게 규정했답니다. "이루어진다", "넓어져서"에는 물론이 고 "차가우어지면", "행복하이어지길"에도 '어'가 있는 거 보이시죠? '어지다', '워지다', '해지다' 꼴은 모두 붙여 쓴다고 생각하면 편하겠습니다. 외워 두세요. **'지다'는 붙여서만 쓴다**! 붙여'진다'! 이런 거 알아 두면 똑똑해'진다'!

그 사촌 격인 '-어하다', '-해하다', '-워하다'도 붙여서만 씁니다. 마찬가지로 접사적 용법을 인정한 거죠. "힘들어하더라", "예뻐했건만", "궁금해했다", "징그러워했어"처럼 쓰면 됩니다. 역시 앞말이 전부 '아/어' 꼴인 거 이제는 군이 안 풀어 드려도 눈에 들어오시리라 믿어요. "꺼려하다"나 "두근거려하다" 역시 "꺼리어하다", "두근거리어하다" 꼴이니 붙여 쓰는 게 맞겠네요. 그렇다고 '려하다'를 모두 붙여 쓴다고 오해하시면 안 되는게, "가려 하다", "먹으려 했다"는 '어'가 아니라 '려'로 활용한 꼴이잖습니까. 이 점 주의해 주시길!

'어하다' 중에서 붙일 수 없는 중요한 예외들이 더 있는데요, "마음에 <u>들어 하다</u>", "어쩔 줄 <u>몰라 하다</u>", "자신 <u>없어 하다</u>", "먹고 <u>싶어 하다</u>"는 '-어하다' 꼴이기는 하지만 앞의 경우들과는 달리 밑줄 부분이 하나의 단위처럼 쓰이는 '구'(句) 형태임을 확인할 수 있습니다. 앞서 본 "<u>그런 생각 하지 마</u>"나 "<u>할 듯 말 듯 하다</u>"와 비슷한 경우인 거죠(55쪽, 85쪽 참조). '들어 하다', '몰라 하다', '없어 하다', '싶어 하다', 이렇게 네 개는 항상 앞말을 필요로 하니 무조건 붙여 쓸 수 없다고 외워 두시면 편합니다. 특히 많이 쓰이는 '싶어 하다', 요거 띄어야 해요.

이놈의 '하다'는 보조용언의 용법도 많기도 많습니다. 많이

들 붙여 쓰시는 '하게 하다', '하고 해서', '하고자 하다', '하고는(하곤) 하다', '하기는(하긴) 하다', '하기로 하다', '하려 하다', '해야 하다', '했으면 하다' 등은 싹 다 붙여 쓸 수 없어요. 이유요? 간단하죠. '아/어' 꼴이 아니잖아요! '게', '고자', '기로', '려', '어야' 등으로 활용한 꼴이잖습니까. 버릇처럼 붙여 써오신 분들, 앞으로 "먹게 했더니", "쓸쓸하고 해서", "달리고자 했으나", "춤추고는 했지", "좋기는 했다만", "가기로 했잖아", "자려고 했는데", "마셔야 했고", "좋아했으면 해서" 등은 모두 화끈하게 띄어 주시길! 관련해서 헷갈릴 만한 것 하나 더 보태자면, '해야 하다'를 활용한 '해야 하겠다'는 띄어 쓰지만 비슷한 뜻인 '해야겠다'는 붙여 쓴다는 거예요. 이건 어미를 줄줄이 붙인 형태거든요. '겠'은 어미로밖에 안 쓰이니까 이 글자 앞을 띄어 쓰는 경우는 없다고 생각하면 그래도 기억하기가 수월하겠죠?

아, 마지막으로 혹시나 "열심히 했다", "공고히 하도록" 같은 데 쓰는 '하다'도 붙여 써야 하는지 고민하시면 안 됩니다! 이건 보조용언이 아니라 진짜로 'do'의 뜻을 가진 본용언이잖아요. '열심히'와 '공고히'는 그걸 꾸미는 부사고요. 이거 가지고 고민하지 마세요!

> ▶ 접사 '드리다'와 보조용언 '드리다'를 구분해서 쓰도록 한다. 보조용언인 경우 붙여도 되고 띄어도 되지만, 접사인 경우에는 붙여서만 쓴다.
>
> 말씀드리다(명사+접사)　　　　　알려 드리다(본용언+보조용언)

- 보조용언 '보다'의 앞말이 '아/어' 꼴이 아닌 다음의 경우들은 띄어서만 쓸 수 있다.

  추울까봐(X) 추울까 봐(O)   생각했나봐(X) 생각했나 봐(O)

  먹었나보다(X) 먹었나 보다(O)   그러다보니(X) 그러다 보니(O)

- '보다'에는 보조용언 용법이 있지만, '보이다'는 그렇지 않다.

  슬퍼 보인다(O) 슬퍼보인다(X)

- 보조용언 '있다'도 앞말이 '아/어' 꼴일 때만 붙여 쓸 수 있다.

  누워 있다 / 누워있다(O)   신이 나 있다 / 신이 나있다(O)

  놀고 있네(O) 놀고있네(X)   쉬고 있군(O) 쉬고있군(X)

- '-어지다', '-어하다', '-해하다', '-워하다' 꼴은 붙여서만 쓴다.

  행복해 지다(X) 행복해지다(O)   힘들어 하다(X) 힘들어하다(O)

  궁금해 하다(X) 궁금해하다(O)   그리워 하다(X) 그리워하다(O)

  단, '하다' 앞에 '구'가 오는 다음의 경우들은 붙여 쓸 수 없다.

  마음에 들어 하다   어쩔 줄 몰라 하다

  자신 없어 하다   먹고 싶어 하다

- 보조용언 '하다'의 앞말이 '아/어' 꼴이 아닌 '하게 하다', '하고 해서', '하고자 하다', '하고는(하곤) 하다', '하기는(하긴) 하다', '하기로 하다', '하려 하다', '해야 하다', '했으면 하다' 등은 붙여 쓸 수 없다.

  단, '해야 하겠다'는 띄어 쓰지만, '해야겠다'는 붙여 쓴다.

이렇게 정리하는 박스가 나오고 보조용언에 관한 이야기가 깔끔하게 끝나면 참 좋을 텐데, 보탤 이야기가 아주 조금! 남아 있습니다. 하지만 솔직히 말씀드리면 지금 이야기할 것들은 그렇게까지 엄격하게 지켜지지 않는 경우들도 많아요. 설명을 아예 안 할까도 생각했는데, 여러분이 이 책을 읽으시고는 어디 딴 데 가서 규정상으로 허용되는 것까지 틀린 거라고 주장하시면 어쩌지 하는 소심한 마음에 덧붙여 둡니다.

「한글 맞춤법」 47항의 해설에는 본용언이 '합성동사'인 경우에는 '아/어' 꼴 뒤에라도 보조용언을 붙여 쓰지 못하게 규정해 두었답니다. '떠-내려가다', '밀어-내다', '덤벼-들다', '집어-넣다'처럼 단어들이 결합해 이루어진 합성동사에는 보조용언을 붙이지 말라는 거죠. 합성동사 자체가 길이가 어느 정도 길 수밖에 없는데 거기에 보조용언까지 붙여 쓰는 게 부담스럽다는 논리예요. 그런데 합성동사인지 아닌지는 어떻게 아느냐고요? 두 개의 의미가 들어 있는 게 확 눈에 들어온다면 좋겠지만, 혹시 그렇지 않을 땐 역시나 사전을 찾아보는 수밖에요. 합성어 띄어쓰기 이야기할 때 말씀드렸던 '-' 표시가 있으니까요. 어쨌든 "떠내려가 버렸다", "밀어내 보았다", "덤벼들어 보았다", "집어넣어 두었다" 등은 띄어서만 써야 합니다!

길이를 명분 삼으니 예외 규정의 또 예외 규정이 생기는데요, "단음절로 된 어휘 형태소가 결합한 합성어 뒤에 연결되는 보조용언"은 붙여 쓸 수 있다네요. 쉽게 말해 '나가다'(나다+가다), '손대다'(손+대다) 같은 짧은 합성동사 뒤에는 붙여도 된다는 거죠. "나가버렸다", "손대보았다"는 가능한 겁니다. 취지는 알겠지만 참 번거롭기 그지없죠? 과잉 친절 아닌가 싶은 느낌도 들고…….

그리고 보조용언이 두 개씩 이어지는 경우가 있습니다. "기억해 둘 만하다", "읽어 볼 만하다", "도와 줄 법하다", "되어 가는 듯하다"처럼요. 이런 경우 방금 보신 것처럼 모두 띄어 쓰는 게 원칙인데, 만약 붙일 경우에는 앞의 보조용언만 붙일 수 있답니다. "기억해둘 만하다", "읽어볼 만하다", "도와줄 법하다", "되어가는 듯하다"처럼 말이죠. 다 붙이거나 뒤의 것만 붙이면 안 됩니다!

▸ 본동사가 합성동사인 경우 뒤에 오는 보조용언은 붙여 쓸 수 없다.

눈여겨봐 주었다(O) 눈여겨봐주었다(X)

매달아 두었다(O) 매달아두었다(X)

그래도 단음절 합성동사의 경우 붙여 쓸 수 있다.

나가 버렸다 / 나가버렸다(O)　　손대 보았다 / 손대보았다(O)

▸ 보조용언 두 개가 이어질 때는 앞의 것만 붙일 수 있다.

기억해 둘 만하다 / 기억해둘 만하다(O)

기억해 둘만하다 / 기억해둘만하다(X)

자, 이렇게 띄어쓰기의 기나긴 여정도 이제 대단원(?)의 막을 내립니다. 무슨 놈의 책이 띄어쓰기 하나 가지고 백 쪽이 넘게 설명을 하고 있으니 대체 뭐 하는 건가 싶으셨을 수도 있겠네요. 이렇게 말하기는 뭐하지만 저도 그렇더라니까요!

어쨌든 이 부 머리글에서 말씀드린 것처럼, 띄어쓰기라는 것에 어느 정도 '요령'이 있을 수 있다는 점이 이제는 좀 이해가 되시나요? 하지만 그 요령이라는 게 너무너무 쉬워서 금방 익힐 수 있는 것도 아니고, 사전을 계속 찾아봐야 한다는 점에서 요령을 안다고 귀찮지 않은 것도 아닙니다. 솔직히 관련 직업 종사자가 아닌 이상, 아니 관련 직업 종사자라도(ㅠㅠ) 띄어쓰기를 완벽하게 구사하는 건 다소 무리인 게 사실이에요. 어미니 합성어니 보조용언이니 이런 거 하나하나 다 신경 쓰다가는 어디 글을 쓸 수 있겠습니까? (물론 저는 지금도 자동으로 신경이 쓰이며 이 글을 무척 더디게 쓰고 있습니다만……) 커다란 원칙들 속에서 전체적인 감각을 잡아 주는 걸로 충분하지 않나 싶습니다. 그러면서 한 번씩 자신의 글을 교정해 보는 연습을 한다면 차차 정확해질 거라고 생각해요.

마치기 전에 총복습할 겸 띄어쓰기를 다루고 있는 「한글 맞춤법」 5장을 주욱 한번 훑어볼까요? 여기 속한 열 개의 항에 지금까지 설명한 내용들이 모두 들어 있을 거예요.

「한글 맞춤법」 5장 띄어쓰기

41항 조사는 그 앞말에 붙여 쓴다. (아시죠?)

42항 의존명사는 띄어 쓴다. (모르시면 섭섭하죠.)

43항 단위를 나타내는 명사는 띄어 쓴다. (62쪽에서 보셨고요.)

44항 수를 적을 적에는 '만' 단위로 띄어 쓴다. (이건 64쪽!)

45항 두 말을 이어 주거나 열거할 적에 쓰이는 말들은 띄어 쓴다. (59쪽에서 스치듯 지나갔습니다.)

46항 단음절로 된 단어가 연이어 나타날 적에는 붙여 쓸 수 있다. (이건 뒤에 설명할게요!)

47항 보조용언은 띄어 씀을 원칙으로 하되, 경우에 따라 붙여 씀도 허용한다. 다만, 앞말에 조사가 붙거나 앞말이 합성동사인 경우, 그리고 중간에 조사가 들어갈 적에는 그 뒤에 오는 보조용언은 띄어 쓴다. (바로 전까지 실컷 이야기한 거네요.)

48항 성과 이름, 성과 호 등은 붙여 쓰고, 이에 덧붙는 호칭어, 관직명 등은 띄어 쓴다. (기억하시리라 믿습니다. 95쪽!)

49항 성명 이외의 고유명사는 단어별로 띄어 씀을 원칙으로 하되, 단위별로 띄어 쓸 수 있다. (109쪽에 있지요.)

50항 전문 용어는 단어별로 띄어 씀을 원칙으로 하되, 붙여 쓸 수 있다. (49항과 함께 이야기했고요.)

어때요? 다 앞에서 본 내용이죠? 빠져 있던 46항에 대해서만 여기서 간단히 이야기할게요. 이건 한 글자짜리 단어들이 여러 개 이어질 때 가독성을 위해 적당히 붙여 써도 된다는 조항입니다. 이를테면 "좀 더 큰 이 새 집"을 "좀더 큰 이 새집"으로 붙여 쓸 수 있다는 거죠. 그렇다고 해서 "큰이"를 붙이거나 "좀 더큰 이새 집"처럼 붙일 수는 없는데요, 의미상으로 자연스럽게 묶일 수 있는 '관형사+명사'나 '부사+부사' 꼴만 가능하기 때문이라고 해요. 그래서 "좀더 큰것", "이말 저말", "한잎 두 잎" 같은 경우는 붙여 쓸 수 있지요.

항목에는 없지만 참고할 만한 것 하나만 더 보태겠습니다. "정치사상과 경제사상"을 묶어 "정치·경제 사상"처럼 쓰는 경우 있잖아요. 이럴 때에는 '경제사상'이 한 단어로 등재되어 있더라도 띄어 써야 합니다. '사상'이 '정치'와 '경제' 모두의 수식을 받는다는 것을 정확히 보여 주기 위함이지요. 붙여서 "정치·경제사상"이라고 쓰면 "정치사상과 경제사상"이 아니라 "정치와 경제사상"으로 읽힐 수 있으니까요. 별거 아닐 수 있지만 독자와의 정확한 소통에 도움이 된답니다.

이제 진짜로 띄어쓰기의 막을 닫습니다. 정말 수고 많으셨어요. '한 단어인 줄 잘 모르지만 사실 한 단어라 붙여 써야 하는 합성어들'의 목록 같은 게 완벽할 리 없다고는 슬쩍 말씀드린 바 있지만, 부족한 대로라도 있으면 도움이 되지 않을까 싶어서 한번 만들어 본 것을 <부록2>에 붙여 두었답니다. 어느 정도로 많이 쓰이고 어느 정도로 뜻이 확장되어야 사전에 등재되는지 전반적인 감을 잡는 데 도움이 될 거예요. 급한 경우에는 사전처럼 활용하실 수도 있겠고요. 하지만 역시 빠진 것도 많을 거고, 실려 있다 하더라도 비유적인 의미나 특정한 상황에서만 쓸 수 있는 경우가 많기 때문에 뜻을 꼭 확인하고 써야 한다는 것쯤은 알고 계시겠죠? 아무쪼록 편하게 사용하시길!

① 다들∨아시다시피∨이∨지구상에는∨수많은∨생물이∨살고∨있습니다. 이는∨수만∨년간∨진행된∨진화의∨결과인바∨알면∨알수록∨알고∨싶은∨것이∨더∨많아지더라고요. 그런∨만큼∨제가∨앞으로∨연구를∨하는∨데∨이것만큼은∨꼭∨밝히고∨싶을∨따름입니다. 그것이∨제∨삶의∨첫∨번째∨목표이고∨저는∨그걸∨할∨수밖에∨없는∨사람입니다.

② 아버지∨가신∨지∨몇∨년∨되었다고∨너희들마저∨그러면∨엄마는∨어떻게∨사니. 너희가∨콩알만∨했을∨때부터∨불면∨날아갈세라∨얼마나∨애지중지했는데∨한∨사람씩도∨아니고∨동시에∨왜∨그러니. 너희∨보고∨이렇게나마∨살아∨있는∨거∨모르겠니. 그러든∨말든∨알∨바∨아니라는∨게야? 이럴∨줄∨알았으면∨너희한테∨그리∨정성∨쏟지∨말걸.

③ 형∨말마따나∨그∨녀석이∨진짜∨사이코∨같은∨데가∨있더라고. 술집에서∨행패를∨부리는∨통에∨경찰서까지∨간∨바∨있을뿐더러∨헤어진∨여자친구∨괴롭히다가∨문제가∨된∨적도∨있고. 빨리∨신고했기∨망정이지∨안∨그랬으면∨큰일∨날∨뻔했어. 그까짓∨녀석을∨따끔하게∨혼은∨못∨낼망정∨그럴∨만했다고∨두둔하는∨놈들은∨대체∨뭐지?

④ 너하고∨보낸∨시간들이∨다∨지난∨일이∨된다니∨믿을∨수가∨없다. 스무∨살쯤에∨만나∨웃고∨울고∨떠드는∨등∨수많은∨감정을∨나눴는데∨오∨년∨만에∨헤어지는구나. 너는∨내게∨항상∨믿음직한∨연인이었고∨우리같이∨잘∨어울리는∨커플도∨흔치∨않았는데. 너보다∨아니∨너만큼∨좋은∨사람을∨만나기는∨어려울∨듯해. 항상∨잘∨지내라.

⑤ 사십오∨년가량∨살면서∨내∨딴에는∨성실했다고∨자부하는데∨뉴스만∨봐도∨알∨수∨있듯이∨요즘∨세상이∨망하고∨있는∨듯하니∨어떻게

ᵛ살아야ᵛ할지ᵛ도무지ᵛ모르겠다. 나ᵛ하나<u>조차</u>ᵛ건사하기ᵛ힘들고ᵛ
우리ᵛ가족<u>끼리</u>ᵛ사는ᵛ것도ᵛ벅차서ᵛ열ᵛ살배기ᵛ아들내미ᵛ보기ᵛ부
끄럽게도ᵛ세상이ᵛ흘러가는ᵛ<u>대로</u>ᵛ그냥ᵛ보고만ᵛ있다.

2부 맞춤법

한글 맞춤법 제1항
한글 맞춤법은 표준어를 소리대로 적되,
어법에 맞도록 함을 원칙으로 한다.

신입 편집자 시절, 교정을 보면서 가장 어이가 없었던 부분은 이를테면 이런 것이었습니다. '곰곰이'가 맞는지 '곰곰히'가 맞는지 아리송해 규정을 뒤져 보니 「한글 맞춤법」 51항에 이런 설명이 나오더군요. "부사의 끝음절이 분명히 '이'로만 나는 것은 '이'로 적고, '히'로만 나거나 '이'나 '히'로 나는 것은 '히'로 적는다." 아하, 그렇구나. 참 친절하기도 하지. 그럼 이 단어 발음이 곰곰'이'인지 곰곰'히'인지만 알면 되겠네. 이게 발음이 어떻게 되더…… 라가 아니라 이게 말이야 소야? '곰곰이'라고 쓰여 있으면 '곰곰이'라고 읽고 '곰곰히'라고 쓰여 있으면 '곰곰히'라고 읽는 거 아닌가? 어떻게 쓰는 게 맞는지를 정해 주는 게 맞춤법이고, 우리는 옳은 맞춤법에 따라 쓰인 글자를 읽는 거 아냐? 근데 발음되는 대로 맞춤법을 정한다고?! 이 거대한 순환의 고리 앞에 인간이란 얼마나 초라하고 나약한 존재더냐 하면서 깊은 회의에 빠진 것…… 까진 아니고, 그야말로 '어쩌라고' 소리가 절로 나왔지요.

없어졌던 어이를 겨우 다시 찾아올 수 있었던 것은 「한글 맞춤법」 1항, 그러니까 "표준어를 소리대로 적는다"라는 것의 의미를 이해하고 난 이후에야입니다. '쓰여 있는 글자를 읽는다'라는 사고방식으로는 제가 느낀 어이없음도 당연하겠지요. 하지만 '곰곰이' 생각해 보면, 태초에 글자가 있었던 게 아니라 말이 먼저 있었고, 글자는 말을 표기하기 위해 발명된 도구 아니겠습니까? 입에서 나오는 말을 정확히 기록하는 게 글자의 할 일이었을 테고요. 그러니 굳이 순서를 따지자면 '쓰여 있는 글자를 읽는다'보다는 '입 밖으로 나오는 말을 글자로 옮긴다'가 먼저일 겁니다. 그렇기에 "표준어를 소리대로 적는다"라는 선언은 원칙적으로 흠잡을 데가 없습니다. 발음이 '이'냐 '히'냐에 따라 옳은 표기를 결정한다는 51항 역시 그런 의미에서라면 이해가 되네요. 물론 그렇다고 해서 이 항이 마음에 든다는 말은 절대 아니지만요.

1항 뒷부분에 나오는 "어법에 맞도록"이라는 말은, 쉽게 말해 소리 나는 대로 적으랬다고 그걸 또 순진하게 무조건 소리 나는 대로 적으면 안 된다는 말입니다. 예를 들어 "꽃이 피다"를 "꼬치 피다"라고 적는다거나 "밥이 모자라다"를 "바비 모자라다"라고 적지 말라는 거죠. 무조건 소리 나는 대로 썼다간 문장 하나 읽을 때마다 원래 뜻을 떠올리기 위해 머리를 싸매야 할 테니까요. "어법에 맞도록"이라는 말은 "의미를 파악할 수 있게 원형을 살려서" 정도로 이해하시면 되겠습니다.

대부분의 틀린 맞춤법들은 "소리 나는 대로", 하지만 "어법에 맞지 않게" 쓰는 데서 기인합니다. 게다가 우리가 발음을 항상 정확히 하는 것도 아니기 때문에 그 '소리'라는 것도 제멋대로이기 일쑤죠. 일단은 평소에 발음을 똑바로 하는 버릇이 중요하겠습니다. '넋이 나간 놈'을 '넉씨 나간 놈'이라고 제대로 발음해야 그나마 '넋이'를 떠올릴 수 있지, '너기 나간 놈'이라고 발음하면 나중에 쓸 때 헷갈려요. '넋'이라는 단어를 아는 이상 그럴 일은 없다고 생각하시겠지만, 백 년 뒤의 일까지 그렇게 확신하실 수 있나요? 지금 헷갈리는 맞춤법들도 따지고 보면 결국 오래전부터 잘못 발음해 온 것들이 누적된 결과인걸요.

또 아무리 정확한 발음도 듣는 사람이 아무렇게나 들으면 말짱 도루묵입니다. 자신이 들은 걸 관념 속의 부족한 어휘들과 연결시키다 보니 별의별 표기가 다 나오기 시작하죠. "곱셈추위"(꽃샘추위)라든가 "마마 잃은 중천공"(남아일언중천금)이라든가 "미모가 일치얼짱"(미모가 일취월장)이라든가…… 이쯤 되면 "소리 나는 대로"라기보다는 "소리가 이렇게 들린다고 믿고 싶은 대로" 쓰고 있다고 하는 편이 더 정확하겠습니다.

역시 글을 읽으며 눈으로 자연스럽게 익힌 맞춤법들이 틀릴 확률이 적지요. 어법과 어원까지 함께 익혀 둔다면 더 좋겠고요. 이 부가 그러한 기회가 될 수 있기를 바라며, 본격적으로 맞춤법의 세계로 들어가 보도록 하겠습니다. 열심히 추리고 모아 봤지만, 누군가에게는 너무 쉬운 맞춤법도, 또 누구에게나 어려울 수밖에 없는 맞춤법도 섞여 있을 겁니다. 단, "골이 따분한 성격"(고리타분한 성격), "에어컨 시래기"(에어컨 실외기), "나물할 때가 없는 맛며느리"(나무랄 데가 없는 맏며느리) 같은 것까지 여기서 다루기는 힘들다는 것 정도는 이해해 주실 거죠?

기본형을 잘못 알고 있는 동사와 형용사

맞춤법을 틀리는 경우 중에서 가장 만만하게 이야기할 수 있는 게 바로 동사나 형용사의 기본형 자체를 잘못 알고 있는 경우일 겁니다. '들어가는 글'에서 등장했던 '어의없다'와 '문안하다' 같은 게 그 생생한(?) 예라고 할 수 있겠죠.

얼마 전까지 표준어가 아니었다가 표준어로 인정된 '삐지다'도 마찬가지입니다. "성나거나 못마땅해서 마음이 토라지다"라는 뜻의 동사는 원래 '삐치다'예요. 그런데 아무리 삐가 잘못했어도 그렇지 치는 것은 좀 폭력적인 거 아니냐는 전 국민적인, 그리고 평화 지향적인 합의 덕택인지 '삐치다' 대신 '삐지다'가 널리 쓰여 왔지요. "삐침-삐쳐서-삐치니-삐쳤냐"도 자연스레 "삐짐-삐져서-삐지니-삐졌냐"로 쓰여 왔고요. 잘못 알려진 기본형 때문에 틀린 맞춤법이 널리 쓰여 온 예인데, 이러한 실제 언어생활과 규정의 괴리에 결국 국립국어원도 두 손 들고 말았습니다. 2014년 12월 15일, '삐지다' 역시 복수 표준어로 인정하기에 이른 거지요. 온 국민의 축복과 환호 속에 '짜장면'이 복수 표준어가 된 것과 마찬가지로 말이에요. 이제는 '짜장면'을 시켜 주지 않으면 당당히 '삐질' 수 있게 되었습니다! '삐지다' 역시 복수 표준어로 인정되었음을 알리는 뉴스를 보고 사람들이 "엥? 원래 '삐치다'가 맞는 말이었어?"라고 할 정도로 존재감이 없었던 '삐치다'만 시무룩…….

이렇게 애초에 기본형을 잘못 알고 있으면, 활용할 때도 꼼짝없이 틀릴 수밖에요. 사전을 찾을 때도 기본형을 가지고 찾아야 하고, 활용이 제대로 되었는지를 따져 볼 때도 기본형부터 출발해야 하니 기본형의 중요성은 굳이 더 말할 필요가 없습니다. 자, 그렇다면 이제부터 흔히 잘못 알고 있는 용언의 기본형들을 차근차근 살펴볼까요?

"지나친 음주는 삼가해 주시기 바랍니다"라는 문장부터 시작해 보겠습니다. 맞춤법에 조금이라도 관심 있는 분이라면 이 문장에서 틀린 곳 정도야 쉽게 찾아내시겠죠? 호프집 사장님들께서는 "지나친 음주는 감사합니다"가 맞는 표현이라고 우기실지 모르겠지만 안타깝게도 이 책은 그런 부분들까지 다루진 않고요, 정답은 '삼가해'를 '삼가'로 고쳐야 한다는 것! '삼가하다/삼가다' 문제는 그래도 맞춤법계에서는 꽤 명망이 높습니다. 맞춤법의 무덤인 인터넷 댓글란에서도 누군가가 '삼가하다'라고 쓰면 '삼가다'가 맞는다고 친절하게 지적해 주는 경우도 많고, '자장면'처럼 언어 사용의 실제 현실을 무시한 표기라고 화내는 사람도 딱히 없으니 꽤나 축복받은 녀석이랄까요.

'삼가하다'라는 근본 없는 표현이 왜 나왔는지 정확히 알 수는 없습니다. 아무리 생각해 봐도 우리에게 친숙한 '삼가'는 "삼가 조의를 표합니다"라고 할 때의 그 '삼가'밖에 없는데, 이 단어에 살포시 묻어 있는 어쩐지 조심스러운 느낌 덕분에 '삼가하다'라는 말이 그럴싸하게 여겨지는지도 모르겠네요. 하지만 조의를 표거나 명복을 빌 때의 '삼가'는 "겸손하고 조심하는 마음으로 정중하게"라는 뜻을 갖는 부사인 반면, 동사 '삼가다'는 금지 혹은 자제의 의미를 가집니다. 겸손하든 조심스럽든 투덜거리든 그건 댁 사정이고 어쨌거나 하지 말라는 거죠. 사전에는 '삼가다'가 "몸가짐이나 언행을 조심하다", "꺼리는 마음으로 양이나 횟수가 지나치지 아니하도록 하다"라고 풀이되어 있습니다. "말을 삼가거라", "출입을 삼가는 것이 좋겠다"처럼 써야 하는 거죠. 따라서 처음의 예문은 "지나친 음주는 삼가 주시기 바랍니다"라고 써야 맞는답니다(물론 보조용언 '주다'를 붙여서 '삼가주시기'라고 써도 되고요).

그나저나 삼가는 게 좋다는 지나친 음주로 끈끈하게 맺어진, 소중하기 그지없는 친구들과의 단체 카톡방에 새 메시지가 와있어 들어가 보니 한 친구가 한창 푸념을 늘어놓고 있더군요. 아이가 걸음도 늦게 떼더니만 한글 떼는 것도 늦되다고요. 친구의 근심이야 못 들어 줄 이유가 없건마는, 고작 다섯 살 먹은 아이를 두고 비장한 말투로 "인생은 전쟁"이라느니 "뒤쳐지면 끝장"이라느니 하는 모습을 보니 그래도 제가, 녀석들 중에 지식산업에 종사하는 유일한 친구인 바로 제가 이런 얘기를 안 하면 누가 할까 싶어 진중하게 이야기했습니다. "아무리 요즘 세상이 그렇다지만 너까지 그렇게 편승해서는 되겠니"가 아니라 "야, '뒤쳐지다'가 아니라 '뒤처지다'야"라고요…….

"어떤 수준이나 대열에 들지 못하고 뒤로 처지거나 남게 되다"라는 뜻의 동사는 '뒤처지다'입니다. '쳐지다'가 아니라 '처지다'가 자연스럽게 느껴지는 분들도 여기서 파생된 '뒤처지다'는 별생각 없이 '뒤쳐지다'라고 쓰는 경우가 꽤 많더라고요. '뒤쳐지다'가 획도 하나 더 많고 어쩐지 더 많이 '쳐져' 보여서 그런 걸까요? 말 나온 김에 '쳐지다'가 아니라 '처지다'가 맞는 표기라는 것도 알아 두세요. 피부도, 기분도, 실력도 처지는 거지 쳐지면 안 됩니다!

그럼 여기서 간단한 퀴즈! "텐트가 처지다"와 "텐트가 쳐지다"의 의미를 구분할 수 있으시겠어요? "텐트가 처지다"는 텐트의 어딘가가 느슨하게 늘어졌다는 말이겠지요. 반면 "텐트가 쳐지다"는 텐트 설치가 끝났다는(그러니 이제 고기를 구워 먹을 준비가 다 되었다는!) 말이고요. 느슨하게 늘어지는 경우에 '쳐지다'를 쓰면 안 되겠습니다.

참고로 '뒤쳐지다'라는 동사도 있긴 해요. "물건이 뒤집혀서 젖혀지다"라는 뜻인데 "화투짝이 뒤쳐지다"라든지 "바람에 현수막이 뒤쳐지다" 같은 데 쓰인다고 합니다. 그냥 쉽게 '뒤집히다' 정도로 바꿔 써도 큰 무리는 없는지라 요즘엔 잘 안 쓰이지만요. 그러고 보니 아이가 (물건은 아니지만) 뒤쳐지는 것보다는 뒤처지는 게 더 큰 걱정거리일 수도 있겠…… 앗! 혹시 친구의 "뒤처지면 끝장"이라는 말도 그런 의도였던 걸까요? 음, 에이, 설마요. 한두 살 먹은 아이도 아니고 다섯 살이면 뒤집혀도 자기가 일어나겠죠!

이참에 '쳐'와 '처'가 헷갈리는 다른 경우도 함께 기억해 두죠. 대표적인 예가 바로 '처먹다'입니다. 마구 먹는다는 뜻도 되고 "귀가 처먹었나" 할 때도 쓰는, 입에 짝짝 붙는 이 동사를 은근히 '쳐먹다'로 많이들 쓰시더라고요. 하지만 자꾸 '쳐'서 때리려고 하지 말고, **'마구'나 '많이'의 뜻을 더하는 접사 '처'**를 기억해 주세요. '처먹다' 말고도 '처넣다', '처바르다', '처박다' 등 우리의 실제 언어생활에 있어 굉장히 친밀하게 느껴지는 단어들에 두루 쓰인답니다.

> ▶ '삼가하다'가 아니라 '삼가다'가 맞는 표기다.
> ▶ '쳐지다/뒤쳐지다'가 아니라 '처지다/뒤처지다'가 맞는 표기다.
>   '쳐먹다', '쳐넣다'도 '처먹다', '처넣다'로 써야 한다.

'뒤처지다'가 맞는 표기라는, 서릿발같이 준엄한 저의 충고에 친구는 'ㅇㅇ'이라고 대답했습니다. 보기만 해도 정성이 듬뿍 느껴지는 대답에 뿌듯한 마음을 주체할 수 없던 차, 다른 친구가 말하더군요. "뭘 그리 안절부절하고 그래. 때 되면 다 따라온다니까"라고요. 휴우, 됐고 내 맞춤법 설명이나 따라오겠니?

'안절부절하다' 대신 '안절부절못하다'를 써야 한다는 사실은 그래도 많이들 알고 계시죠? 부사인 '안절부절'은 "마음이 초조하고 불안하여 어찌할 바를 모르는 모양"을 의미합니다. "나는 안절부절 견딜 수가 없었다"라든지 "안절부절 어쩔 줄 모르다” 등의 형태로 쓰이죠. 하지만 이 단어를 포함하는 동사는 어쩐 일인지 '안절부절하다'가 아닌 '안절부절못하다'가 표준어랍니다. 한 단어라 붙여 쓰고요. 부사의 의미부터 차근차근 따져 봐도 왜 굳이 안절부절'못'해야 하는지는 솔직히 저도 잘 모르겠네요. '안절부절하다'와 '안절부절못하다'가 혼용되어 쓰이다가 좀 더 널리 쓰이는 거 하나를 고른 게 아닐까 싶긴 합니다만……

이렇게 부정어가 들어가서 의미가 헷갈리는 친구 하나 더 소개하고 갈게요. '칠칠하다'가 바로 그 주인공입니다. “칠칠치 못하게”라는 표현 자주 쓰시지요? “애가 왜 이렇게 칠칠맞니?”라는 표현도요. 둘 다 부정적인 의미로 쓰이는데, 가만 보면 좀 이상하지 않나요? 생각해 보세요. '칠칠치 못한 것'도 나쁜 거고 '칠칠한(칠칠맞은) 것'도 나쁜 거면 뭔가 좀 이상하지 않나요?

'칠칠맞다'는 '칠칠하다'를 속되게 이르는 말이고, '칠칠하다'는 “성질이나 일 처리가 반듯하고 야무지다” 등 긍정적인 의미를 가진 형용사입니다. 사전에는 “주로 '못하다', '않다'와 함께 쓰인다”라고 되어 있긴 한데, '주로'라는 건 그렇지 않을 수도 있다는 거잖아요? 그래서 친구에게 “너 참 칠칠하구나!” 하면, 듣는 친구 입장에선 기분 나쁠 수 있겠지만 엄연히 칭찬인 겁니다. 혹시나 눈에 불을 켜고 달려들지 모를 친구를 진정시키며 차근차근 이 사실을 설명해 주세요. 못 믿는 눈치면 이

페이지를 펼쳐서 직접 보여 주셔도 되고요. 그런 다음에 다시 한번 말해 주세요. "거참, 아무리 봐도 칠칠맞은 놈일세"라고요. 그리고 친구의 복잡 미묘한 표정을 감상하는 겁니다!

너무 짓궂나요? 에이, '짓궂다'라는 단어 생긴 것만큼이나 짓궂겠어요? "장난스럽게 남을 괴롭고 귀찮게 하여 달갑지 아니하다"라는 뜻의 형용사 '짓궂다'는 표기를 헷갈리는 분들이 은근히 많더라고요. '짓'과 '짖'도 헷갈리고 '궂'과 '궃'도 헷갈려서, '짖궂다', '짓궃다', '짖궃다'는 물론이요, '짓꾿다', '진궂다', '지꿎다' 같은 창의력 돋는 표기까지 튀어나오니 말이에요.

바른 표기를 기억하기 위해 먼저 알아 둘 것은 '짓궂다'가 '궂다'라는 단어에서 나왔다는 사실입니다. 눈으로 보면 낯설겠지만, "날씨가 궂다", "기분이 궂다"를 한번 소리 내어 읽어 보세요. "아~ 이거!" 소리가 절로 나오시죠? 바로 이 '궂다'는 "언짢고 나쁘다"라는 뜻을 가진 형용사입니다. '구질구질하다'라고 생각하면 '궃'이 아닌 '궂'이 더 확실히 떠오를 거예요. 자, 그렇다면 앞에 붙은 '짓'은? 그렇습니다. "나쁜 짓", "미운 짓" 할 때의 그 '짓'이라고 생각하시면 돼요. 그러니 '짓궂다'는 "하는 짓이 언짢고 나쁘다"라는 정도의 의미를 갖게 되는 거죠.

참고로 '궂'이나 '궂'처럼 모음 'ㅜ' 아래에 'ㅊ' 받침이 있는 한글 글자는 정말 드뭅니다. 방언이나 옛말을 빼면 딱 하나 꼽겠네요. 그게 뭔지는 안 알려 드릴 테니 한번 직접 찾아내 보시길! 그리고 그동안 혹시 헷갈리셨던 분들은 '애꿎다'와 '얄궂다' 역시 'ㅈ' 받침을 쓴다는 것을 함께 머릿속에 넣어 두세요! 음, 근데 왜 자꾸 희한하게 '숯'불갈비가 먹고 싶지…….

> ▶ '안절부절하다'가 아니라 '안절부절못하다'가 맞는 표기다.
> ▶ '왜 그리 칠칠맞니?'는 '왜 그리 칠칠치 못하니?'로 써야 맞는다.
> ▶ '짓궂다', '애꿎다', '얄궂다'는 모두 'ㅈ' 받침을 쓴다.

아이가 뒤처져서 걱정이라는 친구가 계속 이야기를 쏟아내고 있는 와중에, 다른 친구가 자기네 회사 돌아가는 얘기를 꺼내며 화제 전환을 시도합니다. 어디나 자기 얘기 하고 싶어서 안달 난 사람들 천지인 세상이니 뭐 그게 큰 잘못은 아니죠. 게다가 미혼자, 비혼자, 무자녀자가 더 많은 카톡방인지라 안 그래도 곧 "아빠들은 저쪽 가서 따로 얘기해"라고 다정하게 떠밀어치워 버릴 분위기이기도 했고요.

솔직히 회사 얘기도 따분하긴 매한가지이지만, 그래도 '사내 정치'란 대한민국 직장 남성들의 공감물 같은 것인지 그래도 열심히들 듣고 있는 눈치네요. 이야기를 시작한 녀석도 신이 나서 말을 쏟아 냅니다. "사내 권력관계가 엄청 복잡하게 얽히고 섥혀 있거든", "어줍잖은 낙하산이 꼭 문제라니까", "꼼짝없이 반대파들 사이에 갇혔단 말이지", "우리 부장님도 사방이 적으로 쌓여 있어". 휴우, 친구야, 나는 계속되는 너의 맞춤법 파괴에 스트레스가 쌓여 가는구나.

그래도 뭐, '얽히고 섥히다' 정도는 틀릴 만하죠. 대구(對句)를 맞추고 싶은 인류의 오랜 문학적 열망이 표출된 거라고 눈감아 줄 만하니까요. 그런 의미에서 '얼키고 설키다'라고 쓰는 것도 이해할 법합니다만, 안타깝게도 이 역시 틀린 표기랍니다. 옳은 표기는 '얽히고설키다'예요. 글자 모양도 이상한 주제에 심지어 한 단어라 붙여 쓰고요. 뭐 이따위 표기가 다 있느냐며 육두문자를 배출하고 싶은 그 마음, 십분 이해합니다. 그래도 잠시만 참으시고 설명(혹은 변명?)을 들어 보세요. 이 표기는 「한글 맞춤법」 1항에서 "소리 나는 대로 적는다"라는 원칙과 "어법에 맞게 적는다"라는 원칙이 다정하게 손잡은 예라고 할 수 있습니다. 발음이 '얼키다'이긴 해도 '얽히다'라는 어원을 아니까 어법에 맞게 적어 주고, 대체 이 말이 어디서 굴러들어 왔는지 판단할 수가 없어 어법을 따질 수 없는 '설키다'는 소리 나는 대로 적는 거죠('섥히다'라는 말은 있지도 않고 있은 적도 없으니까요). 그 결과가 바로 한 단어로 굳은 '얽히고설키다'! 어때요, 썩 마음에 들지는 않지만 이해해 줄 정도는 되지 않나요?

　　그렇다면 '어줍잖다'의 옳은 표기는 무엇일까요? 바로 '어쭙잖다'입니다. "비웃음을 살 만큼 언행이 분수에 넘치는 데가 있다" 혹은 "아주 서투르고 어설프다. 또는 아주 시시하고 보잘것없다" 등의 뜻을 가지는데요, 누군가가 혹은 무언가가 서투르면서도 다소 '오버'하는 모습을 보고 이 단어를 쓸 때가 많으니 '어쭈?' 하는 기분으로 어'쭙'을 기억하시면 어떨까 싶습니다. 말 나온 김에 '잖다'가 들어간 또 하나의 익숙한 단어, '시답잖다'와 '시덥잖다' 중에 맞는 말은 뭘까요? 정답은 '시답잖다'입니다. '실(實)하다'와 '답지 않다'가 결합된 말임을 아시면 '덥'이 나올 이유는 없겠죠? 또 '같잖다'는 '간잖다', '갓잖다', '갖잖다', '가짢다' 등으로 쓰지 않게 덩달아 주의해 주시고요.

자, 다음으로 반대파들 사이에 '갖'힌다고요? 그래도 이건 눈에 거슬리는 분들 많으셨을 텐데, 혹시 전혀 그런 기미를 느끼지 못하고 넘어온 분들은 조금 반성해 주세요. '갇힌다'가 맞는 표현이잖습니까. '가두다'로부터 온 단어라고 생각하면 '갇'이 되어야 하는 게 별로 어렵지 않을 텐데 대체 왜들 그러시는지. "어둠에 갖혔다", "틀에 갖힌 사고" 모두 틀려요! 앞으로 이걸 틀리시면 부끄러움의 감옥에 갇힐 것입니다…….

마지막 문장 "적으로 쌓여 있어"에서 틀린 곳도 쉽게 눈에 띄죠? 네, '쌓여'를 '싸여'로 고쳐야죠. 별로 어렵지 않은 맞춤법인데도 무심코 쓰다 보면 실수하는 경우가 왕왕 있답니다. '쌓이다'는 '쌓다'에서, '싸이다'는 '싸다'에서 왔다는 점을 생각하면 쉬워요. 눈[雪]과 스트레스와 빚은 차곡차곡 '쌓이'지만, 물건은 보자기에 '싸이'고, 마을은 안개에 '싸이'고, 사람은 슬픔에 '싸이'는 것이랍니다. 위에서 아래로 쌓이는 것과 주변을 빙 둘러서 싸이는 것의 차이를 아시겠죠? 그러니 '에워쌓다/에워쌓이다'가 아니라 '에워싸다/에워싸이다'가 맞고, '둘러쌓다/둘러쌓이다'가 아니라 '둘러싸다/둘러싸이다'가 맞는답니다.

그래도 '둘러쌓다'는 쓸 수 있는 때가 있긴 해요. "성벽을 빙 둘러쌓다"처럼 무언가의 주위에 빙 둘러서 위로 쌓아 올릴 때 말이에요. '에워쌓다'를 배신하고 저 혼자만 한 단어로 사전에 실려 있답니다. 아무튼 이야기를 꺼낸 친구 녀석은 수많은 친구들한테 '둘러싸여' 있지만, 연애에는 서툴러서 본의 아니게 철벽을 '둘러쌓고' 있는 놈이에요. 가만, 혹시 이 녀석 소개팅 자리에서 사내 정치 이야기 꺼내고 그러는 거 아냐? 에이, 설마…… 그건 아니지, 친구야? 그치? 아니지?

> ▸ '얽히고섥히다'가 아니라 '얽히고설키다'가 맞는 표기다.
> ▸ '어줍잖다'나 '어쭙짢다'가 아니라 '어쭙잖다'가 맞는 표기다.
> '시답잖다', '갖잖다'가 아니라 '시답잖다', '같잖다'가 맞는 표기다.
> ▸ '갖히다'가 아니라 '갇히다'가 맞는 표기다.
> ▸ '둘러쌓이다', '에워쌓이다'가 아니라 '둘러싸이다', '에워싸이다'가 맞
> 는 표기다. '싸다'와 '쌓다'를 구분하도록 한다.

이런 제 걱정을 알 리 없는 친구의 이야기는 점입가경! 내용은 클라이맥스로 가는 듯한데 어째 점점 더 지루해집니다. "서류를 가방 속에 우겨넣고 나가다 딱 마주친 거야", "그쪽 팀장이 부추키는 바람에 일이 꼬인 거지", "부장님 입장에선 신뢰를 져버린 거라고 생각될 만하지 않겠어?". 하지만 친구야, 내 입장에선 네가 맞춤법의 도의를 저버렸다고 생각해도 될까?

그러니까 "신뢰를 져버린"에서는 '저버린'이 맞는 표기거

든요. "인간으로서의 도리를 져버렸다"라는 문장이 비통하게 느껴지는 게 꼭 문장의 내용 때문만은 아닌 겁니다. '져버리다'가 아니라 '저버리다'가 맞는 표기라는 거 꼭 기억해 두세요. 아, "중요한 경기에서 져버렸다"처럼도 쓸 수는 있겠네요. 하지만 이건 본동사 '지다'에 보조용언 '버리다'를 붙여 쓴 거니까 '저버리다'와는 완전히 별개의 경우겠죠? 부탁드리건대 문법을 저버리지 말아 주시길!

"팀장이 부추키는 바람에"에도 잘못된 맞춤법이 끼어 있습니다. 의심 가는 녀석이라고는 하나뿐이죠? 네, '부추키는'이 아니라 '부추기는'이지요. "남을 이리저리 들쑤셔서 어떤 일을 하게 만들다" 내지는 "감정이나 상황 따위가 더 심해지도록 영향을 미치다"라는 뜻에는 '부추기다'를 써야 합니다. 활용형으로 쓸 때도 조심해야 하는데요, '키'가 아닌 '기'를 쓰니까 "그 자식이 자꾸 부추켜서"가 아니라 "부추겨서"가 맞습니다. '부추기고', '부추기니', '부추겼다' 등으로 활용해야겠고요. 심한 경우로는 '부축이다', '부축였다', '부축혀서' 같은 표기도 본 기억이 있는데요, 이 책 읽고도 그러시면 저 뒷목 잡고 쓰러질지도 모르니 부축 좀 부탁드릴게요.

"가방 속에 우겨넣고"에서 '우겨넣다'라는 말이 표준어가 아니라는 사실은 혹시 알고 계셨나요? 믿기 힘드시겠지만 표준어는 무려 '욱여넣다'랍니다. '욱이다'와 '넣다'가 '욱이어 넣다'로 이어진 게 한 단어로 굳은 거지요('욱이다'는 "안쪽으로 조금 우그러져 있다"라는 뜻을 가진 '욱다'의 사동형입니다). 축구를 하다 보면 '주워 먹는' 골도 있고 '욱여넣는' 골도 있게 마련이죠. 하지만 골을 '우겨 넣는' 건 안 될 말입니다. 안 들어간 걸 들어 갔다고 우겨서 넣는 건 좀 너무하잖아요? 담임선생님이 말리는 대학과 학과에 꼭 원서를 넣고 싶다면 '우겨' 넣어야겠지만 (이때의 '넣다'는 보조용언이 아니라 붙일 수 없습니다!), 무엇인가를 꽉꽉 눌러 넣을 때는 우겨 봤자 소용없어요. 꼭 '욱여'넣으시길! 그러니 '우겨담다'도 '욱여 담다'라고 고쳐 써야겠죠? 이 경우에는 등재어가 아니니 띄어쓰기까지 확실히!

> ▶ '져버리다'가 아니라 '저버리다'가 맞는 표기다.
> ▶ '부추키다'가 아니라 '부추기다'가 맞는 표기다.
> ▶ '우겨넣다'가 아니라 '욱여넣다'가 맞는 표기다.

제가 보다 보다 못해서 귀찮음을 무릅쓰고 틀린 맞춤법들을 친절하게 설명해 줬는데요, 대체 카톡방 분위기는 왜 이 모양이죠? 이상하네⋯⋯. 여러분, 혹시 제가 대화에 집중하지 않고 맞춤법 틀린 거나 집어내고 있는 성격 꼬인 놈처럼 보이나요? 오해하실까 봐 말씀드리는데, 제가 친구들한테 맨날 딴지만 거는 건 아닙니다. 물론 맞춤법이라는 소재가 소재다 보니 좀 째째해 보일 때도 있겠고, 깐족거리다 친구들의 성질을 돋구는 경우도 없지야 않겠지만 기본적으로는 아주 호탕한 사람이라고요. 오해를 받을 때마다 어찌나 기분이 착찹한지 말입니다.

뜬금없겠지만 위 단락에서 맞춤법이 잘못된 곳 세 군데를 찾아보세요. 에이, 그냥 계속 읽지 마시고 한번 찾아보시라니까요……. 이렇게 잠시 뜸을 들이고 정답을 공개하자면, '맨날이 아니라 만날 아닌가?', '딴지는 표준어 아니지 않아?', '깐족은 표준어 맞아?' 하신 분들, 노력하셨습니다만 모두 땡! '맨날'과 '딴지'는 '짜장면'과 '삐지다'처럼 최근에 표준어로 인정받았답니다. '깐죽'과 '깐족' 역시 복수 표준어고요. 진짜 정답을 공개하자면 '쩨쩨해'와 '돋구는', 그리고 '착찹한지'랍니다.

"너무 적거나 하찮아서 시시하고 신통치 않다", "사람이 인색하다"라는 뜻의 형용사는 '째째하다'가 아니라 '쩨쩨하다'예요. '짜이짜이' 하면 너무 힘차 보이잖아요? '쩌이쩌이' 하고 좀 없어 보여야 쩨쩨해 보이겠죠. 음, 무리수였나요? 그래요. 그럼 제 말 따위 무시하시고 편한 대로 외우시든가요. 저 그런 걸로 삐지는 쩨쩨한 사람 아닙니다.

'돋구다'는 '돋우다'로 고쳐야 합니다. '돋구다'라는 뜻을 가진 단어도 있긴 해요. 하지만 "안경의 도수 따위를 더 높게 하다"라는 뜻을 가진, 퍽 마이너한 동사랍니다. 안경 도수에 관한 이야기를 하실 게 아니라면, '돋구다'는 무조건 잘못 쓰인 거라고 보면 돼요. "화를 돋우다", "입맛을 돋우는 음식"이 되어야 겠습니다. 활용할 때도 "돋운-돋워서-돋우니-돋우었다(돋웠다)" 등으로 해야지 "돋군-돋궈서-돋구니-돋구었다(돋궜다)"처럼 'ㄱ'을 넣으면 안 되겠고요.

"갈피를 잡을 수 없이 뒤섞여 어수선하다"라는 뜻의 형용사는 '착찹하다'가 아니라 '착잡하다'입니다. 발음만으로 기분을 축축하게 만들기로는 아무래도 '착찹'이 한 수 위인 것 같긴 한데, '착잡'이 '어긋날 착'(錯) 자와 '섞일 잡'(雜) 자가 붙어서 만들어진 한자어라는 사실을 이해하신다면 기억하기가 좀 더 수월할 듯하네요. 한자로 된 '찹' 자를 생각해 내시는 분, 최소 한문학자…….

'돋우다' 이야기가 나온 김에 '돋다'도 잠깐 살펴보고 갈게요. 해도 돋고, 밥맛도 돋고, 의욕도 돋고, 소름도 돋고, 날개도 돋지요. 그러니 "날개 돋힌 듯 팔려 나가는 신제품"이라고 쓰는 게 별문제가 없어 보일 수도 있겠습니다. '돋다'의 피동형 '돋히다'를 쓴 경우로 봐서 말이지요. 하지만 여러분, '돋히다'라는 단어는 없답니다. '날개 돋힌'은 틀린 맞춤법이에요.

문법적인 이야기로 살짝만 들어가면, 이는 자동사와 타동사의 차이 때문이랍니다. 이 둘의 차이에 관해서는 들어 보셨나요? 자동사는 목적어가 필요 없지만 타동사는 목적어를 필요로 한다는 건데요, 좀 더 이해하기 쉽게 예문으로 살펴보겠습니다. "하루 종일 잤다", "어제는 실컷 놀았다", "열심히 일한다". 이 문장들에 쓰인 '자다', '놀다', '일하다'는 '~을/를'에 해당하는 목적어를 딱히 필요로 하지 않는 자동사이지요. 반면에 "고기를 잡았다", "책을 읽는다", "노래를 부른다"에 쓰인 '잡다', '읽다', '부르다'는 '~을/를'을 필요로 하는 타동사예요. 무얼 잡고 무얼 읽고 무얼 부르는지 그 대상이 문장에 꼭 들어가 있어야 하죠.

그리고 여기서 말씀드리고 싶은 것은 **피동형을 만들 수 있는 건 타동사뿐**이라는 거예요. 목적어가 있어야 그 목적어가 피동형 문장의 주어로 변신할 수 있거든요. "고기가 잡혔다", "책이 읽힌다", "노래가 불린다"처럼 말이죠. 하지만 목적어가 없는 자동사는 죽었다 깨어나도 이게 안 됩니다. "하루 종일 잤다", "어제는 실컷 놀았다", "언제나 열심히 일한다"를 가지고 백날 바꿔 보세요, 그게 되나…….

이 이야기를 꺼내게 한 주인공인 '돋다'도 자동사라서 피동형을 가질 수 없답니다. '돋다'를 "~을/를 돋다" 꼴로 쓰진 않잖아요? 그러니 "날개 돋힌 듯"은 그냥 "날개 돋은 듯"이라고 쓰면 그만입니다. 좀 심심해서 서운하다 싶으실 땐 '돋다'를 세게 강조한 '돋치다'를 써서 "날개 <u>돋친</u> 듯", "가시 <u>돋친</u> 말"처럼 쓰면 되고요.

> ▶ '째째하다'가 아니라 '쩨쩨하다'가 맞는 표기다.
> ▶ '돋구다'는 안경 도수를 높일 때만 쓰고, 나머지 경우에는 모두 '돋우다'가 맞는다.
> ▶ '착찹하다'가 아니라 '착잡하다'가 맞는 표기다.
> ▶ '돋히다'가 아니라 '돋다' 혹은 '돋치다'가 맞는 표기다.

애환 돋는 직장 생활 이야기 뒤에 저녁에 술이나 먹자는 데 뜻이 모아진 것은 퍽 자연스럽고도 바람직한 귀결이라 하지 않을 수 없습니다. 아니, 그런데 한 친구가 살살 빼는 거 아니겠어요? 보아하니 정말로 나오기 싫어서는 아니고, 친구들이 잡아 주면 못 이기는 척 나오려고 간을 보는 눈치입니다. 이런 아무 짝에도 쓸모없는 스타 의식…… 참 피곤한 스타일이죠. 하지만 결코 호락호락할 리 없는 친구들이 시종일관 무시하자 결국 녀석이 먼저 꼬리를 내리더군요. "내가 신혼인 걸 무릎쓰고 나간다!"라고요. 아이고, 끝까지 생색을 내려는 저 태도! 그리고 쓸데없이 무릎을 쓰려는 저 태도!

무릎은 참 궂은일을 많이 하는 기관이지요. 어느 신체 기관이 안 그러겠느냐마는, 무릎이야말로 걷고, 뛰고, 앉고, 서고, 바닥 닦고, 술 먹고 기어 다니고, 부사장님 앞에서 꿇는 데도 꼭 필요하니 그 큰 공을 인정하지 않을 도리가 없습니다. 그런데 이 소중한 무릎을 저렇게 쓸데없는 곳에 쓰다니요!

'무릅쓰다'를 '무릎쓰다'라고 잘못 쓰는 분들이 은근히 있습니다. 알면서도 급하게 쓰다가 오타를 내는 경우도 많고요. 어쩐지 이 단어를 쓸 때는 무릎을 꿇고 있다가 분연히 떨쳐 일어나 힘차게 역경을 헤쳐 나가야 할 것 같아서일까요? 하지만 그러면 안 그래도 할 일 많은 무릎 입장에선 엄청 곤란하겠죠. 실례를 '무릅쓰고' 말씀드리는데, 애꿎은 무릎을 더 괴롭히지 말아 주세요. 꼭 쓰고 싶으시다면 "걸레질하는 데 <u>무릎 써서</u> 너무 아파" 할 때나 쓰시고요(한 단어가 아니니 띄어 써야겠죠?).

무릎 얘기 나온 김에, 퍽 잘 어울리는 동사 '꿇다'도 보고 갈까요? 하지만 그렇게 잘 어울리는 두 단어도 '무릎 꿇다'로 쓸때는 띄어 써야 합니다. "내가 <u>무릎 꿇고</u> 빌게"처럼요. 한편 '꿇다'에는 "무릎을 구부려 바닥에 대다" 말고도 "마땅히 할 차례에 못 하다"라는 뜻이 있답니다. 그러니 한 학년에 꼭 한 명씩은 있었던, "학년 꿇은 형"을 가리킬 때도 이 단어를 써야 하는거죠. "한 학년 꿀었어"가 아니라 "꿇었어"가 맞는답니다.

그러고 보니 "무릎을 꿇게 하다"라는 뜻의 '꿇리다'도 있네요. "부사장은 사무장을 무릎 꿇렸다"처럼 쓰면 되겠고요. 그런데 여기서 말씀드리고 싶은 것은 '꿀리다'라는 동사가 따로 있다는 거예요. "힘이나 능력이 남에게 눌리다"라는 뜻인데, 이걸'꿇리다'와 혼동하면 안 되겠습니다. "에이, 너희 학교 짱이 우리 학교 짱한테 꿀리지"라고 써야 할 텐데, 실력이 '꿀리면' 무릎까지 '꿇어야' 한다는 한국 사회의 처절한 경쟁 문화와 패자에 대한 불관용 때문인지 '꿀리다' 대신 '꿇리다'가 널리 쓰이는 것은 참으로 안타까운 풍토가 아닐 수 없네요. 기억하세요, 여러분. 시비가 붙었으면 상대에게 "꿀리냐?"라고 해야 "너 나한테 좀 눌렸지? 쫄았지?"라는 뜻이 되지, "꿇리냐?"라고 하면 "너 나 무릎 꿇게 만들 거냐? 너 되게 셀 것 같아" 하는 느낌이 되어 버린다는 사실을요.

아, 이건 번외로 말씀드리는데, 조금 전에 나온 '쫄았지'는 맞춤법대로라면 '졸았지'가 맞아요. "겁을 먹거나 기를 펴지 못하다"라는 뜻의 동사 기본형이 '졸다'거든요. 하지만 제가 아무리 맞춤법 책을 쓰는 입장이라지만 이건 도저히 '졸았지'라고 못 쓰겠네요. 꾸벅꾸벅 조는 것도 아니고……. 국립국어원은 졸지 말고 어서 '쫄다'를 표준어로 등재하라! 등재하라!

> ▶ '무릎쓰다'가 아니라 '무릅쓰다'가 맞는 표기다.
> ▶ "마땅히 할 차례에 못 하다"라는 뜻일 때는 '꿀다'가 아닌, '꿇다'를 쓰고, "힘이나 능력이 남에게 눌리다"라는 뜻일 때는 '꿇리다'가 아닌 '꿀리다'를 쓴다.

무릎도 소중하지만 허리의 소중함도 이루 말할 수 없죠. 맞춤법 공부도 좋지만 말 나온 김에 허리 한 번 주욱 펴시고요, 참, 어두운 데서 읽고 계신 건 아니죠? 불은 키고 읽으시는 거죠?

위 단락에서 뭔가 이상한 낌새를 채신 분들은 이제 슬슬 제 패턴을 읽으시는 거겠죠. 후후……. 전혀 그런 느낌을 받지 못하고 해맑게 넘어오신 분들은 돌아가서 입말의 습관이 그대로 남아 잘못 쓰인 동사 두 개를 찾아보세요. 어때요, 작정하고 찾으니 별로 어렵지 않죠? 바로 '피다'와 '키다'입니다. 허리는 '피는' 게 아니라 '펴는' 거죠! 돗자리도 펴고 이불도 펴고 소신도 펴고 날개도 폅니다. 또 불은 '키는' 게 아니라 '켜는' 게 맞겠죠? 텔레비전도 켜고 바이올린도 켜고 기지개도 켜는 거예요.

아무래도 'ㅕ'보다는 'ㅣ'의 발음 부담이 덜하기 때문에 잘 못된 발음 습관이 굳은 게 아닐까 싶은데요(그러니까 발음을 정 확히 해버릇해야 한다니까요), 비슷한 예로 '들이켜다'가 있습니 다. 액체나 기체를 마실 땐 '들이켜다'를 써야 하는데 '들이키 다'로 쓰는 경우가 많죠. "벌컥벌컥 들이켰다"처럼 과거형으로 쓸 때는 모양이 똑같으니 별문제가 안 되는데, "냉수 한 사발 들이키고"라고 쓰면 틀린 표기가 된답니다. "들이켜고"라고 써 야 해요. "안쪽으로 가까이 옮기다"라는 뜻을 가진 동사 '들이 키다'가 있긴 한데, '돋구다'만큼이나 잘 안 쓰이는 녀석이니 어 지간하면 '들이켜다'를 쓰는 게 맞을 거예요. 그럼 주방에 가서 냉수 한 사발 쭈욱 '들이켠' 뒤에 계속해 볼까요?

'ㅕ'에서 고작 작대기 두 개 빼서 'ㅣ'로 잘못 쓰는 이런 쪼 잔한 경우 말고, 있는 글자 하나를 통째로 빼서 잘못 쓰는 좀 더 대범한 경우도 있어요. 대표적인 것이 '피우다'인데요, 일 단 '피다'의 사동형인 건 아시겠죠? 꽃도 피우고, 불도 피우고, 냄새도 피우고, 웃음꽃도 피웁니다. 대체로 잘들 쓰시는데, 유 독 담배는 '피운다' 대신 '핀다'라고 하시는 분들이 많더라고 요(이때의 기본형 '피우다'는 "어떤 물질에 불을 붙여 연기를 빨아들이 었다가 내보내다"라는 뜻입니다). 과거형도 '피웠다'(피우+었+다)라 고 써야 할 걸 '폈다'(피+었+다)라고 잘못 쓰고요. "담배 피러 갈 까?"가 아니라 "담배 피우러 갈까?"가 맞고, "한 대 필래?"가 아 니라 "한 대 피울래?"가 맞는답니다. 아, 담배 말고 딴청이나

거드름이나 게으름 같은 것도, 또 혹시나 바람 같은 것도 피우셔야지 피시면 안 돼요! 피우셔도 딱히 좋을 건 없는 것들이긴 하지만요(이때의 '피우다'는 "앞의 명사가 뜻하는 행동이나 태도를 나타내다"라는 뜻이에요). 그중에서도 '바람피우다'는 "한 이성에만 만족하지 아니하고, 몰래 다른 이성과 관계를 가지다"라는 뜻의 한 단어로 등재되어 있다니 참고만 하세요, 참고만.

　　같은 맥락에서 또 하나 짚고 갈 동사는 '새우다'입니다. "밤을 새우다" 할 때의 바로 그 '새우다' 말이에요. 심지어 '밤새우다'까지 한 단어로 인정받을 정도로 유서 깊은(?) 단어인데, '우'를 쏙 빼고 '새다'로 잘못 쓰는 경우가 많습니다. 아무래도 저 옛날의 유행어 "밤새지 말란 말이야"가 지대한 공헌을 하지 않았을까 싶네요. 아무튼 밤은 저 스스로는 새는 게 맞지만("밤이 새도록 사랑을 속삭였다"), 우리 하찮은 인간은 그 밤을 '새울' 수밖에 없답니다. 아, 정말 혹시나 해서 말씀드리는데, 설마 밤을 '세다'나 '세우다'라고는 안 쓰시겠죠? 그건 밤[栗]을 하나둘 셀 때나 혹은 너무 심심한 나머지 그 밤을 식탁 위에 꼿꼿하게 세울 때(대체 어떻게!?)나 쓸 수 있는 말이니까요.

▶ 접혀 있던 것은 피지 말고 '펴고', 꺼져 있던 것은 키지 말고 '켜자'.
▶ 액체나 기체는 '들이키는' 게 아니라 '들이켜는' 것이다.
▶ 담배나 게으름은 '피는' 게 아니라 '피우는' 것이다.
▶ 밤은 '새는' 게 아니라 '새우는' 것이다.

여러분, 밤을 새우면 다음 날 졸려요, 안 졸려요? 졸립죠? 그런데 여기서 '졸립죠'라는 말을 무심코 지나치면 안 됩니다. '졸립다'를 애용해 오신 분들은 '응? 그게 왜 어때서?' 싶으시겠지만, 잘 생각해 보세요. 바른 기본형은 '졸리다'이고, 물어볼 땐 '졸리죠'라고 해야 하지 않겠어요?

그러니까 이건 기본형에서 글자를 빼먹고 잘못 쓰는 앞의 경우들과는 반대로 쓸데없는 글자(여기서는 'ㅂ')를 굳이 끼워 넣어 잘못 쓴 경우라 할 수 있습니다. 당연히 활용할 때도 주의해야 하는데요, '졸리다'를 가지고 "졸려-졸려서-졸린-졸리니" 등으로 활용해야 할 것을 '졸립다'를 가지고 활용을 하는 순간 "졸리워-졸리워서-졸리운-졸리우니"가 되며 싹 다 틀려 버리거든요. '졸립다' 자체가 틀린 말이니 저런 활용 자체를 하시면 안 돼요!

쓸데없는 글자로 자주 끼어드는 대표적인 녀석이 '이'입니다. 예문을 하나 들어 볼까요? "날씨가 오전 내내 궂더니만 오후가 되니 개였다. 곧 그녀와 만날 생각을 하니 가슴이 설레인다"에서 어쩐지 좀 수상해 보이는 녀석들이 보이시는지요.

여기서 '개였다'는 '개었다' 혹은 그 준말인 '갰다'로 고쳐야 합니다. 기본형이 '개이다'가 아니라, 잘못 들어간 '이'를 쏙 뺀 '개다'거든요. 그러니 활용도 "개다-개어-개었다(갰다)-갠-갤"로 해야지 "개이다-개여-개였다-개인-개일"로 하면 안 돼요. "맑게 갠 하늘"을 "맑게 개인 하늘"이라고 쓰면 안 된다는 말

쏨! 하늘은 개인의 것이 아닌 우리 모두의 것인걸요! (네, 죄송합니다……)

같은 이유로 "가슴이 설레인다"에서의 '설레인다'도 '설렌다'가 되어야 합니다. 기본형이 '설레이다'가 아니라 '설레다'거든요. 이걸 잘못 안 채 활용했을 때 나오는 대표적인 실수가 바로 '설레임'입니다. 동명의 아이스크림 상표가 등장한 이후 더 자연스럽게 보이는 '설레임'의 올바른 표기는 '설렘'이에요. 기본형 '설레다'의 어간 '설레'에 명사를 만들어 주는 어미 'ㅁ'이 붙어 '설렘'이 되는 거죠(명사를 만드는 어미 'ㅁ'에 대해서는 274쪽 참조). 기본형이 '설레이다'라면 '설레임'이 맞는 표기겠지만요. 그렇다면 "그녀 때문에 설레여 죽을 뻔했네"가 잘못된 문장인 것도 아시겠지요? '설레여'(=설레이어)가 아니라 '이' 없는 '설레어'가 되어야 하잖아요.

'헤매이다', '목메이다', '되뇌이다', '데이다' 역시 마찬가지 이유에서 전부 다 틀린 기본형입니다. '헤매다', '목메다', '되뇌다', '데다'로 충분한데 '이'를 붙일 이유가 하나도 없거든요. 활용에 주의해야 하는 건 두말하면 잔소리! "헤매어-헤매었다(헤맸다)-헤맨-헤맬"이 되어야지, "헤매여-헤매였다-헤매인-헤매일"이 되면 안 됩니다. "목메어-목멘-목멜", "되뇌어-되뇐-되뇔"이라고 해야 할 걸 "목메여-목메인-목메일", "되뇌여-되뇌인-되뇌일"이라고 쓰면 안 되고요. '이'의 흔적을 꼭꼭 지워 버려야 합니다! '데다'는 문장으로 볼까요? "불에 뎄다(데었다)", "불에 덴 것 같다", "불에 델 것 같다"가 맞지 "데였다", "데인 것 같다", "데일 것 같다"는 모두 틀린 표기랍니다. 어휴, 귀찮은 '이' 놈들 같으니라고……. 하여간 이놈들 때문에 괜히 기본형 헷갈리지 않도록 조심하세요!

> ▶ '졸립다'가 아니라 '졸리다'가 맞는 표기다.
>
> ▶ 쓸데없는 '이'가 들어간 잘못된 기본형들을 쓰지 않도록 조심하라.

개이다(X) 개다(O)	설레이다(X) 설레다(O)
헤매이다(X) 헤매다(O)	목메이다(X) 목메다(O)
되뇌이다(X) 되뇌다(O)	데이다(X) 데다(O)

> 이러한 동사들은 활용할 때도 유의해야 한다.
>
> 날이 화창하게 개였다(X) 날이 화창하게 개었다/갰다(O)
>
> 종일 헤매일 뻔했어(X) 종일 헤맬 뻔했어(O)
>
> 화들짝 가슴을 데이고 말았다(X) 화들짝 가슴을 데고 말았다(O)

자, 어쨌든 술을 마시기로 했으면 약속 장소를 정해야죠! 저는 귀갓길이 편한 2호선 라인으로 여론을 몰아가려 했지만 민주주의의 최대 맹점인 다수결의 폭거에 의해 5호선 라인이 대세를 형성하더라고요. 그런데 말이죠, 이미 반은 포기한 채 "진짜 2호선은 안 되겠니"라고 한번 물어봤을 뿐인데, 글쎄 한 녀석이 "그냥 현실을 받아드려ㅋㅋㅋㅋㅋㅋㅋㅋ"라는 게 아니겠어요? 'ㅋ'이 세 개도 여섯 개도 아니고 무려 여덟 개나 되는 것도 화나는데, 현실을 받아들이는 것도 아니고 받아드리라니!

아유, 물론 '받아드릴' 수 있죠. 어머니가 들고 계신 무거운 장바구니도 받아드릴 수 있고, 이층 침대에서 공중제비를 돌며 뛰어내리기를 즐기시는 할머님도 받아드릴 수 있으니까요(동사 '받다'에 높임을 나타내는 보조용언 '드리다'를 붙여 쓴 경우입니다!). 하지만 그런 경우가 아니라면 전부 '받아들이다'가 맞습니다. 선진 문물도 받아들이고, 지긋지긋한 현실도 받아들이고, 새엄마의 존재도 받아들이고, 너의 그 오만한 태도도 받아들이는 거죠. "제안 감사하게 받아들이겠습니다" 대신 "제안 감사하게 받아드리겠습니다"라고 하면 '그래, 까짓것 받아 줄게!' 하는 느낌이라 전혀 감사해 보이지 않을 수 있으니 주의하세요. 상처 주는 말을 해놓곤 "장난인데 왜 이렇게 진지하게 받아드려"라고 쉽게 말하는 친구는 마음에 받아들이지 말고 그냥 들이받아 버리시고요. 아, 비슷한 꼴로 틀리기 쉬운 '멋들어지다'도 '멋드러지다'로 쓰지 않도록 주의해야겠습니다. 멋이 들어야지 드러우면 쓰나요? '멋'이 나온 김에 '멋쩍다'를 '멋적다'로 잘못 쓰면 안 된다는 것도 묶어서 기억해 두시고요(아무래도 끼워 넣은 티가 너무 나는 것 같아서 좀 멋쩍네요!).

반면 '미끌어지다'와 '어울어지다'는 위 경우와 반대로 'ㄹ'을 다음 글자의 첫머리로 옮겨서 '미끄러지다'와 '어우러지다'로 고쳐 써야 합니다. '미끌미끌'이랑 '어울리다' 때문에 헷갈릴 수 있겠지만 꼭 주의해서 써주세요. 아, '건드리다'를 '건들이다'라고 잘못 쓰지 않는 것도 함께요! "건들거리며 돌아다니다가 이 사람 저 사람 건드리곤 했다"처럼 쓴답니다.

"네놈이 이제야 본색을 들어내는구나!"라는 문장을 본 기억도 나네요. '본색'은 "본디의 특색이나 정체"를 의미하니 그걸 들어내면 정체가 뭔지 알 수가 없을 텐데, 저 문장을 쓴 사람은 대체 뭘 어떻게 알아보고 저리도 자신만만한 걸까요?

이 인간이 대체 무슨 소리를 하나 싶으신 분들은 '들어내다'와 '드러내다'를 헷갈리시는 거예요. '들어내다'는 "물건을 들어서 밖으로 옮기다" 내지는 "사람을 있는 자리에서 쫓아내다"라는 뜻이죠. 이삿짐을 들어내고, 몸에서 암세포를 들어내고, 결혼을 반대한다는데도 한사코 찾아와서 무릎 꿇고 앉은 (무릎은 이런 때 써야죠!) 딸내미의 남자친구를 당장 들어낼 때나 쓰는 말입니다. 숨겨져 있던 것이 보이게 되는 경우는 '들어내다'가 아니라 '드러내다'나 '드러나다'를 써야 해요! "본색을 드러내다", "진실이 드러나다", "발톱을 드러냈다", "술을 마시면 본심이 드러난다"처럼요. '들어나다' 같은 말은 아예 없으니 그존재를 머릿속에서 들어내시고요.

> ▶ '받아드리다', '멋드러지다'가 아니라 '받아들이다', '멋들어지다'가 맞는 표기다. '멋적다'가 아니라 '멋쩍다'가 맞는 표기다.
>
> ▶ '미끌어지다', '어울어지다'가 아니라 '미끄러지다', '어우러지다'가 맞는 표기다. '건들이다'가 아니라 '건드리다'가 맞는 표기다.
>
> ▶ '들어나다/들어내다'가 아니라 '드러나다/드러내다'가 맞는 표기다. '들어내다'는 안에 있던 것을 바깥으로 옮길 때 쓴다.

약속 장소가 기껍지 않은 제 마음을 눈치챈 녀석들이 마지막 공세를 펼쳐 옵니다. "지난번엔 홍대였으니 이번엔 여의도로 하자. 자리도 넓직하고 좋은 데 찾아 뒀어"라는 말에 마지못해 넘어가 주려고 했는데, "야, 거의 넘어왔어. 밀어부쳐!"라는 말에는 욱할 수밖에요. 청소를 시작하려다가도 엄마가 청소하라면 딱 하기 싫어지는 게 세계 인류의 공통된 마음이거늘, 그것도 모자라 '밀어붙이다'를 '밀어부치다'라고 잘못 쓰다뇨! 밀어서 벽에 딱 붙인다고 생각하면 '밀어붙이다'가 그리 어려울 리도 없건만, 벽으로 밀어서 전 부치듯 부쳐 버리려는 건지……. 아무리 의견이 다르기로서니 그건 좀 심했잖니, 친구야.

이렇게 '붙이다'를 포함한 다른 동사들도 '부치다'로 잘못 쓰지 않도록 주의해 주세요. 예컨대 '쏘아붙이다', '몰아붙이다', '걸어붙이다' 같은 동사들 말이죠. 부치는 건 편지랑 동그랑땡으로 충분하답니다! '부치다'를 붙이는 말은 아마 '벗어부치다' 정도밖엔 없을걸요?

여기서 잠깐! 혹시 '어라? 편지를 부친다고?' 하며 흠칫하진 않으셨나요? '편지를 붙이다'나 '안건에 붙이다'라고 쓰는 분들을 종종 봐온 터라 의심이 되긴 한데……. "에이, 난 안 그래"라고 하신다면 할 말은 없지만 말 나온 김에 '부치다'에 대해서도 잠깐 보고 가면 좋겠네요.

동사 '부치다'는 은근히 다양한 뜻을 가지고 있습니다. "힘에 부치다", "기력이 부치다"처럼 뭔가가 모자랄 때도 쓰고,

"남의 땅을 부쳐 먹고 산다"처럼 농사지을 때도 쓰지요. 빈대떡도 부채도 부칠 수 있고요. 이런 경우들에는 그래도 거의 안 틀리시는데, 편지나 안건에는 은근히 자주 틀리시더라고요. 뭘 어디에 보낼 때("용돈을 부치다")나 문제를 다른 곳에 맡길 때("표결에 부쳤다"), 어떤 일을 거론하거나 문제 삼지 않을 때("비밀에 부칠게") '부치다'를 쓴다는 거 기억해 두세요. 용돈이나 편지 같은 거 이상한 데다 '붙여' 놓으면 누가 언제 어떻게 떼어 갈지 모르니 꼭 '부치셔야' 합니다. 아, 그렇다고 '눈'[眼]까지 고이 싸서 부치면 안 돼요. 가끔 "피곤하니 눈 좀 부쳐" 하시는 분들 있는데, 눈은 어디 보내지 말고 꼬옥 '붙이시길'!

이런 식으로 헷갈릴 수 있는 것들 몇 개 더 보고 갈까요? 밥이 너무 소중해서 행여나 어디 갈세라 '앉히는' 분들이 종종 있는데 그러지 마세요. "밥, 떡, 찌개 따위를 만들기 위하여 그 재료를 솥이나 냄비 따위에 넣고 불 위에 올리다"라는 뜻의 동사는 '안치다'거든요. "쌀을 안치고서", "찌개를 안쳤다"처럼 써야 한답니다. 또 옷이 많이 닳았다고 너무 매몰차게 작별하려 하지 마세요. '옷이 헤어지다'가 아니라 '옷이 해어지다'가 맞는 표기랍니다(준말로 '해지다'도 돼요). 또 설이나 추석 온다고 자꾸 자꾸 '세어' 봐야 나이 먹는 거밖에 깨닫지 못합니다. "명절, 생일, 기념일 같은 날을 맞이하여 지내다"라는 뜻의 동사는 '쇠다'니까 "설을 세다"가 아니라 "설을 쇠다"라고 써야 해요!

이쯤에서 다시 꼭지 앞 대화로 돌아가 보면 "자리도 넓직하고 좋은 데 찾아 뒀어"에도 틀린 맞춤법이 끼어 있답니다. 제가 마지못해 넘어가 주려고 했다는 게 약속 장소에 관해서만은 아니었어요. 어려운 맞춤법을 틀리는 것 정도는 이해하고 넘어가 주는 이 너그러움! 후후! 하지만 이 책을 읽으시는 여러분께선 엄청 궁금해하실 게 뻔하니 말씀드리자면, 이 문장에서 '넓직하고'는 '널찍하고'로 고쳐야 한답니다.

'넓직하다'가 아니라 '널찍하다'가 맞는다는 거 안 놀라우세요? 딱히 이렇게 될 이유도 없어 보이고, 심지어 '굵직하다'가 아니라 '굵직하다'가 맞는 표기라는 점을 생각하면 대체 이건 뭐지 싶으실 겁니다. 이유를 말씀드리자면 「한글 맞춤법」 21항에 이런 규정이 있어요. "용언의 어간 뒤에 자음으로 시작된 접미사가 붙어서 된 말은 어간의 원형을 밝히어 적는다. 다만, 겹받침의 끝소리가 드러나지 아니하는 것은 소리대로 적는다"…… 휴우, 도통 머릿속에 들어오지가 않으시죠? 흰 건 종이요, 검은 건 글자구나 하신대도 충분히 이해가 갑니다.

차근차근 설명해 볼 테니 위 단락의 21항 내용을 번갈아 보면서 따라와 주세요! 용언 '굵다'의 어간 '굵' 뒤에 자음('ㅈ')으로 시작된 접미사 '직하'가 붙는 경우 어간의 원형 '굵'을 밝혀 '굵직하다'로 적습니다. 여기까진 괜찮으시죠? 그런데 '넓다'는 '다만'에서 이야기하고 있는 것처럼 겹받침의 끝소리('ㄼ' 중에서도 'ㅂ')가 드러나지 않는 경우거든요. [널따]라는 발음에 'ㅂ'의 자리는 없잖아요. 이런 경우에는 "소리대로" 적어서 '널찍하다'가 되는 거죠. 어때요, 느낌 오시나요? 그럼 '굵다'도 '굴따'로 발음되니('ㄺ'의 끝소리 'ㄱ'이 안 드러나니) '굴찍하다'로 써야 하는 거 아니냐고 하실 분이 있을지도 모르겠네요. 예리하실 뻔했지만, 안타깝게도 바른 발음은 '굴따'가 아닌 '국따'랍니다. 끝소리 'ㄱ', 죽지 않고 쌩쌩하게 살아 있어요!

접사 '다랗다' 역시 이 규정의 영향을 받습니다. '높다랗다', '좁다랗다', '굵다랗다'는 원형을 밝혀 적고, '널따랗다', '짤따랗다', '얄따랗다'는 소리대로 적어야 해요. 머릿속으로는 이해가 되지만 차마 이런 복잡한 규정까지 기억할 자신이 없으신 분들은 아예 사례만 외워 두시는 것도 좋을 것 같습니다. '널찍하다', '널따랗다', '짤따랗다', '얄따랗다' 정도만 외워 두셔도 크게 틀릴 일은 없을 것 같네요. 아, '다랗다'와 관련해서는 '길다랗다', '가늘다랗다'가 아니라 '기다랗다', '가느다랗다'가 맞는 표기라는 것까지 같이 외워 두시면 더 바랄 게 없겠고요.

▶ '밀어붙이다', '쏘아붙이다', '몰아붙이다', '걷어붙이다'는 모두 '부치다'가 아닌 '붙이다'를 쓴다. '벗어부치다'는 '부치다'를 쓴다.

▶ 편지를 '부치고', 표결에 '부치며', 비밀에 '부친다'. (눈은 '붙인다'.)

▶ 밥은 '안치고', 옷은 '해어지며/해지며', 설은 '쇤다'.

▶ 다음의 단어들은 어간 끝 겹받침 대신 다음 글자에 된소리를 쓴다.

넓직하다(X) 널찍하다(O)　　　　넓다랗다(X) 널따랗다(O)
짧다랗다(X) 짤따랗다(O)　　　　얇다랗다(X) 얄따랗다(O)
cf) 굵다랗다 커다랗다 높다랗다 좁다랗다 기다랗다 가느다랗다

제가 이렇게나 마음 상한 와중에도 꿋꿋이 "친구야, '밀어부치다'가 아니라 '밀어붙이다'가 맞는단다"라며 친절히 설명을 해줬건만, 녀석들은 이제 귀담아듣지도 않네요. 심지어 한 놈은 "지겹다. 그만 씨부려라ㅋㅋㅋ"라며 여린 제 마음에 한 줄기 스크래치를 냈고요. 하지만 저도 오기라는 게 있는 사람입니다. 다시 한번 마음을 추스르고 또박또박 말했지요. "이놈아, '씨부려라'가 아니라 '씨불여라'란다"라고요.

사전에는 "주책없이 함부로 실없는 말을 하다"라는 뜻으로 실려 있지만 어쩐지 그 뜻보다 훨씬 더 속되게 들리는, 그래서 이 말을 들으면 내가 훨씬 더 못 할 짓을 한 것 같고, 또 설사 그렇다 해도 내가 이런 소리까지 들어야 하나 싶어 울컥 화까지 날 수 있는 이 단어의 기본형은 '씨부리다'가 아닌 '씨불이다'랍니다. 씨를 부리는 게 아니라 '씨불'을 어간으로 하니 '씨불거리다', '씨불대다', '씨불씨불하다' 등의 단어도 있다는 생각을 하면 기억하기 쉬울 거예요. 입에도 더 착착 달라붙지 않나요?

약간 속되게 간 김에 하나 더! '짓거리다' 혹은 '짓꺼리다'를 쓰는 분들 꼭 있죠. "지금 뭐라고 짓거렸냐?", "그만 짓꺼리고 이리 와!"처럼요. '짓'을 낮잡아 이르는 '짓거리'와 어쩐지 관련 있는 것처럼 느껴져서 그러시는 것 같긴 한데, 맞는 기본형은 '지껄이다'랍니다. '짓거리'와는 전혀 상관이 없어요. "뭐라고 지껄였냐?", "그만 지껄이고"로 정확히 써주시기를!

예리한 저의 통렬한 지적에 카톡방에 흘렀던 잠깐의 정적은 다른 친구의 "작작 좀 해라! 한 번만 더하면 뒤진다"라는 말에 깨지고야 말았습니다. 그땐 저도 좀 고민이 되더라고요. 옆에 있는 것도 아닌데 나의 어딜 어떻게 뒤질 거냐고, 설혹 옆에 있다손 치더라도 네가 내 가방이나 주머니를 함부로 뒤지게 내가 그냥 두고 볼 성싶냐고, 네가 만약 혹시나 '죽는다'를 속되게 표현하고자 한 거라면 '뒤지다'가 아니라 '뒈지다'가 맞는 말이라고, 정말 정말 말해 주고 싶었지만 꾹 참았습니다. 곧 만날 마당에 아무래도 덩치 큰 그놈은 좀 무서웠거든요. 그래서 여러분께만 알려드리는데, 기억해 두세요. '뒤지다'가 아니라 '뒈지다'가 맞는 말이랍니다.

> ▶ '씨부리다'가 아니라 '씨불이다'가 맞는 표기다.
> ▶ '짓거리다'나 '짓꺼리다'가 아니라 '지껄이다'가 맞는 표기다.
> ▶ '뒤지다'가 아니라 '뒈지다'가 맞는 표기다.

그 친구 놈은 험한 말을 잘도 하는 주제에 의외로 순진한 구석이 있답니다. 거구에 어울리지 않는 애띤 얼굴을 하고서, 여자들하고 눈이라도 마주치면 얼굴이 벌개지고 말도 더듬거리죠. 그게 오히려 매력 포인트인지 내노라 하는 미인들이 종종 먼저 대시를 해와서 저희 모두를 당황케 한답니다.

　이쯤 되면 알아서 위 단락에서 틀린 맞춤법을 찾고 있으시겠죠? 좋습니다. 아주 잘하고 계세요! 후후! 가장 쉽게 찾으신 건 그래도 유명한 축에 드는 '내노라 하는'일 것 같네요. "어떤 분야를 대표할 만하다"라는 뜻의 동사는 '내로라하다'지요. "(이거보다 더 좋은 거 있으면) 내놓으라 하다"를 줄인 말로 생각하기 쉬운데 그게 아니라 "(이게 바로) 나요 하다"를 줄인 말이라 그렇다고 합니다. 이게 대관절 어떻게 줄기에 이런 요상한 모양이 나오나 궁금하실 수도 있겠지만 들으면 심란해지실 게 뻔하니 여기서 설명하진 않을게요. 궁금하면 검색해 보시길! 어쨌거나 한 단어로 꼭꼭 붙여서 "내로라하는 미인들", "내로라하는 기업"처럼 써야 한다는 걸 기억해 두세요.

다음으로 '애띤' 찾아내신 분 있으신가요? 맞는 표기는 '앳된'입니다. "애티가 있어 어려 보이다"라는 뜻의 형용사는 '애띠다'가 아니라 '앳되다'예요. 애 같은 기운을 띤다고 생각하면 '애띠다'가 떠오를 수도 있겠지만 그러면 안 되고요, "앳된 모습으로", "앳되어(앳돼) 보였다" 등으로 써야 합니다. 바야흐로 '동안'이 최고의 칭찬인 시대이니 '앳되다'와 '앳된' 정도는 기억해 두시는 게 좋겠죠?

찾아내기 가장 어려운 마지막 한 녀석은 바로 '벌개지고'입니다. 맞는 표기는 '벌게지고'인데요, 여기에 관해서는 조금 보충 설명이 필요해요. '모음조화'라는 현상이 있습니다. 쉽게 말해 발랄한 'ㅏ, ㅑ, ㅗ, ㅛ'끼리 잘 어울리고 칙칙한 'ㅓ, ㅕ, ㅜ, ㅠ'끼리 잘 어울리는 거죠. '쏙닥쏙닥'과 '쑥덕쑥덕'은 괜찮은데 '쑥닥쑥닥'은 좀 이상하잖아요? 모든 단어에서 반드시 일어나는 건 아니지만 경향상 발견되는 법칙입니다(참고로 '깡충깡충'은 표준어라고 해요). '벌게지다'는 그 법칙의 영향을 받는 동사고요. '발개지다'와 '벌게지다'가 맞지 '벌개지다'나 '발게지다'는 틀린답니다. 이 법칙은 다른 색깔에도 그대로 적용되어서 '파래지다/퍼레지다', '노래지다/누레지다', '하얘지다/허예지다', '까매지다/꺼메지다' 모두 맞는 말이에요. '하얗다'와 그 과거형 '하얬다', '허옇다'와 그 과거형 '허옜다' 같은 경우도 마찬가지고요. 좀 낯설긴 해도 공식대로 착착 맞아떨어지니까 그래도 깔끔하지요?

발개지고 벌게지려니 또 하나 생각나는 단어가 있네요. 인터넷에서 "문제점이 붉어졌다" 같은 문장을 가끔 보는데요, 그때마다 얼굴도 붉어지고 마음도 붉어지고…… 정말 어쩔 줄을 모르겠어요. 혹시나 그렇게 써왔던 분들은 맞춤법 실력에 대한 의혹이 '불거지기' 전에 재빨리 고치시길 바랍니다. 정말로 빨갛게 되면 '붉어지다'가 맞겠지만 비어져 나온다는 의미라면 '불거지다'가 맞아요. "발가락이 툭 <u>불거져</u> 나왔다", "그렇게 <u>불거진</u> 문제점들을 해결해 갔다"라고 써야 합니다.

> ▶ '내노라하다'가 아니라 '내로라하다'가 맞는 표기다. 붙여서 쓴다.
> ▶ '애띠다/애띤'이 아니라 '앳되다/앳된'이 맞는 표기다.
> ▶ '벌개지다'는 틀린 표기이고, '발개지다'나 '벌게지다'로 써야 한다.
> ▶ 무언가 비어져 나올 때는 '붉어지다'가 아니라 '불거지다'를 쓴다.

저는 이렇게 저한테 막말을 하는 녀석에게서도 귀여운 점을 발견해 주고 있건만, 다른 친구들은 그 말을 신호탄 삼아 아주 마음을 활짝 열고 저를 성토하기 시작했습니다. "쟤도 진짜 엥간하다"라느니 "맞춤법 캐릭터 좀 그만 울궈먹을 때가 되지 않았냐"라느니 "저런 놈은 대가를 치뤄야 하니 오늘은 술을 주지 말자"라느니…….

저도 눈치가 있으니 더 이상 지적질을 할 분위기가 아니라는 것쯤은 압니다. 하지만 군자의 도리로서 눈앞에 옳지 못한 것이 있는데 어찌 그냥 지나칠 수 있겠습니까? 잠시 고민하던 저는 상황에 따라 유연한 태도를 취할 줄 아는 사람답게 차분하고도 부드럽게 말했답니다. "헤헤, 내가 좀 <u>엔간하긴</u> 하지", "어휴, <u>우려먹을</u> 게 없어서 이런 캐릭터를 <u>우려먹겠니</u>", "대가를 <u>치러야</u> 한다면 달게 받을게. 하지만 술 말고 다른 걸로 <u>치르면</u> 안 될까?"라고요(카톡에 밑줄 기능이 없는 게 정말 아쉽더라고요). 에이, 아무리 그래도 술은 줘야지, 치사하게 술 가지고 그러는 거 아니다. 얘들아, 응?

'엔간하다'는 어쩐지 한국어 같지 않은 느낌 때문에 낯설어 보이는데요, "대중으로 보아 정도가 표준에 꽤 가깝다"라는 뜻의 표준어랍니다. '어연간하다'에서 온 말로서 '어지간하다', '웬만하다'와 호환이 되죠. "내가 엔간해서는 이런 말 잘 안 하는데"(이렇게 말하는 사람은 보통 이런 말을 밥 먹듯이 합니다)라거나 "엔간하면 좋게 좋게 넘어가자"(이렇게 말하는 사람은 그래놓고 자기가 뒤끝 있는 경우가 많습니다)라는 식으로 쓰면 됩니다. "너 참 엔간하다"는 말뜻만으로는 "너 참 평범하다"의 의미지만 반어적 뉘앙스로 쓰는 거겠고요.

'우려먹다'는 '우리다'와 '먹다'가 결합된 단어로, 정말로 음식을 우려서 먹는 것 말고도 "이미 썼던 내용을 다시 써먹다"라는 뜻으로까지 확장되어 한 단어로 인정받았답니다. '울궈먹다'라는 표현은 방언이에요. '울구다'가 '우리다'의 경기·함경 지방 방언이거든요. 특별히 방언을 써야 할 경우가 아니라면 '우려먹다'로 써주는 편이 좋겠습니다.

'치르다'도 은근히 자주 틀리는 맞춤법이지요. "물건 값을 치르다", "삼년상을 치르다", "월드컵을 치르다", "큰일을 치르다" 등에 쓰이는 동사는 '치르다'가 맞습니다. 항문외과 의사가 환자의 환부를 보고 "앗, 치루다!"라고 외칠 때가 아니라면 '치루다'라는 말은 쓸 일이 없을 거예요. 활용할 때에도 "치러-치른-치를-치렀다"가 맞지 "치뤄-치룬-치룰-치뤘다"로 하면 안 됩니다. "값을 치뤘다", "네놈은 반드시 대가를 치룰 것이다"가 아니라 "값을 치렀다", "대가를 치를 것이다"가 맞는다는 거 꼭 기억해 두세요!

이렇게 'ㅡ'를 'ㅜ'로 잘못 알고 쓰는 동사 두 개 더 살펴보고 가죠. "현관문은 잘 잠궜니", "김치를 담궜다"를 보면 기본형을 '잠구다', '담구다'라고 잘못 알고 활용한 흔적이 보입니다. 맞는 기본형은 '잠그다'와 '담그다'지요. "잠그니-잠가-잠글-잠그고-잠갔니"와 "담그니-담가-담글-담그고-담갔니"로 활용한답니다. 잘못 들어간 'ㅜ'가 살아 있는 "잠구니-잠궈-잠굴-잠구고-잠궜니"나 "담구니-담궈-담굴-담구고-담궜니" 모두 틀린 활용이에요! 앞의 문장들은 "현관문은 잘 잠갔니", "김치를 담갔다"가 되어야 하고요.

　"너희는 김치 담았어?"라고 쓰면 안 되는 것도 아시겠죠? '담았어'는 '담다'를 활용한 말이잖아요. "너희는 김치 담갔어?"라고 써야 한답니다. 혹시나 "담궜어?"라고 생각하신 분들은 반성 좀 하시고요. 물론 김치를 담는 것도 가능하지만 잘 구분해서 써야겠죠? "김치 좀 담가 줘"와 "김치 좀 담아 줘"는 결혼한 자식들이 주로 엄마에게 자주 하는 말이라는 점은 비슷하지만 문장의 뜻이 완전히 다르니까요.

> ▶ '엥간하다'나 '엉간하다'가 아니라 '엔간하다'가 맞는 표기다.
> ▶ '울궈먹다'는 방언이며, '우려먹다'가 표준어다.
> ▶ '치루다', '담구다', '잠구다'가 아니라 '치르다', '담그다', '잠그다'가 맞는 표기다. '치뤄', '담궈', '잠궈'도 '치러', '담가', '잠가'가 되어야 한다.

오해하실까 봐 말씀드리는데 제가 실제로 저 정도로 홀대받진 않아요! 친구들도 맞춤법이 궁금할 땐 가장 먼저 저를 찾고, "스승으로 모시겠습니다"라느니 뭐니 오그라드는 말을 하기도 하거든요. "맨입으로 입에 발린 말 하지 마"라고 하기엔 실제로 술도 꽤 잘 사주고, 그렇다고 제가 그까짓 말에 목에 힘줄 만큼 뻔뻔하진 않으니 웃고 넘깁니다만, 이놈들이 딴에는 무협지 좀 읽었다고 술자리에서 "제 맞춤법은 박태하 편집자님께 사사받았습니다"라고 말하는 건 아무리 술을 얻어먹는 입장이라도 도저히 넘어갈 수가 없더라고요.

"누구께 사사받았습니다"라는 표현도 잘못된 겁니다. "배웠습니다", "가르침을 받았습니다", "누구 님이 제 스승이십니다" 정도로 써도 의미상 차이는 없는데 어려운 한자어를 가지고 멋을 부리려다가(물론 그럴 필요가 있을 때가 있으니 쓰는 것 자체를 문제 삼을 순 없죠) 망한 케이스라고나 할까요?

'사사하다'는 "스승으로 섬기다. 또는 스승으로 삼고 가르침을 받다"라는 뜻으로 이미 그 자체에 '받다'라는 뜻이 포함되어 있습니다. 이걸 '사사받다'라고 쓰면 뜻이 겹치는 거죠. 유명한 '역전 앞'이야 단순 중복이지만, 이런 경우에는 '어? 받는 걸 받는다? 그럼 내가 가르침을 준 건가?' 혼란이 몰려오며 어법도 붕괴되고, 멘탈도 붕괴되고……. 가르침이라면 무릇 받아야 할 것 같은 기분에 "사사받았습니다"라고 말하고 싶으시겠지만 그러지 마세요. 그냥 "이소룡 스승님께 사사했습니다"라고 하면 됩니다. "이소룡 스승님께 쌍절곤을 사사했습니다" 식으로 쓸 수도 있고요. 다른 분야도 아니고 맞춤법 선생으로 내 이름 팔면서 이런 거 틀리지 마라, 친구놈들아…….

비슷한 예로 '자문을 받다'도 틀린 표현입니다. '자문하다'

자체가 "전문가에게 의견을 묻다"라는 뜻이기 때문에 '자문을 받다'는 '의견 물음을 받다'라는 요상한 의미가 되어 버리거든요. 그냥 "전문가에게 자문하다"라고 쓰면 되는데, 겸양의 미덕을 발휘하느라 그런 건지 그냥 단순히 욕심이 많아선지 꼭 받아야만 직성이 풀리는 모양이에요. 그러니 명사로 쓰는 '자문' 역시 주의해야 합니다. '자문' 자체가 '의견을 물음'이니 물음에 '응할' 수는 있어도 물음을 '구할' 수는 없지 않겠어요? 그렇기 때문에 "자문에 응하다"라는 말은 가능하지만 "자문을 구하다"라는 말은 쓸 수 없습니다. 굳이 '구하다'를 쓰고 싶으면 "의견을 구하다" 정도로 고쳐 써야겠지요.

'전수받다' 역시 마찬가지예요. '전수하다'는 '전수'가 傳授일 때는 "기술이나 지식 따위를 전하여 주다"가 되고 '傳受'일 때는 "전하여 받다"가 되는 멀티형 동사랍니다. "나는 사부님께 검술을 전수받았다", "사부님께서 내게 검술을 전수하셨다"라고 구분하는 게 아니라 "나는 사부님께 검술을 전수(傳受)했다", "사부님께서 내게 검술을 전수(傳授)하셨다"가 맞는 거죠. 한자가 없어도 문맥에 따라 충분히 판단이 가능하고, 혹시 좀 더 강조하고 싶으면 "사부님께서 내게 검술을 전수해 주셨다"라고 보조용언 '주다'의 힘을 빌리면 되는 겁니다.

내친김에 '접수하다'까지 가봅시다! '접수'(接受) 역시 '받을 수' 자를 쓰기 때문에 '접수받다' 또한 중복된 표현이랍니다. 유의하실 점이 있다면, '접수하다'를 아무 때나 쓰면 안 돼요. 학교나 관공서처럼 서류를 '받는' 곳에서나 쓸 수 있지 그걸 내는 지원자 입장에서는 '접수하다' 자체가 말이 안 되는 거죠. "나는 서류를 제출했고, 학교는 원서를 접수했다"라고 해야 어법에 맞는답니다. "나는 원서를 접수했다"라든지 "학교가 원서를 접수받았다" 같은 표현은 안 돼요! 아, 물론 '나'가 창구 직원이라면 원서를 접수하는 것도 얼마든지 가능하겠지만요.

> ▶ '사사받다'는 의미가 중복되는 표현이므로 '사사하다'로 쓴다.
>
> ▶ '자문받다' 역시 '자문하다'로 써야 한다. '자문'은 '의견을 물음'이므로 자문에 '응할' 수는 있지만 자문을 '구할' 수는 없다.
>
> ▶ '전수받다' 역시 '전수하다'로 써야 한다. 이는 기술이나 지식을 전해 받는 입장과 전해 주는 입장 모두에서 쓸 수 있다.
>
> ▶ '접수받다' 역시 '접수하다'로 써야 한다. 단, 서류를 내는 입장에서는 쓸 수 없고 받는 입장에서만 쓸 수 있다.

지금까지 기본형을 잘못 알고 있는 경우가 많은 동사와 형용사 들을 살펴보았습니다. 이제부터는 앞에 등장하지는 않았지만 그래도 알아 두면 좋을 다른 사례들을 가나다순으로 간단히 정리해 보려고 해요. 혹시나 모르시는 분들이 있을지도 몰라서 너무 쉽지 않나 싶은 것들도 중간중간에 넣어 두었으니 '하, 이놈이 나를 무시하나?' 생각지 마시고 가볍게 읽어 가시면 좋을 것 같습니다. 참고로 고딕으로 나열된 두 단어 중에서 진한 단어가 어법에 맞는 말입니다! 그리고 또 참고로, 제가 얼른 술 마시러 가려고 성의 없게 나열하고 가는 게 아니라는 사실 하나는 꼭 알아 주셨으면 좋겠네요. 진짜예요. 진짜로 진짭니다.

간질이다 간지르다 사실 많이 틀리는 경우는 아닌데요, 다들 너무 잘 알고 있어서가 아니라 '간지럽히다'를 워낙 많이 쓰느라 그렇습니다. 어쨌건 둘 중에는 '간지르다'가 아니라 '간질이다'가 맞아요! '간질간질' 해야지 '간지르간지르' 하진 않잖아요? 활용에도 유의해야겠습니다. "간지르는-간지르고-간지르니-간질러-간질렀다"가 아니라 "간질이는-간질이고-간질이니-간질여-간질였다"가 맞는답니다!

강퍅하다 강팍하다 '퍅'이라는 워낙에 특이한 글자가 끼어 있어서 오타라고 생각할 수도 있지만 '강퍅하다'는 엄연히 표준어랍니다. "성격이 까다롭고 고집이 세다"라는 뜻이죠. 더 놀라운 건 강퍅(剛愎)이 한자어라는 사실! '강퍅할 퍅' 자를 쓴다네요. 기억은 해두시되, '괴팍하다'까지 헷갈리진 마시고요.

겉잡다 걷잡다 "겉잡을 수 없는 사태였다", "불길이 겉잡을 수 없었다" 같은 문장을 종종 봅니다. 하지만 '겉잡다'는 "겉으로 보고 대강 짐작하여 헤아리다"라는 뜻이에요. '어림잡다'와 같은 뜻이라고 생각하면 됩니다. "겉잡아서 일주일은 걸리겠다", "겉잡아 백 개쯤?" 같은 때나 쓸 수 있지요. 아무래도 여러분이 많이 쓰실 '수습하다'의 의미라면 '걷잡다'를 써야 한답니다. "걷잡을 수 없는 사태", "불길이 걷잡을 수 없었다"처럼요.

곯아떨어지다 골아떨어지다 "몹시 곤하거나 술에 취하여 정신을 잃고 자다"라는 뜻의 동사는 '곯아떨어지다'입니다. 피곤하면 코를 '골기' 쉬우니 '골아떨어지다'라고 생각하시는 분들이 많은데, 없는 단어예요. 너무 피곤하거나 취하면 몸도 마음도 '곯아서' 잠든다고 기억해 두는 건 어떨까요?

괄시하다 괄세하다 잘못 발음하던 버릇이 잘못된 표기로 이어지는 경우겠네요. "업신여겨 하찮게 대하다"는 '괄세하다'가 아니라 '괄시하다'입니다. 대상을 같잖게 '보는' 거니까 '볼 시'(視)를 써야겠죠.

구시렁거리다 굼시렁거리다 너무나도 친숙한 '굼시렁'과 '궁시렁' 모두 틀린 표기랍니다. '구시렁거리다' 혹은 '구시렁대다'라고 써야 한다네요. 아, '거리다'와 '대다'는 복수 표준어라서 편하게 바꿔 쓸 수 있다는 것도 알아 두세요! 그나저나 '굼시렁' 같은 건 그냥 표준어로 올려 주면 안 되나 구시렁대고 싶긴 하네요.

까발리다 까발기다 '찢어발기다'를 떠올리고 '까발기다'를 써오신 여러분, 아쉽지만 표준어가 아닙니다. 맞는 기본형은 '까발리다'고, "까발겨 주마"가 아니라 "까발려 주마"가 맞아요!

깨닫다 깨닿다 깨달다 깨달음을 얻어 어떤 경지에 닿고 싶어서인지 '깨닿다'를 쓰시는 분도 있고, 깨달았을 때의 달콤함이 너무 좋아서인지 '깨달다'를 쓰시는 분도 있더라고요. 물론 후자의 경우는 맞는 기본형인 '깨닫다'가 "깨닫고-깨달아-깨달은" 등으로 활용하니 그래도 아주 조금은 이해해 드릴 만하지만요. 어쨌든 맞는 말은 '깨닫다'랍니다!

꾀죄죄하다 꾀재재하다 입말로는 자주 써도 글자로 쓸 일은 흔치 않아서인지 '꾀죄죄하다'를 바르게 쓰는 분이 은근히 드물더라고요. '꾀재재', '꾀제제', '쾌재재' 등등……. 꾀죄죄한 게 죄는 아니지만 이 단어의 표기에는 '죄'를 써주세요.

낚아채다 나꿔채다 꽤나 낯익어 보이는 '나꿔채다'도 잘못된 말입니다. '나꾸어+채다'가 성립할 것 같지만 '나꾸다' 자체가 '낚다'의 경상도 방언이거든요. '낚아+채다' 형태의 합성동사 '낚아채다'가 표준어랍니다.

날아가다 날라가다 '날아가다'를 잘못된 발음에서 기인한 '날라가다'로 잘못 쓰시는 분들이 꼭 있죠. '날라서 가져가다'라는 뜻으로 쓸 게 아니라면 공중을 날 땐 '날아가다'가 맞아요. 혹시나 날라서 가져가더라도 한 단어도 아니고 보조용언도 아니니 "이삿짐을 날라 가다"처럼 띄어 써야겠고요.

내팽개치다 ~~내팽겨치다~~ '팽개치다'를 '팽겨치다'로 쓰는 경우는 거의 못 봤는데 대체 '내팽개치다'는 왜 자꾸 '내팽겨치다'라고 잘못 쓰시는 거죠? '내팽개'의 'ㅐ' 삼단 콤보가 부담스러워선가요? 이 책을 다 읽으신 뒤에 내팽개칠 때 내팽개치더라도 꼭 기억해 주세요! 내팽개! 내팽개!

널브러지다 ~~널부러지다~~ 아무것도 안 하고 널부러져 있고 싶은 날 많죠? 하지만 그러기는 좀처럼 쉽지 않습니다. OECD 국가 중에서 노동시간 1, 2위를 다투는 대한민국 사회에서 그게 영 쉽지가 않은 일이라……가 아니라 '널부러지다'가 바른 표기가 아니라서 말이에요. "너저분하게 흐트러지거나 흩어지다" 또는 "몸에 힘이 빠져 몸을 추스르지 못하고 축 늘어지다"라는 뜻의 동사는 '널브러지다'예요. "힘없이 너부죽이 바닥에 까부라져 늘어지다"라는 뜻의 '너부러지다'도 바꿔 쓰려면 쓸 수 있고요. 자, 기억하세요. '널브러지다'와 '너부러지다'는 맞는 표기지만, 둘을 짬뽕한 '널부러지다'는 널뛰기를 너무 과격하게 하다가 "앗! 널 부러졌다!"라고 외칠 때 말고는 딱히 쓸 일이 없다고 말이에요.

눌어붙다 눌러붙다 늘어붙다   볶음밥을 만들 땐 무엇보다도 밥이 적당히 눌어붙도록 하는 게 포인트죠! 딱히 '눌려서' 붙는 것도 아니고 그렇다고 '늘어나서' 붙는 것도 아니니, '눌러붙다'나 '늘어붙다' 같은 거 쓰시면 안 되고요, '눌어붙다'라고 써야 한답니다. 참고로 '눌어'라는 말은 "누런빛이 나도록 조금 타다"라는 뜻의 동사 '눋다'를 활용한 거예요. '눌은밥'이 뭔지 다 아시잖아요?

단출하다 단촐하다   "살림이 단출하다"라는 말 자주 쓰죠? 하지만 "식구나 구성원이 많지 않아서 홀가분하다" 혹은 "일이나 차림차림이 간편하다"라는 뜻의 형용사는 '단촐하다'가 아니라 '단출하다'랍니다. '단촐'이 더 '조촐'한 느낌이라 맘에 들긴 하지만 표준어가 느낌으로 결정되는 건 아니니 하는 수 없죠.

덮치다 덥치다   "들이닥쳐 위에서 내리누르다" 혹은 "좋지 아니한 여러 가지 일이 한꺼번에 닥쳐오다"라는 뜻을 가진 이 동사의 기본형은 '덮치다'입니다. "이불을 덮다", "나뭇잎으로 덮어 주었다" 할 때의 '덮다'를 떠올리면 자연스럽게 연결이 될 거예요. 소리 나는 대로 '덥치다'라고 써놓고서는 싹 '덮어' 두시면 곤란합니다.

데우다 덥히다 데피다   동네 술집에서 친구와 가볍게 한잔하다 보면 이렇게 말해야 할 때가 있죠. "이것 좀 다시 데펴 주세요!"라고요. 하지만 여기서 '데펴'는 잘못 쓰인 겁니다. '데피다'라는 기본형은 없거든요. 이럴 땐 동사 '데우다' 또는 '덥히다'를 써서 "데워 주세요"나 "덥혀 주세요"라고 말해야 한답니다. "대파 주이소"나 "뜨사 주이소"를 애용하시던 경상도 분들은 특히 더 주의해 주세요!

때우다 떼우다　약속 시간 사이가 붕 뜰 때는 시간을 때워야 할까요, 떼워야 할까요? 아침은 우유 한 잔으로 때워야 할까요, 떼워야 할까요? 그럼 펑크 난 자전거 바퀴는요? 충치는 어떡하죠? 자, 이 모든 경우에 '때우다'를 쓴다는 걸 기억해 두세요. 뭔가 '메우는' 느낌이 들어서 '떼우다'의 유혹을 받으실 수 있겠지만, '떼우다'는 없는 단어랍니다.

망측하다 망칙하다　"정상적인 상태에서 어그러져 어이가 없거나 차마 보기가 어렵다"라는 뜻의 형용사 '망측(罔測)하다'를 '망칙하다'라고 쓰는 경우가 종종 보입니다. 역시 잘못 발음하는 버릇 때문이겠죠? "에구머니나, 망측해라!"라고 정확히 써주자고요(참고로 '에그머니나'는 틀린 말입니다. '어이구'를 '에구'로 줄인다고 생각하시면 돼요). '흉측(凶測)하다' 역시 '흉칙하다'라고 쓰지 않도록 조심하시고요.

모자라다 모자르다 　역시 잘못된 입말 때문에 표기까지 틀리는 경우겠네요. '모자라다'가 맞는다는 건 굳이 더 설명 안 해도 되겠죠? 혹시 "어라, '모잘라다'가 맞는 거 아니었나?" 하면서 고개를 갸우뚱하신 분들은 반성 좀 하시길. "그 사람 약간 모자른 사람 같아", "피가 모잘라!" 하면 안 됩니다. "모자란 사람", "모자라!"라고 해야죠.

뭉개지다 뭉게지다 　이 맞춤법을 헷갈리게 하는 주범은 아마 '뭉게구름'일 것 같네요. "문질러어 으깨지다"라는 뜻의 동사는 '뭉개지다'입니다. 뭉게구름이 문질려 으깨진 구름도 아니고 둘은 전혀 상관이 없어요! 동사 '뭉개다'를 아신다면 더 잘 기억하실 수 있을 것 같네요. "왜 이렇게 뭉개고 있니", "발로 뭉개 버렸어"에서 '뭉게고', '뭉게'는 좀 이상하잖아요? 아, 이 '뭉개다'와 친척인 '뭉그적거리다'(=뭉그적대다)도 같이 알아 두시면 좋겠네요. '밍기적거리다'는 잘못된 표기랍니다!

복받치다 복받히다 　울화도 그리움도 슬픔도 복받치면 되는데, 무언가에 당한다는 느낌 때문인지 '복받히다'라고 쓰는 경우가 종종 있습니다. 비록 '복받다'라는 동사가 따로 있진 않지만 '돋다'가 '돋치다'가 되듯이(158쪽 참조) '복받치다'가 맞는 말이라고 기억해 주세요. 어? 그런데 왜 거기서 쭈뼛거리고 있으세요? 여태까지 '북'받치는 게 맞는 줄 알고 계셨다고요? 아아, 그것도 맞는 말이에요! '복받치다'와 '북받치다'는 강도의 차이만 있을 뿐 뜻이 거의 같아서 바꿔 써도 됩니다. 물론 '북받히다'는 쓰면 안 되겠지만요.

부스스하다 부시시하다 "몰골이 부스스하다"를 "몰골이 부시시하다"라고 잘못 쓰는 경우도 많더라고요. '부시시'는 너무 눈부시고 화사하니 좀 더 추레한 '부스스'를 써주는 게 어떨까요?

뻗대다 뻣대다 "고집스럽게 버티다"라는 뜻으로는 '뻗대다'를 써야 합니다. 같은 뜻의 '벋대다'라는 말이 있는데 그것의 센말이라고 해요. "순순히 말을 안 듣고 뻗대더라고"처럼 쓰면 됩니다. 순순하지 않으니 뻣뻣하겠지 싶어 '뻣대다'로 써오신 분들, 그만 뻗대시고 바른 맞춤법으로 넘어오시길!

삐거덕거리다 삐그덕거리다 '삐거덕'과 '삐그덕' 중에 표준어는 '삐거덕'입니다. "크고 단단한 물건이 서로 닿아서 갈릴 때 나는 소리"라고 하네요. 준말인 '삐걱'을 생각하면 '삐그덕'보다는 '삐거덕'이 더 그럴싸하죠? 아, '구시렁거리다'에서 말씀드렸듯이 '거리다'와 '대다'는 모두 쓸 수 있으니 '삐거덕대다'도 맞는 표기입니다!

생뚱맞다 쌩뚱맞다 "하는 행동이나 말이 상황에 맞지 아니하고 매우 엉뚱하다"라는 뜻의 형용사는 '생뚱맞다'입니다. '쌩뚱맞다'가 더 화끈하게 생뚱맞아 보이긴 하지만, 그 느낌에 속아 넘어가시면 안 돼요!

솟구치다 솓구치다 "힘차게 차올린 공이 높이 <u>솟</u>구쳤다", "피가 거꾸로 <u>솟</u>구쳤다" 같은 데서 이상하게 '솓'을 쓰시는 분들이 종종 있습니다. 현대 국어에서 '솓' 자가 들어가는 단어는 하나도 없어요. 아니, 상식적으로 위로 '솟'아야지 말입니다. 글자 모양도 얼마나 예쁘게 잘 솟아 있어요, 그렇죠?

수군거리다 수근거리다 "남이 알아듣지 못하도록 낮은 목소리로 자꾸 가만가만 이야기하다"라는 '수군거리다'의 사전적 의미는 성에 좀 안 차네요. 뭔가 뒷담화 까는 분위기도 좀 나고 그래야 할 것 같은데 말입니다(참고로 '뒷담화'는 표준어는 아니에요!). 어쨌건 오랜 시간 배 위에서 시간을 보내며 신경이 날카로워진 수군(水軍)들이 평시에는 조용히 얘기하는 관습에서 '수군거리다'라는 말이 나왔다는 어처구니없는, 제가 지금 막 만들어 낸 전설을 떠올리며 기억해 두세요. '수근거리다/수근대다'가 아니라 '수군거리다/수군대다'가 맞는다는 걸요. 아, '소곤거리다'와 짝을 이루려면 아무래도 '수군거리다'가 맞겠죠?

시시덕거리다 히히덕거리다 심각한 상황에 자기들끼리 수군거리는 걸로도 모자라서 시시덕거리고 있으면 아주 열불이 나죠. 그래도 '히히덕거리는' 것보다야 나을 것 같아요. 표기까지 잘못되면 더 화가 날 것 같아서요. '히히덕거리다'는 '시시덕거리다'의 잘못된 표기랍니다.

아리다 에리다   "널 보면 항상 마음이 에리다" 같은 문장을 보면 "너의 맞춤법은 에러(error)다"라고 말해 주고 싶네요. '에리다'는 입말에서는 질끈 눈감아 줄 수 있을지 몰라도 틀린 표기랍니다. '아리다'가 맞고, "상처가 <u>아려</u> 왔다", "살갗을 <u>아렸다</u>"처럼 써야 하죠.

예스럽다 옛스럽다   많이들 쓰시는 '옛스럽다'가 바르지 못한 표기인 이유는 '스럽다'의 용법과 관련되어 있습니다. 접사 '스럽다'는 명사 뒤에 붙을 수 있는데, '옛'은 명사가 아니라 관형사니까요. "예나 지금이나", "예로부터" 할 때 쓰는 명사 '예'를 써서 '예스럽다'라고 해야 맞는답니다. 느낌도 '예스럽다'가 훨씬 예스럽지 않나요?

움츠러들다 움츠려들다   은근히 자주 틀리는 이 맞춤법! '움츠려들다', '움추러들다', '움추려들다' 등 다양한 오답이 있는데요, 표준어는 '움츠러들다'랍니다. 얼마나 움츠러들었는지 획수가 제일 적다고 기억해 두시는 건 어떨까요?

으스대다 으시대다   "으스대지 마!"가 맞는데 "으시대지 마!"라고 잘못 쓰는 건 무슨 이유에서일까요? '으' 발음 두 개를 연이어 하기는 부담스러워서일까요, 아니면 누군가 으스대는 꼬락서니를 상상하면 '으씨' 하고 절로 짜증이 나기 때문일까요? 맞는 기본형은 '으스대다'랍니다. '으쓱'댄다고 생각하면 외우기 좋겠죠? 의미상 관련은 없지만 '으시시하다'가 아니라 '으스스하다'가 맞는다는 것도 함께 외워 두시면 좋겠네요. "어머~ 너무 재밌으시다!"에서처럼 어미로 쓰이는 경우 말고 '으시'라는 글자는 나올 수가 없답니다.

잘리다 짤리다   "삼겹살이 불판 위에서 싹둑싹둑 잘렸다" 같은 데서는 안 그러시면서 유독 직장이나 모임에서는 '짤렸다'라고 쓰는 분들이 종종 있죠. 영상물 등에서 편집당했을 때도 그렇고요. 실감 나게 말하고 싶은 마음이야 이해하지만, 조금은 차분하게, 기본형 '잘리다'를 활용한 '잘렸다'로 써주자고요!

짜깁다/짜깁기하다 짜집다/짜집기하다   영상물을 편집할 때는 잘 짜깁기해야지 짜집기하면 안 됩니다! 직물을 '짜서' 그걸 잘 기워야지(기본형은 '깁다'), 그냥 집기만 하면 전혀 일이 진척이 안 되지 않겠어요? 아, 직물류에는 '짜깁다'와 '짜깁기하다' 모두 쓸 수 있지만, 글이나 영화의 편집에는 '짜깁기하다'만 쓸 수 있다는 것도 알아 두시고요.

철석같다 철썩같다　철썩같이 믿었던 사람한테 배신당해 본 적 있으신가요? 어쩐지 따귀 치는 소리 같은 '철썩'을 쓰니까 그랬을지도 몰라요. 철과 돌을 의미하는 '철석'(鐵石)을 써서 단단히, '철석같이' 믿어 보도록 해요! 한 단어라 붙여 쓴다는 것까지 함께 알아 두시고요.

치고받다 치고박다　손으로 '치고' 머리로 '박는' 걸 자연스럽게 떠올린 후에 한 단어일지도 모른다며 '치고박다'를 검색해 봐도 사전에 나오지를 않습니다. 아, 그럼 띄어 써야 하는구나……가 아니라 맞는 표기는 '치고받다'니까 안 나오죠. '박다' 보다는 '들이받다' 같은 데 쓰이는 '받다'가 의미상 더 정확하답니다(참고로 '들이박다'와 '들이받다'는 모두 쓸 수 있는 말이에요).

케케묵다 캐캐묵다　맞춤법이 캐캐묵은 규정이라고 주장하실 수도 있겠지만 저는 반대합니다. '케케묵은 규정'이라고 하시면 또 모르겠지만요. 원래는 '켜켜이 묵다'를 어원으로 하는 '켸켸묵다'가 맞는 맞춤법이었는데요, 아무래도 이중모음 발음이 어려워 '케케묵다'로 많이 발음되다 보니 아예 이게 표준어 자리를 뺏은 겁니다. '켜이켜이'가 '켸켸'를 거쳐 '케케'로 되는 건 납득할 만하시죠? '캐캐' 아닙니다!

켕기다 캥기다　"마음속으로 겁이 나고 탈이 날까 불안해하다"

라는 뜻으로 많이 쓰는 '켕기다'의 '켕' 자가 영 마음에 켕기는지 그래도 좀 익숙해 보이는 '캥'을 쓰는 분들, 그러지 마세요. 어차피 '캥'이라고 해봐야 '캥거루'밖에 더 있나요? '켕기다'가 맞는 표기랍니다.

퀴퀴하다 퀘퀘하다 "뭐 타는 냄새 안 나요?" 같은 되지도 않는 수작을 부리는 말에 "퀴퀴한 냄새만 나는데요"라고 대답할 때에는 '퀴퀴하다' 내지는 '쾨쾨하다'를 써야 합니다. '퀘퀘하다'는 없는 단어예요! 아, 어쩐지 너무 시원하게 들리는 '쾌쾌하다'는 사전에 실려 있긴 하지만 이 상황에서는 쓰면 안 돼요. "성격이나 행동이 굳세고 씩씩하여 아주 시원스럽다", "기분이 무척 즐겁다"의 뜻이거든요.

해쓱하다 핼쓱하다 "얼굴에 핏기나 생기가 없어 파리하다"라는 뜻의 형용사는 '해쓱하다'입니다. '핼쑥하다' 역시 거의 같은 뜻이라 바꿔 쓸 수 있고요. 다만 입말로 가장 많이 쓰이는, 두 단어가 합체한 '핼쓱하다'가 없는 단어라는 게 함정이라면 함정이랄까요.

헷갈리다 헤깔리다 지금까지 이 책 속에도 꽤나 많이 등장해 왔던 이 단어의 옳은 표기는 '헷갈리다'입니다. 뭐 굳이 이런 것까지 얘기하고 있나 싶긴 한데, 소리 나는 대로 '헤깔리다'라고 쓰시는 분들이 은근히, 아주 은근히 계시더라고요. 틀리면 좀 부끄러운 맞춤법이니 모르셨던 분들 꼭 기억해 두시고요, 참고로 복수 표준어인 '헷갈리다'도 쓸 수 있는 말이랍니다.

흐리멍덩하다 흐리멍텅하다 "정신이 맑지 못하고 흐리다", "옳고 그름의 구별이나 하는 일 따위가 아주 흐릿하여 분명하지 아니하다" 등의 뜻을 갖는 이 단어는 당연히 '멍텅구리'랑 연결되어 있을 것 같은 기분이 들지만 실상은 아니랍니다. '흐리멍덩하다'가 맞는다네요.

흩트리다 흐트리다 '흐트러트리다'가 익숙하다 보니 '흐트리다'가 전혀 어색해 보이지 않을 수 있지만, 사실 "흩어지게 하다"라는 뜻의 바른 표기는 '흩트리다'랍니다. 참, '트리다'와 '뜨리다'는 ('거리다'와 '대다'처럼) 바꿔 쓸 수 있는 단어라 '흩뜨리다', '흐트러뜨리다' 모두 맞는 표기라는 것도 알아 두시고요!

구분해서 써야 할 동사와 형용사

이번에는 의미의 차이가 있기 때문에 확실히 구분해서 써야 하는 동사와 형용사 들을 살펴보려 합니다. 이를테면 '가르치다'와 '가리키다', '잊어버리다'와 '잃어버리다' 같은 것 말이죠. 설마 이런 것까지 따로 설명해야 하는 건 아니⋯⋯죠? 다 아시는 거죠? 혹시나, 아주 혹시나 모르시는 분들은 포털 검색창에 "가르치다 가리키다", "잊어버리다 잃어버리다"를 쳐서 나오는 거 한 번씩 읽어 보고 오세요. 눈감아 드릴게요, 얼른요!

　너무 뻔한 말이지만, 단어를 정확히 구분해서 써야 하는 이유는 두 단어가 가진 뜻이 '다르기' 때문이지요. 기본형을 잘못 알고 쓰는 건 '틀린' 거겠지만요. 이렇게 '다르다'랑 '틀리다'부터가 구분해서 써야 하는 말인 거 아시겠지요? '틀리다'는 '맞다/옳다'의 반대말이고 '다르다'는 '같다'의 반대말이기 때문에 구분해서 써야 한다는 거, 많이들 들어 보셨을 겁니다. 보통은 '다르다'를 써야 할 상황에 '틀리다'라고 잘못 쓰는 경우가 많은데요, 누가 옳고 누가 그른 것도 아닌데 "피부색이 틀리다"거나 "너랑은 상황이 틀려"라고 쓰면 안 되죠. "피부색이 다르다", "너랑은 상황이 달라"라고 해야 합니다. 다양성을 인정하고 포용하는 걸 지지리도 못 하는 한국 사회의 풍토와도 관련이 없진 않을 거예요. 이에 대한 자각과 반성이 조금씩 늘어 요즘엔 그래도 주의해서 쓰긴 하지만, 입말에서는 쉽사리 안 고쳐지더라고요. 그래도 글로 쓸 때는 한 번씩 더 생각할 수 있으니까 꼭 구분하기예요! '다르다'와 '틀리다'는 엄연히 '다른' 말이니까 잘못 쓰면 '틀린' 겁니다.

　정확한 구분이 필요한 이런 경우에는 '같다↔다르다', '옳다↔틀리다'처럼 반대말을 생각해 보는 게 도움이 될 때가 많아요. '작다↔크다'(크기), '적다↔많다'(수량)를 새겨 두신다면 "생각보다 월급이 적다", "이 옷은 주머니가 작네" 등을 정확히 쓸 수 있겠지요. '가늘다↔굵다'(굵기)와 '얇다↔두껍다'(두께)를 생각하신다면 "종아리가 얇다"가 아니라 "종아리가 가늘다"로 써야 한다는 것도 알 수 있을 거고요.

그나저나 지금까지 이 책을 꽤 많이 읽으셨잖아요. 어떠세요? 많이 어렵진 않나요? 쫓아오기 힘들진 않으세요? 이렇게 묻고 싶은 마음 굴뚝같지만 안타깝게도 그럴 수가 없네요. 질문 자체에 잘못 쓰인 단어가 들어 있거든요. 바로 '쫓아오다' 말입니다.

여기서는 '쫓아오다' 대신에 '좇아오다'를 써야 한답니다. '좇다'는 새끼손가락 힘이 약해 차마 시프트키가 눌리지 않은 '쫓다'의 오타가 아니라 구분해서 써야 하는 표준어예요. 두 단어의 뜻은 비슷하면서도 다른데요, '쫓다'가 "어떤 대상을 잡거나 만나기 위하여 뒤를 급히 따르다"의 뜻을 갖는 반면, '좇다'는 "목표, 이상, 행복 따위를 추구하다", "남의 말이나 뜻을 따르다", "규칙이나 관습 따위를 지켜서 그대로 하다", "시선을 더듬다" 등의 뜻을 갖습니다. 쉽게 말해 무언가를 따라간다는 점에서는 비슷하지만 사람이나 동물이나 구체적인 사물은 '쫓는' 거고, 목표나 이상 같은 추상적인 가치는 '좇는' 거지요. 술을 마실 땐 주당들의 높은 뜻을 '좇고', 기분 좋게 마신 후 귀갓길 막차는 부랴부랴 '쫓는' 거랍니다.

그래서 "네 꿈을 쫓아라!"는 바르지 못한 표현입니다. '쫓다'에는 따라간다는 의미 말고도 쫓아낸다는 의미도 있잖아요? "허수아비를 세워 참새를 쫓는다", "귀신을 쫓다"처럼 말이죠. 그러니 꿈을 '쫓으면' 목표 삼아 따라야 할 꿈을 "저리 가! 훠이훠이!" 몰아내는 꼴이 되어 버린답니다. 자라나는 새싹들의 꿈을 내쫓지 않게 주의하시길! '좇아가다', '쫓아가다', '좇아오다', '쫓아오다' 모두 한 단어로 붙여 써야 한다는 것도 기억해 두시고요.

- ▶ '다르다'와 '틀리다'를 정확히 구분해서 쓰자.
- ▶ 크기에는 '작다'(↔크다)를, 수량에는 '적다'(↔많다)를 쓴다.
- ▶ 굵기에는 '가늘다'(↔굵다)를, 두께에는 '얇다'(↔두껍다)를 쓴다.
- ▶ '쫓다'는 사람이나 동물의 뒤를 쫓아갈 때, '좇다'는 목표나 가치 등을 추구하며 따를 때 쓴다.

그렇게 꿈을 좇다가 현실에 부딪힐 때, 막막해진 사람들은 제게 물어 옵니다. 현명한 자에게 조언을 구하려 하는 건 인간의 당연한 심리니까요……가 아니라 '부딪칠'이 맞는지 '부딪힐'이 맞는지 물어보려고요. 어때요, 여러분은 구분할 수 있으신가요?

두 동사의 어머니뻘이라고 할 수 있는 '부딪다'부터 이야기를 시작하지요. '부딪다'는 "무엇과 무엇이 힘 있게 마주 닿거나 마주 대다. 또는 닿거나 대게 하다"라는 뜻을 가진 동사입니다. 이걸 세게 강조한 게 '부딪치다'고('돋다'를 강조한 게 '돋치다'인 것처럼요. 158쪽 참조), 피동형으로 바꾼 게 '부딪히다'지요. 그러니 둘을 구분하자면, 행위 주체가 직접 동작을 일으키거나 관여할 때는 '부딪치다', 남의 행동에 의해 당할 때는 '부딪히다'가 되는 거랍니다.

이런 건 역시 예문으로 봐야 제 맛이죠. 자, 철수와 영희가 다정하게 이야기를 나누고 있는데 저쪽에서 영수가 뛰어옵니다. 광복 이래 수십 년간 공인되어 온 '국민 커플' 철수와 영희의 애정 행각을 더 이상은 두고 볼 수 없다며 날을 제대로 잡은 영수가 철수에게 가서 부딪'쳤'지요. 철수 입장에선 가만히 있다가 영수에게 부딪'힌' 꼴이고요. 계획대로 철수를 쓰러뜨렸지만 실수인 척하고 그대로 달려가던 영수는 고소한 마음에 히죽거리다가 앞을 못 보고 그만 벽에 부딪'히'고 말았답니다. "영수가 철수에게 부딪쳤다", "철수가 영수에게 부딪혔다", "영수가 벽에 부딪혔다". 어때요, 어려울 거 없죠? 그렇다면 퀴즈! "철수와 영수가 부딪□다"에서는 뭘 써야 할까요? 이럴 땐 둘이 "힘 있게 마주 닿았다"라고 봐서 '부딪쳤다'가 좀 더 자연스럽겠네요. 물론 둘 다 정신을 딴 곳에 두고 걷다가 그랬다면 "철수와 영수가 부딪혔다"라고 쓰는 게 더 정확하겠고요.

이렇게 '부딪혔다'와 '부딪쳤다'는 같은 문장에서도 틀렸다고 보기에는 애매하고 다른 뉘앙스를 줄 수 있습니다. 예를 하나 더 들어 보면, "파도가 바위에 부딪쳤다"는 파도가 적극적으로 가서 바위를 때린 느낌이고, "파도가 바위에 부딪혔다"는 파도는 더 멀리까지 가고 싶었는데 바위에 가로막혀 부서져 버린 느낌을 주지요.

이제 "그는 꿈을 좇다가 현실에 <u>부딪혔다</u>"와 "그래도 적극적으로 그 현실에 <u>부딪쳤다</u>"라고 구분해서 쓰는 게 이해가 되시죠? 하지만 아무리 생각해도 헷갈린다, 귀찮으니 뉘앙스 같은 건 읽는 너희가 알아서 판단해라 싶은 패기 있는(?) 분들은 그냥 '부닥치다'를 쓰세요. 이 녀석은 '부딪치다'와 '부딪히다'의 뜻을 모두 가지고 있으니까요. 그래도 글 속에 숨은 뉘앙스를 중요하게 여기는 분이라면 '부딪치다'와 '부딪히다'쯤은 구분해서 쓰시는 게 좋지 않을까 싶습니다.

여기서 잠깐 "현실에 <u>부딪혀</u> 막막해진 사람들" 할 때의 '막막하다'에 대해서도 이야기를 해야겠네요. 소리 나는 대로 '망막하다'라고 쓰는 분들이 가끔 있고, 그걸 보고 "저런 단어가 어딨어! 무슨 눈에 있는 망막이냐!" 하는 분들이 있지요. 그런데 여러분, 저런 단어 있습니다……. '막막하다'와 '망막하다'는 구분해서 써야 하는 단어예요.

'막막(寞寞)하다'는 "쓸쓸하고 고요하다", "의지할 데 없이 외롭고 답답하다", "꽉 막힌 듯이 답답하다"라는 뜻으로, 한자만 다른 '막막(漠漠)하다'는 "아주 넓거나 멀어 아득하다", "아득하고 막연하다"라는 뜻으로 사전에 등재되어 있습니다. 반면 '망막(茫漠)하다'는 "넓고 멀다", "뚜렷한 구별이 없다"라고 되어 있고요. 그러니까 "넓고 멀다"의 의미로라면 '막막(漠漠) 하다' 대신 '망막하다'도 쓸 수 있는 겁니다. 물론 심리 상태를 서술하는 경우에는 '막막하다'를 쓰는 게 정확하겠죠? 그러니 현실에 부딪혔을 때는 '막막하다'만 되지만, "망막한 우주"와 "막막한 우주"는 둘 다 쓸 수 있답니다.

> ▶ '부딪치다'는 능동적인 행위에, '부딪히다'는 수동적으로 당할 때 쓴다. '부딪치다'는 두 경우 모두 쓸 수 있다.
> ▶ '망막하다'는 물리적으로 넓고 먼 것에만 쓰이지만, '막막하다'는 이를 포함하여 심리적인 상태에까지 쓸 수 있다.

그나저나 '부딪히다' 같은 녀석들이 나와서 말인데요, 피동형 (당하는 형태)과 사동형(시키는 형태)은 항상 주의해서 써야 합니다. 특히 피동이나 사동의 의미를 갖는 동사가 아닌 척 딴청을 피우며 쓰이는 경우가 종종 있어서 더 그래요.

대표적으로 '깨우치다'는 "깨달아 알게 하다"라는, 그 자체로 사동의 의미를 포함하는 동사랍니다. 내가 아는 게 아니라 누군가로 하여금 알게 만든다는 거죠. 내가 아는 걸 가리킬 때는 '깨치다'를 써야 하고요. 그런데 '깨치다'를 써야 할 곳에 '깨우치다'를 잘못 쓰는 경우가 꽤나 잦답니다. "나는 네 살 때 한글을 깨우쳤다"라고요? 아니죠, 아니죠. "나는 네 살 때 한글을 깨쳤다"겠죠! '깨우치다'는 "나는 동생의 잘못을 깨우쳤다" 할 때나 써야겠고요(아무래도 이대로는 좀 어색해 보여선지 보조용언을 써서 '깨우쳐 주다'라고 많이들 씁니다). 그러니 "내가 세상의 이치를 깨우쳤다"라고 하는 사람들 함부로 믿지 마세요. 세상의 이치를 '깨치는' 것도 만만치 않은 일인데, 그 세상의 이치한테 또 무언가를 알게 해준다니 얼마나 사기꾼 같은 말입니까그래.

비슷한 예로 '놀라다'와 '놀래다'가 있습니다. "술이 얼마나 맛있는지 깜짝 놀랬어"라고 하면 안 되는 것이, '놀래다'는 '놀라다'의 사동형으로 '놀라게 하다'의 뜻이거든요. 자기가 놀랐을 땐 '놀랐어'고 남을 놀라게 했을 땐 '놀랬어'인 거죠. "동생을 놀래려고 장롱에 숨어 있으려고 했는데, 장롱 문을 열었더니 거기 동생이 숨어 있어서 깜짝 놀랐어"처럼 써야 합니다('놀래다' 역시 보조용언을 써서 '놀래 주다'라고 쓰는 경우가 많고요). 참고로 우리가 '놀래다'보다 더 친숙하게 쓰고 있는 '놀래키다'는 충청 지역 방언이라고 하네요.

'에다'와 '에이다'도 헷갈릴 수 있습니다. 그래도 이건 생긴 모양에 피동이라는 게 그나마 잘 드러나 있는데, 무심코 쓰다 틀리는 경우예요. "살을 에이는 추위"라고 하면 안 되는 게 "칼 따위로 도려내듯 베다", "마음을 몹시 아프게 하다"라는 뜻의 '에다'를 써서 "살을 에는 추위"라고 해야 하거든요. 피동형인 '에이다'는 "살이 에이는 추위"라고 할 때 쓰면 되고요. '베다'와 '베이다'는 헷갈리지 않으면서 '에다'와 '에이다'는 자주 안 쓰인다고 헷갈리고 그러시면, 에이~ 섭섭합니다!

자, 이쯤에서 '이중 피동' 이야기 안 하고 넘어갈 수 없죠! 이미 그 자체로 피동의 의미를 가진 동사에 피동의 의미를 더하는 접사나 보조사('이', '히', '지' 등)를 한 번 더 붙여서 쓰는 잘못된 어법을 이중 피동이라고 합니다. 번역문에 익숙하신 분들이 쓰신 글에서 특히 자주 보이는데요, 대표적으로 '쓰여지다'를 보세요. '쓰다'의 피동사인 '쓰이다'면 충분한데도 굳이 없어도 되는 보조동사 '지다'를 더해 이중 피동을 만들어 버린 케이스죠. "잘 쓰여진 글"은 "잘 <u>쓰인</u> 글", "오랜 기간 쓰여졌다"는 "오랜 기간 <u>쓰였다</u>"로 쓰면 충분합니다. 참고로 '쓰이다'의 준말로 '씌다'가 있는데요(단, 'written'의 의미로만 준말이 되지, 'used'의 의미로는 쓸 수 없어요!), 이것도 '씌고-씌니-씌어-씐'처럼 활용하기 때문에 "잘 <u>씐</u> 글", "오랜 기간 <u>씌었다</u>"도 가능한 표현입니다. 하지만 '씌어진', '씌어졌다'라고 쓰면 이중 피동이 되는 거 아시겠죠?

'쓰다' 하니까 생각난 건데, (이중 피동 얘기는 아니지만) "써 있다"라는 말도 잘못 쓴 거라는 이야기도 하고 넘어가야겠네요. 바른 표기는 "쓰여 있다"입니다. '그렇게 되어 있는 상태'를 말해야 하니 아무래도 피동형을 써야 하지 않겠어요? "놓아 있던데?"가 아니라 "놓여 있던데?"가 되는 것처럼요. 이렇게 피동형을 써야 할 자리에 안 쓰는 예들이 은근히 좀 있는데요, 예컨대 "형광등이 켜 있다"? 틀리죠. "켜져 있다"가 맞습니다. "울타리가 쳐 있다"가 아니라 "쳐져 있다"가 맞고, "풍경이 펼쳐 있다"가 아니라 "펼쳐져 있다"가 맞고요.

다시 이중 피동 이야기로 돌아오면, '쓰여지다' 외에 자주 '쓰이는' 이중 피동의 예들은 아래 박스에 정리해 놓았습니다. 한마디만 덧붙이자면, '생각되어지다', '실현되어지다'처럼 '되어지다' 꼴 역시 이중 피동이에요. 그냥 '생각되다', '실현되다' 라고 쓰면 그만 아니겠어요? 피동의 느낌을 팍팍 주고 싶어서 일부러 쓰신다면야 제가 어떻게 말릴 도리는 없지만, 조금만 유의하시면 쓰는 사람도 읽는 사람도 훨씬 편해지니 이중 피동 은 되도록 사용을 삼가시기를 강력히 추천합니다!

▶ '깨우치다'는 다른 이로 하여금 알게 할 때, '깨치다'는 주어 스스로 알 때 쓴다.

▶ '놀래다'는 다른 이를 놀라게 할 때, '놀라다'는 주어 스스로 놀랄 때 쓴 다. '놀래키다'는 방언이다.

▶ '에이다'는 '에다'의 피동형이므로 능동형 문장에 쓰지 않는다.

▶ 상태를 나타내는 "~ 있다"의 앞에는 피동형을 쓰도록 한다.

　써 있다(X) 쓰여 있다(O)　　　　켜 있다(X) 켜져 있다(O)

▶ 이중 피동은 되도록 쓰지 않는 편이 좋다.

　쓰여지다 → 쓰이다　　　　　　　보여지다 → 보이다

　잊혀지다 → 잊히다　　　　　　　짜여지다 → 짜이다

　믿겨지다 → 믿기다/믿어지다　　　불리우다/불려지다 → 불리다

　찢겨지다 → 찢기다/찢어지다　　　나뉘어지다 → 나누어지다/나뉘다

　생각되어지다 → 생각되다　　　　실현되어지다 → 실현되다

자주 보이는 이중 피동의 다른 예로 "눈이 번쩍 띄어지다/뜨여지다"가 있습니다. 그냥 "눈이 번쩍 띄다/뜨이다"라고 하면 돼요. 이렇게 우리의 이야기는 구렁이 담 넘어가듯 자연스럽게 '띄다'와 '띠다'의 구분으로 넘어갑니다.

별로 어려운 구분은 아닌 것이, 방금 보셨다시피 '띄다'는 '뜨이다'의 준말입니다. '눈에 띄는' 경우에 쓴다고 보면 쉬워요. "눈에 잘 띄는 술집", "주량이 눈에 띄게 줄었다" 같은 문장에서처럼요. 문장 안에 '눈'이라는 글자까지 친히 등장해 주시니 크게 어렵지 않습니다. 물론 "그것은 잘 안 띄는 곳에 있었다", "잘 띄는 색깔로 염색해 봐"에서처럼 '눈'이 생략될 수도 있으니 글자 '눈'의 유무만으로 기계적으로 판단하진 마시고요. 아, 눈뿐만 아니라 귀도 뜰 수 있으니 "천둥소리에 귀가 번쩍 띄었다" 같은 문장도 가능합니다. '귀띔'이 아니라 '귀띔'이 맞는 이유도 덩달아 아시겠죠?

이럴 때를 제외한 나머지 경우는 '띠다'를 쓴다고 보면 됩니다. 그러니까 민족중흥의 역사적 사명도 띠는 거고, 초록빛도 띠는 거고, 아로마 향도 띠는 거고, 네 손을 잡을 때 느껴지는 따뜻한 온기도 띠는 거고, 그런 네가 내게 모진 말을 했을 때의 서운한 기색도 모두모두 띠는 거죠. 초록빛 숲속의 정경이 눈앞에 아른거린다고 '아, 이거 눈에 띄는 거구나' 하면서 "초록빛을 띄는 숲"이라고 쓰면 안 됩니다! 그러고 보면 '미소를 띄우며 나를 보낸 그 모습처럼'이라는 노래 제목도 잘못되었네요. '띠우며'처럼 사동형을 쓸 이유도 없고, 그냥 '띠며'라고 쓰는 게 맞지요. 혹여나 미소를 나룻배처럼 강물 위에 둥둥 띄우는 거라면 모르겠지만, 퍽도 그러겠어요.

그러고 보니 "간격을 벌어지게 하다"라는 뜻을 가진 동사 '띄다'도 있네요. 지겹도록 봐왔던 '띄어쓰기'라는 단어에도 들어 있는 그 '띄다' 말입니다. '눈'이라는 글자가 안 보인다고 이 뜻으로 쓰이는 동사까지 '띠다'라고 쓰면 곤란하겠죠? "거리를 적당히 띄어서 서있어라", "한 줄 띄고 써라"처럼 써야 합니다.

내친김에 '떼다'까지 가보죠! 이 동사는 용법이 매우 다양한데요, 실생활에서 '띠다'라고 발음하는 경우가 많아서 그렇게 쓰지 않도록 주의해야 합니다. "젖을 떼다", "등본을 떼다", "한글을 떼다", "정을 떼다", "말문을 떼다", "발걸음을 떼다", "도매로 물건을 떼다" 등등 넓게 보면 "붙어 있던 것을 떨어지게 하다"에서 파생된 여러 뜻이 들어 있답니다. '떼다' 정도는 한 번쯤 사전에서 찾아보셔도 좋겠네요. 이때 '띠다'로 잘못 쓰지 않아야 하는 거 기억해 두시고요.

> ▶ 눈에 띌 때만 '띄다'를 쓰고, 용무·직책·사명·빛깔·감정·기운·성질 등에는 '띠다'를 쓴다.

하지만 찾아보기 귀찮으시다면야 하는 수 없죠. 저로서는 하릴 없이 창밖을 잠시 쳐다보다 다음으로 넘어가는 수밖에요. 저,

그런데 혹시 '하릴없다'와 '할일없다'를 헷갈리는 분들은 없으신가요?

'할일없다'는 말 그대로 '할 일이 없다'라는 것 외에 특별히 확장된 의미가 없어서 한 단어로 인정받지 못했어요. '할 일 없다'라고 띄어 써야 합니다. 반면 '할 일 없다'를 써야 할 자리에 멋 부리다(?) 잘못 쓰곤 하는 형용사 '하릴없다'는 "달리 어떻게 할 도리가 없다"라는 뜻의 한 단어지요. 의미상 꼭 구분을 해서 써야 합니다. 너의 집 창문은 '하릴없이' 바라봐야지, '할 일 없이' 바라보면 애틋하긴커녕 뭔가 좀 한심한 느낌이 되어 버리지 않겠어요? (아, 상대방이 싫다면 '하릴없이' 봐도 하나도 안 애틋해요! 스토커 되기 전에 그만두시길!) 공원에서 한가롭게 산책하는 사람들을 보고 '하릴없는' 사람들이라고 하면 "달리 어떻게 할 도리가 없는 사람들"이 되니까 평화로운 광경이 졸지에 너무 서글퍼지고요.

그나저나 저도 어서 이 책을 털고 빨리 할 일 없어졌으면 좋겠네요. 그러면 동네 공원에 나가서 이어폰 꼽고 천천히 걷다가, 동네 사람들 만나면 아는 체도 좀 하고, 소파에 누워 텔레비전 퀴즈 프로그램 정답이나 맞추며 배때기나 긁으며 놀고 싶은데…….

이제는 패턴이 너무 뻔해져 버려 좀 민망하긴 하지만, 위 단락에도 잘못 쓰인 동사들 몇 개 심어 놓은 거 티 나나요? 으음, 뭐, 하나씩 살펴보겠습니다. 우선 "이어폰 꼽고"는 "이어폰 꽂고"로 고쳐야겠네요. '꽂다'를 써야 할 자리에 '꼽다'를 잘 못 쓰는 경우가 쏠쏠히 많은데요, '꼽다'는 "손가락 꼽아 가며", "최고의 가수로 꼽는다", "세 손가락 안에 꼽힌다" 같은 때나 쓰는 말입니다. 어딘가에 '끼울' 때는 '꽂다'를 써야죠. "충전기 좀 콘센트에 꽂아 줘" 해야지 "꼽아 줘" 하면 안 됩니다. 책 정 리를 부탁할 땐 "책 좀 꽂아 줘"라고 해야지 "책 좀 꼽아 줘" 했 다간 추천 도서 목록을 받아들고 어리둥절하게 될지 몰라요.

"아는 체도 좀 하고"도 바르지 못한 구절이랍니다. '아는 체 하다'는 말 그대로 모르는 걸 안다고 거짓말하거나 과장하는 겁니다. 한 단어로 인정되지는 않았지만 보조용언 '체하다' 꼴 이라 붙여 쓸 수도 있긴 해요(123쪽 참조). 반면 '알은체하다' 혹 은 '알은척하다'는 아예 한 단어로 등재된 동사인데요, "어떤 일에 관심을 가지는 듯한 태도를 보이다" 내지는 "사람을 보고 인사하는 표정을 짓다"라는 뜻을 가집니다. 그러니까 잘 알지 도 못하는 사람을 보고 친구한테 "내가 저 사람 잘 알지"라고 한다거나 별로 안 친한 사람에게 친한 척하는 건 '아는 체'하는 거고, 아는 사람한테 "우와, 여기서 뵙네요" 하는 건 '알은체'하 는 거죠. "좀 알은체해 줬다고 부쩍 아는 체하는 녀석은 정말 짜증 난다"라고 쓰면 정확합니다.

다음으로 퀴즈 프로그램의 정답은 '맞추는' 게 아니라 '맞 히는' 겁니다. '맞추다'와 '맞히다'도 많이들 헷갈리시는데요, '맞히다'는 '맞게 하다'라는 의미로 "화살을 쏘아 표적에 맞혔다"라든가 "정답을 맞혀 봤다" 같은 때 씁니다. '적중시키다'의 의미와 통한다고 보면 크게 무리 없을 거예요. 반면에 '맞추다'는 "발을 맞추다", "화투짝을 맞추다", "뼈를 맞추다", "마음을 맞추다", "시간을 맞추다"처럼 두 개의 대상을 비교해 같게 한다는 의미가 강해요. '맞춤 양복'도 '몸'과 '옷'을 맞추는 거고, 우리가 지금 열심히 보고 있는 ('맞힘법'이 아니라) '맞춤법'도 '표기'와 '규정'을 일치시키려는 거잖아요?

아, "답을 맞히다" 대신 "답을 맞추다"라고 써야 하는 경우도 있긴 하네요. 쉬는 시간에 내 답과 친구의 답을 '맞춰' 보는 경우, 그리고 시험 끝나고 내 답과 답안지를 '맞춰' 보는 경우가 그렇습니다. 둘 다 다른 대상과 비교해 보는 거니까요. 어쨌든 '답을 골라내다'는 의미일 때는 "정답을 <u>맞히다</u>"라고 써야겠습니다. "알아맞춰 봐라"가 아니라 "알아맞혀 봐라"가 맞는 표기인 것도 아시겠죠? ('알아맞히다'는 한 단어입니다!)

▶ '하릴없다'는 "달리 도리가 없다"라는 뜻으로, '할 일 없다'와는 구분해서 써야 한다.

▶ 손꼽을 때는 '꼽다'를, 물건을 어딘가에 끼울 때는 '꽂다'를 쓴다.

▶ '아는 체하다'는 잘 모르는 걸 아는 것처럼 할 때, '알은체하다'는 관심을 보이거나 인사할 때 쓴다.

▶ '맞추다'는 두 개의 짝을 비교해 볼 때, '맞히다'는 목표물이나 정답을 적중시킬 때 쓴다.

하지만 어서 빨리 할 일 없어졌으면 좋겠다는 바람과는 달리 현실은 담당 편집자에게 마감 좀 '늘려' 달라고 징징대면서 혹시 적당히 뇌물로 '바칠' 만한 거 뭐 없나 하고 있으니……. 그래도 이 와중에도 맞춤법 이야깃거리가 생겼다고 반가워하고 있는 걸 보니, 어휴, 저도 이제 저자 다 됐나 보네요.

'늘이다'와 '늘리다' 구분할 줄 아세요? '늘이다'는 길이가 고정된 것을 탄력 있게 죽죽 잡아당기는 경우에만 씁니다. 아마 고무줄이나 엿가락 말고 딱히 그럴 수 있는 게 없을 거예요. 반면 '늘리다'는 이런 것들을 뺀 나머지 물건들의 길이·무게·넓이·부피, 세력, 실력, 시간 등 온갖 추상적인 것에까지 다 쓸수 있는 말입니다. 바짓단도, 생산량도, 용돈도, 마감 기한도 늘리는 거죠.

'바치다'는 쉽죠? "뇌물을 받치다" 같은 표기 아주 좋지 않습니다. "신이나 웃어른에게 정중하게 드리다", "무엇을 위하여 모든 것을 아낌없이 내놓거나 쓰다" 등의 뜻으로는 '바치다'를 써야죠. "제물을 바쳐라!", "너한테 갖다 바친 시간이 아깝다"처럼 말입니다. 한편 '받치다'는 여러 뜻이 있지만 대부분 'support'의 의미를 내포하고 있어요. "내가 뒤를 받칠게", "두 손으로 잘 받쳐 들어", "셔츠 안에 받쳐 입기 좋네"처럼요. 이때 '바치다'나 '받히다'를 쓰지 않도록 주의하셔야 합니다. 특히 '받히다'는 "승용차에 받혀서", "조카랑 놀아 주다가 받혔어"처럼 정말 어디에 들이받힐 때나 쓰는 아픈 말이니 꼭 정확히 구분해 주시고요.

그나저나 마감을 안 지키는 저자 때문에 마음 '졸일' 편집자를 생각하니 '조리다'와 '졸이다' 생각이 절로 나네요. 설마 '마음을 조리다'라고 쓰실 분이야 없겠지만, 찌개는 졸여서 먹을까요, 조려서 먹을까요? 답은 '졸여서'입니다. "찌개, 국, 한약 따위의 물이 증발하여 분량이 적어지다"를 뜻하는 동사 '졸다'의 사동형 '졸이다'를 써야죠(161쪽에서 봤던 '졸다'는 바로 이 '졸다'의 뜻이 확장된 거랍니다!). 반면 '조리다'는 "양념을 한 고기나 생선, 채소 따위를 국물에 넣고 바짝 끓여서 양념이 배어들게 하다", "꿀이나 설탕물 따위에 넣고 계속 끓여서 단맛이 배어들게 하다"의 뜻을 가집니다. 그러니까 '생선 졸임'이 아니라 '생선 조림'이 맞겠죠? 국물을 없애는 게 '졸인다', 양념이나 맛이 배어들게 하는 게 '조린다'! 비슷하게 생긴 녀석 하나 슬쩍 묻어가자면, 옷은 '다리고' 한약은 '달이는' 것쯤은 다 아시죠? 한약을 다림질하고 있으면 얼마나 이상해 보이겠어요.

> ▶ '늘이다'는 고무줄이나 엿가락처럼 길이가 정해진 것을 주욱 늘일 때, '늘리다'는 나머지 모든 경우에 쓴다.
>
> ▶ '바치다'는 공손히 드리거나 무언가에 전념할 때, '받치다'는 무언가를 지지하거나 지탱할 때, '받히다'는 어딘가에 부딪힐 때 쓴다.
>
> ▶ 국물을 적게 할 때는 '졸이다'를, 양념이나 맛을 배어들게 할 때는 '조리다'를 쓴다.
>
> ▶ 옷 주름을 펼 때는 '다리다'를, 액체를 끓여 우릴 때는 '달이다'를 쓴다.

음식 이야기를 하니까 살살 입맛이 땡기네요. 그런데 '땡기다'도 잘못된 표기란 거 혹시 알고 계시나요? "입맛이 돋우어지다"('돋구어지다'가 아닌 거 이제는 아시죠?)라는 뜻의 동사는 '당기다'입니다. '당기다'에는 그 외에도 여러 뜻이 있어서 마음이 끌릴 때("호기심이 당겨서요"), 무언가를 내 쪽으로 가까이 할 때("방아쇠를 당길 것이다", "낚싯줄을 당겼다"), 정해진 기일을 앞으로 옮길 때("편집자는 오히려 마감 기한을 당겼다. 으악!") 등에 쓰입니다. 모두 그럭저럭 낯이 익으실 거예요.

이 단어와 헷갈릴 수 있는 '땅기다'는 얼핏 비표준어 같지만 "몹시 단단하고 팽팽하게 되다"라는 뜻의 표준어입니다. "로션을 바르지 않아 얼굴이 땅겼다", "종아리가 땅긴다" 같은 경우에는 익숙한 '당기다' 대신 '땅기다'를 써야 한단 말씀! 한편 '댕기다'라는 놈도 따로 있는데요, 이건 '불'과 관련된 동사입니다. "그녀가 내 마음에 불을 댕겼다", "마른나무가 불이 잘 댕긴다" 같은 데 쓰이죠. 정리하자면 '땡기다'만 없는 단어고 '당기다', '땅기다', '댕기다'는 구분해서 써야 한다는 사실!

'ㄷ'과 'ㄸ'의 차이에 유의해야 하는 또 다른 짝 하나 짚고 가볼까요? 바로 '달리다'와 '딸리다'입니다. "아무래도 실력이 딸리다 보니" 같은 표현 많이 쓰잖아요? 하지만 '딸리다'에는 "어떤 것에 매이거나 붙어 있다"("마당 딸린 집에서 살고 싶다", "딸린 식구가 많아서요") 또는 "어떤 부서나 종류에 속하다"("저희 팀은 총무과에 딸려 있습니다")의 뜻만 있지, 뭔가가 부족하다거나 모자라다는 뜻은 없어요. "재물이나 기술, 힘 따위가 모자라다"를 의도할 때에는 '달리다'를 써야 합니다. '힘든데 달리기는 뭘 또 달려' 하며 시큰둥해하지 마시고 꼭 구분해서 써주세요! "나이가 드니까 영 기운이 달려서", "일손이 달리니 지원 바랍니다", "아무래도 실력이 달리다 보니"처럼요.

실력이 달리지 않고 뛰어난 사람을 칭찬할 때 여러분은 그 사람을 치켜세우시나요, 추켜세우시나요? 둘 다 되는 거 아닌가 싶으면서도, 그럼 이 녀석이 왜 굳이 이 타이밍에 질문을 던지겠어 하며 의심의 눈초리를 보내실 여러분의 모습이 눈에 잡힐 듯합니다. 어쨌건 정답은 '치켜세우다'였어요. 왜 '였어요'겠어요? 네, 맞춤법에 변동이 있었거든요. 2018년 가을까지는 이런 경우 꼭 '치켜세우다'를 써야 했는데요, 이제는 두 단어 모두 사실상 복수 표준어로 인정하고 있습니다. 참고로 이 단어들은 지금 보듯이 "정도 이상으로 크게 칭찬하다"라는 뜻 이외에 "옷깃이나 신체 일부 따위를 위로 가뜬하게 올려 세우다"의 뜻도 가지고 있답니다. "그는 옷깃을 치켜세웠다/추켜세웠다"처럼 쓰면 되지요.

> ▶ '당기다'는 입맛, 호감, 끌어당김, 기한 등에, '땅기다'는 팽팽해질 때, '댕기다'는 불과 관련되었을 때 쓴다.
> ▶ '달리다'는 모자랄 때, '딸리다'는 어딘가에 붙어 있을 때 쓴다.
> ▶ '치켜세우다'와 '추켜세우다'는 구분 없이 사용할 수 있다.

호오가 많이 갈리긴 하지만, 입맛 당기는 음식 중 하나로 삭힌 홍어가 있지요. 홍어 삼합을 안주 삼아 막걸리판을 벌리는 상상을 하니 캬~ 소리가 절로 나옵니다. 음, 무슨 단어 이야기를 꺼낼지 어째 좀 뻔하긴 하지만 그렇다고 얘기를 안 할 수도 없고…… 네, 기대하신 대로 '삭히다'와 '삭이다' 보고 가겠습니다. 둘 다 '삭다'에서 온 단어인데요, '삭히다'는 '삭다'의 여러 뜻 중에서 "김치나 젓갈 따위의 음식물이 발효되어 맛이 들다"라는 뜻일 때의 사동형입니다. 그러니까 홍어를 비롯해서 음식은 '삭혀' 먹는 게 맞아요. 반면에 '삭이다'는 '삭다'가 "긴장이나 화가 풀려 마음이 가라앉다"의 뜻일 때의 사동형이에요. "분을 삭이고 차분히 생각해 보았다", "화를 좀 삭여라" 등으로 쓰입니다. 후자의 경우에 '삭히다'를 쓰지 않도록 주의하는 게 포인트예요!

'썩이다'와 '썩히다'도 비슷한 경우입니다. 둘 다 '썩다'의 사동형이지만, 마음과 관련되어 있을 때는 '썩이다'를, 음식이나 재주, 자원 따위에는 '썩히다'를 쓰는 거죠. "엄마 속을 엄청 썩였다" 자리에 '썩혔다'를 쓰면 안 되고, "음식을 썩혀서 거름을 만들었다", "기술자가 없어서 고가의 장비를 썩히고 있다" 자리에 '썩여서', '썩이고'를 쓰면 안 되겠습니다.

그런데 여러분, 시원한 막걸리 한 사발 주욱 들이켤 상상에 흥분해서 모르고 지나치셨을 수도 있지만 저 위에 "막걸리판을 벌리는"도 잘못된 표현이랍니다. '벌리는' 건 물리적으로 간격을 떨어지게 할 때 쓰는 말이고, 일이나 행사는 '벌이는' 거거든요. "두 팔을 벌려라"와 "밤송이를 벌려서", 그리고 "사업을 벌여 보자"와 "막걸리판을 벌이는"으로 구분을 해야 합니다. 비슷하게 '떠벌이다'와 '떠벌리다'도 구분해서 써야 해요. '떠벌이다'는 "일을 어지간히도 크게 떠벌였구만"처럼 쓸 수 있고, '떠벌리다'는 "어찌나 떠벌리는지 시끄러워 죽는 줄 알았어"처럼 쓸 수 있겠습니다. 간단하게 "입은 벌리고, 일은 벌인다"라고 기억해 두면 편하지 않을까 싶네요.

시원한 막걸리, 그거 참 좋지만 너무 차가우면 이가 시리죠. 그 고통을 떠올리며 '시리다'와 '시다'도 구분해 보고 갈까 합니다. '시리다'는 "몸의 한 부분이 찬 기운으로 인해 추위를 느낄 정도로 차다", "찬 것 따위가 닿아 통증이 있다" 등의 뜻이 있습니다. 포인트는 차갑다는 것! 반면 '시다'는 "막걸리가 어째 좀 시다"처럼 신맛을 표현할 때도 쓰지만 "관절 따위가 삐었을 때처럼 거북하게 저리다"라는 뜻으로도 쓰여요. 그러니까 너무 차가워서 아픈 게 아니라면 '시리다'가 아니라 '시다'를 써야 한단 말씀! "키보드를 너무 오래 쳤더니 손목이 시네", "계단에서 삐끗해서 발목이 시어(=셔)"라고 써야 합니다. '시리네', '시려' 이거 아니에요! 아, 물론 겨울에 목 짧은 양말을 신고 외출해서는 "발목이 시리다"라고 말할 수 있겠지만요.

보셨다시피 '시다'는 "시고-시니-시어(셔)-시었다(셨다)" 등으로 활용하고, '시리다'는 "시리고-시리니-시리어(시려)-시리었다(시렸다)" 등으로 활용합니다. "손목이 시니 무거운 걸 못 들겠다", "추워서 코끝이 시려"처럼 쓰면 되겠습니다. 자, 그런 데 여기서 알 수 있는 보너스가 하나 있어요. 바로 "손이 시려워, 꽁!"의 '시려워'도 잘못된 활용이라는 사실! "손이 시려"가 되어야겠죠? "손이 시려워"는 "하늘이 높아워", "물이 맑아워" 라고 쓰는 것과 다를 바 없는 거랍니다. 동요를 부를 땐 어쩔 수 없겠지만 평소에는 (소몰이 창법으로 이야기를 할 게 아니라면) 참아 주시길! 그리고 '시다'와 '시리다'가 나온 김에 '눈꼴시리 다'가 아니라 '눈꼴시다'가 맞는 표현이라는 것도 함께 기억해 두시면 좋겠네요. 눈꼴이 차갑진 않을 테니까요. "어휴, 눈꼴시 려"가 아니라 "어휴, 눈꼴시어(눈꼴셔)"로 써야겠습니다.

> ▸ '삭히다'와 '썩히다'는 음식 따위가 변하거나 상할 때, '삭이다'와 '썩이 다'는 화나 근심 등 마음과 관련되어 있을 때 쓴다.
>
> ▸ '벌리다/떠벌리다'는 간격을 벌어지게 할 때, '벌이다/떠벌이다'는 일 이나 행사를 열 때 쓴다.
>
> ▸ '시리다'는 차가워서 고통스러울 때, '시다'는 쑤시고 시큰거릴 때 쓴다. '시리다'는 '시려워'가 아니라 '시려'로 활용해야 한다. '눈꼴시리다'가 아니라 '눈꼴시다'가 맞는 표기다.

마지막으로 '그렇다'와 '그러다'를 구분해 보죠. 같은 듯 다른 이 두 단어는 복잡하게 생각할 것 없이 **'그러하다'를 줄인 '그렇 다'는 형용사**, **'그리하다'를 줄인 '그러다'는 동사**라고 기억해 두면 됩니다. 그럼 이걸 실전에서 어떻게 쓰는지 살펴볼까요?

"그녀는 예쁘다. <u>그렇다</u> 보니 시선을 많이 받았다"에서는 형용사 '예쁘다'를 받기 위해 형용사인 '그렇다'를 쓰고, "그녀는 춤을 추었다. <u>그러다</u> 보니 신이 났다"에서는 동사 '추다'를 받기 위해 동사 '그러다'를 써야 합니다. 이 문장들에서 '그렇다'와 '그러다'를 바꿔서 읽어 보세요. 좀 어색하지 않나요?

그 어색함을 잘 못 느낄 분들을 위해 더 쉽고 간단한 예를 준비했습니다. "날씨 참 좋죠?"에는 ('좋다'가 형용사니까) "그렇죠"라고 대답하고, "같이 소풍 갈래요?"에는 ('가다'가 동사니까) "그러죠"라고 대답해야죠. 그런데 이걸 바꿔서 대답해 보세요. "날씨 참 좋죠? —— 그러죠"(이건 뭐 어쩌자는 거지?), "같이 소풍 갈래요? —— 그렇죠"(뭔가 기다리고 있었던 것 같아!). 어때요, 정확히 쓰지 않으면 이상한 사람처럼 보일 수 있겠죠? 물론 저런 데이트 신청에는 '그렇죠'나 '그러죠' 같은 단답형 대답보단 좀 더 성의 있는 대답이 좋지 않을까 싶긴 하지만(물론 상대에게 호감이 있다면 말이죠) 지나친 오지랖은 넣어 두고, 예문이나 몇 개 더 보면서 연습해 보죠!

- 아주 맛있습니다. <u>그렇지</u> 않으면 돈 안 받습니다.
  제때 챙겨 먹어라. <u>그러지</u> 않으면 건강을 해친다.
- 친절한 사람인 줄 알았는데, 알고 보니 안 <u>그렇더라</u>?
  그거 알면 화낼 줄 알았는데 안 <u>그러더라</u>?

- 그녀가 우울하대. / 네가 그렇게 말하니 안 <u>그렇겠어</u>?

  그녀가 집에 갔어. / 네가 그렇게 말하니 안 <u>그러겠어</u>?

- 그 물 차갑니? / 응. / <u>그렇구나</u>.

  그 물 차가웠니? / 응. / <u>그랬구나</u>.

  그 물 마시니? / 응. / <u>그러는구나</u>.

  그 물 마셨니? / 응. / <u>그랬구나</u>.

각 예문 쌍의 위 문장들을 보면 형용사 '맛있다', '친절하다', '우울하다', '차갑다'를 받는 말로 형용사 '그렇다'를 사용하고 있고요, 아래 문장들에서는 동사 '먹다', '화내다', '가다', '마시다'를 받는 말로 동사 '그러다'를 사용하고 있지요. 어떻게 써야 할지 대략 감이 잡히시죠?

예문들을 통해 알 수 있는 것은 ① 그 한 문장만 보면 되는게 아니라 앞 문장 혹은 전체적인 내용까지 함께 봐야 한다는 것, ② 과거형의 형태가 '그랬다'로 같다는 것, ③ 형용사에는 '구나'를, 동사에는 '는구나'를 붙인다는 거예요. 한국에 사는 외국인들이 나오는 모 프로그램에서 나온 '그러구나'라는 유행어(?)가 재밌게 느껴졌던 것도 '그랬구나'나 '그러는구나'를 써야 할 때 어법에 맞지 않는 어색한 말이 나왔기 때문이랍니다.

지금까지 이 자리를 빌어 구분해야 할 동사와 형용사 들을 살펴보았습니다. 이렇게 닫으려니 뭔가 좀 아쉬운데 진짜 마지막으로 하나만 더 하죠. 이 단락 첫 문장처럼 책의 머리말이나 행사의 인사말 중에 "이 자리를 빌어"라고 하시는 분들께 드리고 싶은 말씀입니다. 자리는 '빌어서' 말고 '빌려서' 이야기해 주세요. '빌어'의 기본형은 '빌다'잖아요? 이건 잘못해서 싹싹 빌 때 혹은 이루어지라고 간절히 원할 때나 쓰는 거지, 지면(紙面)이나 연설 시간이나 접신(接神)을 위한 육체는 '빌려야' 한다고요. 너무 익숙한 나머지 편집자들도 모르고 넘어가는 경우가 많은데, '빌다'와 '빌리다'를 구분해야 한다는 사실, 이 자리를 '빌려' 꼭 이야기하고 싶었습니다.

> ▶ 앞에 나온 형용사를 받을 때는 형용사인 '그렇다'를, 동사를 받을 때는 동사인 '그러다'를 쓴다.
> ▶ '빌다'는 부탁하거나 기원하거나 용서를 구할 때 쓰고, 대여의 의미로는 '빌리다'를 쓴다. "이 자리를 빌려"가 맞는 표기다.

활용에 유의해야 할 동사와 형용사

이번에는 기본형을 제대로 알고 있으면서도 잘못 활용해서 틀리는 경우들을 살펴볼까 합니다. 이를테면 '들어가는 글'에서 등장했던 "빨리 낳아"가 그 예가 될 수 있겠네요. '낫다'를 '나아'로 활용해야 할 것을 '낳아'로 잘못 활용하는 바람에 졸지에 주어를 산모로 만들어 버리는 안타깝기 그지없는 경우죠.

본격적으로 사례들을 살펴보기에 앞서 '불규칙 활용'이라는 녀석에 대해 미리 귀띔 좀 하고 가야겠습니다. 잘못 활용하는 많은 경우가 바로 이 녀석 때문이거든요. 앞에서 활용 이야기를 할 때 등장했던 '먹다'를 보면 어간 '먹'에 '고', '는', '은', '을', '어서', '겠다' 등의 어미가 붙어 활용이 됩니다. 어간과 어미가 아무 변덕도 부리지 않고 얌전하게 활용하는 이런 경우를 '규칙 활용'이라고 해요. 반면 어간이든 어미든 아니면 둘 다든 모양이 변하면서 활용하는 경우를 '불규칙 활용'이라고 합니다. 이를테면 '듣다'가 '듣어'가 아니라 '들어'로 활용한다든지(ㄷ 불규칙 활용), '곱다'가 '곱아'가 아니라 '고와'로 활용한다든지(ㅂ 불규칙 활용), '흐르다'가 '흐르어'가 아니라 '흘러'로 활용한다든지(르 불규칙 활용), '푸르다'가 '푸르어'가 아니라 '푸르러'로 활용한다든지(러 불규칙 활용), '낫다'가 '낫아'가 아니라(아니 그러니까 '낳아'는 대체 어디서 나온 거냐고요!) '나아'로 활용한다든지(ㅅ 불규칙 활용) 등이 모두 불규칙 활용의 예지요.

이 외에도 여러 종류의 불규칙 활용이 있고 여기에 속하는 용언의 종류도 꽤나 많습니다. 규칙으로 볼지 불규칙으로 볼지 논란이 되는 것들도 있고요. 만약 제가 외국인으로서 한국어를 배운다고 상상하면 불규칙 활용 부분에서 교과서를 집어던졌을지도 모르겠네요. 물론 외국어에도 불규칙 활용이 있긴 하지만(예컨대 영어만 해도 "take-took-taken" 같은 거 많잖아요?), 모르긴 몰라도 한국어만큼 활용이 어려운 언어가 많진 않을 것 같아요. 하지만 뭐, 어렸을 때부터 모국어로 한국어를 사용해 온 우리들 대부분은 이렇게나 어려운 활용을 직관적으로 잘해 오고 있으니 너무 긴장하진 마시길! 혹시 헷갈리는 것들은 앞으로 차근차근 살펴볼 거고요.

자, 그럼 불규칙 활용은 잠시 접어 두고, 딱히 불규칙도 아닌데 잘못 활용하는 어이없는 예부터 시작해 볼까요? 동사 '바라다'가 바로 그 주인공입니다. 기본형 '바라다'를 가지고 "결재 <u>바랍니다</u>", "그러길 <u>바라고</u> 있어요", "네가 잘되길 <u>바랄게</u>" 등으로 쓸 때는 멀쩡히 쓰는 분들도 "술을 덜 마시길 바래"라든가 "우리의 바램은 치맥이다" 같은 경우에는 치명적인 '래'의 유혹에 빠지고 맙니다. "바라다-바라고-바라지-바라-바라니-바라서-바랍니다-바람" 등으로 활용하면 되는데, 유독 '바라/바라요'는 '바래/바래요'로, '바람'은 '바램'으로 잘못 쓰는 경우가 많더라고요.

대체 왜들 그러시는 거냐고 묻기에는 저 역시 그 이유를 너무도 잘 알고 있습니다. "네가 잘되기를 바라"라고 소리 내서 읊조려 보면, 어쩐지 얼굴이 화끈거리고 손발이 오그라드는 그 느낌…… 휴우, 그래도 어쩔 수 없잖아요. "결재 바랍니다", "잘되길 바랄게"라고 쓸 게 아닌 이상 "네가 잘되기를 바래"라고 할 이유가 전혀 없어요. 저렇게 낯 뜨거운 발음은 목에 칼이 들어와도 할 수 없다며 '바래다'도 복수 표준어로 인정해야 한다고 목청 높이실 분들이 있으실지도 모르겠는데요, 애초에 동사 '바래다'에는 "볕이나 습기를 받아 색이 변하다"와 "사람을 배웅하다"라는, 꽤 유명하고 사용 빈도도 높은 뜻이 두 개나 있으니 그렇게 호락호락 자리를 내주진 않을걸요?

그러니 "용서해, 내 헛된 바램. 하지만 그토록 내게 절실한 사람, 너였어"라고 애절하게 노래하는 토이의 노래 제목 '바램'은 문법적으로는 '바람'이 맞습니다. 하지만 간절한 소망을 담은 연가가 불륜에 관한 노래로 오해를 살 수 있으니 '시적 허용' 정도로 넘어가 주죠. 백번 양보해서 친구와 대화할 때 쓰는 것까지도 괜찮다 칩시다. 하지만 입말을 살려 쓰는 문학 작품이 아닌 이상에야 출판 언어에서는 가능하면 구사하지 않으시길 바라요(여, 역시 어색하네요……).

노래도 일종의 '시'(時)인지라 제목이나 가사에서 이러한 시적 허용의 경우를 많이 찾아볼 수 있습니다. 운율을 맞추거나 뉘앙스를 살리고 싶을 때 일부러 문법에 어긋나는 단어를 쓰기도 하죠. 물론 그냥 모르고 막 써서 틀린 게 아닐까 의심되는 경우가 더 많긴 하지만요.

말 나온 김에, 김수철 씨의 「젊은 그대」는 다들 아시죠? "거칠은 벌판으로 달려가자~ 젊음의 태양을 마시자~"로 시작하는 첫대목도 익숙하실 거고요. 그런데 여기도 잘못된 활용의 사례가 나온다는 사실! 바로 '거칠은'이 잘못된 활용이거든요.

이 형용사의 기본형은 '거칠다'입니다. '거칠고'와 '거칠어'로 활용하는 건 쉬운데, '거친'으로 활용해야 할 때 '거칠은'이라고 잘못 쓰는 경우가 꽤나 많더라고요. 탈락시켜야 할 'ㄹ'

을 그대로 두는 바람에 잘못 활용하는 예라고 할 수 있습니다. 용언의 어간이 'ㄹ' 받침으로 끝날 때는 어미 '은'으로 활용하는 게 아니라 'ㄹ'을 떼고 그 자리에 'ㄴ'을 넣습니다. 말이 어렵나요? 쉽게 예를 들어 보면, '길다'를 활용할 때 "길은 휴가"라고 안 하고 "긴 휴가"라고 하잖아요? 사실 알고 보면 별것도 아닌데, 신경 안 쓰면 까딱하다 틀리기 쉬운 맞춤법이기도 해요. "어제 팔은 물건", "꽁꽁 얼은 아이스크림", "시들은 과일" 다 안 됩니다. "어제 판 물건", "꽁꽁 언 아이스크림", "시든 과일" 이죠! 앞의 틀린 구절들이 별로 이상하게 보이지 않았던 분들도 뒤의 정답을 보시고선 고개가 끄덕여졌으리라 믿습니다.

어간이 'ㄹ' 받침으로 끝나는 용언이 적지 않아 이런 식으로 잘못 쓰이는 동사와 형용사가 은근히 많은데요, 자주 등장하는 녀석들 몇 개 골라서 연습해 보기로 하죠. "낯설은 곳에 오니", "한껏 내밀은 입술", "녹슬은 대문", "굳게 다물은 입", "부풀은 가슴 안고", "일을 거들은 다음", "이를 악물은 채", "전화 걸은 적 없다", "때를 밀은 뒤에", "크게 불은 풍선", "며칠 전에 빨은 양말", "땀에 절은 옷", "허리가 한 치수 줄은 것 같다", "입안이 헐은 것 같네"는 입말로 많이 쓰이긴 하지만 모두 틀린 맞춤법이에요. 다 맞히셨을 것 같긴 하지만 혹시 또 모르는 일이니 정답을 알려 드리자면, "낯선 곳에 오니", "한껏 내민 입술", "녹슨 대문", "굳게 다문 입", "부푼 가슴 안고", "일을 거든 다음", "이를 악문 채", "전화 건 적 없다", "때를 민 뒤에", "크게

분 풍선", "며칠 전에 빤 양말", "땀에 전 옷", "허리가 한 치수 준 것 같다", "입안이 헌 것 같네"가 맞습니다. 어때요, 별로 어렵지 않죠? 물론 여기 빠진 녀석들도 많을 테니 앞으로 'ㄹ은' 꼴은 일단 의심하고 보시길 추천합니다.

> ▸ '바라다'를 '바래', '바래요', '바램'으로 활용하지 않도록 주의한다.
>
> ▸ 어간 받침 'ㄹ'을 탈락시키고 'ㄴ'을 붙이는 활용에 유의한다.
>
> | | | |
> |---|---|---|
> | 거칠은 → 거친 | 낯설은 → 낯선 | 녹슬은 → 녹슨 |
> | 다물은 → 다문 | 부풀은 → 부푼 | 악물은 → 악문 |

글 쓰고 책 쓰는 데 관심이 있다면 이런 생각 한 번쯤 해보셨을 거예요. 책을 쓰려면 무엇이 필요할까? 자신만의 콘텐츠? 반짝이는 아이디어? 탄탄한 문장력? 불굴의 의지와 끈기? 빼어난 맞춤법 실력? 아니면 이 모든 것? 제가 원래 단정 지어 말하는 거 참 싫어하는 사람입니다만, 여기에 관해서라면 제 편집자 경력 전부, 아니 이런 거 가져 봐야 별로 쓸모도 없으실 테니 제 전 재산에 왼쪽 손목까지 얹어서 걸고 말씀드리는데, 아닙니다. 절대 아니에요. 책을 쓰려면 손바닥만 있어도 충분합니다. 물론 빗자루 같은 게 있으면 더 잘 쓸 수도 있겠지만요.

눈치채셨나요? "책을 쓸려면"에서 '쓸려면'은 잘못된 활용이라는 걸요. '쓰다'는 '쓰고-쓰면-쓰려면' 꼴로 규칙 활용을 해야 하는데, 쓸데없는 'ㄹ'이 들어가 있는 사례죠. 자꾸 그러시면 "빗자루로 방을 쓸고", "머리카락을 쓸었다" 할 때 쓰이는 동사 '쓸다'가 서운하답니다. 없는 'ㄹ'을 기어이 데려와 '려면'의 첫머리에 있는 'ㄹ'과 어우러지게 해주고 싶은 그 다정한 마음 씀씀이, 잘 알겠습니다. 그 마음은 제가 대신 잘 간직할 테니 지금 보고 계신 『책 쓸자면 맞춤법』, 아니 『책 쓰자면 맞춤법』을 손바닥으로 한 번 살살 쓸어 주시는 걸로 갈음하도록 하고요, 앞으로는 책을 '쓸려고'가 아니라 '쓰려고' 노력하시길!

이런 패턴의 잘못은 은근히 자주 눈에 띕니다. '하려거든'을 '할려거든'으로 쓴다든가, '가려면'을 '갈려면'으로 쓴다든가, '그러려면'을 '그럴려면'으로 쓴다든가 말이죠. 하지만 기본형이 '하다', '가다', '그러다'라는 점을 염두에 두면 'ㄹ'이 나올 이유가 하나도 없잖아요? 기본형을 잘 생각해 보면 이런 쓸데없는 'ㄹ'이 튀어나오는 일을 막을 수 있습니다.

자, 그렇다면 '만드려면'이 맞을까요, '만들려면'이 맞을까요? 기본형인 '만들다'는 '만들어-만들고-만들면-만들려면' 등으로 활용하니 여기서 '만드려면'을 쓴다면 멀쩡히 있는 'ㄹ'을 빼버리는 꼴이 됩니다. 우리가 경계해야 할 녀석들은 '원래 없었는데 튀어나온 ㄹ'들이지 '멀쩡히 기본형에 있는 ㄹ'들이 아니잖아요.

'쓸데없는 ㄹ'의 다른 예로 빠질래야 빠질 수 없는 게 또 있죠. 아유, 궁금해라. 그게 대체 뭘까, 채 궁금해하기도 전에 벌써 범인은 포위망을 뚫고 유유히 사라졌답니다. '빠질래야'에서 '질'의 받침 'ㄹ'이 그 범인이거든요. 그렇다고 "아니, 그럼 '빠지래야'가 맞는 말이라고?" 하고 소스라치게 놀라진 마세요. 맞는 표현은 '빠지려야'거든요.

차근차근 따져 보면, '빠지다'의 활용형 중 하나인 '빠지려고'가 '빠지려고 해야'의 형태로 쓰인 것이 줄어서 '빠지려야'가 된 거랍니다. "빠지려야 빠질 수 없는"으로 써야 하죠. 앞으로 애인한테 "우리는 뗄래야 뗄 수 없는 사이야" 같은 말씀 마시고 "너를 사랑하는 걸 멈출래야 멈출 수가 없어"라는 말씀도 마세요. 대신에 "떼려야 뗄 수 없는", "멈추려야 멈출 수 없는"으로 정확히 쓰신다면 떨어지지도 말고 멈추지도 말고 천년만년 사랑하시라고 응원해 드리겠습니다.

그나저나 'ㄹ'은 참 사랑받는 자음인가 봐요. 빠져야 할 때 안 빠지고 버티고 있질 않나('거칠은'), 은근슬쩍 들어와서 자리를 차지하고 있질 않나('할려면'). 아니, 이 정도면 사랑받는 게 아니라 눈치 없고 뻔뻔한 건가? 아무튼 말 나온 김에, 전적으로 'ㄹ'을 비난하기는 뭐하지만 'ㄹ' 때문에 헷갈려서 조금 얄미운 경우도 보고 갈까 해요.

동사 '저지르다'는 "저지르고-저지르니-저지르면-저질러-저질렀다" 등으로 활용합니다. 다른 경우는 평범한데, 어미 '어'가 붙어 활용할 때는 밑줄에서처럼 'ㄹㄹ'이 덧나는 거 보이시나요? 이러한 꼴의 활용을 '르 불규칙 활용'이라고 합니다. 문제는 덕분에 기본형을 '저질르다'라고 착각하는 분들이 종종 있다는 거예요. '저질르다'가 아니라 '저지르다'가 맞습니다!

'골라', '눌러', '몰라'로 활용하지만 기본형은 '고르다', '누르다', '모르다'인 거 생각하면 별로 어렵지 않습니다. 비슷한 꼴로 헷갈릴 만한 동사들 몇 개 더 보고 가자면, '타이르다'가 "타일러서-타일렀다" 등으로 활용한다고 기본형을 '타일르다'로 착각하면 안 되겠죠? '추스르다' 역시 "추슬러서-추슬렀다"로 활용한다고 '추슬르다'라고 착각하면 안 되겠고요. '타이르다'와 '추스르다'가 맞는 기본형입니다!

아, '추스르다'를 '추스리다'나 '추슬리다'로 잘못 알고 있었던 분들도 분명 계셨을 텐데 뜨끔해하지만 마시고 이참에 확실히 기억해 두세요. "마음을 <u>추스르다</u>"만 맞고 '추슬르다/추스리다/추슬리다' 싹 다 틀린답니다. 과거형으로는 '추슬렀다'가 아니라 '추슬렀다'를 쓰셔야 하고요.

'거스르다'도 '추스르다'와 똑같은 모양으로 활용하는데요, 이건 '거슬리다'라는 별도의 동사가 있으니 구분해서 기억해 둬야겠네요. 반항하거나 잔돈을 내줄 때는 '거스르다'를 쓰고, 언짢을 때는 '거슬리다'를 쓰는 거 별로 어렵지 않죠? 활용형을 나란히 놓아 보면 다음과 같습니다.

- 거스르다-거스르고-거스르니-거슬러서-거슬렀다
- 거슬리다-거슬리고-거슬리니-거슬려서-거슬렸다

자, 이제 "아버지의 뜻을 <u>거슬렀다</u>"와 "자식의 말이 <u>거슬렸다</u>", "유행을 <u>거스르는</u> 패션"과 "눈에 <u>거슬리는</u> 패션", "그 자식이 자꾸 내 말을 <u>거슬러서</u>", "하는 짓이 영 <u>거슬려서</u>"에서 의미와 활용 방식의 차이가 잘 보이시죠?

▶ 들어갈 이유가 없는 'ㄹ'을 넣어서 활용하지 않도록 한다.

할려면(X) 하려면(O)　　　　갈려거든(X) 가려거든(O)

잊을래야 잊을 수 없는(X) 잊으려야 잊을 수 없는(O)

▶ '저지르다'는 활용형 '저질러' 때문에 기본형을 '저질르다'라고 헷갈리지 않도록 한다. '추스르다', '타이르다', '거스르다'도 마찬가지다. 단, '거스르다'와 '거슬리다'는 구분해서 쓴다.

사람도 그렇고 'ㄹ'도 그렇고, 낄 때 안 낄 때 구분하는 것은 참 소중한 미덕이지요. 알맞은 곳에, 걸맞는 곳에 꼭 있는 것처럼 귀한 것도 없잖습니까? 자, 그런 의미에서 방금 이 문장에서 알맞지 못한 부분이 하나 있는데요, 네에, 그렇죠! '걸맞는'이 아니라 '걸맞은'이죠!

'알맞은'과 '알맞는' 중에 뭐가 맞는지 갸웃하시는 분들이 가끔 있는데요, 그래도 '알맞은'이 좀 더 익숙하시죠? 그게 정답이기도 하고요. 그런데 희한하게도 '걸맞은'은 '걸맞는'으로 쓰는 분들이 많더라고요. [걸마즌]을 [걸만는]으로 잘못 발음하는 버릇 때문일 텐데, '알맞다'와 '걸맞다'는 다르게 활용할 이유가 하나도 없습니다. "알맞고-<u>알맞은</u>-알맞아-알맞게", "걸

맞고-걸맞은-걸맞아-걸맞게" 등으로 활용해야 해요.

조금 더 깊이 들어가 보면, '알맞다'와 '걸맞다'는 모두 형용사예요. 그런데 일반적으로 형용사를 활용해 명사를 꾸밀 때는 어미 '는'이 아니라 '은'을 쓴답니다. '짓궂는 녀석', '작는 나무', '깊는 샘'이 아니라 '짓궂은 녀석', '작은 나무', '깊은 샘'이라고 하잖아요? 반면에 동사는 '는'을 써요. '웃는 남자', '먹는 음식'처럼요. 형용사에는 '는'을 아예 쓸 수 없지만 동사에는 '은'을 쓸 수도 있는데, 이때는 과거형의 의미를 가지게 됩니다. '웃은 남자', '먹은 음식'이 그렇죠. 정리하자면 형용사에는 '은'만 붙을 수 있고, 동사에는 '은'(과거형)과 '는'(현재형) 모두 붙을 수 있다는 거! 자, 이제 형용사인 '알맞다'와 '걸맞다'를 '알맞는'과 '걸맞는'으로 활용하면 안 되는 이유를 아시겠죠?

단, 위 단락의 설명은 모두 어간 끝에 받침이 있는 경우에 해당하는 내용이에요(짓궂다, 작다, 웃다, 먹다, 알맞다 등). 받침이 없으면 '은/는'까지 갈 것도 없이 그냥 'ㄴ'만 붙이면 오케이! 형용사 '예쁘다'와 '슬프다'는 '예쁜'과 '슬픈'이 되고, 동사 '마시다'와 '화나다'는 '마신'과 '화난'이 되는 거죠. 동사에는 '는'도 붙을 수 있으니 '마시는'과 '화나는'도 가능하겠고요('예쁘는'과 '슬프는'은 안 됩니다!).

하지만 받침이 'ㄹ'일 때는 또 예외인데…… 여기서 뭔가 낯익은 기운이 살짝 스쳐 가지는 않으셨나요? 안 그러셨다면 제가 조금 슬픈 게, '거칠은'이 아니라 '거친'이 맞는다고 말씀드린 게 불과 몇 쪽 전 아닙니까……. 어간 끝 받침이 'ㄹ'인 용언은 'ㄹ'을 떼고 'ㄴ'을 붙여 활용했었잖아요? 형용사 '낯설다'는 '낯설은'이 아니라 '낯선'으로, 동사 '다물다'는 '다물은'이 아니라 '다문'으로요. 이제는 '낯서는'은 안 되지만, '다무는'은 된다는 것까지도 이해가 되실 겁니다. 앞에서 안 나왔던 동사 '날다'를 예로 들어 보면, "하늘을 날으는 비행기"는 틀리고 "하늘을 나는 비행기"(현재형)와 "하늘을 난 비행기"(과거형)는 맞는답니다.

조금만 더 깊게 가볼까요? '알맞다'와 '걸맞다' 두 형용사의 어머니뻘인 '맞다'는 형용사가 아니라 동사예요. '맞다'가 동작인지 상태인지는 좀 애매한 구석이 있는데요, 국립국어원은 고심의 결과 '맞다'를 동사로 분류하기로 했답니다. '맞다'는 동사고 '알맞다'와 '걸맞다'는 형용사라니 어째 콩가루 집안 같긴 합니다만, 요즘 세상에 다문화가정은 시대적 트렌드니까 그러려니 하죠. 어쨌든 방금 본 것처럼 동사와 형용사는 활용 방식에 살짝 차이가 있잖습니까? 그럼 여기서 동사 '먹다'와 형용사 '높다'를 짝지어 활용해 보죠.

먹다-높다	먹고-높고	먹게-높게
먹어서-높아서	먹으니-높으니	먹을-높을
*먹는-높은	*먹은-높(았)던	먹는다-(　　)

별표들은 앞에서 설명했으니 아실 테고, 괄호 안에는 뭐가 들어가야 할까요? 높는다? 높은다? 다 이상한데……. 이건 현재를 서술하는 어미 '는다'가 동사에만 붙을 수 있기 때문에 나타나는 현상입니다. 형용사는 그냥 기본형으로 쓰면 그게 곧 현재형이에요. "하늘이 높다"가 현재형이지 뭐겠어요? 괄호 안에는 그냥 기본형 '높다'를 살포시 채워 주시면 됩니다.

여기서 알 수 있는 건 동사는 '는다'로 활용하지 않으면 현재형 서술이 불가능하다는 거예요. "나는 밥을 먹는다"라고 쓰지 "나는 밥을 먹다"라고는 안 쓰잖아요? 물론 표어나 제목으로라면 "나는 밥을 먹다"라고 쓸 수도 있지만 보통의 서술문에서는 그렇게 안 쓰다…… 이것 봐요, 역시 이상하잖아요! "그렇게 안 쓴다"라고 해야겠죠? 아, 항상 '는다'를 붙이는 건 아니고, '쓰다'처럼 어간 끝 받침이 없거나 '돌다'처럼 'ㄹ' 받침일 때는 'ㄴ다'를 씁니다('쓴다', '돈다'). 나머지 경우에는 '는다'를 쓰고요('뱉는다', '썩는다', '덮는다'). 이건 뭐 굳이 일부러 안 외우셔도 돼요. 이미 알아서들 잘 쓰고 계시니까요.

별로 중요해 보이지도 않는 딱딱한 문법 이거 뭐라고 이렇게 공들여 소개하고 있느냐 싶으시겠지만, 자, 이 자리를 빌려 "네 말이 맞다"라는 문장은 틀린다는 충격적인 사실을 발표하는 바입니다. '맞다'는 동사니까 위 설명에 따르면 "네 말이 맞는다"라고 써야 하는 거죠. "그 말이 맞다면"이 아니라 "그 말이 맞는다면"이 맞고요. 어때요, 꽤 충격적이죠?

이렇게 동사와 형용사에 붙는 어미가 다른 경우가 몇 가지 더 있습니다. 예컨대 '구나'는 형용사에, '는구나'는 동사에 붙지요(앞에 오는 어미에 따라서 더 상세히 나뉘지만 그것까진 설명하지 않겠습니다. 사전에서 '구나'와 '는구나'를 찾아보세요!). 형용사인 '짧다', '괜찮다'는 '짧<u>구나</u>', '괜찮<u>구나</u>'로, 동사인 '가다', '잡다'는 '가<u>는구나</u>', '잡<u>는구나</u>'로 활용하는 거죠. 동사 '맞다'도 '맞구나'가 아니라 '맞<u>는구나</u>'가 되겠죠? 동사 '그러다'가 '그러구나'가 아닌 '그러<u>는구나</u>'로 활용했던 것(219쪽)도 이 때문이고요.

또 하나, 형용사를 의문형으로 만드는 어미는 '냐/으냐'이지만, 동사를 의문형으로 만드는 어미는 '느냐'예요. 그러니 '먹냐', '맞냐'가 아닌 '먹<u>느냐</u>', '맞<u>느냐</u>'가 맞는답니다. 혈~ 하고 혀 좀 차도 되냐고요? 아뇨, '되냐고요'가 아니라 '되<u>느</u>냐고요'라고 써야 한다는 것까지 듣고 차세요. '되다' 역시 동사니까요. 그렇기 때문에 흔히 쓰는 "어디 가냐", "언제 오냐", "뭐 하냐" 등은 모두 문법적으로는 옳지 못한 활용이랍니다. "어디 가<u>느냐</u>", "언제 오<u>느냐</u>", "뭐 하느냐"가 맞아요.

참고로 형용사를 의문형으로 만든다는 '냐'와 '으냐'도 앞에 오는 어미와 끝 받침에 따라 구분해서 써야 합니다. 언제 '냐'가 붙는지는 사전에 길게 설명되어 있는데 대체로 잘 쓰고 계시니 굳이 설명하지 않을게요(혹시 궁금하신 분은 어미 '냐'를 직접 찾아보세요). 반면 '으냐'는 "'ㄹ'을 제외한 받침 있는 형용사 어간 뒤에" 붙는다고 비교적 간단하게 설명되어 있는데요,

여기서 "내가 싫냐", "사람 많냐", "괜찮냐"는 틀리고 "내가 싫으냐", "사람 많으냐", "괜찮으냐"가 맞는다는 또 하나의 충격적인 진실이 우리 앞에 덜컥 나타납니다. 휴우…….

이번 꼭지는 못 본 척하고 싶은 내용이 많네요. 꼭 지키겠다고 신경을 바짝 쓴다 해도 무의식중에 틀리고 지나가기 십상인 것들이기도 하고요. 하지만 에잇, "네 말이 맞다", "어디 가냐"라고 쓰면 안 될 건 또 뭐랍니까! '맞는다', '가느냐', '싫으냐'만 맞는다고 고집하는 건 아무래도 실제 언어생활과 너무 동떨어져 있는 게 아닐까 생각이 드네요. 국립국어원 측에서도 뭔가 조치를 취해야 하지 않을까 싶긴 한데……. 아무튼 이런 것도 있다고 말씀드려 봤으니 어디 가서 똑똑한 척(?)할 때 써먹어 보세요! 물론 자칫 잘못하다간 카톡방에서의 제 신세가 될 수 있으니 주의하는 건 잊지 마시고요.

> ▶ '알맞는/걸맞는'이 아니라 '알맞은/걸맞은'이 맞는 활용이다.
> ▶ 동사는 현재형 문장을 쓸 때 기본형이 아니라 'ㄴ다/는다', 'ㄴ냐' 꼴로 활용해서 쓴다.
>
> 그녀는 달리다(X) 그녀는 달린다(O)   나는 먹다(X) 나는 먹는다(O)
> 그 말이 맞다(X) 그 말이 맞는다(O)   그게 맞다면(X) 그게 맞는다면(O)
> 왜 화내냐(X) 왜 화내느냐(O)   cf) 괜찮냐(X) 괜찮으냐(O)

별 희한한 맞춤법 때문에 정신없으시죠? 보는 여러분도 괴로우시겠지만 저는 오죽하겠습니까. 제 딴에는 설명을 하느라고 하고는 있지만 그게 잘 이해가 되실지도 모르겠고, 그렇게 이야기하는 도중에 설명할 맞춤법은 또 나오고…….

"하느라고 해봐도"도 틀린 표현이거든요. "하노라고 해봐도"라고 고쳐야 합니다. '느라고'는 까닭을 나타내는 어미예요. "자느라고 몰랐지", "사느라고 바빠서"처럼 쓰죠. 반면 '노라고'는 의도나 목적을 나타내는 어미로서 "하노라고 한 게 이 모양이렸다"처럼 쓴답니다. 별로 어려운 구분은 아니지만 딱 틀리기 쉽게 생겼죠? 앞으로는 신경 써서 구분해 주세요! 자, 그럼 이쯤에서 노래나 한 곡 듣고 갈까요? "사노라면~ 언젠~가는 밝~은 날~도 오겠지♬"

위 단락에도 잘못된 맞춤법을 또 하나 심어 놨는데 눈치채신 분? 이 인간이 뜬금없이 노래를 하는 걸 보니 분명히 노래 가사 속에 있을 거야 하면서 열심히 찾아보신 분들은 낚이신 겁니다. 후후! 사실 쉬운 문제는 아니었어요. 정답은 "이 모양이렸다"에서의 '렸다'거든요. '했다', '갔다' 같은 쌍시옷 받침에 익숙하다 보니 전혀 이상해 보이지 않지만, 추측·다짐·명령 등에 쓰이는 바른 종결 어미는 '렷다'랍니다. "네놈이 우리 딸과 사귀는 남자렷다?", "다시는 내 눈앞에 나타나지 말렷다!"처럼 써야 해요. 특이하게 생긴 녀석이니 잘 기억해 두시되, 부디 다 큰 딸의 인생에 과도한 태클은 삼가 주심이 어떨지…….

덧붙여 역시 쌍시옷 받침을 쓰기 쉬운 '하겠다' 역시 '하것다'로 써야 합니다. 어미 '것다' 또한 '렷다'와 마찬가지로 추측이나 다짐 등에 쓰이는 종결 어미예요. "예쁘것다, 착하것다, 네가 뭐가 부족해서 그러느냐. 그러다가 아주 부모 버리것다?" 처럼 쓰죠. '겠다'도 되고 '것다'도 되지만 '겄다'는 안 되것다!

'말렷다'가 나온 김에, 독특하게 활용하는 동사 '말다'도 보고 가겠습니다. 이게 왜 독특하냐면, 명령형에 두 가지 형태의 활용이 가능하거든요. 비슷한 꼴의 동사 '살다'는 "살아-살아라-살아요"로만 활용하는데, '말다'는 "말아-말아라-말아요"와 "마-마라-마요"가 모두 가능하단 말씀! 충격적인 건 더 정통성 있어 보이는 "말아-말아라-말아요"가 최근까지도 옳지 못한 맞춤법이었다는 겁니다. 맞춤법 규정을 만들기 전부터 워낙 많이 쓰이던 '마' 꼴만 맞는 맞춤법으로 인정한, 그야말로 특별 사례였죠. 하지만 규정에 아랑곳하지 않고 꾸준히 쓰이던 "말아-말아라-말아요"도 기나긴 설움의 시간을 딛고 2015년 겨울, 비로소 표준 활용형의 하나로 인정받게 됩니다. 이제 "하지 마"와 "하지 말아", "그러지 마라"와 "그러지 말아라", "밤에 먹지 마요"와 "밤에 먹지 말아요" 모두 쓸 수 있게 된 거죠. 자, 이제 헷갈리지 마요. 고민하지도 말아요.

▶ '느라고'는 까닭을, '노라고'는 목적이나 의도를 나타내는 어미이므로 구분해서 쓴다.

▶ '하렷다'와 '하겄다'가 아니라 '하렷다'와 '하것다'가 맞는 표기다.

▶ '말다'는 "말아-말아라-말아요", "마-마라-마요"를 모두 쓸 수 있다.

하지만 말이죠, "밤에 먹지 말아요"라는 말에는 강력히 반발하지 않을 수 없네요. 대체 왜죠? 밤에 먹는 라면만큼 맛있는 게 또 어딨다고요. "라면 먹고 갈래요?"라는 유혹이 괜히 치명적인 게 아니란 말입니다. 그런데 참, 여러분 그거 아시나요? "빨리 와, 라면 다 불겠다"라는 말도 잘못된 말이라는 걸요.

많이 당황스러우시겠지만 이 자리에는 '불겠다'가 아니라 '붇겠다'가 쓰여야 합니다. "물에 젖어서 부피가 커지다", "분량이나 수효가 많아지다"라는 동사의 기본형은 '불다'가 아니라 '붇다'거든요. '불다'는 바람이 불거나, 휘파람을 불거나, 적의 혹독한 고문 앞에 동지의 은신처를 불 때 쓰는 말이죠. 면발과 강물과 몸무게는 '붇는' 거랍니다. 기본형인 '붇다'를 잘 안 쓰고(앞에서도 봤지만 동사는 기본형만 딸랑 쓰이는 경우가 잘 없으니까요) 활용형인 '불어'를 워낙 자주 써서 모르고 있었을 뿐……. 사실 이건 '기본형을 잘못 알고 있는 동사'에 속하는 거지만, 포인트는 '활용'에 있어서 여기로 가져왔답니다.

이 '붇다'가 어떻게 활용하는지 살펴볼 텐데요, 아무래도 '붇다'가 눈에 익지 않으셨을 테니 어간 끝에 'ㄷ' 받침을 가지고 같은 꼴로 활용하는 다른 동사들과 묶어서 보는 편이 좋을 것 같네요.

- 듣다: 듣고-듣는-들어-들으니-들은-들어서-듣겠다……
- 싣다: 싣고-싣는-실어-실으니-실은-실어서-싣겠다……

- 긷다: 긷고-긷는-길어-길으니-길은-길어서-긷겠다……
- 붇다: 붇고-붇는-불어-불으니-불은-불어서-붇겠다……

  불다: 불고-부는-불어-부니-분-불어서-불겠다……

어때요? '불다'를 제외하고는 모두 같은 꼴인 거 보이시죠?
이게 바로 'ㄷ 불규칙 활용'의 경우랍니다(187쪽에 잠시 등장했
던 '눋다'도 '눌어'로 활용했었죠). 보시다시피 '붇다'와 '불다'의 활
용형 중에 겹치는 것이 있어서 헷갈릴 만도 합니다만, 이제는
"라면 다 불겠다"가 아니라 "라면 다 <u>붇겠다</u>"라고, "퉁퉁 분 라
면"이 아니라 "퉁퉁 <u>불은</u> 라면"이라고 써야겠습니다. 반면에
"서쪽에서 불은 바람"은 "서쪽에서 <u>분</u> 바람"이라고 써야겠고
요. '불은'은 잘못된 활용이었던 '거칠은'과는 처한 상황이 다르
니 헷갈리지 마세요!

  '불다', '붇다'와 관련해서 또 하나 헷갈리는 단어로 '붓다'
가 있는데요, 물론 자비로우신 부처님을 가리키는 명사이기도
하지만, 아무래도 여기서는 편도선이 붓거나, 화가 나서 부어
있거나, 물을 붓는 데 쓰이는 동사를 말하는 거겠죠? 이 녀석
은 "붓다-붓고-붓는-부어-부으니-부은-부어서-붓겠다" 등
으로 활용하니(ㅅ 불규칙 활용) 위의 '붇다' 및 '불다'의 활용형과
비교해서 기억해 두시면 좋겠네요. 아, 그리고 '붓다'를 포함하
는 동사 '들이붓다'와 '쏟아붓다'를 '들이붇다'와 '쏟아붇다'로
쓰는 분들도 종종 계시던데 그러지 않도록 주의하시고요.

▶ 라면은 '불는' 게 아니라 '붇는' 것이다. 이 동사의 기본형은 '붇다'로 "붇는-불어-불으니-불은-불어서-불겠다" 등으로 활용한다.

▶ '들이붇다'와 '쏟아붇다'가 아니라 '들이붓다'와 '쏟아붓다'가 맞는 표기다.

"라면 먹고 갈래요?"라는 말을 그렇게도 예쁘게 해주던, 참으로 아름다왔던 그녀에게 결국에는 채였던 한 남자를 생각하기 전에 맞춤법도 좀 생각해 봐야겠네요. '아름다왔던'은 딱 봐도 어색하게 느껴지시죠? '아름다웠던'으로 고쳐야 합니다. 예전에는 '순조로와', '고마와'처럼 쓰는 게 맞는 시절도 있었다고 합니다만 까마득한 옛날이야기고요, 이제 어간이 'ㅂ'으로 끝나는 용언은 '워'로 활용해야 한답니다. '곱다-고와'와 '돕다-도와' 두 개만 예외예요.

하지만 더 중요한 잘못된 맞춤법은 바로 "채였던"입니다. 이것 또한 잘못되었다는 걸 말씀드리기 위해 동사 '차다'부터 차근차근 출발해 볼게요. 우리는 공도 차고, 굴러 들어오는 복도 차고, 동생 태운이의 투실투실한 궁둥이도 곧잘 찹니다. 공과 복과 궁둥이 입장에서는 '차이는' 게 되겠죠. '차다'의 피동사는 '차이다'이고, 이걸 줄여서 '채다'라고 쓸 수도 있답니다.

그런데 말입니다, 우리가 흔히 쓰는 애인한테 '채였다'라는 말은 어떻게 나온 말일까요? 이 미스터리를 풀기 위해 제작진은, 아, 아니 저는 '차이다'와 '채다'를 각각 과거형으로 활용해 보기로 했습니다. 다들 아시는 과거형 어미 '었'을 넣어 보는 거죠. '차이다'는 '차이었다=차였다'가 되고, '채다'는 '채었다=챘다'가 됩니다. 그러니 '채였다'는 밑줄 친 두 개를 섞어 쓴 잘못된 활용이라는 게 저희 프로그램의, 아니 이 꼭지의 결론이죠. "애인한테 차이었다/차였다/채었다/챘다" 모두 가능하지만(주로 쓰이는 건 역시 '차였다'겠죠?) "채였다"만은 안 된답니다. 비슷한 예로 '패이다'가 있습니다. '파다'의 피동형인 '파이다'는 과거형으로 쓰면 '파이었다=파였다'가 되고, 그 준말인 '패다'는 '패었다=팼다'가 되지요. '패였다'는 쓸 수 없답니다.

이렇게 꼭 과거형의 경우가 아니더라도 잘못 활용하는 경우들이 많으니, 예문으로 체크해 볼까요?

- 길에 채이는 게 커플이다. (×)
  → 길에 차이는 게 커플이다. / 길에 채는 게 커플이다. (○)
- 이러다 곧 채일 것 같다. (×)
  → 이러다 곧 차일 것 같다. / 이러다 곧 챌 것 같다. (○)
- 움푹 패인 웅덩이 (×)
  → 움푹 파인 웅덩이 / 움푹 팬 웅덩이 (○)

피동형과 과거형 때문에 주의해야 하는 다른 예로 '치다'도 체크하고 가보죠. '치다'의 과거형은 '치었다=쳤다'고, '치이다'의 과거형은 '치이었다=치였다'입니다. "내가 사람을 치었어

(쳤어)"와 "사람이 차에 치이었어(치였어)"로 구분해야 되겠죠? '끼다'와 '끼이다'도 마찬가지입니다. "뒤늦게 술자리에 끼었어 (꼈어)"와 "문틈에 손이 끼이었어(끼였어)"로 정확히 구분해서 써야죠. 아참, '개다' 기억나시나요? 비록 '개이다' 자체가 말이 안 되어서 지금 이 사례와 똑같다고는 할 수 없지만, 활용 시의 유의점이 비슷하니 잠시 앞으로 돌아가서 살짝 복습하시고 다음으로 넘어가는 것도 좋을 것 같네요(164쪽으로 가면 됩니다).

▶ 어간 끝이 'ㅂ'인 용언은 '와'가 아닌 '워'로 활용한다.

정답다-정다워(O) 정다와(X)　　　해롭다-해로워(O) 해로와(X)

예외) 곱다-고와 / 돕다-도와

▶ '채다'와 '패다'는 이미 그 자체로 피동의 의미가 있으므로 '이'를 한 번 더 넣은 '채이다'와 '패이다'는 틀린 표기다. 활용형에도 주의한다.

채이다(X) 차이다/채다(O)　　　　　　　채인(X) 차인/챈(O)

채였다(X) 차이었다/차였다/챘다/채었다(O)　　채일(X) 차일/챌(O)

▶ '치다'와 '치이다', '끼다'와 '끼이다'는 과거형 활용에 주의한다.

치다-치었다 / 치이다-치였다　　　끼다-끼었다 / 끼이다-끼였다

이번에는 별로 어렵지는 않지만 무신경하게 쓰다 자주 틀리는 활용형 하나 보고 가겠습니다. "홍대 들리면 연락해. 난 항상 근처에 있으니까" 식으로 말하는 친구들 꼭 있죠. 이렇게 말해 주는 친구가 있다는 건 물론 고맙고 든든한 일이지만, 문제는 홍대 '들를' 때면 몰라도 홍대 '들릴' 때 연락하는 건 좀 이상

하다는 사실……. 해운대의 카페에 앉아 있다가 옆 테이블에서 누군가가 '홍대'라고 말하는 게 '들리면' 그 친구한테 연락하면 되나요?

네, 그렇습니다. 동사 '들르다'에 관한 이야기예요. 이 동사는 "들르고-들러서-들르면-들르니" 등으로 활용하는데요, 'ㅡ'보다는 'ㅣ'가 발음하기 편해서인지 '들리면', '들리니' 등으로 많이들 쓰시더라고요. 하지만 '들리면'은 '들르다'가 아니라 '들리다'의 활용형 아니겠습니까. "노랫소리가 들리면", "귀신이 들리면"처럼 쓰이잖아요. 이걸 마음대로 섞어서 쓰면 안 되겠지요?

활용형을 살펴보면 '들르다'는 "들르다-들러(들르+어)-들렀다(들르+었다)-들른다", '들리다'는 "들리다-들려(들리+어)-들렸다(들리+었다)-들린다"가 되네요. 그러니 "오는 길에 거기 좀 들렸다 와"가 아니라 "들렀다 와"가 맞고, "어머니께서 잠깐 들리셨다"가 아니라 "들르셨다"가 맞겠죠? "홍대 들르면 연락해"라고 정확히 써야겠습니다. 그나저나 연락만 하면 언제든 나와서 뭐든 다 사줄 것처럼 말해 놓고 실제로 연락하면 번번이 "어, 미안한데 오늘은 안 되겠다"라고 하는 사랑스런 친구들아, 그러지 마라. 내가 무슨 허구헌 날 얻어먹으려고 다니는 사람도 아니고…….

이렇게 자연스럽게 다음 맞춤법으로 넘어갑니다. "허구헌 날"에서 '허구헌'도 잘못된 활용이거든요. 너무 자연스러워서 틀린 게 숨어 있을 줄은 꿈에도 눈치 못 채셨죠? 이건 기본형 '허구하다'를 '허구한'으로 활용해야 하는데, 모음 조화(175쪽 참조)를 제멋대로 적용해서 '허구헌'이라고 발음하고 쓰다 보니 잘못된 표기가 너무 친숙해져 버린 케이스랍니다. '허구한'이 맞는다는 거 잊지 마세요. 참고로 '허구하다'는 "날, 세월 따위가 매우 오래다"라는 뜻의 형용사랍니다.

그러고 보면 "허구많은 사람 중에 왜 하필 나냐" 같은 문장도 꽤 익숙하지요? 하지만 여기서 '허구많은'도 잘못된 표기랍니다. '허구하다'와 관련 있을 것 같지만 의미를 따져 보면 "날, 세월 따위가 매우 오래다"라는 뜻과는 별 관계가 없죠? '허구많다'는 강원 지방 방언이고, 표준어는 '하고많다'랍니다. '하다'가 옛날에는 '많다'라는 뜻으로도 쓰였다는 거 아시는 분들은 아실 텐데요, 이 단어에서 그 흔적을 찾아볼 수 있습니다. '많고 많다'를 그냥 쓰면 좀 심심하니까 같은 뜻의 다른 단어로 살짝 바꿔 말의 맛을 더해 준 게 '하고많다'가 된 것 같네요. "하고많은 사람"으로 써줘야 합니다.

자, 그런데 앞에서 '허구헌'만 잘못되었던 게 아니에요. "사랑스런 친구들"에서 '사랑스런'도 잘못된 활용이거든요. 잘 아시다시피 '스럽다'는 명사 뒤에 붙어 '그러한 성질이 있음'의 뜻을 더하고 형용사를 만드는 접미사지요. '사랑스럽다', '자랑스럽다', '바보스럽다', '복스럽다', '우악스럽다'처럼요. 이걸 활용한 '사랑스러운'을 '사랑스런'이라고 살짝 줄여 쓰는 걸 흔히 볼

수 있는데요, '스럽다'는 '스럽고-스러운-스러워-스러우니' 등
으로 활용이 되어야지('스러와' 안 됩니다!), '스런'으로 줄일 수 있
는 근거가 아무것도 없답니다. 똑같이 어간이 'ㅂ'으로 끝나는
다른 용언들을 함께 보면, '덥다'의 활용형 '더운'을 '던'으로 줄
이고, '밉다'의 활용형 '미운'을 '민'으로 줄이고, '우습다'의 활
용형 '우스운'을 '우슨'으로 줄이면 이상하잖아요, 그렇죠?

　　"거짓말하지 마! 어렸을 때 '나는 자랑스런 태극기 앞에'라
고 외웠단 말이야!"라고 말씀하실 분들, 세상 돌아가는 일에
도통 관심이 없으시군요. 「국기에 대한 맹세」도 벌써 까마득한
2007년에 바뀌었다고요. 혹여나 궁금하실 분들을 위해 알려
드리자면 "나는 자랑스러운 태극기 앞에 자유롭고 정의로운
대한민국의 무궁한 영광을 위하여 충성을 다할 것을 굳게 다짐
합니다"로 바뀌었다고 합니다.

　　이렇게 「국기에 대한 맹세」도 바뀌고 여러 맞춤법이 바뀌
어도, 어법 자체를 무너뜨리는 변화는 좀처럼 받아들여지지 않
는 편인데요, '바뀌어도'를 '바껴도'로 쓰는 건 여러분이 보기에
도 좀 인정받기 힘들겠죠?

　　'바뀌다'가 '바꾸다'에서 온 거야 다 아실 겁니다. '바꾸다'
의 피동사 '바꾸이다'의 준말이 바로 '바뀌다'거든요. 이 '바뀌
다'의 활용형 중 하나인 '바뀌어'를 '바껴'라고 발음하는 바람에
글자로도 그렇게 쓰는 분들이 종종 있어요. 덩달아 '바뀌었을'
을 '바꼈을'이라고 잘못 쓰는 경우도 나오고요. 비슷한 예로는

'사귀어'와 '사귀었을'을 '사겨'와 '사겼을'로 쓰는 경우가 있겠네요. 원래의 단어가 '바끼어'와 '사기어'라면 '바껴'나 '사겨'로 줄일 수 있겠지만 그럴 수 없다는 것쯤은 길게 설명하지 않아도 되겠죠? 이 경우에는 줄여 쓸 수가 없어요!

같은 이유로 "부셔 버릴 거야!"도 쓰면 안 됩니다. '부수다'의 활용형 '부수어'는 '부숴'로 줄여 써야지 '부셔'는 '부시어'의 준말이니까요. 아, 잘 안 쓰긴 하지만 "그릇 따위를 씻어 깨끗하게 하다"라는 뜻을 가진 동사 '부시다'가 있으니, 수북한 설거지더미 앞에서 전의에 불타는 눈빛으로 "부셔 버릴 거야!"라고 쓰는 건 됩니다. 암요, 얼마든지 돼요.

그러니 친구가 방귀를 꼈다고 막 할켜 대지는 마세요. 방귀 '뀌었다고' '할퀴어' 댈 수야 있겠지만, 그래도 친구고 생리현상이잖아요. 그보다도 연애편지 쓸 때 "저랑 사겨 주세요" 같은 말을 쓰지 않도록 주의하는 게 더 시급하고 중요한 문제 아닐까요? '들어가는 글'에서 말씀드렸잖아요. 맞춤법 틀리는 이성에게는 호감도가 어떻게 된다고요?

▶ 어느 장소에 '들리다'가 아니라 '들르다'이므로 활용에도 유의한다.
　들려서(X) 들러서(O)　　　　　　들렸다(X) 들렀다(O)
▶ '허구헌'이 아니라 '허구한'이 맞는 표기다. '허구많다'가 아니라 '하고
　많다'가 맞는 표기다.
▶ '스럽다'의 활용형 '스러운'은 '스런'으로 줄여 쓰지 않는다.
▶ '바뀌어'를 '바껴'로, '사귀어'를 '사겨'로 줄여 쓰지 않는다.

하지만 말입니다. "저랑 사겨 주세요"라는 말에 "않되"라고 대답하는 상대가 있다면, 그래도 꽤나 잘 어울리는 한 쌍이 아닐까 하는 생각을 해봅니다. 자, 드디어 나왔네요. 참 많이도 틀리고 또 그만큼 많이도 지적하는 맞춤법계의 빅스타 '안/않'과 '되/돼'! 그만큼 유명해서 바르게 잘 쓰시는 분들도 많으니 설명이 필요 없으신 분들은 그냥 건너뛰셔도 됩니다.

'되'와 '돼'부터 먼저 살펴볼까요? 가장 커다란 원칙은 '되다'의 활용형 중 하나인 '되어'가 줄어 '돼'가 된다는 겁니다. '바꾸어'를 '바꿔'로 줄이는 메커니즘과 비슷하잖아요? "되다-되고-되는-되면-된-됨-될-되어(돼)-되어도(돼도)-되었다(됐다)-되었고(됐고)"에서처럼 '되어'는 '돼'로 바꿀 수 있습니다.

그러니 '생각되었습니다'는 '생각됐습니다'로 바꿔도 되지만, '생각되면'은 '생각돼면'으로 바꿀 수 없어요. 반면에 '돼다'라는 기본형은 없으니 "돼다-돼고-돼는-돼면-됀-됌-될-돼어-돼어도-돼었다-돼였고" 같은 표기는 죽었다 깨어나도 불가능하지요. 거꾸로 '됐'은 '되었'의 준말이니까 '됬'이란 글자는 나오려야 나올 수가 없고요.

그리 어려울 것도 없어 뵈는데 이게 그렇게 안 되나 봐요. '되어'를 넣어 봐서 자연스러우면 '돼'를 써도 되고, 안 자연스러우면 '되'만 써야 하는 거잖아요. 문장으로 살펴볼까요? "커서 뭐가 될래/됄래"에서 뭘 써야 할까요? '됄래'를 풀은 '되얼래'가 어색하니까 '될래'가 맞지요. "그 제안은 말이 안 됐다/됐다"에서는 '됐다'를 풀은 '되었다'가 자연스러우니 '됐다'가 맞고요(물론 줄이지 않고 "말이 안 되었다"라고 써도 됩니다). 이 단락 맨 위 줄만 봐도 "안 되어나 봐요"가 이상하니까 "안 되나 봐요"가 맞겠죠?

대체 이걸 왜들 틀리실까 생각해 보니 아무래도 "그러면 안 되/돼"가 헷갈려서가 아닐까 싶어요. "그러면 안 되어"가 어색해 보이니까 '돼'가 아니라 '되'가 맞겠지 하며 '그러면 안 되'라고 쓰는 거죠. 하지만 이 경우에는 "안 돼"가 맞는답니다. 어색해 보이긴 해도 '안 되어'는 맞는 활용이거든요. 생각해 보세요. 끝에 '아/어'로 활용할 때는 모음 발음이 겹치면 지워 버리는 규칙이 있습니다. '잡아', '알아', '먹어' 등은 그대로 쓰지만, '가다'의 경우 '가아'를 '가'로 줄이고 '서다'의 경우 '서어'를 '서'로 줄이는 것처럼요(보조용언 띄어쓰기에서 잠시 이야기했었죠. 123쪽 참조). 어미가 생략된 경우인데 그걸 아예 없는 거라고 착각하는 거죠. "그러면 안 되"라고 쓰는 건 "약속을 잡", "그녀를 알", "밥을 먹"처럼 쓰는 꼴이랍니다. 이해가 안 되시면, **문장 끝에 올 때는 '돼'와 '돼요'가 맞는다**는 걸로 그냥 외워 두세요! 그러니까 얼핏 보기에는 짝이 안 맞아 보일지 모르지만 "그것도 되기는 돼"는 올바른 표기입니다. "말이 되기는 돼도 말이지"도 마찬가지고요.

'하' 또는 '해'를 집어넣어서 말이 되는지를 따져 보는 요령도 있습니다. '하'가 자연스러우면 '되'가, '해'가 자연스러우면

'돼'가 맞는다는 거죠. '생각되서'냐 '생각돼서'냐가 헷갈릴 때 '생각하서'와 '생각해서'로 바꿔 보세요. '생각해서'가 자연스러우니까 '생각돼서'(또는 생각되어서)가 맞는 거랍니다! '안 하'가 아니라 '안 해'니까 '안 돼'가 맞겠죠? 이 공식이 편한 분들은 이걸로 기억해 두셔도 좋겠어요.

'뵈다', '쬐다', '쇠다', '쐬다'처럼 어간 끝이 'ㅚ'인 동사들 모두 마찬가지로 주의하셔야 합니다. '뵈다'를 예로 들어 보면 "내일 뵈어요"니까 "내일 봬요"가 맞고, "엊그제 뵈었어요"니까 "엊그제 봤어요"가 맞지요. "이래 뵈어도"니까 "이래 봬도"가 맞고요. "볕을 쬈어요", "설을 쇘어요"와 "바람을 쐤어요"도 맞는 표현이랍니다. '봤', '쬈', '쇘', '쐤' 같은 글자가 어색해 보인다고 의심하시면 안 돼요!

그럼 '안'과 '않'으로 넘어가 볼까요? 동사나 형용사를 부정할 때 앞에 붙는 부사는 '아니'의 준말인 '안'입니다. 한 글자짜리 부사는 띄어 써달라고 제가 간곡히 부탁했던 거 기억하시죠? "안 먹는다", "안 그렇다", "안 해", "안 갈 거야"처럼요. 반면 '않'은 '않다'와 그 활용형에나 씁니다. "먹지 않는다", "읽지 않은 책", "그렇지 않아"처럼요. 어간 '않'에 어미를 붙여 활용하니 **'않' 뒤를 띄어 쓰는 경우는 절대 없답니다.** 이렇게 말씀드렸다고 해서 '않먹어', '않준다'처럼 '안'을 띄어 써야 할 때 '않'을 붙여 써놓고 흐뭇해하시면 정말 곤란하고요.

자, 정리하자면 '되지 않는다'와 '안 된다'로 써야지, '되지

안는다', '않 된다'로 쓰면 안 돼요. 맨 처음에 예로 든 '않되'는 '안 돼'가 맞는 표기라는 거, 그렇게 안 어렵죠? 어렵지 않죠?

> ▶ '되어'가 '돼'로 준다는 것을 기억한다.
> '하'로 바꿔지면 '되'가, '해'로 바꿔지면 '돼'가 맞는다.
> 문장 끝에서는 '되/되요'가 아니라 '돼/돼요'가 맞는다.
> ▶ 부사 '안'은 뒷말과 띄어 쓰고, 어간 '않'은 뒤의 어미와 붙여 쓴다.
> 그런 일은 안 합니다.   밥을 안 먹었더니 배가 고프네.
> 안 그래도 그러려고 했어.   그렇지 않다는 걸 보여 주마.
> 가지 않겠다고 여러 번 말했지. 마음이 편치 않아요.

여기서 하나 짚고 넘어갈 것이 있습니다. 엄밀히는 활용이 아니라 띄어쓰기에 관한 얘기인데요, '안 돼' 이야기를 한 후에 다루는 게 좋을 것 같아 특별히 1부에서 스카우트해 왔답니다. 바로 '안돼'라고 붙여 쓰는 특별한 경우가 있다는 사실! 의미가 확장되어 한 단어로 취급받는 때가 있거든요. '되지 않는다'라는 뜻 말고 "그 사람 참 안된 사람이야"처럼 '불쌍하다'라는 의미로 쓰이는 '안되다'는 한 단어로 봅니다. '안되다'를 사전에서 찾아보면 이 외에도 다음과 같은 의미들이 수록되어 있어요. "일, 현상, 물건 따위가 좋게 이루어지지 않다", "사람이 훌륭하게 되지 못하다", "일정한 수준이나 정도에 이르지 못하다", "섭섭하거나 가엾어 마음이 언짢다", "근심이나 병 따위로 얼굴이 많이 상하다" 등등. 뭐 이리 마음 아픈 단어가 다 있는지……. 아무튼 이런 경우에는 '안되다'를 한 단어로 봅니다. "안되는 놈은 뒤로 넘어져도 코가 깨진다", "사정이 참 안됐네요" 같은 경우에는 띄어 쓰면 안 돼요. 이렇게 '안되다'의 뜻을 알고 보면, 띄어 쓰는 '안 되다'는 "띄어 쓰면 안 돼요"나 "네가 그렇게 말하면 안 되지"처럼 금지와 관련되어 있을 때, 그리고 "한 팀에 열 명도 안 된다", "여기 머문 지 열흘이 채 안 됐다"처럼 모자란다는 의미일 때 정도에 쓰인다고 할 수 있습니다.

'잘되다'와 '잘 되다'도 구분이 되는데요, 붙여 쓰는 '잘되다'는 "일, 현상, 물건 따위가 썩 좋게 이루어지다", "사람이 훌륭하게 되다", "일정한 수준이나 정도에 이르다", "(반어적으로) 결과가 좋지 아니하게 되다" 등의 뜻을 갖습니다. "일이 잘된다", "자식 잘되기를 바란다", "잘돼 봐야 열 명", "그것 참 잘됐다!"처럼 쓰지요. 문제는 이 의미들이 너무 폭넓어서 대체 띄어 쓸 때가 언제냐 하는 겁니다. 동사 '되다'를 꾸미는 부사 '잘'의 구조를 생각해 보면 '되긴 되는데 잘 되는' 때에 쓰면 될 것 같긴 합니다만, 그게 '잘되다'의 첫 번째 뜻 "일, 현상, 물건 따위가 썩 좋게 이루어지다"와 별 차이점이 없어 보이거든요. "여기서는 통화가 잘된다", "어제는 웬일로 공부가 잘되더라", "오늘은 밥이 잘됐다" 다 붙여 쓰는데 말이죠. 그래서 곰곰이 생각해 보니 안 좋은 쪽으로 이루어질 확률이 높을 때 '잘 되다'를 쓸 수 있을 것 같습니다. "이 기계는 작은 충격에도 파손이 잘 된다", "자외선에 노출되면 노화가 잘 된다", "저는 탈골이 잘 되는 체질이에요" 같은 때 말이죠.

'못되다'와 '못 되다'의 구분은 훨씬 쉬워요. "성질이나 품행 따위가 좋지 않거나 고약하다"라는 의미로 쓰이는, 그러니까 "못된 것!" 할 때의 '못되다'는 붙입니다. "심보가 못됐다"처럼 요. "일이 뜻대로 되지 않은 상태에 있다"라는 의미일 때도 붙여요. "그 일이 못된 게 남의 탓이겠어", "못되면 조상 탓"처럼 '잘못되다'와 비슷한 의미일 때죠. 반면에 '되지 못하다'라는 의미의 '못 되다'는 띄어 씁니다. "그가 당선이 못 된 건 지지 기반이 약해서이다", "오랜 꿈이었던 과학자가 못 되는 바람에 상심했지요"처럼요. 띄어쓰기만 다른 두 문장을 비교해 보면, "네 남편이 못 되어서 참 슬프다"는 너와 결혼하지 못해 슬프다는 말이겠고, "네 남편이 못되어서 참 슬프다"는 내가 한때 뜨겁게 사랑했던 네가 날 떠나 결혼한 너의 남편이 성격이 나빠서 내 마음이 참 안 좋다는 의미가 되겠네요. 하나 더 볼까요? "사람이 못된 것을 어쩌냐"는 그 사람이 못돼 처먹은 걸 어쩌겠느냐는 거고요, "사람이 못 된 것을 어쩌냐"는 며칠을 못 버텨 사람이 되지 못한 곰을 두고 안타까워하는 말처럼 들리네요. 하지만 곰아, 너무 슬퍼하지 마. 사람의 삶은 고(苦)란다…….

'못하다'는 "어떤 일을 일정한 수준에 못 미치게 하거나, 그 일을 할 능력이 없다", "비교 대상에 미치지 아니하다" 등의 뜻일 때 붙여 씁니다. "저 술 못해요", "일은 못하진 않아요", "예전만 못하군", "못해도 스무 명은 올걸"처럼요. 그리고 "□□

하지 못하다" 꼴은 전부 붙여 쓴다고 그냥 외워 두세요. "효도하지 못했다", "입지 못하게 된 옷", "닥치지 못해?"처럼요. 반면 띄어 쓰는 '못 하다'는 능력이 없어서 못 한 게 아니라('못하다'의 첫 번째 뜻) 상황이 안 좋아서 못 한 경우에 쓴다고나 할까요? 노래 실력이 별로라면 "노래를 못했다"라고 쓰지만, 회식날 노래방에서 꼭 한 곡 하고 싶었는데 싫증 난 부장님이 내 차례 직전에 나가자고 하는 바람에 노래를 못 불렀다면 "노래를 못 했다"라고 써야 하는 거죠. 방에 처음 놀러 온 애인에게, 사실은 오전 내내 열심히 해놓고는, "네가 너무 일찍 와서 청소를 못 했어"라고 내숭 떨 때도 띄어 쓰는 게 맞겠네요. 나중에 "사실은 내가 살림을 못해"라고 고백할 때는 붙여 쓰고요. 많이들 쓰시는 "꼼짝달싹 못 했다"도 띄어 써야겠죠?

'잘하다'와 '잘 하다'는 좀 애매한 구석이 있습니다. 사전에서 '잘하다'를 찾아보면 "옳고 바르게 하다", "좋고 훌륭하게 하다", "익숙하고 능란하게 하다", "버릇으로 자주 하다", "(반어적으로) 하는 짓이 못마땅하다는 뜻을 나타낸다" 등 여러 의미들이 실려 있는데요, 문제는 이 뜻에서 벗어나 '잘 하다'를 띄어 쓸 만한 경우를 좀처럼 찾기 힘들다는 거예요. 어지간하면 전부 붙여 쓴다고 생각하는 쪽이 편할 것 같습니다. 아, 그래도 '잘못하다'와 '잘 못하다'는 구분해서 써야 하는데요, 잘못을 저지르는 건 '잘못하다'라고 붙여 쓰고, '잘하지 못하다'라는 의미는 '잘 못하다'라고 띄어 써야겠습니다. "그건 내가 잘못했어",

"그는 노래를 잘 못했지"처럼요.

'다하다'는 "최선을 다했다", "목숨을 다해 지킬 것이다"처럼 무언가를 끝까지 해볼 때는 붙여 쓰고, "내가 할 수 있는 건 다 했다"처럼 '전부'의 의미일 때는 부사니까 띄어 쓴다고 보면 돼요. '덜하다'는 "더위가 작년보다 덜하다"처럼 비교하는 의미일 때는 한 단어라 붙여 쓰고, "나 숙제 덜 했어"처럼 아직 다 못 했다는 의미일 때는 부사라서 띄어 쓴답니다. 참, '안 하다'는 붙여 쓰는 경우가 없어요. 무조건 띄어서 쓰기!

▶ '안되다'는 불쌍하거나 좋게 이루어지지 않는 경우에 쓰고,
   '안 되다'는 금지와 관련되어 있거나 수요가 모자랄 때 쓴다.

▶ '잘되다'는 대부분 붙여 쓴다.
   '잘 되다'는 좋지 않은 일들이 일어날 확률이 높다는 의미일 때만 쓴다.

▶ '못되다'는 성격이 고약할 때나 일이 뜻대로 되지 않을 때 쓰고,
   '못 되다'는 능력의 부족 등으로 그 대상이 되지 못할 때 쓴다.

▶ '못하다'는 능력이 없음을 뜻하거나 비교 대상에 미치지 못할 때 쓰고,
   '못 하다'는 상황 때문에 할 수 없을 때 쓴다.

▶ '잘하다'는 대부분 붙여 쓴다고 보는 게 편하다.
   '잘못하다'는 잘못을 저지를 때, '잘 못하다'는 잘하지 못할 때 쓴다.

▶ '다하다'는 무언가의 끝나는 지점까지 갈 때,
   '다 하다'는 '다'가 '전부'의 뜻일 때 쓴다.

▶ '덜하다'는 비교해서 정도가 미치지 못할 때,
   '덜 하다'는 전부 끝내지 못했을 때 쓴다.

▶ '안 하다'는 붙여 쓰는 경우가 없다.

주의해서 써야 할 어미와 조사

아무래도 활용까지 오니 조금 골치가 아프시지요? 원래 변화무쌍한 놈들이 따라잡기 힘들게 마련이죠. 그래도 지금까지 그까다로운 용언의 벽을 잘 넘어오셨습니다. 하지만 안타깝게도 활용의 늪에서 벗어나기엔 아직 조금 일러요. 지금부터 살펴볼 '어미'도 결국 활용과 떼려야 뗄 수 없는 관계에 있으니까요. 활용 부분에서 한꺼번에 설명했으면 좋았겠지만, 어미를 조사와 함께 묶어서 보기가 편한 예들도 있고, 한 박자 쉬어 가기도 할 겸 이렇게 나누어 보았답니다.

본격적으로 들어가기 전에, 앞 단락 둘째 줄에 "힘들게 마련이죠"를 잠깐 보시겠어요? "힘들기 마련"과 "힘들게 마련" 중에 뭐가 맞는지 궁금하신 분이 (아주 혹시라도) 있을까 봐 말씀드리자면, 둘 다 쓸 수 있는 표현입니다. 문법적인 성분에서는 차이가 있지만 의미상으로는 구분하지 않고 써도 되는 표현이에요. (아주 혹시라도) 고민하셨던 분들, 편하게 쓰시라고요.

자, 그럼 친숙한 조사부터 본격적으로 시작해 볼까요? 조사 '로서'와 '로써'에 관해서는 많이 들어 보셨을 거예요. 아시다시피 '로서/으로서'는 지위, 신분, 자격을 나타낼 때 쓰고, '로써/으로써'는 재료, 수단, 도구를 나타낼 때 씁니다. 아래 예문들처럼 말이지요.

- 인간으로서 어떻게 그런 짓을 할 수가 있지?
- 그 사람은 정말 남편감으로서 흠잡을 데가 없다.
- 이런 경우는 반면교사로서 삼을 만하다.
- 평가 방법으로서의 효용성이 떨어진다.
- 지구를 하나의 생명체로서 간주하기 시작했다.
- 나로서도 그런 말이 신경 쓰일 수밖에 없다.
- 쌀로써 떡을 만든다.
- 화부터 내지 말고 대화로써 풀자고.
- 제가 이렇게 눈물로써 호소드리지 않습니까.
- 이로써 모든 문제가 해결되었다.

어때요, 감이 좀 잡히시나요? '로써'가 수단이나 도구를 나타낸다니까 "방법으로써", "도구로써"가 맞지 않나 오해하는 분들이 종종 있으신데, 이건 마치 경과된 시간을 의미하는 의존명사 '지'를 띄어 쓰라니까 "몇 시인 지"라고 띄어 쓰는 것과 마찬가지입니다(68쪽 참조). 방법이 될 수 있는지 없는지 하는 '자격'에 가까운 뜻이기 때문에 "방법으로서", "도구로서"가 되어야 해요! 헷갈리면 이렇게 생각해 보세요. '로써'의 경우 "~을 가지고"(재료)나 "~을 통해"(수단, 도구)로 고쳐 보면 말이 된다고요. "쌀을 가지고 떡을 만든다", "대화를 통해 풀자", "눈물을 통해 호소한다", "이를 통해 문제가 해결되었다"처럼 말이에요.

정말 헷갈릴 땐 그냥 깔끔하게 '서'나 '써'를 떼고 쓰는 것도 한 방법입니다. '로'라는 너그러운 조사는 두 경우 모두를 넉넉히 품어 주거든요. 앞의 예문들에서 '서'와 '써'를 떼고 읽어 보세요. 다 그럭저럭 말이 되죠? 물론 '이로써'는 '이로'가 되어서 좀 어색하긴 하지만 '이것으로'라고 생각하면 됩니다. 문장 맨 앞에 '이로서'를 쓸 일은 없다는 것 정도는 알아 두시면 편하겠네요("먹어 봤던 이로서 말하는데"처럼 중간에는 쓰일 수 있겠지만요). 아, '그로서'는 '그'가 사람일 경우에 문장 맨 앞에도 나올 수 있으니 유의하시고요("그로서 할 말을 한 것뿐이다"). 물론 "그로써 모든 일이 마무리되었다"에서는 '써'가 맞지만요.

직접적인 관련은 없지만 '로서' 얘기 나온 김에 덧붙이자면 "내가 아무리 배가 고프기로서니" 같은 구절에는 '로서니'를 써야 합니다. '로써니'는 당연히 안 되고요, '로소니' 쓰시는 분들도 심심찮게 봤는데 기억해 두세요. '로서니'가 맞습니다!

> ▶ '~기 마련'과 '~게 마련'은 둘 다 가능한 표기다.
> ▶ '로서'는 지위, 신분, 자격을 나타낼 때, '로써'는 재료, 수단, 도구를 나타낼 때 쓴다.
> ▶ '하기로소니', '하기로써니'가 아니라 '하기로서니'가 맞는 표기다.

문득 잠시 소홀했던 친구들 생각이 나네요. 2부를 시작하는 데 큰 도움이 되었던, 소중한 술친구로서 십수 년간 서로의 술잔을 채워 줌으로써 돈독해진, 그날 밤 삐뚤어진 코가 한 바퀴 돌아 제자리로 돌아올 때까지 함께 퍼 마셨던 바로 그 녀석들 말이에요. 몇십 쪽 사이에 잘 있었니, 애들아?

설마 잘 있었을 리가요. 그렇게 마신 다음 날, 아침부터 카톡창이 시끄러웠습니다. "출근은 잘했냐", "죽겠다 아주", "반차 냈음", "또 너희랑 마시면 내가 개다" 등등 아름답고 훈훈하고 하나 마나 한 말들이 퍽 다정히 오갔더랬죠. 그 와중에 먼저 많이 취해서 강제 조기 귀가 조치를 당했던 놈이 "어제 나 택시 태워 보내 준 거 누구냐?"라며 겸연쩍게 물어 오자 다들 그제야 생각났다는 듯이 타박을 시작했습니다. "술이 그렇게 맛있든?", "어찌나 빨리 퍼 마시든지", "술을 먹었으면 곱게 집에 가던가 아니면 얌전히 있던가". 휴우…… 저도 술이 덜 깨어 속이 만신창이였습니다만, 다들 작정한 듯 '든'과 '던'을 잘못 사용하고 있는 꼴을 보니 속이 더 뒤집히더군요.

'든'과 '던'을 잘못 쓰는 건 정말 흔하디흔한 경우요. 심지어 방송 자막에서도 많이 틀리는데, 보통은 '든'을 써야 할 자리에 '던'을 쓰는 경우가 많습니다. 둘을 비교해 보면, 먼저 '든/든지/든가'는 '선택'의 의미를 가지고 있어요. 체언에 붙을 때는 조사로 쓰이고("치킨이든 골뱅이든"), 용언에 붙을 때는 어미로 쓰이는데("삼키든지 뱉든지"), 어미든 접사든 붙여 쓰는 건 매한가지니 띄어쓰기는 신경 쓰실 것 없답니다. 반면 '던/던지/던가'는 의문이나 과거의 회상 등에 쓰여요. "내가 널 그렇게 가르치던?", "많이 사랑했던 사람이야", "얼마나 마음이 아팠던지"처럼 씁니다.

그렇다면 "과거에 네가 무슨 짓을 했□ 너를 사랑할 것이다"에서 빈칸에 들어갈 글자는 무엇일까요? 정답은 '든'입니다. '과거'라는 글자에 꽂혀서 '과거에 네가 무슨 일을 했던'이라고 오해하시면 아니 되어요! 여기서는 네가 신도림역에서 스트립쇼를 했든 강남대로에서 봉춤을 췄든 불도저 앞에서 삽질을 했든 이거든 저거든 뭐든 상관없다는 의미잖아요. "삼키든 뱉든", "치킨이든 골뱅이든 오징어든"처럼 보기를 노골적으로 던져 주고 고르라고 하진 않지만 선택의 뜻이 숨어 있다는 거, 이해되시나요? 선택지가 나열되지 않는 경우라도 이처럼 선택의 의미가 포함돼 있다면 '든지'를 써야 합니다. "어떤 안주든 맛있게 먹을게요", "차라리 밥을 먹든가 해라", "내가 뭘 하든지 상관하지 마라"처럼 말입니다. 반면 "과거에 네가 무슨 짓을 했던지 생각해 봐라" 같은 경우에는 '던'이 맞겠고요.

그러니 친구들의 말은 "술이 그렇게 맛있던?", "어찌나 빨리 퍼 마시던지", "술을 먹었으면 곱게 집에 가든가 아니면 얌전히 있든가"로 고쳐 써야 어법에 맞게 됩니다. 그러니까요, 앞으로 술 그렇게 먹으면 어떻게 되든지 내팽개칠 거야.

> ▶ 선택의 의미가 있을 때는 '든/든지/든가'를, 과거의 회상에는 '던/던지/던가'를 쓴다.

친구들이 구박하자 녀석은 민망한 듯 이야기합니다. "어휴, 내가 또 뭘 어쨌길래 그런데……." 여기서 '어쨌길래'의 맞춤법을 의심하시는 분에게는 그 눈치에 박수를 보냅니다만, 아쉽게도 잘못 짚으셨어요. 어미 '길래'는 '기에'의 구어적 표현으로 표준어에 올라 있거든요, '어쨌길래'와 '어쨌기에', '하길래'와 '하기에' 모두 어법에 맞는답니다! 그래도 글을 쓸 때는 아무래도 구어보다는 문어가 낫겠지요? 대화 속에서 입말을 살릴 때가 아니라면 '어쨌기에', '하기에'를 써주는 편이 약간이라도 더 점잖아 보이기는 할 것 같네요.

그런데 이 문장에서 정작 문제가 되는 것은 따로 있었으니, 바로 문장 맨 끝의 '그런데'랍니다. 지금 보고 계시는 이 단락 맨 앞의 '그런데'처럼 접속사로 쓰이는 경우가 너무나도 친숙한 나머지 얼핏 자연스러워 보이는 "어쨌길래 그런데"는 "어쨌길래 그런대"로 고쳐야 합니다. 어미 '대'가 사용된 경우거든요. 사전에는 "어떤 사실을 주어진 것으로 치고 그 사실에 대한 의문을 나타내는 종결 어미"로서 "놀라거나 못마땅하게 여기는 뜻이 섞여 있다"라고 설명되어 있는데요, 의문을 나타낸다고는 해도 가벼운 의문인지라 굳이 대답을 요구하지 않는 경우가 많아요. 그러니까 "이 맞춤법 책은 어쩜 이렇게 재밌대", "날씨는 왜 이리 덥대", "엄마는 그때 왜 그랬대"처럼 쓰인답니다. 이런 경우의 문장을 '데'로 끝마치면 (굉장히 놀랍고 굉장히 못마땅한 말투로) "그렇게 가르쳐 주었는데 대체 왜 그런대" 소리를 들으실지도 몰라요.

이 '대'와 헷갈리는 '데'는 주로 앞서 본 어미 'ㄴ데'의 경우입니다(86쪽 참조). 앞에선 문장 중간에서 절과 절을 잇는 용법만 살펴봤는데, 문장 끝에 쓰여 가벼운 감탄을 나타내는 용법도 있어요. "어머님이 아주 미인이신데!", "밥이 너무 많은데?", "그 인간도 참 어지간하던데"처럼요. 모두 같은 용법으로 쓰이는 이때의 'ㄴ데/은데/는데/던데'를 '대'로 맺으면 안 된다는 거 꼭 기억해 두시길!

두 경우가 헷갈리는 분들께 꼼수를 하나 알려드리자면, 이때의 '대'는 '다냐'로 바꿔 보면 뜻이 통한답니다. "어쩜 이렇게 재밌다냐", "왜 이리 덥다냐", "왜 그랬다냐"처럼요. 반면에 "아주 미인이신다냐", "너무 많은다냐", "참 어지간하던다냐"는 이상하죠? 이때는 '데'를 쓰는 게 맞겠습니다.

어미 '대'에는 다른 용법이 하나 더 있습니다. 남의 말을 전하는 "다고 해"가 줄어든 '대'가 바로 그것이죠. "그 책 되게 재밌대", "그 사람 되게 잘생겼대"처럼 쓰면 되는데요, '다냐'로 바꿀 수 있는 '대'와는 모양만 같지 성격이 전혀 다르다는 점, 유의해 주세요!

그런데 여기서 맞춤법의 호락호락하지 않음을 보여 주는 대목이 또 있지요. "그 책 되게 재밌데", "그 사람 되게 잘생겼데"라고 해도 말이 되거든요. 문장의 의미가 달라진답니다. 이때 쓰인 어미 '데'는 "과거 어느 때에 직접 경험하여 알게 된 사실을 현재의 말하는 장면에 그대로 옮겨 와서 말함을 나타내는 종결 어미"랍니다. 쉽게 예문으로 설명하자면, "그 사람 되게 잘생겼대" 하면 '직접 보진 못했지만 잘생겼다고 하더라'라는 의미이고요, "그 사람 되게 잘생겼데" 하면 '저번에 봤는데 잘생겼더라'라는 의미가 되는 거죠. 의미가 달라지는 만큼 상황에 맞게 정확히 써야겠습니다.

그럼 복습할 겸 다음 문장들을 한번 보고 가세요. 조금 헷갈릴 수도 있지만 차근차근 따져 보면 이해가 되실 겁니다.

- 그거 엄청 재밌<u>데도</u>!
- 아무리 재밌<u>대도</u> 하기 싫으면 그만이지. (=재밌다고 해도)
- 사람들이 다 뭐라고 하는<u>데도</u>?
- 누가 뭐라고 한<u>대도</u> 안 할 거야. (=한다고 해도)

아, '다고 해'를 '대'로 줄이는 것과 같은 꼴의 준말이 몇 개 있어서 이 패밀리를 잠깐 살펴보고 가야겠네요. '한다고 해'가 '한대'로 주는 것처럼, '하라고 해'는 '하래'로, '하자고 해'는 '하재'로, '하냐고 해'는 '하내'로 줄거든요. '-고 해'가 아주 슬림하게 'ㅣ'로 줄어서 붙는 거 아시겠지요? 따라서 '하쟤'나 '하녜'는 잘못된 표기라는 걸 알 수 있습니다. 그렇다면 여기서 응용 퀴즈! "그러자고 해"는 줄이면 뭐가 되죠? 네, 정답은 '그러재'랍니다. '그러쟤'는 틀려요!

'대' 이야기가 나온 김에 '건대'도 짚고 넘어가지요. 서울시 광진구에 위치한 어느 대학교를 떠올리게 하는 이 어미는, 뭐 저런 어미가 다 있느냐 싶으시겠지만, 가만히 생각해 보건대 어디서 본 거 같지 않나요? 네, 방금 보셨잖아요. "생각해 보건대" 말이에요. "소식을 듣건대", "제발 바라건대"처럼 쓰는 이 어미 '건대'를 '건데'로 잘못 쓰지 않도록 신경 써주세요. 헷갈리면 대학교 이름이라도 빌려서 기억해 주시길! 비슷한 의미로 쓰이는 'ㄹ진대'도 'ㄹ진데'가 아니랍니다. 이렇게까지 설명해 드렸을진대 부디 틀리지 말아 주세요.

▶ '하기에'와 '하길래'는 모두 맞는 표현이다.

▶ 어미 '대'에는 가벼운 의문을 나타내는 용법(='다냐')이 있고,
  어미 'ㄴ데'에는 가벼운 감탄을 나타내는 용법이 있다.

  왜 그리 재밌대. (=재밌다냐)   아주 재밌는데!

▶ 어미 '대'에는 '다고 해'가 줄어든 용법이 있고,
  어미 '데'에는 과거의 사실을 현재로 옮겨 전달하는 용법이 있다.

  그 영화 재밌대. (전해 들은 경우)   그 영화 재밌데. (직접 본 경우)

▶ '~고 해'의 경우는 다음과 같이 줄여 쓸 수 있다.

  한다고 해 → 한대   하라고 해 → 하래
  하자고 해 → 하재   하냐고 해 → 하내

▶ '하건데', '할진데'가 아니라 '하건대', '할진대'가 맞는 표기다.

여기서 또 그냥 넘어갈 수 없는 맞춤법이 하나 나오죠. 바로 '하건대'를 어떻게 줄여 쓰느냐 하는 문제입니다. '생각컨대'나

'청컨대', '짐작컨대', '장담컨대' 같은 모양을 많이 보셨을 거예요. 단언컨대 이 중에서 가장 유명한 녀석은 모 CF에 등장한 '단언컨대'겠지만요(설마 '단연컨대'로 오해하고 계시진 않겠죠?). 이것들은 '생각하건대', '청하건대', '짐작하건대', '장담하건대'가 줄어서 된 말이랍니다. 그런데 (아마도 눈치채지 못하셨을 확률이 크지만) 이 중에 잘못된 맞춤법이 섞여 있어요. '생각컨대'와 '짐작컨대'는 '생각건대'와 '짐작건대'로 써야 하거든요.

대체 어떨 때는 '건대'가 되고 어떨 때는 '컨대'가 되는 걸까요? 여기에 관해서는 「한글 맞춤법」 40항이 설명해 주고 있는데요, 복잡한 설명은 치워 버리고 간단히 공식 하나로 정리해 드릴게요. '하건대'를 줄일 때, 앞 단어의 끝 받침이 'ㄱ·ㅂ·ㅅ'인 경우에는 그냥 '건대'로, 나머지 경우는 '컨대'로 줄입니다. '생각'과 '짐작'의 경우 맨 끝의 받침이 'ㄱ'이니까 '생각건대'와 '짐작건대'가 되고, '원', '장담', '회상'의 경우 끝 받침이 각각 'ㄴ', 'ㅁ', 'ㅇ'이니 '원컨대', '장담컨대', '회상컨대'가 되는 거죠. 이건 일급비밀인데요, 'ㄱ·ㅂ·ㅅ'는 개인적으로 "거 보쇼"로 외우고 있습니다.

이 공식은 '하건대' 말고도 '하'를 줄이는 다른 여러 경우에 두루 쓰입니다. '연구하도록'을 '연구토록'으로 줄여 쓴다거나 '간편하게'를 '간편케'로, '달성하고자'를 '달성코자'로, '무심하지 않게'를 '무심치 않게'로, '섭섭하지 않게'를 '섭섭지 않게'로 줄여 쓰는 것도 모두 이 공식을 따르지요. 이런 건 그저 예제나

많이 보면서 공식이 맞나 차근차근 따져 보는 게 장땡 아니겠
어요?

- 익숙하지 못해 → 익숙지 못해 (앞 받침은 '숙'의 'ㄱ')
  노련하지 못해 → 노련치 못해 (앞 받침은 '련'의 'ㄴ')
- 깨끗하다 못해 → 깨끗다 못해 (ㅅ)
  간편하다 못해 → 간편타 못해 (ㄴ)
- 깨끗하지 않아 → 깨끗지 않아 (ㅅ)
  간편하지 않아 → 간편치 않아 (ㄴ)
- 넉넉하지 않게 → 넉넉지 않게 (ㄱ)
  용서하지 않게 → 용서치 않게 (받침 없음)
- 거북하게 → 거북게 (ㄱ)
  달성하게 → 달성케 (ㅇ)
- 갑갑하다 → 갑갑다 (ㅂ)
  부지런하다 → 부지런타 (ㄴ)
- 출국하고자 → 출국고자 (ㄱ)
  사임하고자 → 사임코자 (ㅁ)
- 학습하도록 → 학습도록 (ㅂ)
  영원하도록 → 영원토록 (ㄴ)

'아니, 뭘 또 저렇게까지 줄여'라고 할 만큼 낯설고 어색해
보이는 것들이 끼어 있는 것도 사실입니다만, 규칙을 보여 드

리기 위한 거니 이해해 주세요. '거북게', '학습도록' 같은 표기를 쓸 일은 잘 없겠지만 엄연히 어법에 맞는 표기랍니다.

참, '서슴지 않다'는 주의하셔야 해요. '서슴'이 'ㅁ'으로 끝나는데 왜 '서슴지'냐고요? 이건 '서슴하지 않다'를 줄인 게 아니거든요. "결단을 내리지 못하고 머뭇거리며 망설이다"라는 뜻의 동사 기본형은 '서슴다'입니다. 이걸 "서슴다-서슴고-서슴어-서슴지"로 활용한 거라서 '하'를 줄일 때 쓰는 공식과는 애초에 상관이 없어요.

할 만하시죠? 이 기세를 살려 준말 '잖'과 '찮'도 보고 가겠습니다. 별로 어렵지 않아요. 쉽게 말해 '잖'은 '지 않'의 준말이고 '찮'은 '치 않'의 준말이랍니다(그렇기에 '잖'과 '찮'은 앞말과 띄어 쓰는 경우가 없어요). 참고로 예전에는 '쟎/챦'으로 쓰는 게 맞았는데요, 이게 줄어들기 전의 모양을 더 충실히 반영한 거긴 하지만 표기도 복잡하고 그렇다고 발음상의 변별력도 딱히 없어서 '잖/찮'이 그 자리를 뺏는 데 성공했답니다. 이제 '쟎/챦'은 잘못된 표기예요. 본격적으로 예제를 볼까요?

- 마뜩하지 않다 → 마뜩지 않다 → 마뜩잖다

  섭섭하지 않은 → 섭섭지 않은 → 섭섭잖은

  못하지 않게 → 못지않게* → 못잖게

  남부럽지 않아도 → 남부럽잖아도

  그렇지 않아도 → 그렇잖아도

예사롭지 않게 → 예사롭잖게

귀찮지 않다 → 귀찮잖다

- 변변하지 않은 → 변변치 않은 → 변변찮은

  대단하지 않다 → 대단치 않다 → 대단찮다

  수월하지 않아 → 수월치 않아 → 수월찮아

  마땅하지 않군 → 마땅치 않군 → 마땅찮군

(※ '못지않다'는 한 단어로 굳어서 붙여 씁니다.)

보시다시피 주의할 점은 '하'가 있는 경우 앞에서 본 줄임 공식을 먼저 적용한 뒤에 따져 봐야 한다는 겁니다. 그러고 보니 제가 "어렵지 않아요"라며 설명을 했는데, 이 말을 줄이면 "어렵잖아요"가 되네요. 그런데 어라? 소리 내서 읽어 보니 이거 억양에 따라 어렵지 않다는 뜻도 되고 어렵다는 뜻도 되고……. 아, 한국어 정말 쉽지 않네요.

> ▶ '하건대'를 줄일 때, 앞 단어의 끝 받침이 'ㄱ·ㅂ·ㅅ'인 경우에는 '건대'로, 나머지 경우에는 '컨대'로 줄인다.
>
> ▶ '하다', '하지', '하게', '하고자', '하도록' 등을 줄일 때도 마찬가지다. 앞 단어의 끝 받침이 'ㄱ·ㅂ·ㅅ'인 경우에는 '다', '지', '게', '고자', '도록'으로, 나머지 경우에는 '타', '치', '케', '코자', '토록'으로 줄인다.
>
> ▶ '지 않'은 '잖'으로, '치 않'은 '찮'으로 줄인다.
> 단, 이는 '하'를 줄일 수 있는 경우 먼저 줄인 뒤에 적용한다.

준말이라는 게 참 만만찮죠? 하지만 정말 만만찮은 건 과음 다음 날의 오전 근무죠. 맞춤법 공부에 홀딱 빠지신 여러분들이야 저와 친구들의 존재를 잊으셨을지 모르지만, 모두들 쓰린 속을 부여잡고 분투하고 있었답니다. 그러는 중에 "오늘 일이나 제대로 할런지 모르겠다"라는 한 친구의 말이 심금을 울리네요. 그러게, 친구야. 그런데 나는 여기서 맞춤법을 지적하면 네가 받아들일는지 화낼는지 잘 모르겠구나.

'할런지'도 많이 틀리는 표기입니다. '할른지'로 쓰시는 분들 역시 땡! 눈치 빠른 분들은 제가 위에서 '받아들일는지 화낼는지'라고 쓴 걸 보고 감을 잡으셨겠지만, 맞는 표기는 '할는지'랍니다. 'ㄹ는지'는 실현 가능성에 대한 의문을 나타내는 어미예요. '먹을런지'가 아니라 '먹을는지', '될런지'가 아니라 '될는지'가 맞지요. 무조건 '는지'라고 외워 두시면 되는데 혹시나 헷갈리실지 모르니 기억하기 쉬운 팁을 하나 드릴게요. 그 사람이 과거에 나를 사랑했는지 궁금하죠? 그리고 지금도 나를 사랑하는지 궁금하죠? 그러면 미래에 나를 사랑할는지 궁금하겠죠? 이 정도 설명이면 나중에 기억이 나실는지…….

그런데 제가 조금 전에 "팁을 하나 드릴게요"라고 했잖아요? 이거 잡아내신 눈 밝으신 분께는 진심으로 박수를 보내 드립니다. 짝짝짝! 'ㄹ께'는 입말로 워낙 많이 써서 별로 이상해 보이지 않지만 옳지 못한 표기랍니다. 1부에서 봤던 어미 중에 'ㄹ게' 기억하시나요? '할 게요'라고 띄어 쓰지 말라고 당부드렸던 바로 그 녀석요(41쪽 참조). 이 'ㄹ게'를 약간 세게 발음한 'ㄹ께'는 없는 어미라서 '할께요'는 잘못된 표기랍니다. '할게'를 직접 발음해 보면 '게'와 '께'의 중간쯤 되는 느낌이긴 한데, 국립국어원에서는 '게'만 맞는 표기로 인정하고 있어요. 혹시 "이건 내 꺼야"는 되는데 "할께요"는 왜 안 되느냐고 따지실 분들, '꺼'도 틀린 표기이니 고정하시길! "이건 내 거야"라고 부드럽게 써주셔야죠. 자, 이제는 "그만 갈게", "내일 뵐게요", "이제 잘 거야" 같은 문장은 쓰지 않도록 해요!

이렇게 입말로는 친숙한데 표기법으로는 틀린, 다른 예 하나 더 보지요. 이것도 꽤 자주 쓰이구요, 라고 하자마자 등장한 순진한 범인! '쓰이구요'가 아니라 '쓰이고요'가 맞는답니다. '고'라는 어미는 있지만 '구'라는 어미는 없어요. "밥을 먹구 집에 갔어"가 표준어가 아닌 것도 이 때문이죠. 가수 강산에 씨의 노래 제목 '라구요'도 어법에 맞게 쓴다면 '라고요'가 되어야겠지만, 그래도 우리 이 정도는 이해하고 넘어가 주자구요. 잠깐! 여기서 알겠다고 고개 끄덕이신 분들은 반성하세요! '넘어가 주자구요'가 아니죠. '넘어가 주자고요'라고요.

> ▶ '할런지'나 '할른지'가 아니라 '할는지'가 맞는 표기다.
> ▶ '할께요', '할 꺼야'가 아니라 '할게요', '할 거야'가 맞는 표기다.
> ▶ '하구요'가 아니라 '하고요'가 맞는 표기다.

어쩐지 카톡방에서 진한 술 냄새가 모락모락 올라오는 것 같긴 하지만 아무튼 간에 꾸역꾸역 대화는 계속되고 있습니다. "겨우겨우 출근은 했지만은 앉아 있기 너무 힘들다", "퇴근하고픈 마음뿐이다. 슬프게시리", "그러게, 진짜 오늘 어떻하지"라고요. 그러게요, 보고 있기 너무 힘드네. 진짜 얘들 어떡하죠?

'어떻하지'야 그래도 어색한 게 금방 티가 나죠? 형용사 '어떠하다'와 그 준말인 '어떻다'는 "의견, 성질, 형편, 상태 따위가 어찌 되어 있다"라는 뜻을 가집니다. 활용형 '어떻게'는 눈에 익으시죠? 이게 들어간 '어떻게 하지'는 '어떡하지'라고 줄여야 합니다. 왜 '어떻하지'가 아니라 '어떡하지'냐고 물어보신다면, 실제 발음을 고려한 표기라는 정도의 말씀밖에는 못 드리겠네요. '어떻하지'라고 쓰면 [어떠하지]라고 발음되어 우리가 원하는 [어떠카지]와는 너무 동떨어질 테니까요. 어쨌건 '어떡하지'와 '어떻게 하지'는 맞지만 '어떻하지'만큼은 틀리답니다. '어떻해서든'이 아니라 '어떡해서든'이 맞고요.

"퇴근하고픈 마음뿐이다. 슬프게시리"에서는 두 가지에 관해 말씀드릴게요. 아마 모르고 계셨겠지만 '퇴근하고 싶은'을 줄인 '퇴근하고픈'은 최근까지도 표준어가 아니었답니다. 관례적으로만 통용될 뿐 정식 한국어 문법으로는 인정되지 않았죠. 하지만 '말다'의 활용형으로 "말아-말아라-말아요"를 인정해 줄 때 준말 '고프다'도 함께 맞는 문법으로 인정해 주었답니다. 이제 편하게, 쓰고플 때 쓰셔도 돼요!

하지만 "슬프게시리"에 쓰인 어미 '게시리'는 슬프게시리 표준어로 인정되지 않고 있습니다. 많이들 쓰고는 있지만, 『표준국어대사전』은 '게시리'를 '게끔'으로 고쳐 쓰도록 규정해 두었거든요. 하지만 이건 말맛이 달라도 너무 다르지 않습니까? "이놈이 치사하게시리"를 "이놈이 치사하게끔"으로 고치라고요? 아휴, 진짜 치사하게끔……. (역시 이상하잖아요ㅠㅠ) '게시리'야, 내가 더 많이 애용해 줄 테니 너도 꼭 등재어에 오르자꾸나. 혹시 여기에 힘을 보태 주실 분들은 "슬프게스리", "치사하게스리"처럼 잘못 써서 엉뚱한 '게스리'에게 힘이 가지 않도록 주의해 주세요. '게시리'입니다.

이걸로 위 대화에서의 틀린 맞춤법이 다 나왔다고 생각진 않으시겠죠? 하나 더 있습니다. "출근은 했지만은"이 아니라 "출근은 했지<u>마는</u>"이 맞거든요. '마는'과 '만은'도 잘 구별해서 써야 합니다. '마는'은 "~했다. 하지만~" 정도의 느낌을 주는 조사예요. 예문으로 볼까요?

- 열심히 했다<u>마는</u> 합격할 수 있을지 모르겠다.
    → 열심히 했다. 하지만 합격할 수 있을지 모르겠다.
- 그렇지<u>마는</u> 자신이 없는 건 사실이다.
    → 그렇다. 하지만 자신이 없는 건 사실이다.
- 그렇게 말했건<u>마는</u> 아직도 정신을 못 차리다니!
    → 그렇게 말했다. 하지만 아직도 정신을 못 차리다니!

이런 용법인 경우에는 '만은'이 아니라 '마는'을 씁니다. 이 때의 '마는'은 '만'으로 고쳐 써도 뜻에 아무 변화가 없지요. 반면 '만은'은 조사 '만'과 '은'이 결합한 거예요. "그것만은 비밀로 해줘", "너만은 믿었는데", "그냥 당하지만은 않겠다"처럼 쓰이죠. 이 경우는 '만'을 빼도 말은 되는데 'only'의 의미를 더한 '만'을 쏘옥 끼워 넣은 경우라고 보시면 돼요. 어때요, 별로 어렵지 않죠? 뭐라고요? 꼭 그렇지□□ 않다고요? 여기 뭐가 들어갈지 맞춰 보세요. 정답은 따로 안 알려 드릴게요. 답을 언제나 그렇게 쉽게 가르쳐 드릴 수'만은' 없죠.

▶ '어떠하게 하지'는 '어떻게 하지'로 줄고, 더 줄이면 '어떡하지'가 된다. '어떻하지'는 틀린 표기다.

▶ '하게시리'를 쓰는 것은 현행 맞춤법에서는 인정되지 않는다. ('하게끔'으로 고치는 것이 원칙이다.)

▶ '마는'은 앞 절과 뒤 절을 역접으로 잇는 말이고, '만은'은 '은/는'에 'only'의 의미를 가지는 '만'을 합친 말이다.

술을 '사랑하므로' 마셨지만, 술을 지나치게 '사랑함으로' 얻게 되는 다음 날의 힘듦은 어쩔 수가 없는 법! 이렇게 힘든 김에 '하므로'와 '함으로'의 차이에 대해서나 쉬엄쉬엄 살펴보고 가죠! 우선 '므로'는 까닭이나 이유를 나타내는 어미입니다. "술을 사랑하므로"는 "술을 사랑하기 때문에"라는 뜻이지요. 반면 '으로'는 수단과 방법을 나타내는 조사입니다. "술을 사랑함으로"는 "술을 사랑함으로써"의 뜻이 되죠. 이렇게 우리는 앞에서 봤던 도구나 수단을 나타내는 조사 '로써'와 재회하게 됩니다. '써'를 떼도 의미가 통했던 거 기억하시죠? 지금 이 경우가 바로 그렇게 쓰인 경우랍니다. 예문을 몇 개 더 들어 볼까요?

- 밥을 <u>먹으므로</u> 지금은 이야기하기 곤란하다. (이유)
  밥을 <u>먹음으로</u> 힘을 낸다. (수단)
- <u>바쁘므로</u> 그런 것까지 챙길 여력이 없다. (이유)
  <u>바쁨으로</u> 실연의 상처를 잊는다. (수단)

대략 감이 잡히시죠? 그런데 이론적으로는 이해가 되어도 종종 헷갈리는 이유가 '으로'를 '므로'로 쓰는 경우도 묘하게 말이 되는 것처럼 느껴지기 때문이에요. 예문 중에서 아래의 것들을 '므로'로 고쳐 볼까요? "밥을 먹으므로 힘을 낸다", "바쁘므로 실연의 상처를 잊는다". 어떤가요? 미묘하게 말이 되는 것도 같고, 안 되는 것도 같고……. 그래서 많이들 틀리시는 것 같습니다. 그래도 약간은 어색한 느낌이 들긴 하죠? "밥을 먹<u>으므로</u> 힘이 난다", "바쁘므로 실연의 <u>상처가 잊혀 간다</u>"라고 하면 조금 더 자연스러워 보이지만요.

요령을 하나 알려 드리자면, '써'를 붙여 봐서 자연스러우면 '으로'가 된다는 겁니다. '으로써'는 있지만 '므로써' 같은 말은 없으니까요. "밥을 먹음으로써 힘을 낸다"와 "바쁨으로써 실연의 상처를 잊는다"가 '므로'를 쓴 경우보다 훨씬 자연스럽잖아요? <u>그러므로</u> 정확하게 쓰기 위해서는 두 경우 모두를 넣어 보시고 더 어울리는 걸 고르시는 게 좋아요. <u>그럼으로(써)</u> 우리는 바른 말을 쓸 수 있게 될 겁니다.

'그러므로', '그럼으로' 하는 김에 '그리고 나서' 얘기 좀 하고 가죠. 이걸 '그리고 나서'로 잘못 쓰는 경우가 워낙 많아서 말입니다. '그러고 나서'는 앞서 봤던 동사 '그러다'에 '고 나서'가 연결된 꼴이에요. '먹고 나서', '자고 나서'처럼 앞 동사의 행동을 끝내고 다음 행동을 해야 하는데, '그리고 나서'의 '그리고'는 뭘 어떻게 했단 말입니까! '그리고'는 그저 접속 부사일 뿐이잖아요! 그러니 여러분들이 쓰시는 '그리고 나서'는 99%의 경우 '그러고 나서'로 고쳐 써야 합니다. 나머지 1%의 경우는 뭐냐고요? "그림을 그리고 나서", "저 하늘에 너의 얼굴을 그리고 나서" 같은 때지 뭐겠어요. 같은 맥락에서 '그리고는'과 '그리곤'도 '그러고는'과 '그러곤'으로 써야 한다는 것까지 알아 두시길!

> ▶ '하므로'는 원인과 결과를 이을 때, '함으로'는 수단을 밝힐 때 쓴다. '써'를 붙여 봐서 자연스러우면 '함으로'가 맞는다.
>
> ▶ '그리고 나서', '그리고는'이 아니라 '그러고 나서', '그러고는'이 맞는 표기다.

'사랑함으로'로 잠깐 다시 돌아가 보면, 조사 '으로'가 붙기 위해 '사랑하다'가 '사랑함'으로 활용된 걸 알 수 있습니다. 용언 뒤에는 조사를 붙일 수 없으니 명사형으로 바꾼 뒤에 조사를 붙인 거죠. 이렇게 용언을 명사형으로 만들어 주는 어미 'ㅁ'을 쓸 때 주의할 점이 있어서 이야기를 해보려고요.

'가다'는 '감'으로, '쓰다'는 '씀'으로, '주다'는 '줌'으로, '흐리다'는 '흐림'으로 활용하겠죠? 이것까진 쉽습니다. 어간 끝에 받침이 없으면 그냥 'ㅁ'을 붙여 버리면 되니까요(이쯤에서 떠올려 보는 '설렘'의 기억! 165쪽 참조). 그럼 받침이 있으면 어떻게 될까요? '먹다'가 '먹음'이 되고, '많다'가 '많음'이 되고, '쏟다'가 '쏟음'이 되듯이 'ㅁ' 대신에 '음'을 씁니다. 뭐, 여기까지도 오케이! 한편 불규칙 활용을 하는 용언들의 경우에는 아예 어간에 변화가 일어나죠. '싣다'는 '실음'이 되고, '아름답다'는 '아름다움'이 되고, '파랗다'는 '파람'이 되는 식으로요. 실컷 설명해 봤자 어차피 다들 잘 쓰고 계시니 이렇게까지 친절하게 예를 들 필요는 없었는데, 사실 문제가 되는 건 이 경우입니다. 바로 어간이 'ㄹ' 받침으로 끝날 때! 그러니까 '거칠다', '낯설다', '다물다', '길다' 이런 녀석들 말이에요. 이놈들은 어째 잊을 만하면 등장하고, 까먹을 만하면 튀어나오는지…….

"열심히 삶으로써"를 "열심히 삼으로써"라고 쓰진 않으실 겁니다. '삶'이 우리에게 너무 익숙한 단어이기도 하고, 열심히 뭘 사기에는 주머니 사정이 넉넉지 않기도 하고요. 어쨌건 중요한 건 '살다'의 '살'처럼 **어간이 'ㄹ' 받침으로 끝날 때는 'ㄹ'을 살려 둔 채로 'ㅁ'을 붙여 'ㄻ' 받침을 만든다**는 겁니다. '거칠다'는 '거칢', '낯설다'는 '낯섦', '다물다'는 '다묾', '길다'는 '긺'이 되는 거죠. '거칠음/거침', '낯설음/낯섬', '다물음/다뭄', '길음/김' 전부 다 안 될 말입니다! '거칢'은 "여기 오는 길에 거<u>침</u>"('거치다')과, '긺'은 "하루 종일 방바닥을 <u>김</u>"('기다')과 의미상으로 구분이 되어야겠죠?

그렇게 활용하는 예들을 몇 개 더 볼까요? "작품을 만<u>듦</u>으로써", "금방 잠<u>듦</u>", "오늘따라 힘<u>듦</u>", "하늘을 <u>낢</u>", "전화를 <u>걺</u>", "양말을 <u>빪</u>", "단추를 <u>닮</u>", "일을 거<u>듦</u>"……. 앞에서 '거칠은/거친' 이야기할 때 등장했던 단어들 모두가 이 경우에 해당하는 건 더 말할 필요가 없겠습니다.

이렇듯 준말의 기본은 원래 글자 모양을 최대한 보존하는 거예요. 물론 '쟎/챦'처럼 너무 튀고 불편한 녀석들은 현실을 고려하여 표준어를 바꾸기도 하지만요. 그런 의미에서 자주 틀리는 준말 하나가 떠오르는데요, 바로 무언가를 시크하게 건네줄 때 쓰는 "옜다"가 그 주인공입니다. 이걸 '엣다'로 쓰시는 분들이 꽤 많아서 말이에요.

줄어드는 과정을 차근차근 살펴보면, '여기 있다'부터 시작합니다. '여기'를 '예'로 줄이는 건 이해할 만하죠? "<u>예</u>가 어디쯤이냐?", "이놈! <u>예</u>가 어딘 줄 알고!"처럼 어르신들의 말씀에 자주 등장하잖아요. 그렇게 줄어든 '예 있다'를 '옜다'로 줄여야지 '옛다'로 줄이는 건 안 될 말씀입니다. 비슷한 예로 '물러 있거라'를 줄인 '물렀거라'도 '물럿거라'라고 써서는 안 되겠고요.

> ▶ 어간이 'ㄹ'로 끝나는 용언을 명사형으로 바꿀 경우 'ㄹ'을 그대로 두고 'ㅁ'을 붙여 'ㄻ' 받침으로 쓴다. '만듬'이 아니라 '만듦'이 맞는 표기다.
> ▶ '옛다', '물럿거라'가 아니라 '옜다', '물렀거라'가 맞는 표기다.

"숙취야 물렀거라"를 외치고 싶지만 그럴 힘조차 없었던 오전도 서서히 끝나 갑니다. 모두들 슬슬 몸을 꼬고 있는 가운데, 회사가 가까운 두 녀석은 점심시간에 함께 해장을 하려는지 메뉴 선정을 두고 티격태격하더라고요. 그런데 좀처럼 합의점을 찾지 못하자 한 친구가 "형님이 '설렁탕을 먹자'고 하면 '아이고 감사합니다' 하고 조용히 따라올 것이지 어따 대고 꼬박꼬박 말대답이냐"라는 게 아니겠어요?

여기서 '어따 대고'가 잘못된 표기라는 걸 아시는 분은 많지 않을 것 같네요. '어디다 대고'를 줄인 말이라는 건 다 아실 텐데, 이게 참 특이하게 줄거든요. "얻다 대고"로 말입니다. 그러니 "그거 얻다 뒀어?", "그렇게 골골대서 얻다 쓸꼬" 같은 문장도 맞는 표현이랍니다. '어따'는 "어따, 잔소리 좀 그만해" 할 때나 써주시기를!

또 하나 틀린 부분이 있는데요, 이건 특이하게 문장부호랑 관련된 겁니다. "'설렁탕을 먹자'고"에서 맨 끝에 '고' 보이시죠? 엄밀히 말하면 이건 '라고'라고 써야 합니다. '고'와 '라고'는 둘 다 조사인데, '고'는 간접 인용(따옴표가 없는 경우)에, '라고/이라고'는 직접 인용(따옴표가 있는 경우)에 쓰는 걸로 용법이 구분되거든요. 예문을 통해 보도록 하죠.

- 그는 "매너는 사람을 만든다"고 말했다.
- 그는 "매너는 사람을 만들지"라고 말했다.
- 그는 "매너는 사람을 만들지롱"이라고 말했다.

이렇게 직접 인용인 경우 따옴표 안 끝 글자에 받침이 있느냐 없느냐에 따라 '라고'나 '이라고'를 붙여 주는 게 맞습니다. 맨 위 문장은 얼핏 보기에 잘못된 게 없어 보이고 실제로 암묵적으로 허용되는 분위기이긴 하지만, 엄밀히는 틀린 표현이에요. 생각해 보세요. 인용부를 통째로 〈A〉라고 치면, "나는 〈A〉라고 말했다"나 "나는 〈A〉이라고 말했다"가 맞지 "나는 〈A〉고 말했다"는 이상하잖아요? 맨 위 문장이 맞는 거라면 "그는 '매너는 사람을 만들지'고 말했다"라고는 왜 안 쓰실 건데요? 이렇게 직접 인용 부분이 '다'나 '냐'로 맺어질 때 '고'만 쓰는 경우가 많은데, 편집자들도 그냥 넘어갈 때가 많습니다만(몰라서일 수도 있고 일부러일 수도 있고요) 바르게 쓰려면 '라고'라고 쓰는 게 맞아요.

똑같은 원리가 '는'과 '라는'에도 적용되죠. "나는 '오늘은 그만하자'는 생각을 했다"가 아니라 "나는 '오늘은 그만하자'라는 생각을 했다"인 거 아시겠죠? 역시 따옴표 안을 한 묶음으로 보면 쉽게 판단할 수 있을 겁니다.

그러면 '고'는 언제 쓰느냐? "그는 매너는 사람을 만든다고 말했다"처럼 따옴표 없이 쓸 때(즉 간접 인용) 쓰면 됩니다. "나는 오늘은 그만하자는 생각을 했다"에서도 '는'만 붙이면 되고요. 물론 "누나가 아니라고 했어", "엄마가 가라고 했어"처럼 앞말의 형태에 따라 '라고'를 쓸 때도 있긴 해요.

마지막으로 '하고'는 언제 쓰는지 살펴볼까요? "그는 '매너는 사람을 만들어' 하고 말했다" 같은 때죠. 단, 이때는 '하고' 앞을 띄어야 합니다. 이런 경우엔 조사나 어미가 아니라 '하다'라는 동사의 한 용법으로 보기 때문이지요. "그때 '쾅' 하고 소리가 났다"처럼 띄어 쓰면 된답니다.

> ▶ '어디다'는 '얻다'로 줄이기 때문에 '어따 대고'가 아니라 '얻다 대고'가 맞는 표기다.
> ▶ 따옴표 뒤에는 '고'나 '는'이 아니라 '라고/이라고'나 '라는/이라는'을 쓰는 것이 원칙이다. 따옴표 뒤에 오는 '하고'는 앞을 띄어 쓴다.

역시 목소리 큰 놈이 이긴다고, 다른 친구는 "말대답이라니 그게 무슨 말씀이예요, 형님. 제가 설렁탕을 얼마나 좋아하는데요"라며 한발 물러섰습니다. 물론 바로 "형님이 사주시는 거죠?"라는 말을 덧붙여 실리를 챙기는 데 성공했지만, 아쉽게도 맞춤법은 잘 챙기지 못했네요.

자, 이번에는 "무슨 말씀이예요"에서 끄집어낸 이야깃거리, '이에요'와 '예요' 차례입니다. 저도 얼른 설명하고 해장하러 가야 하니 잘 따라오세요! 이 형태의 원조는 서술격 조사 '이다'를 어미 '어요'로 활용한 '이어요'입니다. 그런데 어미 '에요'도 사람들이 하도 많이 쓰다 보니 맞는 걸로 인정하기로 해서 '이어요'와 '이에요' 모두 맞는 표현이랍니다. 이것들을 줄인 게 각각 '여요'와 '예요'고요.

하지만 줄인 말이라고 '여요'와 '이어요', '예요'와 '이에요'를 아무 때나 바꿔 쓸 수 있는 건 아니에요. 준말인 '여요/예요'는 끝에 받침이 없는 글자 다음에만, 본딧말인 '이어요/이에요'는 받침이 있는 글자 다음에만 올 수 있거든요. 바보예요, 직장인이어요, 아빠예요, 남편이에요. 진짜여요, 그럴 거예요, 누구여요, 이름이 뭐예요, 전화번호 뭐예요……. 어때요, 쉽죠?

그러니 '이예요'는 나올 수 없는 표기랍니다. '이에요'를 줄인 '예요'에 또 '이'가 붙을 리 없잖아요? '이다'의 과거형인 '이었다'를 줄이면 '였다'인데, 이걸 섞어서 '이였다'로 쓰는 것과 마찬가지의 잘못입니다('차이다'에서도 비슷한 이야기를 했어요. 239쪽 참조). "그게 무슨 말씀이예요"라는 친구의 말이 잘못된 게 바로 이것 때문이란 말예요. 그리고 방금 전에 나온 '말예요'가 틀렸다는 걸 모르고 넘어가면 안 된단 말이에요.

물론 "그놈 참 개구쟁이예요", "그럴 나이예요" 같은 데서는 '이예요'가 나올 수 있지만, 이건 '개구쟁이+예요', '나이+예요' 꼴이라서 그런 거죠. 또 하나 '이에요'가 나올 수 있는 경우가 있는데, "거기 누구니?"에는 "두현이에요"가 아니라 "두현이에요"라고 대답해야 합니다. '두현+이에요'가 아니라 '두현이+예요'의 구조잖아요. 단, 성까지 붙일 때는 "김두현이에요"가 되어야겠지만요. 이름만으로 답할 때 '두현'이 아니라 '두현이'로 대답해야 하고, 성을 붙여 답할 때 '김두현이'가 아니라 '김두현'이라고 대답해야 하니까 그런 거 아시겠죠?

자, 이걸로 다가 아니라 또 헷갈릴 수 있는 부분이 있으니 다음 예문들을 봐주세요. 방향이나 대상을 나타내는 조사 '에'와 높임을 뜻하는 어미 '요'가 붙은 '에요'는 구분해서 써야 하거든요.

- 여기가 대체 어디죠? / 왕십리예요. / 홍대 앞이에요.
  지금 어디에 가는 중이에요? / 왕십리에요. / 홍대 앞에요.
- 어린이대공원은 제가 좋아하는 장소 중 하나예요.
  하나에 삼천 원입니다. / 하나에요?
- 금방 온다면서요, 지금 대체 어디예요?
  서랍 속에 잘 찾아봐. / 네? 어디에요?
- 그 약이 그리 잘 듣는다면서요, 뭐예요? (=약 이름이 뭐죠?)
  그 약이 그리 잘 듣는다면서요, 뭐에요? (=무슨 병에요?)

각각의 세트 중에서 아래 문장이 바로 조사 '에'가 쓰인 경우랍니다. 방향이나 대상을 가리키는 의미가 있다는 거 티가 나죠? 부디 잘 구분해서 쓰시기에요.

여기서 또 그냥 넘어갈 수 없는 사실! '아니'에 받침이 없다고 해서 '아니여요/아니예요'를 쓰면 안 된답니다. '아니어요/아니에요'가 맞아요. '아니다'는 "아니고-아니니-아니라-아니어서"처럼 그 자체로 활용하는 거지 '이다'를 붙여서 활용하는 게 아니거든요. '아니여요/아니예요'는 틀리고 '아니어요/아니에요', '아녀요/아녜요'는 맞는다는 걸 그냥 밑줄 쫙! 외워 두세요. 사람이 그래도 긍정적인 대답도 할 줄 알아야 하니 덧붙이자면, '네'와 '예'는 둘 다 맞는 말이랍니다. 이게 맞나 저게 맞나 괜히 고뇌에 빠지지 마시고 편히 쓰셔도 돼요. 아, '녜'는 괜찮냐고요? '아녜요'가 준말이니 '녜'도 그럴 것 같지만 그건 아니고요, '네'의 강원·전라 지역 방언이라고 하네요. 방언의 뉘앙스가 필요할 때만 써주시는 게 좋겠습니다.

이어서 '아니오'와 '아니요' 중에서는 뭐가 맞을까요? 정답은 '둘 다 쓸 수 있다'입니다만 두 경우의 용법이 다릅니다. '노'(No)라고 대답할 땐 '아니요'가 맞고 이 경우에는 '아뇨'로 줄여 써도 됩니다. 높임말에 '요' 붙이는 건 새삼 말씀드릴 필요도 없지요? 부정의 대답 '아니'를 높임말로 한다고 생각하면 돼요. 또 무언가를 '열거'하는 경우에도 '아니요'를 씁니다. "우리는 친구가 아니요, 형제랍니다"처럼요.

반면 '아니오'는 반말체 서술에 쓰입니다. "그는 그런 사람이 <u>아니오</u>", "내 말은 그런 말이 <u>아니오</u>", "당신이 한 일이 <u>아니오?</u>"처럼요. '아니다'에 "이것은 책<u>이오</u>", "정말 그런 것<u>이오?</u>" 할 때 쓰는 어미 '오'를 붙여 활용한 경우거든요.

한편 열거하는 어미 '요'를 '아니다'에 붙여서 활용하면 '아니요'가 되지만, '이다'에 붙여 활용할 땐 '이요'가 됩니다. "이것은 책<u>이요</u>, 저것은 펜이다", "산은 산<u>이요</u>, 물은 물이로다"처럼 쓰지요. 앞말에 받침이 없을 때는 "흰 것은 종<u>이요</u>, 검은 것은 글씨구나"처럼 '요'만 쓰면 되고요. 이렇게 열거를 할 때는 '책이오', '산이오', '종이오'라고 쓰면 안 되고 꼭 '요'를 붙여 주셔야 합니다.

이번에는 심화 코스! "뭐 하시는 분이세요?"라는 질문에 "학생<u>이요</u>"라고 답하면 틀리고 "학생<u>요</u>"라고 답해야 합니다. '학생'이라는 대답을 높임말로 한 거니까요(혹시 직업이 '학생'이시면 '학생이요'도 인정!). 반말로 대답한다면 '이다'를 '이오'로 활용하여 "학생<u>이오</u>"라고 할 수도 있겠고요.

가볍게 보기 시작한 놈이 생각보다 헷갈리죠? 정리하자면, 어미 '요'는 높임말과 나열에, '오'는 반말 끝에 붙입니다. 자, 그럼 오랫동안 참으셨으니 이제 해장을 하도록 <u>하오</u>. 이쪽은 콩나물국밥집<u>이요</u>, 저쪽은 뼈해장국집이외다. 아, 저기 보이는 건 설렁탕집이 <u>아니요</u>, 곰탕집입니다. 그래, 무엇을 드시겠소? 그런데 왜 슬슬 반말하냐고요? 죄송해<u>요</u>. 본심이 <u>아녜요</u>.

- '이어요/이에요'는 받침 있는 글자 다음에, '여요/예요'는 받침 없는 글 자 다음에 온다. '이예요'는 틀린 표기다.
- '아니여요/아니예요'가 아니라 '아니어요/아니에요' 또는 그 준말인 '아녀요/아녜요'가 맞는 표기다.
- '네'와 '예'는 구분 없이 쓸 수 있다.
- 어미 '요'는 높임말로 대답할 때와 열거할 때, '오'는 반말 서술에 쓴다. 이 어미가 붙은 '아니요/이요', '아니오/이오'도 해당 경우에 쓴다.

주의해서 써야 할 관형사와 부사

휴우, 뜨끈한 국물 한 그릇 먹고 왔더니 좀 살 것 같네요. 활용 부분도 끝났다고 생각하니 더더더더 살 것 같고요. 이제부터 살펴볼 건 주의해야 할 관형사와 부사인데요, 활용 따위 없으니 확실히 쉬울 거예요. 그리고 보니 '않되'에서 봤던 '안'과 '않' 같은 게 다름 아닌 주의해야 할 관형사 및 부사의 예죠.

"이게 왠 떡이냐!" 자리로 돌아와 겨우 한숨 돌리고 있을 무렵, 친구 하나가 오후에 외근 나갈 일이 생겼다면서 카톡창에 띄운 말입니다. 부럽긴 합니다만 왠지 찝찝한 기분이 드는 건 아무래도 '왠' 때문이겠죠? '왠'과 '웬', '왠지'와 '웬지'에 관한 이야기는 많이 들어 보셨을 겁니다.

쉽게 말해 '왠지'는 '왜인지'의 준말입니다. 그러니까 '왜인지'라고 바꾸어 쓸 수 있으면 '왠지'가 맞는다고 보면 돼요(마치 '되어'와 '돼'의 관계처럼 말이죠). 이 '왠지'는 심지어 "왜 그런지 모르게. 또는 뚜렷한 이유도 없이"의 뜻을 가진 부사로 사전에도 올라 있고요. 아무튼 "<u>왠지</u> 기분이 좋지 않더라니", "<u>왠지</u> 불길한데"에서처럼 '왜인지'와 바꿔 써도 되는 이런 경우에는 '웬지'라고 잘못 쓰면 안 된답니다. 여기서 기억해 두면 좋은 건 '왠'이라는 글자는 '왠지' 할 때 말고는 쓰일 일이 없다는 사실이에요.

한편 '웬'은 '어찌 된', '어떠한'의 뜻을 갖는 관형사로 뒤에 올 명사를 수식합니다. "웬 영문이냐", "웬 걱정이 그리 많아", "웬 술을 그리 먹어", "웬 놈이랑 먹었냐"처럼 쓰지요. 이 '웬'이 붙은 '웬일', '웬걸', '웬만큼', '웬만하다' 등은 한 단어로 등재되어 있기까지 하고요. 다시 한번 말씀드리지만 '왠'은 '왠지' 말고는 안 쓰니까 '왠걸', '왠일', '왠만큼', '왠만해선'이라고 쓰면 안 됩니다. '왠지' 말고는 다 '웬'이 맞는다고 기억해 두시는 게 좋겠네요. '웬지' 같은 말은 절대로 없습니……가 아니라, 가만 생각해 보니 가구 살 때 화이트, 체리, 월넛, '웬지'(wenge) 같은 옵션이 있긴 하네요. 뭐, 이 정도는 무시해도 되겠죠?

> ▶ '왜인지'를 줄인 '왠지'를 제외하고는 모두 '웬'이 맞는다.
>
> 웬 떡/웬 영문/웬 노릇   웬일/웬걸/웬만큼/웬만하다

외근을 나간 놈도 있고, 회의에 들어간 놈도 있고, 나머지는 일을 하는지 꾸벅꾸벅 졸고 있는지 카톡창이 잠잠해졌습니다. 저역시 조금은 편안해진 속에 만족해하며 '지그시' 눈을 감았지요. 에이, 제가 설마 작정하고 푹 자려고 그랬겠어요? 그냥 잠시만, 아주 잠시만 눈을 감고 있다는 것이 그만……. 제 어깨를 '지그시' 누르는 누군가의 손길에 침을 스읍 들이마시며 눈을 뜨니, 나이 '지긋이' 드신 부장님의 인자한 미소가 저를 반기더군요.

'지긋이'와 '지그시'도 은근히 헷갈리는 단어죠. 사전적인의미 그대로 풀면, 부사 '지긋이'는 "나이가 비교적 많아 듬직하게"와 "참을성 있게 끈지게"라는 뜻을 가집니다. 역시 부사인 '지그시'는 "슬며시 힘을 주는 모양" 또는 "조용히 참고 견디는 모양"을 의미하고요. 나이는 '지긋이' 드는 거고, 눈은 '지그시' 감는 것 정도는 쉽게 구분되죠? 입술도 '지그시' 깨물고요.

문제는 "참을성 있게 끈지게"(지긋이)와 "조용히 참고 견디는 모양"(지그시)을 구분하기가 약간 애매하다는 건데요, '끈지게'는 '끈기 있게'라는 뜻이니 뭔가 끈덕지게 잘 견디고 있는것 같을 때는 '지긋이'를 쓰면 됩니다. 낚싯대 앞에서 지긋이기다린다든가 꼬맹이가 책상 앞에 지긋이 앉아 있다든가…….

비슷하게 생긴 '반드시'와 '반듯이'의 구분 정도야 식은 죽먹기죠? '반드시'는 '꼭'의 뜻이고, '반듯이'는 '바르게, 깔끔하게'의 뜻인 거 다 아실 겁니다. "반드시 앉아 있으세요"는 누워 있거나 서있거나 돌아다니지 말고 꼭 앉아만 있으라는 말이고, "반듯이 앉아 있으세요"는 바른 자세로 앉아 있으라는 말이겠네요. 그렇다면 제 어깨를 지그시 누르신 부장님은 인자한 미소를 띠며 제게 둘 중에 뭐라고 말씀하셨게요?

> ▶ '지그시'는 슬며시 힘을 주거나 조용히 참고 견디는 모양을 묘사할 때, '지긋이'는 나이가 많거나 끈덕진 맛이 있을 때 쓴다.
> ▶ '반드시'는 '꼭', '반듯이'는 '바르게, 깔끔하게'의 뜻이다.

민망한 마음에 세수를 하고 와서 카톡창에 조금 투덜거렸더니 친구가 한마디 하더라고요. "왜 엄한 우리한테 성질이냐"라고요. 아, 그렇구나. 내가 너희한테 그러면 안 되는 건데, 너희들 너무 엄해서 무서운 사람들인데 내가 감히 어떻게 그랬을까? 응? 왜 그랬을까?

이렇게 또 하나 짚고 갑니다. 이 경우에는 '엄한'이 아니라 '애먼'이 맞아요. '애먼'은 "일의 결과가 다른 데로 돌아가 억울하거나 엉뚱하게 느껴지는"이라는 뜻의 관형사랍니다. "애먼 사람한테 뭐 하는 짓이냐", "애먼 짓 말고 얼른 와"처럼 쓰지요. '애꿎은'과 비슷한 의미라고 생각하면 될 거예요. 반면 '엄하다'는 여러분이 생각하시는 그대로 엄격하고 철저하고 까다로운 거죠. "엄한 아버지 어머니 밑에서 자랐다"라고 해야 할 것을 "애먼 아버지 어머니 밑에서 자랐다"라고 쓰면, 뭐랄까 친부모

님도 아닌 분들이 나를 키워 주셨는데 더 고마워는 못할망정 잔뜩 못마땅해하는 느낌이네요. 물론 이렇게 잘못 쓰는 경우보다는 '애먼'을 써야 할 때 '엄한'을 쓰는 경우가 많긴 하지만요.

아마 "그거 진짜 엄하다" 식의 입말이 익어서 그럴 겁니다. 아. 그럼 이 문장도 "그거 진짜 애멀다"라고 써야 하느냐고요? 그러면 편하겠지만 아쉽게도 '애멀다'라는 기본형은 존재하질 않네요. 그럼 대체 이 '애먼'이라는 말은 어디서 왔는고 궁금해서 찾아보니, '애매하다'의 준말 '앰하다'를 관형사형으로 활용한 '앰한'에서 온 게 아닐까 추측된다고 합니다. 그럼 "그거 진짜 엄하다"를 "그거 진짜 애매하다"로 고쳐야 하는 걸까요? 느낌도 영 달라지고 말맛도 안 살고…… 거참 애매하네요. 에잉, 이 중차대한 문제를 해결하지 않고 그대로 두는 '엄한' 맞춤법 같으니라고!

> ▶ '엄격하다'라는 의미가 아닌 '엄한'은 '애먼'이라고 써야 한다. 단, '애멀다'라는 형용사는 따로 없다.

애먼 친구들한테 성질을 부리고 있단 생각에 겸연쩍어하고 있자니, 다른 친구가 마침 "이제서야 정신이 좀 드네"라고 말하더군요. 그러게요, 슬슬 술이 깰 때도 됐지요. 이참에 틀린 맞춤법도 좀 깨고 가자고요!

노랫말에도 자주 등장하고 실제로도 많이 쓰이는 '이제서야'와 그 절친인 '그제서야'는 틀린 맞춤법이랍니다. '이제사'와 '그제사'를 생각하실 확률이 크지만 역시 틀리고요, 맞는 표기는 '이제야'와 '그제야'입니다. 여기서 핵심이 되는 건 강조하는 보조사 '야'예요. "소개팅 상대는 한 시간이 지나서야 나타났다", "너야 예쁘니까 그런 말을 쉽게 할 수 있겠지" 같은 때 쓰는 '야' 말입니다. "한 시간이 지나서 나타났다"에서 시간의 경과를 강조하기 위해 '야'를 붙인 거고, "너(는) 예쁘니까"에서도 '바로 너'를 강조하기 위해 '야'를 붙인 거죠. "지금이야 괜찮겠지", "사람이야 좋지", "우리보다야 낫겠지", "해내고야 말걸"처럼 원래 쓸 말에다가 '야'만 붙이면 되니 '이제'를 강조하기 위해서는 '이제야'를, '그제'를 강조하기 위해서는 '그제야'를 쓰면 그만입니다. '사'를 쓴다거나 '서'를 슬그머니 끼워 줄 필요가 없어요! "남이야 그러든지 말든지"에서도 '남이사'를 쓰지 않도록 주의하시고요.

'여기야' 대신 '여기서야'를 써야 할 때가 있긴 합니다. "여기야 전망이 좋지"에서는 당연히 '여기야'가 맞지만, "아무래도 여기서야 말하기가 좀 그렇지"는 '여기서야'가 맞지 않겠어요? '여기'를 강조한 게 아니라 '여기서'를 강조하고 있으니까요.

아, 그리고 보조사 '야'와 직접적인 관련이 있다고 보기엔 뭐하지만 '하기야'도 '하기사'로 잘못 쓰지 않도록 주의하세요. 하 씨 성을 가진 기사님을 부르는 거라고 핑계를 대시겠다면 '하 기사'라고 띄어 쓴 다음에 대시고요.

▶ '이제사'와 '이제서야' 모두 잘못된 표기다. '이제'에 강조하는 조사 '야'를 붙여 '이제야'라고만 쓰면 된다.

▶ '하기사'가 아니라 '하기야'가 맞는 표기다.

이제야 겨우 숙취에서 조금 회복됐나 싶은 이때, 그저 친구라면 봐도 봐도 또 보고 싶은지 단순히 심심해선지 모르겠지만, 한 친구가 "있다가 당구 치러 갈 사람!"이라며 멤버를 모집하는 데에는 정말 두 손 두 발 다 들었습니다. 너희 체력 괜찮니? 응? 헌데 더 놀라운 건 따라나서는 놈이 있다는 거예요. 저는 속으로 가만히 말했답니다. "얘들아, 갈 땐 가더라도 '이따가' 가. 아니 뭐, 자리에 '있다가' 가도 되긴 하지만."

'이따가'와 '있다가'도 구분해서 써야 합니다. 우선 '있다가'는 동사 '있다'의 활용형 중 하나예요. '가다가', '하다가', '울다가'랑 같은 꼴인 거죠. 진행의 뜻을 갖는 보조용언처럼 쓰일 때도 있고("앉아 있다가", "울고 있다가"), 영어 be 동사의 의미로 쓰일 때도 있지요("가만히 있다가", "십 분 정도 있다가", "과장으로 십 년 동안 있다가"). 반면 '이따가'는 "조금 지난 뒤에"를 의미하는 부사예요. 부사니까 빼도 문장은 성립합니다. 그냥 "당구 치러 갈 사람"이라고 해도 말 되잖아요? 아니면 '나중에' 정도의 다른 부사로 바꿔 보는 것도 한 요령이에요. "나중에 당구 치러 갈 사람"처럼요. 반면에 '있다가'는 서술어 역할을 하기 때문에 빼면 문장이 망가집니다. "그렇게 가만히 <u>있다가</u> 너만 손해 본다", "나 10분 <u>있다가</u> 출발한다"에서 '있다가'를 빼서 읽어 보세요. 어색하죠? '나중에'를 넣어도 어색하고요. 이런 경우에는 '이따가'를 쓰면 안 된답니다.

그럼 여기서 퀴즈! "이따가 봐"와 "있다가 봐" 중에서 무엇이 맞을까요? '조금 지난 뒤에 보자'라는 뜻의 "<u>이따가</u> 봐"가 맞습니다. "나중에 봐"라고 해도 자연스럽죠? 그렇다면 "좀 이따가 봐"와 "좀 있다가 봐" 중에는요? 앞에 '좀'이 있는 상황이라면 "좀 있은 뒤에 봐"라는 뜻이 더 잘 맞기 때문에 "좀 <u>있다가</u> 봐"가 맞습니다. 헷갈리면 '이따가'(나중에) 다시 한번 생각해 보세요. 가만히 '있다가' 다시 보면 더 눈에 잘 들어올지도 모르니까요.

저 같으면 이런 날 따라나서 주는 것만 해도 엄청 고마울 것 같은데, 처음 제안했던 놈은 그렇지도 않나 봐요. "또 지난번처럼 어리버리 칠라구?"라며 도발을 하더라고요. 여기서 '칠라구'가 '치려고'가 되어야 하는 건 다들 아시겠지만, '어리버리'가 표준어가 아니라는 사실은 알고들 계실는지 모르겠네요.

놀랍게도 표준어는 '어리바리'랍니다. 사전에는 "정신이 또렷하지 못하거나 기운이 없어 몸을 제대로 놀리지 못하고 있는 모양"이라고 되어 있고, '어리'는 '어리석다'에서 온 것으로 추정되는데 '바리'는 딱히 어디서 온 건지도 모르겠다는군요. '어리바리'라고 쓰는 사람도 거의 없고, 특별히 고이 간직해야 할

어원이 있어 보이지도 않고, 활용처럼 문법적으로 고려해야 할 요소가 많은 것도 아닌데 '어리버리' 정도는 빨리 표준어로 인정해 주면 안 되나 싶긴 해요. 게다가 사전의 뜻도 우리가 떠올리는 '어리버리'의 멍청함이 듬뿍 들어 있지 못한 것 같은데 보충도 좀 해주시고……. 다른 말들에 비해 빠른 시일 내에 표준어로 인정되지 않을까 살짝 기대해 봅니다.

도발당했던 친구는 그래도 속 넓고 사람 좋은 녀석이라 "그냥 재미로 치는 거지, 뭘 그리 아둥바둥 이길려고 해"라고 웃고 넘기네요. 이 친구도 '이기려고'를 '이길려고'로 쓰는 우를 범하긴 했지만(당연히 이미 알고 계셨죠?), 여기서 제가 말씀드리고 싶은 것은 '아둥바둥'마저 표준어가 아니라는 사실입니다. 표준어는 '아등바등'이거든요. "무엇을 이루려고 애를 쓰거나 우겨대는 모양"을 뜻하는 부사지요. 저도 '아둥바둥'이 더 열심히 발버'둥'치는 느낌이라 친숙하고 좋긴 하지만요.

앗, 그런데 그 와중에 다른 친구 하나가 "나도 잠깐 어디 좀 들렸다 느즈막이 합류할게!"라네요! 다들 왜 이래? 안 쉬어? 안 힘들어? 너희들이 아직도 청춘인 줄 알아? 그리고 '들렸다'가 아니라 '들렀다'잖아(역시 당연히 알고 계셨죠?). 게다가 '느즈막이'도 틀렸다고! 어휴……. 여러분도 알아 두세요. 시간이나 기한이 늦었을 땐 '느즈막이'도 '느즈막히'도 아니고 '느지막이'를 쓴다는 걸요. 그리고 목소리는 '나즈막이'도 '나즈막히'도 아니고 '나지막이' 들려온다는 것도 함께 묶어서요.

▶ 부사 '이따가'는 '조금 후에'라는 뜻이고, 동사 '있다'의 활용형인 '있다
   가'는 다음 동작으로의 전환을 나타낸다.

▶ '어리버리', '아둥바둥'이 아니라 '어리바리', '아등바등'이 맞는 표기다.

▶ '느즈막이/느즈막히'가 아니라 '느지막이'가 맞는 표기다.

▶ '나즈막이/나즈막히'가 아니라 '나지막이'가 맞는 표기다.

그런데 혹시 이거 아세요? 오늘은 제가 카톡방에서 맞춤법 지
적 하나도 안 한 거 말이에요. 다 여러분한테만 설명했지 친구
들한테는 한마디도 안 했거든요. 어제 술자리에서도 한 소리
들은지라 꾹꾹 참았단 말입니다. 그런데 말이에요, 갑자기 한
놈이 저를 콕 찍어 말하는 거 아니겠어요? "오늘은 조용하네?
지적질을 일체 안 하는데?"라고요. 음, '일체'라는 굳이 잘 안
쓰는 단어까지 끌어들인 건 아무래도 저를 도발하기 위해서겠
죠? 여러분이 보기에도 그런 것 같죠?

　'일체'와 '일절'에 관한 이야기는 많이 들어 보셨을 겁니다.
저는 중학교 때 국어 시간에 배운 기억이 나는데요, 선생님이
예로 들어 주셨던 게 '주류 일절', '안주 일절'이었어요. 중학생
들을 상대로 왜 굳이 허름한 술집의 출입문에 붙어 있을 법한
사례를 들었는지 지금 생각하면 좀 어이없기도 하지만, 덕분에
일찍 술에 눈을 뜨기도 했…… 아, 이건 아닌가. 아무튼 설명을
해보면, '일체'는 일단 '모든 것'이라는 뜻의 명사로 많이 쓰입
니다. "일체의 책임을 지겠다", "재산 일체를 기부했다"처럼요.

또 "모든 것을 다"라는 뜻의 부사로도 쓰이죠. "걱정일랑 일체 털어 버리자" 식으로요. 반면 '일절'은 "아주, 전혀, 절대로"의 뜻입니다. "그런 말은 일절 하지 마라", "출입을 일절 금한다" 처럼 쓰지요. 중학생 수준에서는 "'일체'는 모두 된다, '일절'은 모두 안 된다"라는 정도의 설명으로 '안주 일절'이 아니라 '안 주 일체'가 맞는 표현이라고 이해하고 넘어갔지만, 엄밀히 보면 '안주 일절'은 문장 성분 자체가 말이 안 되는 겁니다. 꾸며야 할 용언도 없이 부사만 쓰인 꼴이니까요. "안주 일절 안 됨" 이라고 쓰여 있으면 또 모르지만 말입니다. 어쨌건 친구야, 나는 그런 도발에는 '일절' 넘어가지 않아.

덧붙이자면, 요즘엔 입말에서 부사가 아닌 걸 부사의 자리에 사용하는 경우가 많아요. "나름 생각이 있어", "그 남자 나름 잘생겼던데?" 같은 문장은 엄격히 말하자면 어법에 맞지 않는답니다. '나름'은 의존명사라 앞에 그 '나름'이 어떤 '나름'인지를 말해 주는 다른 단어가 필요하거든요. "음식도 음식 나름이지", "너 하기 나름이지", "내 나름의 생각"처럼요. 그런데 앞의 예문들에서는 부사 역할로 쓰였잖아요? '나름'에는 부사의 용법이 없는데 말입니다. 그렇기 때문에 어법에 맞게 쓰려면 부사인 '나름대로'로 꼴을 갖추어 써야 해요. "나름대로 생각이 있어", "그 남자 나름대로 잘생겼던데"처럼 써야 하는 거죠.

비슷한 예로 "걔 은근 매력 있더라", "완전 멋있어" 같은 경우도 '은근히', '완전히'로 쓰는 게 맞아요. 대화체의 글에서야 크게 상관없겠지만 그렇지 않은 경우에는 이왕이면 지켜 주는 편이 좋지 않을까 싶네요.

> ▶ '일체'는 '모두', '일절'은 '절대'의 뜻으로 구분해서 쓴다.
> ▶ '나름', '은근', '완전' 등을 부사로 쓸 때는 '나름대로', '은근히', '완전히' 처럼 형태에 맞게 쓰는 편이 좋다.

지적하면 지적하는 대로 한 소리 듣고, 안 하면 안 하는 대로 또 놀림받고, 정말 별의별 꼴을 다 당하네요. 아, 그러고 보니 여러분, '별의별'은 제대로 쓰고 계시나요? '별별'과 '별의별'은 맞는 표기지만 '별에별', '벼레별', '벼라별' 이런 식으로 쓰면 안 되거든요. 무심코 잘못 써왔던 분들도 분명 계실 텐데, 이참에 알아 두시길!

어쨌든, 이렇게 친절한 제가 이런 말도 안 되는 공격을 받고 있어야 한다니 정말 어이가 없습니다. 이걸 대꾸를 해 말아 고민하고 있자니 다른 놈들도 덩달아 신나서 하이에나처럼 달려드는 거 아니겠어요? "어쩐 일로 저 인간이 여지껏 지적질을 안 하지?", "그러게. 건수만 생기면 제각제각 달려들더니!", "어느 때랑 다른데?", "우리 오늘 하나도 안 틀린 거 아냐?". 아냐, 절대 아냐. 너희들 지금도 계속 틀리고 있거든…….

'여지껏'이 틀린 표현이라는 거 알고 계셨나요? 여기서의 '껏'은 부사를 만드는 접사인데요, 명사 뒤에 붙으면 '그것이 닿는 데까지'의 뜻을 더하고('마음껏', '정성껏', '힘껏'), 때를 나타내는 부사 뒤에 붙으면 '그때까지 내내'의 뜻을 더한답니다('지금껏', '아직껏', '이제껏'). 자, 그럼 '여지껏'은 어느 경우죠? 후자의 의미를 노린 건 알겠는데 '여지'라는 말은 대체 어디서 굴러온 거냐는 말입니다. 때를 나타내는 부사도 아니고, '여지를 남기다' 할 때의 명사 '여지'도 아니고……. 바른 표현은 '지금까지'라는 뜻을 가진, 때를 나타내는 부사 '여태'에 '껏'을 붙인 '여태껏'이랍니다.

'제깍제깍' 또한 틀린 표기입니다. 맞는 표기는 '재깍재깍'이에요. '재까닥재까닥'의 준말로, "어떤 일을 잇따라 시원스럽게 빨리 해치우는 모양"을 뜻할 때 이 단어를 씁니다("재깍재깍 보고해라"). 아, 시곗바늘 소리 같은 걸 표현할 때도 쓸 수 있으니 참고하시고, 뜻은 같되 좀 더 센 느낌을 주는 '째깍째깍'과 '째까닥째까닥' 역시 표준어라는 것도 알아 두시길!

"어느 때랑 다른데?"도 그냥 넘어갈 수 없죠. 이럴 땐 '여느 때'라고 해야 합니다. 관형사 '여느'는 '보통의'라는 뜻인데, 이걸 '어느'로 잘못 쓰면 의미가 달라져요. "어느 때랑 다른데?"는 "너 예전이랑 되게 다르다"라는 말에 "예전이랑? 어느 때랑 다른데?"라고 되물을 때나 쓰는 말이죠. 좀 더 확실한 차이가 드러나는 예문을 들어 보면, "올여름은 여느 여름보다 덥다"는 올여름이 평소 다른 여름보다 더운 편이라는 말입니다. 중상위권쯤 되는 더위랄까요? 반면 "올여름은 어느 여름보다 덥다"는 올여름이 여태까지의 여름 중에서 제일 덥다는 뜻이고요. 꼭 구분해서 써야겠죠?

> ▸ '별에별/벼레별/벼라별'은 틀린 표기고 '별별/별의별'이 맞는 표기다.
> ▸ '여지껏'이 아니라 '여태껏'이 맞는 표기다.
> ▸ '제깍제깍'이 아니라 '재깍재깍/째깍째깍'이 맞는 표기다.
> ▸ '어느'는 '특정한', '여느'는 '보통의'의 뜻이므로 구분해서 써야 한다.

말도 안 되는 도발에 발끈해서 괜시리 어설프게 대꾸했다가는 되려 집중포화를 맞기가 쉬운 법이죠. 이럴 땐 그냥 으례 그러려니 하고 있으면 금방 시들해집니다. 이런 생각을 하며 마음을 추스르고 있자니, 아이고, 풍년이네요! 이번에도 설명할 맞춤법이 풍년이에요!

위 단락에서 의심 갈 만한 놈들이야 뭐 뻔하지 않겠어요? '괜시리', '되려', '으례' 이 세 놈이 모두 잘못 쓰인 부사랍니다. 우선 '괜시리'는 '괜스레'가 맞는 표기예요. 앞에서 봤던 (표준어가 아닌) 어미 '게시리' 때문에 헷갈릴 수 있지만, '공연스레'의 준말이라고 생각하면 기억하기가 수월할 겁니다. '공연스리' 같은 말은 없으니 '괜시리'가 될 순 없겠죠? '공연스레'는 사전에 "까닭이나 실속이 없는 데가 있게"의 뜻으로 설명되어 있는데, '괜히' 정도의 뜻으로 보면 그만입니다. '괜스레' 어렵게 생각하실 거 없어요!

'되려' 역시 딱 보면 준말인데요, 본딧말이 '도리어'인 건 눈치로 쉽게 맞출 수 있습니다. 그런데 가만, '되려'가 왜 틀린 말인 거죠? '도리어'가 '되려'로 줄어드는 게 대체 뭐가 문제냐 말입니다. 자, 여기서 여러분께 '되레'가 맞는 표기라는 놀라운 소식을 전해 드리는 바입니다. 물론 단어가 줄어드는 모양의 논리상으로는 '되려'가 되는 게 백번 맞아요. 하지만 국립국어원의 설명을 보면, '되려'가 사전에 '도리어'의 준말이라고 등재되어 있기는 해도 사람들이 '도리어'를 먼저 쓰기 시작하고 그걸 쓰다 보니 줄어서 '되려'가 된 게 아니라 애초부터 '도리어'랑 '되레'가 막 섞여서 쓰인 모양입니다. 그런 상황에서 표준어 규정을 정할 때 "소리 나는 대로"라는 원칙을 적용하자니 둘 모두를 따로 인정할 수밖에 없었던 거죠. 뭐, 아무튼 그냥 외워 두는 게 편하겠습니다. '도리어'는 특이하게 '되려'가 아니라 '되레'로 줄어든다는 것! 참고로 '되려'도 사전에 실려 있기는 한데, '도리어'의 강원·경상·전남·충남 지역 방언으로 올라 있네요. 꽤 넓은 범위에서 쓰이긴 하지만 안타깝게도 표준어는 아니랍니다. 아, 그러고 보니 뜻도 비슷한 '오히려'는 준말이 '외려'가 되는 게 맞아요. 이것까지 '외레'로 쓰지는 않으니까 이 두 녀석 헷갈리지 말고 잘 기억해 두시길!

'으례'는 그래도 셋 중에 가장 눈에 거슬리는 녀석이죠? 맞는 표기는 아시다시피 '으레'입니다. 이건 준말은 아니고, "두말할 것 없이 당연히" 혹은 "틀림없이 언제나"의 뜻을 갖는 부사예요. "소수자란 으레 힘들게 살아야 하는 걸까?", "으레 그렇듯 동네 느티나무 아래 모이기 시작했다"처럼 씁니다. '으례'나 '의례'는 잘못된 표기예요. 물론 '예'(禮)를 갖추는 건 좋은 일이지만, 굳이 지금 그러실 것까진 없답니다.

이렇게 맞춤법을 살피고 있자니 이제야 비로서 마음이 차분해지네요. '으레' 그렇듯 녀석들도 잠잠해졌고요. 그리고 여러분, 두 줄 위에 '비로서'가 잘못 쓰인 건 당연히 잡아내셨죠? '비로서'가 아니라 '비로소'가 맞는 것쯤은 다 알고 계시죠?

▶ '괜시리'가 아니라 '괜스레'가 맞는 표기다. '공연스레'의 준말이다.
▶ '도리어'의 준말은 '되려'가 아니라 '되레'다.
  '오히려'의 준말은 '외려'가 맞고, '외레'로 쓰면 안 된다.
▶ '으례', '의례'가 아니라 '으레'가 맞는 표기다.
▶ '비로서'가 아니라 '비로소'가 맞는 표기다.

퇴근 시간이 다가오고, 힘들었던 하루가 저물어 갑니다. 술 먹은 다음 날은 시간이 어지간히도 안 가지만, 그래도 이 시간쯤 되면 어쨌거나 시간은 흘렀다며 안도하게 마련이죠. 그때 마침 "금새 저녁이구나"라는 한 녀석의 감성적인 멘트가 제 마음을 다시 한번 흔들어 놓네요.

'금새'는 사전에 "물건의 값. 또는 물건값의 비싸고 싼 정도"를 말하는 명사라고 되어 있습니다. "금새 치다"라는 관용

구도 있다고 하는데, 이 뜻으로 쓰인 '금새'는 제 평생 한 번도 본 일이 없어요. 차라리 금으로 된 새[鳥]를 떠올리고 말지요. 자, 여기서 몇몇 분들은 충격받으실 수 있는데요, '금새'는 '금세'의 잘못된 표기랍니다. 흔히 생각하기에 '금 사이에'를 줄여 '금새'라고 할 것 같잖아요? '요사이'를 '요새', '그사이'를 '그새'처럼 쓰듯이 말이죠. 고백하자면 저도 편집자가 되기 전까지는 그런 생각으로 너무도 당연히 '금새'를 애용해 왔습니다. 하지만 알고 보니 '금세'는 '금시(今時)에'를 줄인 말이더라고요. 그 사실을 처음 알았을 때의 충격이란 정말…….

비슷한 구조로 된 부사 하나 더 말씀드릴게요. "당췌 이해를 못 하겠네" 할 때 '당췌'도 잘못된 표기랍니다. 답답한 마음은 이해가 가지만, '췌'는 발음도 글자 생김새도 너무 세요! '당췌'의 맞는 표기는 '당초(當初)에'를 줄인 '당최'랍니다.

"바로 지금"을 뜻하는 '금시'와 "일이 생기기 시작한 처음"을 뜻하는 '당초' 각각에 조사 '에'를 붙인 경우인 거 아시겠죠? 아참, 명사인 '애시당초'는 안타깝게 표준어가 아니라고 합니다. '애초'와 '당초'를 합친 '애당초'는 표준어인데, 여기에 '시초'까지는 안 끼워 주더라고요.

가능한 맞춤법을 지켜야겠다는 생각에 저도 이 책을 쓰고 있고 여러분도 읽고 계시지만, 이런 것까지 지켜야 하나 싶은 것도 꽤 많은 게 사실입니다. '들어가는 글'에서 말씀드렸듯이 납득할 수 있는 선에서 가려서 지켜 주시면 될 것 같아요. 그런데 이건 어떠세요? 이 단락 맨 앞의 '가능한'도 어법에 어긋난 말이라 '가능한 한'으로 고쳐 써야 한다는 것, 이것도 지키고 싶으신가요?

'가능한'은 형용사 '가능하다'를 관형격으로 활용한 것이기 때문에 체언을 꾸밀 때나 쓸 수 있는 말입니다. "그 일이 <u>가능한 조건</u>을 살펴보았다", "그것은 <u>가능한 일</u>이다", "<u>가능한 수단</u>을 다 동원했다"처럼 말이죠. 하지만 "가능한 맞춤법을 지킨다"라고 쓰면, 가능한 맞춤법은 지키고 불가능한 맞춤법은 안 지키겠다는 얘기인가요? 정말 그런 뜻으로 쓰신 문장이라면야 할 말은 없지만…… 에이, 그래도 '가능하면 되도록' 지켜야죠. 이렇게 '되도록'의 뜻일 땐 조건을 나타내는 명사 '한'(限)을 넣어 "<u>가능한 한</u> 맞춤법을 지킨다"로 써야 어법에 맞는 문장이 된답니다. "가능한 일찍 출발하려고 해요", "가능한 빨리 과제를 제출하도록 해라", "그런 말은 가능한 하지 않는 편이 좋다" 같은 문장들에도 가능한 한 '한'을 넣어 주는 게 좋겠죠?

> ▶ '금새'가 아니라 '금세'가, '당췌'가 아니라 '당최'가 맞는 표기다.
> ▶ '애시당초'가 아니라 '애당초'가 맞는 표기다.
> ▶ '되도록'의 뜻일 때는 '가능한'이 아니라 '가능한 한'이라고 쓴다.

이제 퇴근을 준비하는 마당에, 그리고 관형사와 부사에 관한 꼭지도 끝나 가는 마당에 지나칠 수 없는 맞춤법! 바로 '이'와

'히'입니다. '곰곰이'가 맞는지 '곰곰히'가 맞는지 찾아보다 화를 버럭 내고 말았던 제 슬픈 과거를 기억하시나요……. "부사의 끝음절이 분명히 '이'로만 나는 것은 '이'로 적고, '히'로만 나거나 '이'나 '히'로 나는 것은 '히'로 적는다"라니, 다시 읽어 봐도 여전히 막막합니다. 이 규정만으로 '이'와 '히'를 결정할 수 없음을 국립국어원 스스로도 인정하고 있다는 사실이 별 의미 없는 위안을 줄 뿐이죠.

내로라하는 전문가들이 달려들어 이 문제를 해결할 공식(?)을 개발하려 각고의 노력을 기울였지만, 아쉽게도 아직 만족할 만한 성과는 나오지 않고 있다는 소식입니다(아마 앞으로도 힘들겠죠……). 그래도 다행인 게, 그러는 와중에 발견된 대략적인 '경향'이 그나마 우리에게 실마리를 제공해 준다는 거예요. **바로 '하다'가 붙을 수 있는 단어 뒤에는 '히'가 될 확률이 크다는 거!** '간편히', '고요히', '과감히', '당당히', '막연히', '조용히' 등을 보시면 무슨 이야긴지 아시겠죠? '간편하다', '고요하다', '과감하다', '당당하다', '막연하다', '조용하다'가 가능하니까요.

반면 '하다'가 붙을 수 없는 단어들은 '이'가 될 확률이 큰데요, 대표적인 예가 'ㅂ' 불규칙 용언들입니다. '가깝다', '너그럽다', '새롭다', '번거롭다', '즐겁다'처럼 '하다'를 붙일 수도 없고 활용할 때 어간의 'ㅂ'이 탈락하는("가까운-가까워-가까울"처럼요) 이 녀석들은 '이'를 좋아하지요. '가까이', '너그러이', '새로이', '번거로이', '즐거이'가 맞는 표기입니다.

'겹겹', '낱낱', '번번', '샅샅', '일일'처럼 한 글자짜리 단어를 겹쳐 쓴(그리고 '하다'가 붙을 수 없는) 경우 역시 '이'를 붙여 '겹겹이', '낱낱이', '번번이', '샅샅이', '일일이'가 됩니다. 물론 '꼼꼼', '쓸쓸'처럼 같은 글자를 겹쳐 썼더라도 '하다'가 붙을 수 있는 경우에는 '꼼꼼히', '쓸쓸히'가 되어야 하고요. 이 외에 '곰곰이', '더욱이', '일찍이', '헛되이' 등을 봐도 '하다'가 붙을 수 없는 경우에 '이'가 붙는 경향을 확인할 수 있습니다.

그럼 '하다'가 붙을 수 있으면 '히'를 쓰면 다 되냐? 에이, 그럴 리가요. 그러면 그게 '공식'이지 '경향'이겠어요? 전 '확률이 높다'라고밖에 안 했다고요. 이 경향을 거스르는 예외가 있으니, 그 첫째는 바로 어간 끝 받침이 'ㅅ'인 경우는 '히'가 아닌 '이'를 붙여야 한다는 겁니다. '깨끗이', '느긋이', '따뜻이', '다소곳이', '버젓이', '오롯이', '지긋이' 등이 그 예지요. 아예 'ㅅ히' 꼴은 나올 수 없다고 기억해 두시는 게 편해요.

하지만 이 정도 예외는 애교에 속하죠. 더 난감한 두 번째 예외는 어간 끝 받침이 'ㄱ'인 경우랍니다. '이'가 붙을 때도 있고 '히'가 붙을 때도 있는데, 어느 경우에 어떻게 되는지를 규칙화할 수가 없어서 '이'와 '히'를 헷갈리게 하는 데 톡톡한 역할을 하고 있거든요. 사례로 보면, '고즈넉이', '깊숙이', '끔찍이', '두둑이', '멀찍이' 등에는 '이'가 붙고, '간곡히', '솔직히', '익숙히' 등에는 '히'가 붙고 있습니다.

결국 '이'와 '히'의 문제는 '하다'를 붙일 수 있는지를 기준으로 판단해 보시되, 애매한 단어들은 사전을 찾아 눈에 익게 만드는 게 최고라는 너무 뻔한 결론으로 맺을 수밖에는 없겠네요. 뻔하긴 하지만 복잡하고 어려운 공식 외우는 것보다 사전 찾아보는 게 외려 편할 수도 있어요, 라고 하면 별로 위안이 안 되려나……

> ▶ '하다'가 붙을 수 있는 말에는 '히'가, 그렇지 않은 말에는 '이'가 붙을 확률이 크다. '하다'가 붙을 수 있더라도 어간 끝 받침이 'ㅅ'인 경우는 '이'가 붙는다. 어간 끝 받침이 'ㄱ'인 경우는 사전을 통해 확인하는 것이 좋다.

그리고 아래는 잘못 쓰기 쉽지만 특별히 설명을 필요로 하지 않는 부사들을 모아 정리해 보았습니다. 훑어보시고 혹시 그동안 습관처럼 잘못 써왔던 것이 있으신 분들은 '허참!' 하고 뒷머리 한번 긁적긁적하시고는 바른 표기를 기억해 두시면 되겠어요. 아, 제가 얼른 퇴근하려고 이렇게 나열만 하는 게 아니라는 거 이제는 아시죠? 믿으시죠?

> ▶ 아래 부사들은 밑줄 친 앞의 표기가 맞는 표기다.
>
> | <u>굳이</u> | 구지 | <u>그다지</u> | 그닥 |
> | <u>더욱이</u> | 더우기 | <u>미처</u> | 미쳐 |
> | <u>아무튼</u> | 아뭏든 | <u>어물쩍</u> | 어물쩡 | (계속) |

<u>어차피</u>	어짜피	<u>일부러</u>	일부로
<u>일찍이</u>	일찌기	<u>자그마치</u>	자그만치
<u>통틀어</u>	통털어	<u>하마터면</u>	하마트면
<u>한갓</u>	한갖/한갈	<u>함부로</u>	함부러

주의해서 써야 할 명사

이것 보세요, 퇴근해 봐야 푹 쉴 수 있는 것도 아니고 곧바로 이렇게 명사 설명을 시작했지 않습니까! 이제 저를 좀 믿어 주실 수 있으신가요? (못 믿으셔도 하는 수 없지만요……) 아무튼 다행스럽게도 명사 역시 관형사나 부사와 마찬가지로 활용 같은 요소도 없고, 복잡하다 싶은 설명이 별로 없어요. 다만 자잘하게 이야기할 것들이 많을 뿐이죠.

그래도 이 녀석만큼은 역시 골치 아프죠. 바로 '사이시옷' 말입니다. '조개살'인지 '조갯살'인지, '쇠조각'인지 '쇳조각'인지, '뒤풀이'인지 '뒷풀이'인지, '마구간'인지 '마굿간'인지, 쓸 때마다 고개를 갸웃거리게 하는 얄미운 사이시옷은 반드시 정리하고 넘어갈 필요가 있겠습니다.

먼저 염두에 두어야 할 것은 사이시옷 역시 이 부 머리글에서 "소리 나는 대로 적는다"라는 말의 의미를 이야기했던 것과 마찬가지의 관점에서(그리고 '이'와 '히'의 경우와 마찬가지 관점에서) 봐야 한다는 겁니다. 사이시옷을 언제 넣고 언제 넣지 않는지가 문법적으로 정해져 있었던 게 아니라, 사람들이 두 단어 사이에서 없는 'ㅅ'을 넣어 발음하는 경우들이 먼저 있었고 그걸 표기하기 위해 문법 규칙을 만든 거라는 사실이죠. 되도록 많은 사례를 취합하고 분류하고 정리하고 고민해서 규칙을 만들어 놓긴 했지만 당연히 예외는 있는 법. 이왕이면 규칙에 따라 발음하라고 하고 싶지만, 입에 익은 발음이 그렇게 쉽게 변할 리도 없고, 사람마다도 다르고……. 그러니 애초부터 완벽할 수 없는, 어려울 수밖에 없는 규정이랍니다. 일각에서는 사이시옷 표기를 폐지하자는 주장도 있고 실제로 북한에서는 사이시옷을 쓰지 않는다고 해요. 하지만 그렇다고 덜컥 그러기엔 또 문제가 간단치는 않은지 학계에서도 의견이 분분하다고 합니다. 아무튼 여기서는 현재 규정에 기반해 설명해 볼게요.

출발점은 일단 "한 단어로서 띄어쓰기 없이 붙여 쓰는" 합성어에나 사이시옷을 고민해야지, 그렇지 않은 경우에는 고민할 필요도 없다는 거예요. '머리+속'을 예로 들면, 이걸 별도의 단어로 봐서 '머리 속'이라고 띄어 적어야 하는지, 한 단어로 굳은 거라 '머리속'이라고 붙여 적어야 하는지, 만약 한 단어라면 혹시 사이시옷을 넣어 '머릿속'으로 써야 하는 건 아닌지를 고민할 수는 있지만, '머릿 속'이라는 표기와 띄어쓰기는 있을 수가 없다는 거예요(참고로 '머릿속'이 맞는 표기입니다). 또 '위 문장', '위문장', '윗문장' 사이에서 고민하는 건 이해할 수 있지만,

'윗 문장'이라고 쓰는 일은 없는 거고요(이번엔 '위 문장'이 맞아요). 그러니까 "사이시옷을 쓰면서 띄어쓰기를 하는 경우는 없다"라는 거 아시겠죠?

"한 단어로서 띄어쓰기 없이 붙여 쓰는 합성어"에서 '합성어'라는 것도 살펴봐야 할 조건입니다. 1부에서 합성어 이야기를 하긴 했지만 빼놓았던 내용이 있는데요, 이 녀석과 구분되는 '파생어'라는 녀석이 따로 있거든요(이 둘을 합쳐 '복합어'라고 합니다). 간단히 말하자면, 합성어는 '단어들'이 합쳐진 거고 파생어는 '단어와 접사'가 합쳐진 거예요. 그리고 사이시옷을 넣을 수 있는 것은 합성어만입니다. 파생어에는 넣을 수가 없어요! 예컨대 명사 '해'와 명사 '빛', 두 단어가 합쳐진 합성어 '햇빛'에는 사이시옷을 넣지만, 명사 '해'에 접사 '님'이 붙은 파생어 '해님'에는 사이시옷을 넣지 않습니다. '예스럽다'에 사이시옷을 쓰지 않는 것도 (192쪽에서는 '예'와 '옛'의 차이만 가지고 설명했지만) 접사 '스럽다'가 들어간 파생어라서 그런 거예요.

그런데 말이죠, "한 단어로서 띄어쓰기 없이 붙여 쓰는 합성어"라는 조건에서 하나 추리할 수 있는 게 있습니다. 바로 사이시옷이 붙은 단어들은 기본적으로 사전에 등재되어 있다는 사실! 합성어 인정 여부를 사전 등재 여부로 판단했었으니 당연한 말이죠? 이 말인즉, 헷갈릴 때는 사전만 찾아보면 맞는 표기를 바로 알 수 있다는 겁니다. '머리속'과 '머릿속'을 찾아봐서 사전에 나오는 말이 맞는 거고, 둘 다 안 나오면 '머리 속'으로 띄어 쓰면 되는 거죠. 단, 등재되지 않은 말들 중에서도 필요에 따라 붙여 써야 할 때가 있을 수 있고, 이럴 때 사이시옷을 넣어야 하는지 넣으면 안 되는지를 판단해야 하니 규칙을 숙지해 두는 게 의미 없는 일은 절대 아닙니다!

자, 이어지는 사이시옷의 조건은 뒷말의 첫 글자가 거센소리(ㅊ, ㅋ, ㅌ, ㅍ)나 된소리(ㄲ, ㄸ, ㅃ, ㅆ, ㅉ)로 표기되어 있으면 사이시옷을 넣지 않는다는 겁니다. 사이시옷이라는 게 합성어가 될 때 뒷말 첫소리가 거세지는 현상을 반영하기 위해 도입된 건데, '위층', '뒤풀이', '나무꾼'처럼 뒤에 이미 'ㅊ', 'ㅍ', 'ㄲ'이 오는 경우에는 굳이 '윗층', '뒷풀이', '나뭇꾼'이라고 더 세게 발음하도록 쓸 필요가 없거든요. '뒤뜰', '위쪽', '코털', '뒤통수', '뒤처리' 등에 사이시옷이 안 들어가는 것도 이런 이유에서입니다. 사이시옷 발음이 날 자리에 이미 거센소리나 된소리 표기가 있는 경우에는 사이시옷을 넣지 않는다! 이것만 기억해 두어도 고민의 여지가 팍 줄어든답니다.

다음 조건, 한자어와 한자어의 합성어에도 사이시옷이 붙지 않습니다. '촛점'이 아니라 '초점'(焦點), '제삿상'이 아니라 '제사상'(祭祀床)이 맞지요. 이 규정에서 예외로 인정받은 여섯 개의 한자어 '찻간', '셋방', '툇간', '곳간', '횟수', '숫자'는 그냥 외워 두는 수밖에 없겠습니다. '마굿간', '댓가', '싯가', '홧병'이 아니라 마구간(馬廏間), 대가(代價), 시가(時價), 화병(火病)이 맞는 이유도 바로 이 조건 때문이랍니다.

그러니 각각의 단어가 한자인지 아닌지 잘 따져 봐야 합니다. '방'은 한자라 '전세방'(傳貰房), '월세방'(月貰房)에는 사이시옷이 안 붙지만, '집'은 한글이라 '전셋집'과 '월셋집'에는 사이시옷이 들어가는 거죠. 웃긴 건 '셋방'은 위에서 본 여섯 개 예외 중 하나라서 사이시옷을 쓰지만 '전셋방'은 틀리고 '전세방'이 맞는다는 거······. 마찬가지로 '찻간'에는 사이시옷을 넣지만 '기차간'(汽車間)에는 안 넣고요. 어이가 없어서 "한자고 뭐고 그냥 사이시옷 다 넣어 버려!"라고 외치고 싶으시겠지만, 그랬다간 병원마다 아주 난리가 날걸요? '소앗과', '이비인홋과', '칫과', '정형욋과'라고 써야 할 테니까요······. 아, 한자뿐 아니라 다른 언어에서 온 외래어가 들어간 경우에도 사이시옷을 쓰지 않습니다. '택싯삯', '피잣집'이라고 쓰면 안 돼요.

이 나머지 경우에야 비로소 사이시옷을 넣을 수 있습니다. 하지만 잊어서는 안 될 것은 뒤의 단어의 첫 글자가 된소리로 발음되어야 한다는 것! '바닷가'가 [바다까/바닫까]로 발음되니까 사이시옷을 붙이는 거지 그냥 [바다가]로 발음되면 붙일 이유가 없잖아요? '머릿속'에 사이시옷이 들어가는 것도 [머리속]이 아니라 [머리쏙/머릳쏙]으로 발음돼서 그런 거고요. 또 너무 당연한 이야기지만 사이시옷이 들어갈 자리, 즉 앞 단어의 끝에 받침이 있으면 사이시옷을 넣고 싶어도 넣을 수가 없겠죠? '마음속'은 사이시옷을 넣는 다른 모든 조건을 만족하지만 'ㅅ'이 들어갈 자리가 없어서 넣으려야 넣을 수가 없네요.

뒷말의 첫소리가 된소리로 발음되는 경우가 아니더라도 사이시옷을 넣는 경우가 하나 더 있습니다. 바로 'ㄴ'이나 'ㄴㄴ'이 덧나는 경우지요. '비+물'이 [빈물]로 발음되는 걸 '빗물'로 쓰고, '나무+잎'이 [나문닙]으로 발음되는 걸 '나뭇잎'으로 쓰는 거죠.

> - 사이시옷은 띄어쓰기 없이 붙여 쓰는 '합성어'에만 넣을 수 있다.
> - 한자어끼리 붙은 합성어, 외래어가 포함된 합성어에는 넣지 않는다.
>   (* 예외: 찻간, 셋방, 툇간, 곳간, 횟수, 숫자)
> - 뒷말 첫소리가 거센소리나 된소리로 표기된 경우에도 넣지 않는다.
>   뒤꿈치, 뒤뜰, 뒤태, 뒤통수, 뒤처리 (모두 '뒷'으로 쓰지 않는다.)
>   윗쪽/윗층(X) 위쪽/위층(O)   나뭇꾼(X) 나무꾼(O)
> - 위 모든 조건을 만족하면서도 두 단어가 만나는 지점의 발음이 ① 된소리로 날 때, ② 'ㄴ'이나 'ㄴㄴ' 발음이 덧날 때 사이시옷을 넣는다.

어때요, 조금 복잡해 보이긴 하지만 찬찬히 따져 보면 별로 어려울 것도 없죠? 하지만 혹시나 너무 기고만장하실까 봐 말씀드리자면 여러분이 잊고 있는 게 하나 있어요. 바로 우리가 발음을 모두 멋대로 하고 있다는 사실……. 예컨대 여러분은 '머리말'을 어떻게 발음하시나요? [머리말]이라고 하나요, [머린말]이라고 하나요? 전자라면 사이시옷이 들어갈 이유가 없으니 그대로 '머리말'이라고 써야겠고, 후자라면 '머릿말'이라고 써야겠죠. 또 '장마비'는 [장마비]인가요, [장마삐/장맏삐]인가요? 이럴 때도 전자라면 그대로 '장마비'가 맞겠고, 후자라면 '장맛비'가 맞겠죠. 국립국어원은 [머리말]과 [장마삐/장만삐]를 표준 발음으로 보고 '머리말'과 '장맛비'를 표준어로 채택하고 있는데, 각자 발음하는 게 다르고 다른 발음을 들어도 그리 어색하지 않으니 문제입니다. '막내동생'을 저는 그냥 [막내동생]이라고 발음하는데, [막내똥생/막낻똥생]이 맞는 발음이라며 '막냇동생'이 표준어라고 하고, '동아줄'을 저는 [동아쭐]이라고 발음하는데, [동아줄]이 맞는 발음이라고 '동아줄'이 표준어라고 하고……. 하아, 정말 울고 싶을 지경이네요. 그런데 가만, '사이시옷' 자체도 누군가는 [사이씨온/사인씨온]이라고 발음할 수도 있지 않나요? 그러면 '사이시옷'이 아니라 '사잇시옷'이라고 써야 할 텐데 말입니다?

그러니 사이시옷에 관해 제가 드릴 수 있는 말씀은 앞서 살펴본 조건들에 맞춰서 판별해 보시되, 발음이 애매할 경우에는 사전을 찾아보셔야 한다는 겁니다. 앞서 말씀드렸듯이 단어당 최대 두 번만 쳐보면 알 수 있지 않겠습니까?

자, 그럼 이 모든 조건들을 통과하고 당당하게 사이시옷이라는 훈장(?)을 다는 데 성공한 대표적인 친구들 몇몇을 정리하고 넘어가 볼까요? 모든 사례를 다 모을 수는 없지만, 이 정도만 눈에 익혀 놓아도 비슷하게 생긴 녀석들을 의심해 보는 데에는 도움이 될 거예요. 사이시옷의 조건들을 모두 만족하는지 차근차근 따져 가면서 보시면 더 큰 도움이 될 거고요.

▶ 합성어에서 뒤에 오는 단어의 첫소리가 된소리로 나는 다음의 경우들은 사이시옷을 넣어 준다.

바닷가 호숫가 시냇가　　　고춧가루 후춧가루 계핏가루

먹잇감 며느릿감 사윗감 안줏감　나잇값 덩칫값 죗값 최댓값

기삿거리 시빗거리 이야깃거리　감잣국 만둣국 북엇국 선짓국

등굣길 하굣길 귀갓길 출셋길　　연둣빛 장밋빛 우윳빛

머릿속 안갯속 뼛속 장삿속　　　처갓집 종갓집 상갓집 맥줏집

고양잇과 공깃밥 공붓벌레 기왓장 꼭짓점 나뭇가지 낚싯줄

날갯짓 노랫소리 뒷간 뒷거래 뒷부분 마릿수/머릿수 머릿결

방앗간 번갯불 전깃불 소싯적 시곗바늘 진돗개 콧수염……

▶ 합성어를 이루는 두 단어 사이에서 'ㄴ' 또는 'ㄴㄴ' 발음이 덧나는 다음의 경우들은 사이시옷을 넣어 준다.

단옷날 동짓날 제삿날 존댓말 혼잣말 노랫말 뒷말 뒷이야기

나뭇잎 베갯잇 아랫니 윗니 잇몸 예삿일 콧날 툇마루……

그럼 지금부터는 철자를 잘못 쓰고 있다거나 오해를 하고 있다거나 의미를 구분해서 써야 하는 명사들을 가나다순으로 이어서 설명해 보도록 할게요. 동사와 형용사 때와 마찬가지로 쉬운 것들도 꽤 많이 섞여 있을 텐데 편한 마음으로 차근차근 읽어 가시면 되겠습니다. 흐린 글자는 틀린 말인 거, 그리고 저 얼른 쉬고 싶어서 이렇게 나열하는 거 아닌 거, 이젠 정말 아시죠? 그쵸?

갑절 곱절 얼핏 보기에는 의미상의 차이가 없어 보이지만 구분해서 써야 합니다. 쉽게 말해 '갑절'은 '두 배'를, '곱절'은 '두 배' 혹은 '배'를 의미한다고 보면 돼요. 그러니까 '두 배'를 의도할 때는 뭐든 써도 되지만, '세 배', '네 배'의 뜻으로 쓸 때는 '세 곱절', '네 곱절'로 써야 하는 거죠. '세 갑절', '네 갑절'은 안 됩니다! 기억하세요, "갑절은 두 배, 곱절은 배!"

강추위 원래 이 단어의 뜻은 '강한 추위'가 아니에요. 여기서의 '강'은 '메마른'이라는 의미를 가진 순우리말 접사로 '강소주'(깡소주는 잘못된 표현!) 같은 데 쓰이는 그놈이거든요. 그래서 '강추위'는 "눈도 오지 않고 바람도 불지 않으면서 몹시 매운 추위"를 뜻하는 말이었답니다. 눈이 내릴 때 '강추위'를 쓰는 건 옳지 못한 표현이었단 말씀! 하지만 사람들이 이 사실을 알지 못하고 '강한 추위'의 의미로 하도 많이 쓰다 보니 실제로 이 뜻으로 쓰이는 걸 사전에 안 실어 놓을 수도 없고…… 결국 '강(强)추위'도 "눈이 오고 매운바람이 부는 심한 추위"라는 뜻을 가진 별도의 단어로 사전에 등재되었답니다. 이제 눈이 올 때 '강추위'를 써도 틀린 표현은 아니게 된 거죠.

개거품 멍멍이는 어지간한 큰 병 아니고서야 거품을 그렇게까지 많이 토하진 않을 것 같네요. 거품 하면 역시 옆으로 걷는 '게'가 전문이죠! 혹시 '개거품'이라고 오해하셨던 분들, '게거품'이 맞는 표기랍니다. 게거품을 물고 따지셔도 할 수 없어요.

개발 계발 '개발'(開發)이 좀 더 광범위한 뜻입니다. 축구하다가 친구가 헛발질을 하면 구박할 때 쓰는 '개발'은 한 단어로 인정되지 않아서 엄밀히는 '개 발'이고요, '개발'의 사전적 의미는 이렇습니다. "토지나 천연자원 따위를 유용하게 만듦"(유전 개발, 수자원 개발), "지식이나 재능 따위를 발달하게 함"(능력 개발), "산업이나 경제 따위를 발전하게 함"(산업 개발), "새로운 물건을 만들거나 새로운 생각을 내어놓음"(신제품 개발, 핵무기 개발, 프로그램 개발). 반면 '계발'(啓發)은 "슬기나 재능, 사상 따위를 일깨워 줌"에 한정됩니다. "상상력 계발"처럼요. '개발'의 두 번째 뜻과 비슷해서 이럴 땐 둘 중 무얼 써도 돼요. 물론 좀 더 정확한 뉘앙스를 주기 위해 '자기 계발'을 쓰긴 하지만 '자기 개발'이라고 써도 틀렸다고 하기는 힘들다는 거죠. 하지만 '유전 계발'이나 '산업 계발' 같은 표현은 안 되겠지요?

개발새발 원래 이 단어는 표준어가 아니었습니다. 본래의 표준어는 아는 사람들만 안다는 '괴발개발'이었는데, '고양이의 발과 개의 발'을 줄인 말이었죠. 그런데 고양이 발이 아무래도 좀 어색했던지(개-고양이 짝도 되게 잘 맞는데 왜 그랬을까요) 사람들은 '개발새발'을 점점 많이 쓰기 시작했고, 결국 이 단어가('글씨가 엉망이다'라는 심층의 의미는 같지만) '개의 발과 새의 발'

이라는 별도의 뜻으로 사전에 등재되었답니다. '개발새발'과 '괴발개발' 모두 쓸 수 있는 말이에요!

갱신 경신　같은 한자를 다르게 읽은 두 단어랍니다. '更新'에서 '更'을 '고칠 경'으로 읽으면 '경신', '다시 갱'으로 읽으면 '갱신'이 되는 거죠. 한자가 같아서인지 '갱신'과 '경신'도 별생각 없이 혼용해서 쓰이곤 하는데요, 국립국어원에서는 "기록은 경신하고, 서류는 갱신한다"라는 쓰임을 밀고 있는 분위기예요. 기록은 새로 '고치니까' '경신'이고, 비자나 유효 기간 같은 건 '다시' 늘리는 거니까 '갱신'이 된다는 논리죠.

결단 결딴　"결단을 내렸다", "죽기를 결단했다"에서처럼 비장한 느낌을 주는 단어 '결단'에 대해서는 특별히 더 설명할 게 없네요. 반면 '결단'의 오타인가 의심하실지 모를 '결딴'은 엄연히 따로 있는 단어입니다. "어떤 일이나 물건 따위가 아주 망가져서 도무지 손을 쓸 수 없게 된 상태"나 "살림이 망하여 거덜 난 상태"를 뜻하는 아주 슬픈 단어지요. "IMF 때 집안이 아주 결딴났지", "그놈을 아주 결딴내 버리겠어!"처럼 씁니다. 예문을 보니 '결딴나다'와 '결딴내다'는 한 단어라 붙여 쓰는 것도 아시겠죠?

결제 결재　돈을 치를 땐 '결제'(決濟)를 해야 하고, 서류는 '결재'(決裁)를 받아야죠. 뻔히 알면서도 막상 쓰려면 멈칫거리는 분들이 아마 꽤 되실 겁니다. 저는 예전에 인터넷에서 본 꼼수를 요긴하게 써먹고 있는데요, 카드를 긁어 결제를 하려면 'ㅔ'처럼 틈이 있어야 합니다. 'ㅐ'에는 카드 긁기가 힘들잖아요?

고담준론(高談峻論) 좋은 쪽으로는 "뜻이 높고 바르며 엄숙하고 날카로운 말", 나쁜 쪽으로는 "아무 거리낌 없이 잘난 체하며 과장하여 떠벌리는 말"을 뜻하는 이 단어는 '담론'이라는 낯익은 단어 때문인지 '고준담론'이라고 쓰는 분들이 종종 있으시더라고요. '높은 말'[高談]과 '준엄한 이야기'[峻論]가 짝을 이루는 구조인 걸 아시면 '고담준론'을 기억하기가 어렵지 않으시겠죠? 물론 배트맨의 도시 '고담'을 빌려 기억하겠다고 하셔도 말리지 않겠습니다만······.

껍질 껍데기 '돼지 껍데기' 같은 단어를 보면 얼굴이 찌푸려지는 분도 있겠지만 저는 입에 군침이 돕니다. 하지만 그 쫄깃한 맛이 맞춤법의 옳고 그름까지 덮을 수는 없는 법! 정확히 말하자면 '돼지 껍질'이 맞거든요. '껍데기'와 '껍질'은 구분해서 써야 하는데요, 쉽게 생각하면 딱딱한 게 껍데기, 무른 게 껍질이랍니다. 조개껍데기, 달걀 껍데기, 굴 껍데기가 맞고, 감자 껍질, 귤껍질, 참외 껍질이 맞아요(등재어는 붙여 썼습니다). 다만 '조개껍질'은 그 유명한 "조개껍질 묶어 ♬" 하는 노래 덕분인지 표준어로 같이 인정해 주더라고요. 그런 의미에서 '돼지껍데기'도 하루빨리 표준어가 되기를 바라 마지않습니다. 참! '알맹이'랑 반대되는 의미로는 '껍질'은 안 쓰고 '껍데기'만 쓴다는 사실도 알아 두세요. 신동엽 시인의 유명한 시 「껍데기는 가라」가 「껍질은 가라」가 되면 안 되겠죠?

끗 <del>끝</del> 아슬아슬하게 승부가 갈렸을 때 "한 끝 차이"라는 표현을 쓰곤 하죠. 길고 짧은지 끝을 대봐서 한 끝 차이라고 하는 거 같긴 한데, 대체 '한 끝'이 어느 정도기에 아깝다고 하는 걸까요? 모르실 수밖에요. 틀린 표기니까요. 맞는 표현은 '한 끗 차이'랍니다. 이 '끗'은 노름판에서 나온 말인데요, 도리짓고땡 같은 화투 게임에서 패의 높낮이를 표현하는 단위가 바로 '끗'입니다. '한 끗', '두 끗', …… '여덟 끗', '아홉 끗', '열 끗'처럼요. "여덟 끗이다. 이 판은 내가 먹는다", "잠깐! 후훗, 나는 아홉 끗이다!", "앗! 아깝게 한 끗 차이구나!" 이런 식인 거죠. 많이들 쓰시는 '끝발' 대신 '끗발'을 써야 하는 것도 바로 이 단어 때문이고요.

나르시스트 '나르시스트' 소리는 듣기 싫고 '로맨티스트'는 되고 싶으신가요? 그럼 그전에 일단 표기법부터 바로잡읍시다! 이 두 단어 모두 잘못된 표기거든요. 그리스 신화의 '자뻑맨' 나르키소스('나르시시스'라고도 합니다)에서 유래한 이 단어의 바른 표기는 '나르시스트'가 아니라 '나르시시스트'(narcissist)입니다. 괄호 안 원어 중 'cissi' 보이시죠? '시시'가 되어야 합니다. '나르시즘'이 아니라 '나르시시즘'(narcissism)이라고 써야 하고요. 비슷하게 잘못 쓰이는 낭만주의는 '로맨티즘'이 아니라 '로맨티시즘'(romanticism)이고, 낭만주의자 역시 '로맨티스트'가 아니라 '로맨티시스트'(romanticist)가 되어야 한답니다. 앞으로는 꼭 정확히 쓰시길! 또 모르죠. 정확한 맞춤법이 여러분의 로맨틱 지수를 한 단계 올려 줄지도.

나절 오해를 많이 받는 단어인데요, 여러분은 '반나절'이라고 하면 어느 정도 길이의 시간을 떠올리시나요? 보통 오전이나 오후 중 하나를 생각하시죠? '한나절'이 오전과 오후를 합친 시간 같고요. 그런데 사실 '(한)나절'은 그 자체로 "하룻낮의 절반쯤 되는 시간"을 의미합니다. 아무래도 헷갈리실 테니 현대인의 근무시간 기준으로 이야기하자면, 한나절은 여덟 시간일 것 같지만 사실은 네 시간이고, 반나절은 네 시간일 것 같지만 사실은 두 시간이라는 말씀!

그런데 이 사실을 모르고 다들 '한나절=8시간, 반나절=4시간'의 의미로 애용하다 보니 ('강추위'와 마찬가지로) 국립국어원이 두 손 들고 말았습니다. 이제 사전에도 '한나절'에는 "하룻낮의 반"(4시간)이라는 원뜻 아래에 "하룻낮 전체"(8시간)라는 뜻이 함께 실려 있고, '반나절'에는 "한나절의 반"(2시간)이라는 원뜻 아래에 "=한나절"(4시간)이라는 뜻이 함께 실려 있어요. 그야말로 혼돈의 카오스……. 하기야 문학작품 같은 데에서 "오후 반나절 내내 계속되었다" 같은 걸 계속 써대는 데야 안 싣고 버틸 수가 있었겠어요? 어쨌든 이 단어도 원뜻은 알고 계셔야 문장의 의도를 정확히 전달할 수 있겠습니다.

너머 넘어 '너머'는 명사로서 "높이나 경계로 가로막은 사물의 저쪽. 또는 그 공간"을 의미합니다. 반면 '넘어'는 동사 '넘다'의 활용형이고요. 둘을 구분하자면 '넘어'는 "산을 넘어 마을에 다다랐다"처럼 넘는 동작에 초점을 맞추지만, '너머'는 "산 너머 마을"처럼 저 건너편의 공간이나 그 위치를 나타낸답니다. "산 넘어 저쪽"이라고 쓰지 않도록 조심하세요.

너비 넓이 무심코 섞어 쓰기 쉬운 이 두 단어도 구분해서 써야 합니다. 조금만 생각해 보면 알 수 있는 게 '넓이'는 '면적'이고 '너비'는 '폭'이잖아요? 이걸 염두에 두신다면 "도로의 넓이가 넓다", "두 발을 어깨넓이로 벌려라"가 이상한 문장인 거 느낌이 오실 겁니다. "도로의 너비", "어깨너비"로 고쳐야지요. 참고로 '어깨너비'는 한 단어랍니다.

네댓 이어진 숫자를 두 개씩 묶어 이르는 말 중에 가장 어려운 게 '네댓'입니다. '너댓'으로 쓰면 안 되거든요. 어려운 표기답게 같은 말도 많아서 '네다섯', '너덧', '너더댓'이 모두 맞는 말이라고 해요. '너댓'은 잘못된 표기라는 사실 정도만 기억해 두시면 될 듯합니다. 자, 그럼 이러한 숫자들을 모아서 살펴볼까요? 한둘, 두셋(둘셋은 틀려요), 서넛(셋넷, 세넷도 틀리고요), 네댓/네다섯/너덧/너더댓(너댓은 틀립니다!), 대여섯, 예닐곱, 일고여덟, 여덟아홉!

조금 더 깊게 가보면, 이것들은 모두 '수사'예요. "그런 사람이 어디 한둘이냐", "글쎄, 두셋쯤은 될까"처럼 쓰지요. 그런데 이처럼 숫자를 나타내는 말을 '관형사'로 쓸 때가 많답니다. "그런 사람이 한두 명도 아니고", "글쎄, 두세 명쯤은 될까"처럼 뒤의 의존명사를 꾸미는 경우가 그렇지요. 이때는 수사로 쓸 때와는 모양이 달라집니다. 위에서 '한둘-한두', '두셋-두세'의 차이가 보이시나요? '서넛-서너'도 마찬가지라 "서넛이지"와 "서너 개지"로 구분되고요. 요거 알아 두시고요, 다행히 '네댓'부터는 이런 구분이 필요없어서 모양이 똑같답니다. "예닐곱이다", "예닐곱 개다"처럼 쓰면 그만이에요!

노랑 노란색 노랑색, 파랑색, 빨강색, 검정색, 하양색…… 전부 틀린 표기입니다. 노랑, 파랑, 빨강, 검정, 하양 등은 단어 자체에 빛깔이나 색의 의미가 포함되어 있기 때문에 뒤에 '색' 자를 붙이지 않거든요. 꼭 '색'을 붙이고 싶다면 앞말을 관형사처럼 모양을 바꿔 '노란색', '파란색', '빨간색', '검은색', '하얀색'

으로 써야 한답니다. 이 단어들은 사전에 합성어로 등재되어 있는데요, 찾아보면 설명이 좀 귀여워요. 노란색을 "병아리나 개나리꽃의 빛깔과 같이 매우 밝고 선명한 색"이라고 한다거나, 파란색을 "맑은 가을 하늘과 같이 밝고 선명한 푸른색"이라고 한다거나…… 심심하실 때 한 번씩 찾아보세요!

뇌졸중 '뇌졸증'이라고 알고 있는 분들 많으시죠? 병 이름에 '증'(症) 자가 많이 붙기도 하고 발음도 비슷해서 그렇게 오해하는 것도 무리는 아닙니다. 하지만 바른 표기는 '뇌졸중'이에요. '뇌'(腦)가 '졸'(卒)해서 '중'(中)풍이 왔다는 의미거든요.

대갚음 '그대로 돌려주마!'의 느낌으로 '되갚음'이 떠오르는 것도 자연스러운 흐름이죠. 마침 '되돌리다'라는 동사도 있고요. 하지만 "남에게 입은 은혜나 남에게 당한 원한을 잊지 않고 그대로 갚음"을 뜻하는 명사는 한자 '對'를 쓰는 '대갚음'이랍니다. 참고로 '되갚다'나 '대갚다' 같은 동사는 없고, '대갚음하다'라고 써야 한다네요.

대증요법(對症療法) 인기 있고 쉽게 할 수 있는 '대중적인' 치료법으로 오해하지 마세요. '증세에 대응하는' 요법이라는 의미거든요. 그나저나…… 복지 없는 증세(增稅)에는 뭘로 어떻게 대응해야 할까요?

도찐개찐   빼도 박도 못하게 윷놀이에서 유래했을 것 같은 이 말 중에서 '찐'은 대체 어디서 나온 걸까요? 자, 여러분 놀라지 마세요. '찐'은 '긴'의 잘못된 표기랍니다. '긴'은 "윷놀이에서, 자기 말로 남의 말을 쫓아 잡을 수 있는 거리"를 뜻해요. '도긴개긴'은 "도로 잡을 수 있는 거리나 개로 잡을 수 있는 거리나"의 뜻인 거죠. '도찐개찐'이 입에 짝짝 붙긴 하지만 틀린 표기랍니다. 참고로 2015년 6월까지만 해도 '도긴개긴'이 사전에 등재되지 않아 '도 긴 개 긴'으로 쓰는 게 원칙이었습니다만, 이제는 등재되어 붙여 써도 된답니다! 그나저나 '끗'이니 '긴'이니 별의별 말들이 다 있지요?

두째 둘째   앞에서 '두세'와 '두셋' 구분하는 거 보셨죠? 이렇게 미묘한(?) 구분이 필요한 또 다른 단어가 바로 '두째'와 '둘째'입니다. 일단 '2'는 '두째'를 쓸 일 없이 '둘째'라고만 쓰면 돼요. 어려운 건 12, 22, 32, 42 등의 경우입니다. 차례를 나타낼 때('번째'의 의미일 땐) '열두째', '스물두째'를, 개수를 나타낼 때('개째'의 의미일 땐) '열둘째', '스물둘째'를 쓰거든요. 그러니까 "<u>열두째</u>에 앉아 있는 학생"과 "오십 페이지 <u>스물두째</u> 줄"(차례), "썩은 게 벌써 <u>열둘째</u>야!"와 "이 경우가 <u>스물둘째</u> 사례다"(개수)라고 구분해서 써야 한답니다.

류(流) 유(類)   "그런 류의 사상"이라는 표현이 별로 이상하게 느껴지진 않죠? 하지만 '류'(流)는 "(사람 또는 유파를 나타내는 몇몇 명사 뒤에 붙어) '그 특성이나 독특한 경향'의 뜻을 더하는 접미사"랍니다. 접사니까 "하루키류"나 "낭만파류"처럼 붙여 써야겠죠? 하지만 "그런 류의 사상"에서의 '류'는 접사도 아니고, 심지어 의미도 '특성이나 경향'이 아니에요. '부류나 종류'를 의미하는 별도의 단어지요. 이런 경우에는 "그런 유(類)의 사상"으로 고쳐 써야 한답니다! 많이들 틀리는 경우니까 알아 두시면 좋겠어요. 아, 물론 '類'도 접사로 쓰이는 경우가 있긴 합니다. '과일류', '금속류'처럼요. 어쨌건 접사로 쓰이지 않은 "그런 류"같은 경우는 "그런 유"로 써야 한다는 걸 꼭 기억하세요!

며칠 몇일 "몇 월 며칠입니까?"라는 표현, 참 마음에 안 들죠? "몇 월 몇 일입니까?"라고 쓰면 얼마나 깔끔해 보여요. 하지만 '몇 일'과 '몇일'은 틀린 표기라 어떤 경우에도 쓸 수 없답니다. "며칠 동안", "칠 월 이십 며칠쯤에는"으로 써야 해요. 많이들 틀리시는데 꼭 기억해 두시길! '몇'+'일'(日)의 구조로 이루어진 합성어가 아니라 순우리말인 '며츨'에서 유래한 말이라 그렇다고 하네요.

반증 방증 둘 모두 '증거'의 일종이지만, 뜻을 정확히 구분해서 써야 합니다. '반증'(反證)은 "어떤 사실이나 주장이 옳지 아니함을 그에 반대되는 근거를 들어 증명함. 또는 그런 증거" 혹은 "어떤 사실과 모순되는 것 같지만, 오히려 그것을 증명한다고 볼 수 있는 사실"을 뜻해요. '반'(反)에서 알 수 있듯이 반대 방향에서의 증명이지요. 반면 '방증'(傍證)은 "사실을 직접 증명할 수 있는 증거가 되지는 않지만, 주변의 상황을 밝힘으로써 간접적으로 증명에 도움을 줌. 또는 그 증거"입니다. '방'(傍) 자는 '곁 방'이니 옆에서 도움을 주는 증거지요. '방증'을 써야 할 때, 그러니까 딱히 반례도 아닌데 뭔가 좀 더 멋있어 보인다고 '반증'을 쓰지 않도록 주의하세요! 예컨대 매 분기 놀이공원 입장객 수가 최고치를 경신한다면 이는 경기가 좋지 않다는 주장에 대한 '반증'이 될 수 있는 반면, 경기가 좋아지고 있다는 것을 '방증'하는 사례도 될 수 있는 거죠.

베개 베게 배게　잘 때 베고 자는, 소중하고도 친숙한 물건의 이름은 왜 또 그리 자주들 틀리시나요? 귀이개, 뒤집개, 덮개 같은 데 쓰이는, '도구'를 의미하는 '개' 자 아시죠? '베'고 자는 도구 '개'라서 '베개'라고 생각하시면 쉽습니다.

사단 사달　"술을 그리 마시니 사단이 나지" 같은 말씀은 하지 마세요. 사람은 미워해도 술을 미워하면 안 되죠……가 아니라 이럴 땐 '사단'을 쓰면 안 되거든요. 사고나 탈을 의미하는 순우리말은 '사단'이 아니라 '사달'이랍니다. '사단'(事端)은 사건의 단서나 일의 실마리를 뜻하니 "그 일은 술을 마신 게 사단이 되었다"처럼은 쓸 수 있겠습니다.

살 세　나이를 세는 의존명사 '살'과 '세'는 아무 의심 없이 혼용되고 있는데요, 엄격히는 용법이 구분되는 두 단어랍니다. '살'은 순우리말답게 순우리말 숫자에, '세'(歲)는 한자답게 한자 숫자에 붙어 쓰이거든요. 그러니 "서른여섯 살", "삼십육 세"처럼 써야 합니다. "서른여섯 세"라고는 아무도 안 해도 "삼십육 살"이라고는 많이들 하잖아요? 물론 말로 할 때보다는 틀릴 일이 적지만 그래도 신경 쓰자고요.

삼수갑산(三水甲山)　조선 시대의 귀양지로 우리나라에서 가장 험한 산골이라 이르던 '삼수'와 '갑산' 지역을 함께 일컫는 말이랍니다. 현재 행정구역으로는 북한 양강도의 '삼수군'과 '갑산군'으로서 여전히 깡촌(비표준어입니다만)의 위엄을 자랑하고 있다고 해요. 물 좋고 산 좋은 곳으로 착각해서 '산수갑산'이라고 쓰지 마시길!

생살여탈(生殺與奪)　'생사여탈'이라고 많이 쓰시는데요, 사전에 실려 있긴 하지만 실상은 잘못된 용법이라는 게 중론입니다. 특히 권리를 뜻하는 '권'(權)을 붙여서 '생사여탈권'이라고 쓰는 경우가 많은데요, '살고 죽고 주고 빼앗는' 권리는 어딘지 좀 어색하죠? 생각해 보세요. 내 맘대로 '살고 죽는' 게 아니라 누군가를 '살리고 죽이는' 거여야 뒤의 '주고 빼앗는'과 어울리는 바른 표현이 되지 않겠어요? '죽을 사' 대신 '죽일 살'이 들어간 '생살여탈'이 정확한 표기랍니다.

설거지 설겆이 '설거지'냐 '설겆이'냐 헷갈리셨던 분들께 어원 이야기를 해드리려고요. 옛날옛적에 놀랍게도 "먹고 난 뒤의 그릇을 씻어 정리하다"라는 뜻의 '설겆다'라는 동사가 있었다고 합니다. 거기서 '설겆이'라는 명사가 나왔고요. 그런데 '설겆다'가 점점 안 쓰이게 되자, 우리의 외로운 '설겆이'는 그 낯선 표기 때문에 자꾸 '설거지'로 잘못 쓰이기 시작했습니다. 안 그래도 점점 입지가 좁아지던 차, '설겆다'가 완전히 자취를 감추자 빽(?)을 잃은 '설겆이'도 결국 '설거지'에게 완전히 밀리고 말았죠. 어원이 되는 '설겆다'가 살아 있었더라면 '설겆이'도 함께 살아남아 부귀영화를 누릴 수 있었을 텐데…… 아무튼 '설거지'가 표준어입니다! 혹시 기억하기 힘든 분들은 "설, 거지 같은 놈"이라는 인터넷 유머를 빌려 보는 건 어떨까요?

성대모사 (聲帶模寫) 웬만한 분들은 안 틀리실 거 압니다만 혹시나 해서 남겨 놓습니다. 베낀다는 의미로 '모사'를 해야지, 의학도나 화가가 아닌 이상 남의 성대를 '묘사'하고 있으면 안 되겠죠?

수 숫 아시는 분들은 알죠. 이 둘의 구분이 얼마나 귀찮고 짜증 나는지 말이에요. 하지만 차근차근 살펴보면 그렇게까지 어렵지는 않습니다. 일단 '숫'을 쓰는 경우는 이것뿐이에요. 양! 염소! 쥐! 요 세 동물 친구들은 모두 '숫'을 써서 숫양, 숫염소, 숫쥐로 써야 합니다.

나머지는 모두 '수'를 쓰는데요, 정작 문제는 '수' 다음에 올 글자입니다. '암'과 '수'의 원래 꼴은 '암ㅎ'과 '숳'이라 이 'ㅎ'의 흔적이 뒤 글자에 영향을 미치거든요. '수것'과 '암것'이 아니라 '수컷'과 '암컷'이 되는 것도 그래서고요. 그런데 국립국어원은 "현실에서의 발음을 고려하여" 뒤 글자를 거센소리로 쓰지 않는 걸 원칙으로 삼되, 'ㅎ'의 흔적이 진하게 남은 다음 아홉 개만 예외로 남겨 두었다고 해요. 수캉아지, 수캐, 수컷, 수키와, 수탉, 수탕나귀, 수톨쩌귀, 수퇘지, 수평아리 이렇게요(기와랑 돌쩌귀는 동물은 아니지만 모양에 따라 암수 구분이 있습니다). 물론 이것들은 '암'이 붙어도 마찬가지로 암캉아지, 암캐, 암탉 등으로 씁니다. 이 아홉 개를 제외한 나머지 단어들은 모두 평범하게 '수'만 붙이면 돼요. 수놈, 수고양이, 수소, 수나사처럼요. 어때요, 외우기 귀찮은 건 어쩔 수 없지만 되게 어렵진 않죠?

신변 신병 언론에서 "신병을 비관하여" 같은 표현을 종종 접합니다. 그런데 가만, '신변'을 비관하는 건 그러려니 하겠는데 '신병' 비관도 맞는 말인가 싶기도 하고……. 고개를 갸웃거려

보신 분들 없나요? '신병'(身病)은 "몸에 생긴 병"을 가리키는 말로, '신병 비관'은 병 때문에 고통받고 좌절하는 것을 의미합니다. 반면 '신변'(身邊)은 몸과 몸 주위를 가리키는 말이니 '신변 비관'의 대상에는 자기 몸에 일어난 일과 자기 주변에 일어난 여러 일들이 모두 포함되지요. 건강 문제, 돈 문제, 이성 문제, 가족 문제 등등. 그러니 '신병 비관'도 넓게 보면 '신변 비관'의 일종이라고 볼 수 있겠습니다. 단, 헷갈리지 말아야 할 것은 "보호나 구금의 대상이 되는 본인의 몸"이라는 뜻으로 법률 관계에 잘 쓰이는 '신병'(身柄)은 전혀 다른 단어라는 사실! "신병을 인도하다", "신병 처리", "신병 인수"에서의 '신병'이 이 경우에 해당합니다.

실제 실재 '실제'(實際)는 있는 그대로의 경우나 형편을 일컫는 말입니다. "실제 상황", "이론과 실제" 등등 익숙하시죠? 그런데 가끔 '실재'(實在)를 써야 할 때가 있어요. '실제로 존재함'을 의미하는 경우지요. "실재 인물", "그런 것이 실재한다"처럼 말입니다. 헷갈리시면 곰곰이 생각해 보세요. '실제로[實] 있다[在]'가 '실재'잖아요. "실제 있었던 이야기"가 곧 "실재 이야기"라고 생각하면 그래도 좀 구분이 쉽지 않을까요?

애들 얘들 '애들'이 '아이들'을 줄인 건 다 아시죠? '얘들'은 '이 애들'을 줄인 거라는 사실도 금방 알 수 있습니다. '저 애들'은

'쟤들', '그 애들'은 '걔들'인 것까지도요. 주의할 건 '얘들'을 써야 할 때 '애들'을 잘못 쓰지 않는 거예요. "애들아!"가 아니라 "얘들아!"라고 부르는 건 쉽죠? "이 아이들이 왜 이래"를 말할 때에도 "얘들이 왜 이래"라고 해야지 '애들'을 쓰면 안 됩니다.

야반도주(夜半逃走)　'야반'은 밤이 절반쯤 지난, 그러니까 밤이 한창인 때를 의미한답니다. 물론 한자어와 순우리말이 붙어서 합성어가 된 '야밤'이라는 단어도 있긴 하지만, 그래도 명색이 사자성어인데 한글인 '밤'이 시치미 뚝 떼고 들어앉은 '야밤도주'는 좀 그렇잖아요? '야반도주'라고 정확하게 써주자고요.

양/량(量)　'量'은 '양'으로 읽나요, '량'으로 읽나요? 답은 간단합니다. 고맙게도 공식에 딱 맞아떨어지거든요. 한자어 뒤에서는 '량', 고유어나 외래어 뒤에서는 '양'으로 읽습니다. '공급량', '투입량', '재고량', '작업량'은 '량'을 쓰는 경우고, '구름양', '오존양', '벡터양' 등은 '양'을 쓰는 경우죠. 어때요, 쉽죠? '欄' 역시 한자어냐 고유어/외래어냐에 따라 읽기가 달라지는 한자입니다. 한자어 뒤에서는 '란', 고유어나 외래어 뒤에서는 '난'으로 읽어요. 신문의 '독자란', '경제란', '어린이난', '스포츠난', '가십난'처럼 말이에요. 자, "한자에서는 'ㄹ'", 외워 두세요!

얼레리꼴레리　입 밖으로 낼 생각만 해도 어쩐지 신이 나서 까

불고 싶어지는 이 단어가 표기법에는 맞지 않는다는 거 알고 계셨나요? 표준어는 '알나리깔나리'랍니다. 충격에 휩싸여 어원을 찾아보니 '알나리'는 "어리고 키가 작은 사람이 벼슬한 경우를 놀림조로 이르는 말"이라고 하는데요, 한 번만 하기에는 아무래도 좀 심심하니까 운을 맞추려고 '깔나리'를 붙였겠다 싶습니다. 아무리 어리고 키가 작아도 '알'에다 비유하다니 좀 너무하다 싶은 생각도 드네요. 그런데도 벼슬을 했으니 칭찬은 못 해줄망정……. 이 정도야 그냥 '얼레리꼴레리'라고 써도 괜찮겠지만, 재미로 알아 두시라고 말씀드려 봤어요!

엉덩이 궁둥이　많은 분들이 구분 없이 쓰고 있지만, 사실은 다른 부위를 가리키는 단어입니다. 쉽게 말해 여러분이 떠올리시는 그 부위의 가장 볼록한 가운데 부분의 위쪽을 엉덩이, 아래쪽을 궁둥이라고 해요. 의자에 앉았을 때 궁둥이는 바닥에 닿고, 엉덩이는 뒤를 향하게 되는 거죠.

여부　'여부'(與否)라는 단어는 "그러함과 그러하지 아니함"의 뜻이라 'yes or no'로 대답할 수 있는 경우에만 쓸 수 있는 말인데요, 안 그런 경우에도 남용되는 경우가 많더라고요. '진위 여부'나 '당락 여부'는 어법에 맞지 않는 게, '진위냐 아니냐', '당락이냐 아니냐'가 아니라 '진(眞)이냐 위(僞)냐', '당(當)이냐 락(落)이냐'잖아요. "진위 여부를 밝혀라"가 아니라 "진위를 밝혀라"라고 써야죠. '여부'는 '성공 여부'(성공이냐 아니냐), '합격 여부'(합격이냐 아니냐) 등에 쓸 수 있겠습니다.

연애 연예　대부분은 틀리지 않으실 테지만 그렇다고 빼놓고 넘어가면 섭섭한 맞춤법이죠. "연애 뉴스", "연예하고 싶다", "연애인이 될래요"……. 제발 이러지 마세요. 연애 사업에 지장이 있을지도 모릅니다! '연예인'하고 '연애'하는 건 굉장히 힘든 일이라는 것만 알고 계셔도 되지 않을까요?

염치 불고　'염치불구'를 사자성어로 알고 있는 분도 있으시겠지만 오해입니다. 한 단어로 굳은 사자성어도 아니고 두 단어의 단순 나열인 데다가, '불구'가 아니라 '불고'를 써야 하기까지 해요. '염치'는 여러분이 아시는 그 염치고요, '불고'(不顧)는 "돌아보지 아니하다"라는 뜻입니다. 이 두 단어가 붙어서 "염치 같은 건 돌아보지도 않고"가 되는 거죠. 그럼에도 불구하고 '염치불구'를 쓰시면 안 되겠습니다.

오랜만 오랫만　헷갈리는 두 단어 중에서 바른 말은 '오랜만'입니다. 사이시옷의 원리를 따져서 '오랫만'이 맞지 않나 의심하실 법도 하지만, 명사 '오랜만'은 '오래+만'의 구조가 아니라 '오래간만'의 준말이라고 해요. '래간'을 '랫'으로 줄이면 아무래도 좀 그렇죠? 반면 '오랫동안'은 사이시옷 넣는 게 맞고요.

외골수 외곬 "너는 어쩜 그렇게 애가 외골수니?"에서 '외골수' 는 '골수'(骨髓)에 '한쪽으로 치우치다'라는 뜻을 가진 접두사 '외'를 붙여 "단 한 곳으로만 파고드는 사람"을 뜻하는 말입니다. 반면 "한쪽으로 트여 나가는 방향이나 길"을 의미하는 순우리말 단어 '곬'에 같은 '외'를 붙인 '외곬'은 "단 하나의 방법이나 방향"을 의미해요. "외곬으로 생각하다", "그 사람 너무 외곬으로 고지식하다"처럼 쓰이죠. '곬'이라는 단어를 기억해 두시면 '외골', '외곯'로 쓰시진 않겠죠? 또 하나의 주의 포인트는 '외곬'과 '외골수'를 섞어서 '외곬수'라고 쓰지 않는 거예요.

우리나라 말하는 사람을 낮추면 모를까 내 나라까지 낮춰 말할 필요가 전혀 없기 때문에 '저희 나라'라고 쓰면 안 된다는 건 많이 들어 보셨을 거예요. 그리고 '우리나라'는 "우리 한민족이 세운 나라를 스스로 이르는 말"로 사전에 등재되어 있으니 붙여 써야 한답니다. 물론 사전적 의미를 생각해 봤을 때 미국인 화자가 "우리나라는 50개의 주로 되어 있어"라고 쓰면 안 되겠죠? 이럴 때는 '우리 나라'라고 띄어 쓰는 것이 맞습니다.

웃 위/윗 접사 '웃'과 '위/윗'을 구분하는 요령은 비교적 쉽습니다. '아래'에 해당하는 짝이 있으면 '위/윗'을, 짝이 없으면 '웃'을 쓰는 거죠. 예컨대 '아래어른'이라는 건 없으니까 '위어른'이 아니라 '웃어른'이 맞습니다. '아랫사람'은 있으니까 '윗

사람'이 맞고요. 이렇게 따져 보면 '웃돈', '웃풍'이 맞고('아래돈', '아래풍'은 없잖아요), '윗도리', '윗니', '윗목'이 맞는답니다('아랫도리', '아랫니', '아랫목'은 있고요). 응용해 보면, "웃통을 벗으니 근육이 드러났다"(하체를 '아래통'이라고는 안 하니까요), "이 바지는 위통이 넓다"(바지의 '아래통'은 있으니까요)로 구분해서 써야겠네요. 상의는 '윗옷'('아래옷=하의'가 있으니까요), 겉에 걸치는 재킷이나 외투는 '웃옷'이 되고요. 아, '위'냐 '윗'이냐는 사이시옷 공식에 따라 판단하면 됩니다. 단, 공식대로라면 '위옷'이 맞는데도 '윗옷'이 표준어인 건 [위돋]으로 발음되는 데에서 이미 사이시옷이 포함되어 한 단어로 굳은 걸로 봐서라고 하네요.

유도신문(誘導訊問) '신문'은 "알고 있는 사실을 캐어물음" 내지는 "법원이나 기타 국가 기관이 어떤 사건에 관하여 증인, 당사자, 피고인 등에게 말로 물어 조사하는 일"을 뜻합니다. '심문'은 "자세히 따져서 물음" 또는 "법원이 당사자나 그 밖에 이해관계가 있는 사람에게 서면이나 구두로 개별적으로 진술할 기회를 주는 일"을 뜻해요. 의미를 따져 보았을 때 원하는 답을 유도하기 위해 캐물으려면 '유도신문'을 해야겠죠? 아주 혹시나 '무슨 유도협회에서 내는 신문이냐?'라고 비웃어 오신 분들은 반성하시길…….

유래 유례 "역사상 유래 없는", "세계에서 유래 없는"이라는 표현을 종종 보는데요, 안타깝게도 틀린 표기랍니다. '유래'(由來)는 아시다시피 기원이나 시초를 의미하는 명사라서 "유래를 거슬러 올라가 보면", "망원동이라는 이름은 '망원정'이라는 정자가 그 유래다" 하는 식으로 쓰인답니다. 그러니까 '유래가 없다'라고 하면 기원이 없는 거예요. 안 알려졌으면 모를까 아예 없을 리는 없을 텐데, 너무 근본 없는 걸로 몰아가시면 섭섭하죠. 이럴 땐 '유례없는'이라고 써야 합니다. "역사상 비슷한 예[類例]가 없는"이라고 하면 자연스럽잖아요. '전례'(前例)를 써서 '전례 없는'이라고 써도 "역사상 이전의 사례가 없는"이니 뜻이 통하고요. 좀 귀찮은 건 '유례없다'는 한 단어로 붙여 쓰고 '전례 없다'는 띄어 써야 한다는 거예요.

율/률(率)　앞 단어에 붙어 '비율'의 뜻을 더해 주는 이 한자는 '율'과 '률' 두 가지 모두로 쓸 수 있어요. 어느 경우에 '율'이 되고 어느 경우에 '률'이 되는지는 예외 없는 공식에 따르면 됩니다. 앞 단어 끝 글자의 받침이 없거나 'ㄴ' 받침이면 '율', 나머지 경우는 '률'을 쓰는 거예요. 아예 받침이 없는 경우의 예로는 비율, 이자율, 증가율, 재고율, 방어율 등이 있겠네요. 'ㄴ' 받침인 경우의 예로는 백분율, 생존율, 환율, 출산율 등이 있고요. '률'을 쓰는 나머지 경우의 예로는 승률, 경쟁률, 시청률, 실업률, 수익률, 상승률이 있습니다. 어때요, 간단하지요?

　이 공식은 비율을 뜻하는 '率' 외에도 법칙을 뜻하는 '律'에도 마찬가지로 적용돼요. 법률, 도덕률, 인과율 등을 똑같은 공식으로 따져 봐도 딱 맞아떨어진답니다. '列', '裂', '烈', '劣'을 '열'로 쓸지 '렬'로 쓸지 역시 같은 공식이 적용되니 참고하세요. 행렬, 수열, 결렬, 분열, 맹렬, 치열, 졸렬, 우열 등등 예외가 없답니다!

일사불란(一絲不亂) 어쩐지 정신없어 보이고 분란이 일어난 것 같아서 '일사분란'이라고 쓰는 분들 은근히 많습니다! 하지만 "실 한 올[一絲]도 엉키지 않을[不亂]" 만큼 질서 정연하고 흐트러짐이 없다는 뜻인걸요. 일사'불'란입니다.

자신 "너 자신을 알라" 할 때 그 '자신'인데요, 사실 이 단어 자체는 어려울 게 전혀 없습니다. 말씀드리고 싶은 것은 괜히 이 단어 앞말의 모양을 바꾸지 마시라고요. "나 자신", "저 자신" 하면 되는데 "내 자신", "제 자신"처럼 굳이 소유격으로 바꿀 이유가 전혀 없답니다! '난들'로 쓰면 될 걸 '낸들'로 쓸 이유가 없었던 것처럼요(89쪽 참조).

장수 장사 파는 행위는 '장사', 파는 사람은 '장수'! 다들 아시는 건데도 무의식중에 잘못 쓰는 경우가 종종 있어서 살짝 남겨 놓습니다. "그 사람은 과일 장사야"가 아니라 "그 사람은 과일 장수야"라고 정확히 써주자고요.

재고 제고 한자를 생각해 보면 쉽습니다. '재고'(再考)는 다시 생각해 보는 거고 '제고'(提高)는 쳐들어 높인다는 말이에요. 회사가 생산량을 제고해야지 재고를 생산하면 안 되겠죠?

재원 결혼식장에서 많이 듣는 단어죠? "신부는 뛰어난 재원으로 쏼라쏼라~" 하는 주례 선생님 말씀을 듣고 이 표현이 너무 탐난 나머지 남자분이 자기도 쓰고 싶다고 조르면 안 된답니다. 얼핏 보면 성별과 관련 없는 말 같지만 '재원'(才媛)의 '원' 자는 '여자 원' 자거든요. '재원'은 "재주가 뛰어난 젊은 여자"를 일컫는 말이니 남자분들, 깔끔히 포기합시다. 가진 것도 많은 사람들이 뭘 또 이런 단어까지 탐내고 그래요. 자주 안 쓰여서 마음에 안 드실 수는 있겠지만 '재자'(才子)라고 이 단어의 남성형도 따로 있으니 가져다 쓰시든가요.

쟁이 장이 꽤 유명한 구분이죠? 기술자에게는 '장이'를 쓰고 (양복장이, 미장이, 땜장이), 그냥 '그것이 나타내는 속성을 많이 가진 사람'을 가리킬 때는 '쟁이'를 씁니다(겁쟁이, 고집쟁이, 떼쟁이, 멋쟁이). 하나 유의할 점은 '쟁이'가 낮잡아 이르는 말로 쓰일 수도 있다는 거예요. 관상쟁이, 그림쟁이(또는 환쟁이)처럼요.

절체절명(絕體絕命) '몸'도 '끊어지고' '목숨'도 '끊어질' 판이라는 뜻일 텐데, 내가 진짜 아주 '절대로' 절박하다는 느낌을 주고 싶어서인지 '절대절명'이라고 쓰시는 분들! 절대로 그러지 마시고 꼭 '절체절명'으로 써주시길!

주야장천(晝夜長川) '주구장창' 혹은 '주야장창'이 훨씬 익숙하시죠? 하지만 "밤낮으로 쉬지 않고 연달아"라는 뜻의 부사는 '주야장천'입니다. '주야장ᄎ'의 끝 발음이 잘 안 들린 채 따라 쓰다 보니 '주야장창'이 되고 그게 또 '주구장창'이 된 게 아닐까 싶긴 하지만 오리지널은 '주야장천'뿐이에요. 하지만 '야반도주', '절체절명' 같은 말과 달리 이렇게 대놓고 변해 버리니 바른 말을 쓰면 오히려 더 어색해져 버리는 효과(?)가 생겨 버렸답니다. "주구장창 그랬지 뭐야"를 "주야장천 그랬지 뭐야"라고 쓰면 많이 어색하죠? 역시 뭐든 꾸준하게 밀어붙여야⋯⋯가 아니라 가능한 한 '주야장천'을 쓰는 게 좋겠지만 상황에 맞게 잘 판단하시길 바라요!

중개 중계 부동산이 받는 건 '중계 수수료'인지 '중개 수수료'인지 갸웃하신 분 없으신가요? '중계'와 '중개' 모두 중간에 끼어 사이를 이어 준다는 의미입니다만, '중계'(中繼)가 "중간에서 이어 줌"이라는 뜻이라면, 중개(仲介)는 "제삼자로서 두 당사자 사이에 서서 일을 주선함"이라는 의미예요. 중요한 건 '제삼자'라는 것! 다른 방송국이나 현장을 이어서 방송하는 '중계방송', 야구에서 공을 이어서 운반하는 '중계 플레이', "산간 지대에서는 교신이 잘 안 되니 중계 역할을 할 곳이 필요하다" 같은 문장에서는 '중계'를 쓰지만, 부동산이나 물건 같은 건 제삼자가 끼어서[介] '중개'하는 거랍니다. 그러니 '중개 수수료'가 맞죠.

지양 지향　대체로 잘 구분해서 쓰고 계시겠지만 혹시나 해서 덧붙입니다. 거꾸로 쓰면 완전히 반대 의미가 될 수 있으니 주의해야 하거든요. 지향(志向)은 어떤 목표로 뜻이 쏠리어 향하는 것을 일컫는 말이고, 지양(止揚)은 높은 단계로 오르기 위하여 어떠한 것을 하지 아니함을 일컫는 말이죠. "민주주의를 지향"해야지 '지양'하면 안 되고, "인종주의를 지양"해야지 '지향'하면 안 되겠죠? 좋은 것을 지향하고 나쁜 것을 지양합시다.

채 체　쉽게 생각하면 '체'는 '척'과 완벽히 동일한 뜻입니다. "본 체 만 체"는 "본 척 만 척"으로, "잘난 체하지 말고"는 "잘난 척하지 말고"로 감쪽같이 바꿔 쓸 수 있지요. 반면 '채'는 "그 상태로 그대로"의 의미를 가집니다. "옷을 입은 채", "벽에 기댄 채"에서는 '채'를 써요. 잘 구분해 주시고요, 그럼 복습하는 의미로 '째'는 어떤 때 쓴다고요? (49쪽을 참조하세요.)

체증 체중　속 썩이던 일이 해결되었을 때 "십 년 묵은 체중이 싹 내려갔다"라고 말씀하시는 분들 꽤 많죠? 하지만 몸무게를 십 년 동안이나 묵혀 두는 건 아무래도 좀 어색합니다. 설사 가능하다고 하더라도 그 체중이 내려가면 그게 다 어디로 가는지도 모르겠고, 그 뒤에 몸무게가 몇 킬로그램이 되어야 하는 건지도 모르겠고……. 이럴 땐 "먹은 음식이 잘 소화되지 아니하는 증상"을 뜻하는 '체증'(滯症)을 써야 해요. '체하는 증상'의 준말이라고 보면 됩니다. 아, 그러고 보니 '체하다' 할 때 '체'가 한자였네요!

출연 출현 '출연'(出演)은 연기, 공연, 연설 따위를 하기 위하여 무대나 연단에 나감을 뜻하는 말이고, '출현'(出現)은 그냥 나타났다는 의미입니다. 외계인이 출현한 건 그렇다 쳐도 외계인이 출연하면 좀 우습겠지요? 뭐, 쇼맨십이 뛰어난 외계인이라면 출연 못 할 것도 없겠지만요.

칠흑 '칠흑 같은 어둠'이라고 써야 할 때 '칠흙'을 쓰는 분들도 심심찮게 보입니다. '뭔진 잘 모르겠지만 칠흙이라는 흙이 되게 시커멓나 보다' 하고 쓰시는 거겠죠. 하지만 이때는 '칠흑'(漆黑)이 맞습니다. 여기서의 '칠'은 '옻 칠' 자예요. '칠흑'은 "옻칠처럼 검고 광택이 있음. 또는 그런 빛깔"을 의미하지요.

타개 타계 '타개'(打開)는 "매우 어렵거나 막힌 일을 잘 처리하여 해결의 길을 엶"이라는 뜻이지요. "난국을 <u>타개</u>했다", "불황을 <u>타개</u>할 비책" 같은 때 쓰입니다. 반면 '타계'(他界)는 한자

뜻대로라면 '다른 세계'인데요, 그 다른 세계로 가셨다는 의미로 높은 분의 죽음을 일컬을 때 쓰는 말입니다. "시인의 타계", "80세를 일기로 타계하셨습니다"처럼요. 난국이나 불황 같은 것도 확 다른 세계로 보내 버렸으면 좋겠다고 "불황을 타계하다"라고 쓰거나 돌아가신 분을 두고 잘 처리되었다고 "타개하셨다"라고 쓰면 큰일 나요!

퍼센트포인트 언론이나 학계에서는 그래도 주의해서 잘 쓰는 편이지만, 보통 사람들은 틀리기 쉬운 부분이라 주의해야 합니다. 개념을 잘 잡아야 해요. 어떤 사안에 대해 찬성하는 사람의 비율이 2014년에 20퍼센트였고, 2015년에 30퍼센트라고 해봅시다. 이걸 가지고 "10퍼센트 늘었다"라고 쓰면 안 돼요. 100명 중 20명이 100명 중 30명으로 늘어난 것은 10명, 즉 50퍼센트가 늘어난 거죠. 이 경우에는 "50퍼센트 늘었다" 혹은 "10퍼센트포인트 늘었다"라고 써야 합니다(10퍼센트가 늘었으면 20명의 10퍼센트인 두 명이 늘어 22명이 됐겠죠). '퍼센트포인트'는 '%포인트' 혹은 '%P'로 표기할 수도 있고요. 그래프나 표를 보면서 설명할 때 실수하지 않도록 주의해 주시길! 아, '퍼센트' 대신 '프로'라고 쓰는 경우도 있는데, 틀린 표기는 아니랍니다. 나름대로 사전에 등재되어 있어요. 하지만 약간 없어 보이는(?) 느낌이 없지 않아 있으니 이왕이면 '퍼센트'를 써주는 게 어떨까 싶네요.

평안감사(平安監司) "저 싫으면 그만"인 건 '평양감사'가 아닙니다. 평양에는 '부윤'이 있었고, 감사는 평양이 아니라 '평안도'에 있는 직책이었어요. 그러니까 '평양감사'라고 하면 '경기도지사'도 '수원시장'도 아닌 '수원지사'라고 말하는 꼴인 거죠. 호칭은 민감한 거니까 제대로 불러 주지 않으면 명의회손, 아니 명예훼손으로 고소당할지도 몰라요!

포복절도(抱腹絶倒) 배를 끌어안고 끊어질 정도로 넘어진다는 의미인데요, 까무러쳐 넘어질 수는 있지만 의식까지 잃고 '졸도'까지는 하지 마세요. '포복졸도'가 아닙니다!

풍비박산(風飛雹散) 한자 뜻대로라면 "바람이 날고 우박이 흩어지는" 상황이지요. 들어 본 적도 있고 대충 느낌은 알겠는데 글자로 쓰려니 헷갈리는 분들이 '풍지박산'이라거나 '풍비박살'이라고 쓰고 은근슬쩍 넘어가는 경우가 종종 있습니다. 바람이 나는 '풍비'와 우박이 흩어지는 '박산'을 꼭 기억하세요!

혈혈단신(孑孑單身) 익숙지 않은 글자이지만 '외로울 혈' 자를 씁니다. '홀'이나 '홑'처럼 더 친숙하고 더 외로워 보이는 글자들의 유혹을 많이 받으시겠지만 냉정하게 뿌리치세요! '홀홀단신'이 아니라 '혈혈단신'이랍니다.

호흡 이거 대충 쓰시는 분들도 은근히 많더라고요. 내쉬는 '호'(呼) 자와 들이쉬는 '흡'(吸) 자의 만남이거늘, 인쇄체에서 '흡'과 '흡'이 잘 구분되지 않아서인지 아니면 다른 이유가 또 있는지, '흡'을 슬쩍슬쩍 '흡'으로 쓰는 경우가 눈에 띕니다. '호흡' 아니라 '호흡'이 맞습니다. 인공호흡! 호흡기! 호흡곤란!

홑몸 홀몸 임신한 친구에게 "이제 홑몸도 아니잖아"라고 이야기하다 멈칫해 보신 적 있으시죠? '홑몸'과 '홀몸'도 은근히 헷갈리는 경우랍니다. '홑'이나 '홀'이나 어차피 하나뿐이라는 말인데 뭐가 다를까요? 우선 '홑몸'은 "딸린 사람이 없는 혼자의 몸" 또는 "아이를 배지 않은 몸"을 말합니다. 반면 '홀몸'은 "배우자나 형제가 없는 사람"을 말하고요. '홑몸'의 첫 번째 뜻이 '홀몸'의 뜻과 비슷하죠? 이렇게 부양가족이 없거나 외동인 경우는 '홑몸'과 '홀몸' 둘 다 쓸 수 있지만, 임신과 관련해서라면 '홑몸'만 쓸 수 있답니다. 아이가 생기는 건 집안의 'hot'한 일이 아니겠습니까.

화룡점정(畫龍點睛) 읽으면서는 눈치채지 못하고 지나갔다가 뭔가 싸한 느낌에 다시 돌아와 보면 '화룡정점'이라고 잘못 표기된 경우가 종종 있습니다. 용의 눈동자로 '정점'을 찍으려고 하는 마음도 이해합니다만, 여기서 '정'은 '눈동자 정'이에요. '찍다[點]+눈동자[睛]'라고 이해하시면 됩니다.

더 하자면 끝도 없을 테고, 또 그렇다고 그냥 이렇게 끝내자니 빠진 단어들이 아쉽고……. 하는 수 없이 부사 부분 끝에서처럼 목록으로 정리하고 마치겠습니다. 차근차근 체크해 보면서 몰랐던 것들을 기억해 두시면 좋겠네요.

▶ 아래 명사들은 밑줄 친 앞의 표기가 맞는 표기다.

감칠맛	감질맛	개비	개피
건더기	건데기/건대기	곰장어/먹장어	꼼장어
곱빼기	곱배기	괘념	괴념
구레나룻	구렛나루	구절	귀절
깔때기	깔대기	깜빡이	깜박이
꼽추	곱추	넝쿨/덩굴	덩쿨
노쇠	노쇄	눈살, 눈곱	눈쌀, 눈꼽
닦달	닥달	돌멩이	돌맹이
뒤치다꺼리	뒤치닥거리	떡볶이	떡볶기/떡뽁이
똬리	또아리	매가리	맥아리/메가리
무르팍	무릎팍	반짇고리	반짓고리
빈털터리	빈털털이	사레	사래
새침데기	새침떼기	세뇌	쇠뇌
숙맥	쑥맥	신출내기	신출나기
십상	쉽상	아귀찜	아구찜
어폐	어패	오이소박이	오이소백이
오지랖	오지랍	외곽	외각
우레	우뢰	움큼	웅큼
육개장	육계장	인마	임마

자투리	짜투리	장딴지	장단지
장롱	장농	장아찌	짱아찌
재떨이	재털이	젓갈, 새우젓	젖갈, 새우젖
조치	조취	족집게	쪽집게/족집개
주꾸미	쭈꾸미	천장	천정
초승달	초생달	파투	파토
패륜	페륜	폭발	폭팔
해코지	해꼬지	횡격막	횡경막

알아 두면 좋을 복수 표준어

2부도 바야흐로 막바지입니다. 이것도 써도 되고 저것도 써도 되는 '복수 표준어' 몇 가지만 정리하면 끝나니 조금만 힘내 주세요! '자장면'과 '짜장면', '삐치다'와 '삐지다' 같은 게 복수 표준어의 낯익은 예겠지만, 알게 모르게 여러 번 등장했던 다양한 형태의 준말들도 넓은 의미의 복수 표준어라는 사실부터 알려 드리고 시작해야겠네요. '해어지다'와 그 준말인 '해지다'를 모두 쓸 수 있는 것도 두 단어가 복수 표준어이기 때문 아니겠어요?

'ㅗ이다'가 'ㅚ다'가 되는 건 준말의 익숙한 형태입니다. '고이다/괴다', '꼬이다/꾀다', '보이다/뵈다', '쏘이다/쐬다', '조이다/죄다', '쪼이다/죄다' 등이 그 예지요. '뜨이다/띄다', '누이다/뉘다'도 그렇고, 모음을 모으는 건 참으로 흔한 경우라 하겠습니다. 한편으로는 '외우다/외다', '끼우다/끼다', '북돋우다/북돋다'처럼 '우'를 생략한 형태의 준말도 있네요. '가지다/갖다', '거두다/걷다'처럼 뒤 글자의 초성이 앞 글자의 받침으로 붙는 경우도 있고, '빼앗다/뺏다', '아니하다/않다'('마지아니하다/마지않다') 같은 예들도 있습니다.

당연한 말이지만 본딧말과 준말은 활용할 때 각자의 길을 고집합니다. "고이다-고이고-고이어-고이니-고일-고이었다(고였다)"와 "괴다-괴고-괴어-괴니-괼-괴었다(괬다)"처럼 말이죠. "북돋우다-북돋우고-북돋우니-북돋우게-북돋우어(북돋워)-북돋우는-북돋우었다(북돋웠다)"와 "북돋다-북돋고-북돋으니-북돋게-북돋아-북돋는-북돋었다"도 마찬가지고요. 어간이 다르니 활용하는 모양이 다를 수밖에요.

하지만 준말을 활용할 때 유의해야 할 녀석들이 있습니다. '머무르다/머물다', '서두르다/서둘다', '서투르다/서툴다', '가지다/갖다' 등의 경우인데요, 다음의 활용형들을 보시겠어요?

- 머무르다-머무르고-머무르니-머무른-머물러-머물렀다
  머물다-머물고-머무니-머물은*-머물어*-머물었다*
- 서두르다-서두르고-서두르니-서두른-서둘러-서둘렀다
  서둘다-서둘고-서두니-서둘은*-서둘어*-서둘었다*

- 서투르다-서투르고-서투르니-서투른-서툴러-서툴렀다
  서툴다-서툴고-서투니-서툴은*-서툴어*-서툴었다*

본딧말과 준말을 각각 활용해 보았는데, 별표 붙은 것들은 어째 조금씩 어색해 보이지 않나요? 모두 잘못된 활용이거든 요. 일단 '머물은', '서둘은', '서툴은'은 앞에서 봤던, 탈락시켜 야 할 'ㄹ'을 탈락시키지 않은 경우인 거 눈치채셨어야 합니다 (223쪽 참조). '머문', '서둔', '서툰'이 되어야겠죠. 반면 '머물어- 머물었다', '서둘어-서둘었다', '서툴어-서툴었다' 같은 경우 는 사용할 수 없는 활용형이에요. **준말의 경우 모음으로 시작하는 어미가 붙어서는 활용하지 않는다**는 규칙이 있거든요. 이런 경우 에는 본딧말로 돌아와 '머물러-머물렀다', '서둘러-서둘렀다', '서툴러-서툴렀다'로 활용해야 합니다.

'가지다'의 준말 '갖다'로도 확인해 볼까요? "갖고-갖는-갖 게"는 쓸 수 있지만 모음으로 시작하는 어미를 붙인 "갖아-갖 은-갖아라-갖았고"는 딱 봐도 이상합니다. 이런 경우에는 본 딧말인 '가지다'를 갖고 활용한 "가지어(가져)-가진-가져라-가 졌고"로 고쳐 써야 해요. 아참, '갖은'이라는 관형사가 별도로 존재한다는 건 알아 두시면 좋겠네요. "골고루 다 갖춘. 또는 여러 가지의"라는 뜻으로 "갖은 양념", "갖은 고생" 등에 쓰인 답니다.

조금 난도가 높은 예로 '내디디다'의 준말 '내딛다'도 활용해 봅시다. "내딛다-내딛고-내딛게-내딛어*-내딛으니*-내딛은*-내딛었다*"에서 모음으로 시작하는 어미가 붙은 별표 붙은 것들은 모두 틀린 활용입니다. 이것들은 각각 '내디디다'로부터 활용한 "내디디어(내디뎌)-내디디니-내디딘-내디디었다(내디뎠다)"로 바뀌어야 해요.

하지만 "준말의 경우 모음으로 시작하는 어미가 붙어서는 활용하지 않는다"라는 게 언제나 통용될 수 있는 절대적인 규칙은 아닙니다. 예컨대 '걷다', '뵈다', '북돋다', '마지않다' 등에서는 아무 제약 없이 준말의 모음 시작 어미 활용을 인정하고 있거든요. '걷어', '뵈어', '북돋아', '마지않아'도 모두 맞는 말이라는 말씀! 규칙이 어느 경우에 적용되고 어느 경우에 적용되지 않는지를 문법적으로 정리해 볼까 싶었는데 괜히 복잡해지기만 할 것 같고요, 많이 쓰이는 용언들 중에는 다음의 것들 정도만 기억해 두어도 충분할 것 같네요. 지금까지 살펴본 '머물다', '서둘다', '서툴다', '갖다', '내딛다'를 비롯하여 '건들다'(←'건드리다'), '잡숫다'(←'잡수시다') 정도만 보태서 알아 두시길! '건들어'가 아니라 '건드려'가 되고, '잡숫어요'가 아니라 '잡수셔요'가 되어야 합니다.

다음으로, 접사로 쓰이는 '거리다'와 '대다'를 서로 바꾸어 쓸 수 있다는 건 한참 앞에서 말씀드린 바 있습니다(184쪽 참조). '집적거리다'는 '집적대다'와, '오글거리다'는 '오글대다'와 완벽히 호환이 가능해요. 비슷한 예로 '뜨리다'와 '트리다', 그리고 '스름하다'와 '스레하다'도 복수 표준어예요. '구부러뜨리다'와 '구부러트리다', '깨뜨리다'와 '깨트리다', '발그스름하다'와 '발그스레하다', 어떻게 써도 오케이랍니다.

▶ 준말인 '머물다', '서둘다', '서툴다', '내딛다', '가지다', '건들다', '잡숫다'를 활용할 때는 모음으로 시작하는 어미를 붙일 수 없다.
▶ 접사 '거리다'와 '대다'는 바꿔 써도 되는 복수 표준어이다.
▶ 접사 '트리다'와 '뜨리다' 역시 복수 표준어이다.
▶ 접사 '스름하다'와 '스레하다' 역시 복수 표준어이다.

그럼 마지막으로 자주 쓰이는 복수 표준어 목록을 정리해 볼까요? 특별히 설명할 것은 없고, 죽 나열해 보겠습니다. 미세하게 뜻이 다르더라도 바꿔 쓰는 데 크게 무리가 없는 것들도 함께 묶었답니다.

▶ 다음의 두 단어들은 바꾸어 쓸 수 있다.

가엾다/가엽다(※ 활용형: 가엾고-가엾어-가엾은/가엽고-가여워-가여운)

거치적거리다/걸리적거리다	겸연쩍다/계면쩍다
귀걸이/귀고리	깐족거리다/깐죽거리다
꺼림칙하다/께름칙하다	남우세스럽다/남사스럽다
늑장/늦장	두리뭉실하다/두루뭉술하다
딴전/딴청	만날/맨날
매스껍다/메스껍다	매슥거리다/메슥거리다 (계속)

먹을거리/먹거리	메우다/메꾸다
벌레/버러지	복받치다/북받치다
복사뼈/복숭아뼈	삐치다/삐지다
살쾡이/삵	삽살개/삽사리
서럽다/섧다	쇠고기/소고기
쌉싸래하다/쌉싸름하다	여쭈다/여쭙다
여태/입때	자장면/짜장면
철딱서니/철따구니	택견/태껸
품새/품세	허섭스레기/허접쓰레기
헷갈리다/헛갈리다	횅하다/휑하다

자, 이걸로 기나긴 맞춤법의 여정이 끝났습니다. 그렇다고 이게 정말로 전부겠어요? 얼마나 많은 (상상을 뛰어넘는) 독특한 표기들과 어려운 문법들이 여기서 다루어지지 않은 채 음흉하게 웃고 있을지 저는 감히 상상도 안 되네요. 그래도 이 정도면 꽤 넓은 범위를 커버할 수 있지 않을까 하는 기대 정도는 살짝 해봅니다.

중간중간에 흘렸듯이(?), 사실 사전만 잘 찾아봐도 대부분의 맞춤법 문제들은 의외로 쉽게 해결된답니다. 그러기 귀찮아서 이 책을 펼쳤더니만 툭 하면 사전 찾아보라고 하니 김 빠지신 분도 분명 있으시겠지요. 하지만 에이, 제가 뭐 일일이 다 찾아보라고 한 것도 아니고, 요런 요런 거는 확인해 보면 도움이 된다는 정도였잖아요? 그리고 뭐, 이 기회에 사전 찾는 버릇

들여 놓으시면 좋죠, 안 그래요?

사전 이야기 나온 김에 『표준국어대사전』을 찾을 때 주의할 사항 딱 하나만 말씀드리고 이 부를 마치겠습니다. 검색 결과 등재가 되어 있긴 한데 화살표 뒤에 다른 단어가 쓰여 있는 경우는 그 등재어가 표준어가 아니라는 의미예요. 예컨대 앞에서 옳지 못한 말이라고 했던 '오랫만'을 검색해 보면,

오랫-만
[명사] → 오랜만

이렇게 나오거든요. 이건 '오랫만'도 맞는 말인데 그 뜻은 '오랜만' 항목에 가서 확인하라는 의미가 아니라 '오랫만'은 잘못 쓴 말이니 '오랜만'으로 고쳐야 한다는 의미랍니다. 전자의 의미라면 화살표가 아니라 등호(=)를 써요. 어쨌든 사전에 실려 있긴 한 데다가 '×'처럼 틀렸다는 걸 직관적으로 알 수 있는 기호도 없으니 혹시나 써도 되나 보다 하고 오해하지 마시라고 말씀드렸습니다.

3부 외래어 표기법과 문장부호

"외래어는 외래어 표기법에 따라 적는다"라니! 뭔가 좀 하나 마나 한 말 같긴 하지만, 이 항은 '외래어? 그거 어차피 외국 말인데 그냥 아무렇게나 쓰면 되는 거 아냐?'라고 생각하실지도 모르는 분들께 '외래어도 한글 맞춤법의 적용 대상이다'라는 사실을 환기시켜 주는, 나름대로 중요한 조항이라 하겠습니다.

「외래어 표기법」은 「한글 맞춤법」 규정 바깥에 따로 마련되어 있는데요, 외국인의 이름이나 외국의 지명 등 고유명사는 물론, 외국어에서 차용되어 우리말로 굳은 외래어, 나아가 외국어 단어를 번역하지 않고 한글로 표기할 필요가 있을 때 등에 두루 쓰입니다. 마지막 경우의 예를 들면 영화 제목 따위를 번역하지 않고 그대로 표기할 때가 있죠. 'Avengers'를 '어벤저스'로 적을지 '어밴져스'로 적을지 '어벤절스'로 적을지를 정해야 하니까요. 아직 마땅한 번역어가 정립되지 않은 학술 용어 같은 것도 그렇고요.

이러한 「외래어 표기법」에 대한 뿌리 깊은 불신이 있습니다. 특히 해외에서 오래 사신 분들이 그런 경향이 강한데, 실제 발음과 동떨어져 있다는 게 주된 논거지요. 저자와 편집자로 만나는 경우, 이왕이면 표기법을 따를 것을 그래도 한 번쯤은 부드럽게 (?) 권하는 편입니다. 「외래어 표기법」은 한글을 사용하는 사람들 사이의 소통 편의를 위해 만든 규정이지, 외국어의 정확한 재현을 목적으로 만든 규정이 아니라는 게 제 쪽의 근거지요. 한글로 쓴 외래어와 외국어 원어의 발음은 어차피 다를 수밖에 없잖아요? 도스토옙스키를 한글로 어떻게 쓰든 러시아인들이 키릴문자로 쓰고 발음하는 그 소리를 똑같이 구현하는 건 불가능할 겁니다. 하물며 'television'도 '텔레비전'이라고 발음되겠어요? 이러한 사실을 받아들인다면, 아쉬운 대로 표기법을 따를 마음이 조금은 더 드실지도요. 물론 '알아 알아, 그런데 그 약속을 제대로 하자니까'라고 하신다면 또 쳇바퀴가 돌겠지만……. 어쨌든 발음과 표기, 다른 언어와의 관계 등을 모두 고려한 표기법을 정립하는 게 그리 쉽지는 않은 게 사실입니다.

「외래어 표기법」을 지키는 게 좋은 이유를 하나 더 들어 보면, 요즘은 바야흐로 '검색의 시대' 아니겠습니까? '도스토예프스키'라고 쓰건 '도스토옙스키'라고 쓰건 '도스또옙스키'라고 쓰건, 딱보면 알 만한 사람들이야 큰 문제는 없겠습니다만. 그래도 검색이 잘 안 되면 정보의 체계에서 누락되는 경우가 생길 수 있잖아요? 하물며 미 국무부 차관보나 잘 알려지지 않은 변방 작가의 이름을 그때그때 달리 쓴다면 어떻겠어요.

이러한 이유들로 가능한 한 「외래어 표기법」을 지키기를 권하는 바입니다. 물론 저자가 이러한 설명을 충분히 듣고서도 원하는 표기가 있다면 그대로 따라 드리지요. 어차피 외래어 표기는 관례를 폭넓게 인정하는 편이라 강제적 성격이 조금 약하거든요. 그래도 같은 단어의 표기를 한 권의 책 안에서 통일시키는 것쯤은 이제 말씀 안 드려도 아시겠죠?

세상의 수많은 언어를 「외래어 표기법」이라는 하나의 규정 안에 모아 둔다는 건 사실 불가능에 가깝습니다. 이걸 완벽히 외워서 쓸 수 있는 사람도 없고요. 편집자들도 어려운 언어권의 인물이 많이 나오는 책을 편집하면 얼마나 골머리를 썩는데요. 알파벳 쓰는 너희끼리는 읽는 사람이 어떻게 읽든 그냥 알파벳으로 두면 그만이니 참 편하겠다며 배 아파하기를 하루에도 수백 번씩 합니다. 그렇다고 한글로 된 책에 "Charlie는~" 이런 식으로 적을 수는 없는 노릇이니……. 아무튼 이 부에서는 「외래어 표기법」 중에서도 비교적 쉽게 적용할 수 있는 요령과 규칙을 중심으로 살펴보려고 합니다.

문장부호 관련 규정도 이 부에 실었습니다. 문장부호는 「한글 맞춤법」의 부록에서 다루어지는데요, 그까짓 점 하나씩 찍는 거 뭐 그리 어렵냐고 하실지도 모르겠지만 이 녀석도 나름의 체계와 규칙을 갖고 있답니다. 정확히 알아 두면 도움이 되실 거예요.

외래어 표기의 기본 원칙들

「외래어 표기법」은 네 개의 장으로 구성되어 있습니다. 1장 '표기의 원칙', 2장 '표기 일람표', 3장 '표기 세칙', 4장 '인명, 지명 표기의 원칙'이 그것이죠. 그중 1장인 '표기의 원칙'에 속한 다음 다섯 항목은 커다란 원칙을 설명하고 있는 만큼 미리 짚어 보는 편이 좋을 것 같아요.

> 1항 외래어는 국어의 현용 24자모만으로 적는다.
> 2항 외래어의 1음운은 원칙적으로 1기호로 적는다.
> 3항 받침에는 'ㄱ, ㄴ, ㄹ, ㅁ, ㅂ, ㅅ, ㅇ'만을 쓴다.
> 4항 파열음 표기에는 된소리를 쓰지 않는 것을 원칙으로 한다.
> 5항 이미 굳어진 외래어는 관용으로 존중하되, 그 범위와 용례는 따로 정한다.

항별로 살펴보면, 1항은 외래어를 원음에 충실히 적어야겠다며 한글에 없는 글자를 만들어 내지 말라는 의미입니다. 'θ' 발음을 적으려고 'ㅻ' 같은 쌍자음을 만든다거나 'v' 발음을 적으려고 'ㅸ' 같은 걸 쓰지 말라는 거죠. 이 규정이 없으면 외래어 표기 이전에 한국어 표기 자체가 너무 중구난방이 되겠죠?

2항은 외국어 글자 하나와 한국어 발음 하나를 일대일로 대응시킨다는 이야기입니다. 예를 들어 's'를 어떨 때는 'ㅅ'으로 적고 어떨 때는 'ㅈ'으로 적는 것 같은 일이 없도록 하자는 거예요. 물론 원칙은 그래도 실제로는 그렇지 않은 경우도 있긴 해요. 에스파냐어의 'g'가 'ㄱ'이 되기도 하고 'ㅎ'이 되기도 한다든가, 이탈리아어의 'c'를 'ㅋ'으로 쓰기도 하고 'ㅊ'으로 쓰기도 한다든가 말이죠(그래도 어느 경우에 어떻게 쓰는지가 공식화되어 있긴 합니다). 그래도 기본적으로는 일대일대응을 시킨다는 원칙을 갖고 있어야 표기를 결정하는 사람 입장에서도 쓰는 사람 입장에서도 훨씬 수월하겠죠?

"받침에는 'ㄱ, ㄴ, ㄹ, ㅁ, ㅂ, ㅅ, ㅇ'만을 쓴다"라는 3항은 기억해 둘 필요가 있습니다. 한글의 발음 체계를 고려해서 받침으로 잘 발음되지도 않는 'ㅋ', 'ㅌ', 'ㅍ' 같은 글자를 쓰지 말자는 거죠. 'cat'을 '캣'이라고 써야지 '캩'이라고 쓰면 안 되고, 'book'을 '북'이라고 써야지 '붘'이라고 쓰면 안 됩니다!

4항 "파열음 표기에는 된소리를 쓰지 않는 것을 원칙으로 한다"에서 '파열음'이란 알파벳 'p', 't', 'k'처럼 막혔던 숨을 터트리면서 내는 소리를 말합니다. 이 녀석들은 영어에서는 'ㅍ', 'ㅌ', 'ㅋ'에 가깝게, 프랑스어나 에스파냐어에서는 'ㅃ', 'ㄸ', 'ㄲ'에 가깝게 발음되지요(물론 두 경우 모두 '가깝다'지 정확히 그렇게 발음된다는 건 아니고요). 하지만 'p'를 보고 이게 어느 나라 말인지 일일이 따져서 쓰는 것도 번거롭고, 만약 아이슬란드어나 투르크메니스탄어처럼 많이 사용하는 언어가 아닌 경우에는 또 어쩌겠어요. 해서 이것들의 표기는 그냥 'ㅍ', 'ㅌ', 'ㅋ'로 통일해 버린 거랍니다. '빠리'가 아닌 '파리', '뻬루'가 아닌 '페루'가 되는 것도 이 때문이죠.

5항 "이미 굳어진 외래어는 관용으로 존중하되, 그 범위와 용례는 따로 정한다"는 따로 설명 안 해도 되겠죠? 표기법이 제정되어 권위를 얻기 전까지 오랫동안 써와서 익숙해진 단어들까지 억지로 바꾸자면 오히려 혼란스러울 테니까요.

이 다섯 개 항만 봐도 「외래어 표기법」이 외국어 발음을 그대로 구현하려는 야심(?)을 갖고 있지 않다는 사실이 잘 드러납니다. 한글의 표기법에 준하되, 되도록 쓰기 편하게 만들려는 기본 정신! 물론 그 결과물이 정말 그렇게 쓰기 편하냐고 물으신다면 자신 있게 그렇다고 대답할 수는 없지만, 앞서 말씀드렸듯 발음과 표기, 다른 언어와의 관계 등을 고려해 봤을 때 어느 정도는 합리적인 타협점이라고 생각합니다.

아무튼 이러한 규정들하에서 「외래어 표기법」은 언어별로 어느 글자가 한글의 어느 자모가 되는지 대응시킨 표를 제공하고 있습니다. 'a'는 뭐로 쓰고, 'b'는 뭐로 쓰고 하는 식으로 정해 놓은 거죠. 이게 바로 2장의 '표기 일람표'이고, 이 과정에서 주의해야 할 점들을 설명해 놓은 게 3장의 '표기 세칙'이고요.

2장의 가장 처음에 나오는 '국제음성 기호와 한글 대조표'는 영어, 독일어, 프랑스어 표기를 위한 것이고, 이후에 이어지는 언어별 대조표는 다음의 언어들을 포함하고 있습니다. 에스파냐어, 이탈리아어, 일본어, 중국어, 폴란드어, 체코어, 세르보

크로아트어, 루마니아어, 헝가리어, 스웨덴어, 노르웨이어, 덴마크어, 말레이인도네시아어, 타이어, 베트남어, 포르투갈어, 네덜란드어, 러시아어까지 총 21개네요. 주의하실 것은 **영어, 독일어, 프랑스어의 경우 '철자'가 아니라 '음성 기호', 즉 발음기호로 판단한다**는 사실입니다. 다른 언어들은 별도의 발음기호가 필요 없을 정도로 그대로 소리 나거나(에스파냐어, 이탈리아어 등), 발음기호를 정확히 알아내기 어려운 경우가 많아 그냥 눈에 보이는 철자에 따라 적기로 한 거고요.

마지막으로 4장 '인명, 지명 표기를 위한 세칙'은 그 이름대로 인명과 지명 표기에서 주의할 점들을 명시하고 있답니다. 이것이 바로 「외래어 표기법」의 전체적인 구성이에요.

외래어 표기를 위한 알짜배기 팁들

이러한 대원칙하에서 2장과 3장에 각 언어들의 표기법이 정해져 있는데요, 상세하게 들어가기 전에 큰 틀에서 알고 있으면 편한 몇 가지 팁이 있습니다. 이것들만 익혀 두어도 애매한 것들, 무심코 틀리기 쉬운 것들을 많이 바로잡을 수 있을 거예요.

첫째, **고유명사를 적을 때는 가능한 한 현지어 발음을 따르는 것을 원칙으로 합니다.** 러시아의 도시 이름을 영어식으로 읽지 않는다든가, 프랑스어에서 온 단어를 영어식으로 읽지 않는다든가 하는 거죠. 고유명사를 예로 들면, 「외래어 표기법」이 권위를 얻기 이전에는 혼용되어 쓰였지만 요즘에는 영어식 이름인 '플로렌스', '베니스', '플랜더스', '비엔나', '카탈로니아', '코카서스'보다는 해당 국가의 언어로 읽은 '피렌체', '베네치아', '플랑드르', '빈', '카탈루냐', '캅카스' 등이 쓰이고 있습니다. 생각해 보면 '불란서'나 '이태리'처럼 한자어로 된 국가명도 요즘은 잘 안 쓰죠? 물론 영어식이나 한자식 이름이 가진 이미지나 뉘앙스를 필요로 할 때가 있는 것도 사실이고, '미국', '독일', '일본' 등 도저히 극복할 수 없는 관례들이 있긴 합니다만, 커다란 원칙은 현지어 발음을 가져와 표기하는 것이랍니다. 고유명사가 아닌 외래어의 경우도 마찬가지라, 독일어를 어원으로 하는 'ideology'를 독일어 표기법에 따라 '이데올로기'로 쓰지 영어식으로 '아이디알러지'라고 쓰지는 않지요.

둘째, **장음 표기는 하지 않습니다.** 발음기호의 ':'를 반영하지 않고, '스포오츠'나 '치이즈'가 아니라 '스포츠'나 '치즈'로 간결하게 적는다는 거죠. 같은 맥락에서 'ou' 발음도 '오우'가 아니라 '오'로 적습니다. '윈도우10', '스노우타이어', '옐로우카드', '레인보우'가 아니라 '윈도10', '스노타이어', '옐로카드', '레인보'가 맞는 표기죠. 예외라면 '알코올', '셀룰로오스', '아밀라아제' 정도인데, 이것들은 같은 계열 단어들과의 관련성을 보이기 위해 예외를 인정했다고 합니다(예컨대 "알코올-에탄올-메탄올"처럼요). 일본어의 경우 장음이 꽤 많이 나타나는데요, 예컨대 '大阪'은 그대로 읽으면 '오오사카'인데 이걸 '오사카'라고 표기합니다. '東京'도 '도우쿄우'라고 쓰지 않고 '도쿄'라고 쓰고요. 겹치는 발음을 하나로 줄여 적는 거 아시겠죠? 단, '후지이'(藤井)처럼 '후지(藤)+이(井)' 꼴일 때는 '후지'로 줄여 적지 않습니다. 앞의 경우는 '오오(大)+사카(阪)', '도우(東)+쿄우(京)'니까 줄일 수 있는 거예요.

셋째, **된소리는 거의 사용하지 않습니다.** 앞에서 "파열음 표기에는 된소리를 쓰지 않는 것을 원칙으로 한다"라는 조항을 봤는데요, 서양어의 경우 (파열음이 아니라도) 된소리를 아예 사용하지 않는다고 알아 두시면 편합니다. 외래어에 된소리를 쓰는 경우는 일본어('쓰'만 쓰입니다)와 중국어('ㅆ', 'ㅉ'만 쓰입니다), 태국어, 베트남어에 국한되어 있거든요. '까페', '바게뜨', '빠에야', '까르보나라'가 아니라 '카페', '바게트', '파에야', '카르보나라'가 되어야 합니다. '엠씨'가 아니라 '엠시', '씨스템'이 아니라 '시스템', '스떼이끄'가 아니라 '스테이크'가 되는 것도 마찬가지고요. 된소리는 일단 의심하고 보세요!

넷째, 쓸 수 없는 글자들이 몇 개 있으니 외워 두시면 좋습니다. ① '**ㅈ**', '**ㅊ**', '**ㅉ**'과 '**ㅕ**', '**ㅑ**', '**ㅛ**', '**ㅠ**', '**ㅖ**', '**ㅒ**' 등의 이중 **모음은 결합하지 않습니다.** '쥬', '쵸', '츄' 같은 조합 말이에요. 이건 외래어 이전에 한국어에서도 피하는 표기거든요. '져', '쳐', '죠' 같은 글자를 쓰긴 하지만 모두 준말일 경우에만 한정해서 <u>쓰죠</u>('쓰지요'를 이렇게 줄이듯이요). '쟎/챦'도 안 쓰고 '잖/찮'

으로 바뀌었잖아요(265쪽 참조). 그래서 '쥬스', '비젼', '레이져', '쵸코우유'는 '주스', '비전', '레이저', '초코우유'로 써야 합니다. '아키텍쳐', '주니어', '텔레비젼' 등도 그 예가 될 수 있겠네요.

② **영어 어원 단어에서는 '쉬'나 '쉐'를 쓰지 않습니다.** [ʃ]가 '쉬'가 아니라 '시'이기 때문에 [ʃe]는 '쉐'가 아니라 '셰'가 되어야 해요. 따라서 '잉글리쉬', '리더쉽', '밀크쉐이크'가 아니라 '잉글리시', '리더십', '밀크셰이크'가 됩니다. 뒤에 자음이 이어서 오는 경우에는 '슈'로 읽기도 해요. 'shrimp'는 '쉬림프'도 '시림프'도 아니고 '슈림프'가 맞지요. 어말에 오는 [ʤ], [tʃ] 또한 '쥐'와 '취'가 아니라 '지'와 '치'로 씁니다. '개러쥐', '벤취'가 아니라 '개러지', '벤치'가 되는 거죠.

다섯째, 따로따로 된 말이 붙어서 이루어진 **복합어는 각각의 말이 단독으로 쓰일 때의 표기대로 적습니다.** 단어들이 만나는 지점에서 발음 겹침이 있을 수 있는데 이걸 반영하지 않는다는 거죠. 'bookend'를 '부켄드'라고 하지 않고 '북엔드'라고 적듯이요. 카자흐스탄의 도시 '알마아타'는 얼핏 장음을 잘못 쓴 걸로 보여 '알마타'로 고쳐야 할 것 같은데요, 이 경우는 원어가 'Alma Ata'로 합성어이기 때문에 그대로 두는 거랍니다. (단, '알마아타'는 러시아어 이름이고, 카자흐스탄 독립 후에는 카자흐어인 '알마티'가 공식 표기랍니다.)

이 정도만 알고 머릿속에 잘 넣어 두어도 눈에 확 띌 만큼 이상한 표기는 하지 않으실 거라고 장담합니다!

고유명사 표기, 이것들은 알아 두자!

"고유명사를 적을 때는 가능한 한 현지어 발음을 따른다"라는 원칙은 당연히 인명에도 적용됩니다. 철자가 같은 이름이라도 그 인물의 국적이나 언어권에 따라 표기를 다르게 해야 하죠. 예컨대 'Daniel'이 미국인이나 영국인이면 영어 표기법에 맞게 '대니얼'로, 독일인이면 독일어 표기법에 맞게 '다니엘'로 적어야 한답니다. 'Bernard'도 미국인이나 영국인이면 '버나드', 프랑스인이면 '베르나르', 독일인이면 '베르나르트'가 되는 거고요(이러한 예들을 <부록4>에 모아 두었으니 참고하세요).

요즘은 인터넷에 워낙 많은 정보가 있기 때문에, 검색을 통해 국적 등을 찾기가 그리 어렵지 않습니다. 유명한 인물이나 자주 쓰이는 이름은 아예 포털의 인물 정보 등에 맞는 표기로 올라 있는 경우도 많아요. 한글로 입력하든 영어로 입력하든 알아서 연결되기도 하고, 철자가 틀려도 맞는 검색어로 자동으로 찾아 주기도 하죠. 물론 '폭넓은 관례' 때문에 덜컥 믿기는 찝찝한 구석이 있는 것도 사실이지만 좋은 참고 자료가 될 수 있답니다. 아무튼 그 사람의 국적과 그 나라가 사용하는 언어를 토대로 표기를 결정하면 돼요. 예컨대 크로아티아 사람이면 세르보크로아트어 표기를 적용하는 거죠.

물론 이게 말처럼 쉽지 않은 경우도 꽤 많긴 합니다. 말씀드렸다시피 영어, 독일어, 프랑스어는 철자가 아니라 발음기호로 판단해야 하는데, 아무리 인터넷이 발달했다지만 모든 사람 이름의 발음기호까지 다 알 수는 없죠. 또 벨기에나 스위스처럼 지역에 따라 공용어가 다른 경우 해당 인물이 어느 식 이름을 사용하는지도 따져야 하고, 캐나다의 퀘벡 출신 사람들은 프랑스어로 읽어야 하는 등 문화적·지리적 요건도 고려해야 하고요. 게다가 요새는 이민도 많고 혼혈도 많아서 여간 골치가 아픈 게 아닙니다. 미국에서 태어난 파키스탄 이민자 3세의 이름을 한글로 어떻게 표기할지…… 정말 상상만으로도 도망가고 싶어지네요. 사정이 이렇다 보니 업계 종사자가 아닌 이상 찾다가 힘들면 깔끔히 포기하는 것도 한 방법이에요. 그렇게까지 찾아도 안 나오는 사람 이름 좀 틀렸기로서니 누가 뭐라고 하겠어요!

아, 인명이나 상호의 표기에 관해서라면 「외래어 표기법」보다 더 상위의 원칙(?)이 있네요. "당사자가 원하는 대로"야말로 호칭 표기의 최우선 원칙 아니겠습니까! 미국의 작가가 자기 이름이 한국어로 어떻게 표기되는지를 어떻게 알고 미리 간섭(?)하겠느냐마는, 한국에서 활동하는 외국인이나 외국계 회사가 표기법과 어긋나는 표기를 쓰겠다면 따라 줘야죠. 규정대로라면 '다쿠야'가 되어야 하는 '타쿠야', '도요타'가 되어야 하는 '토요타', '셰보레'가 되어야 하는 '쉐보레' 등이 그 예가 되겠네요. '맥도날드'(맥도널드), '씨티은행'(시티은행), '구찌'(구치) 등도 「외래어 표기법」으로는 틀리지만 통용되고 있습니다(괄호 안이 맞는 표기입니다).

관련하여 흥미로운 예가 하나 있는데요, 구소련 출신 공화국 중에 '그루지야'라고 있었어요. 왜 '있었어요'라고 과거형으로 썼느냐면, 러시아랑 역사적으로 친하지 않았던 이 나라가 러시아식 이름이 싫다고 주변 국가들에 "영어식 이름인 '조지아'로 불러 달라"라며 공식 요청을 했거든요. 역시 구소련 출신이었던 '벨로루시'도 국호를 '벨라루스'로 바꿔 달라고 해서 바꿔 주었고요. 국가 차원에서 표기 변경을 요청한 흥미로운 예라고 할 수 있습니다.

고유명사 표기와 관련해서는 중국 인명 이야기를 안 하고 넘어갈 수 없죠. 한자로 읽는 방식과 중국어로 읽는 방식이 있는데요, 「외래어 표기법」에서는 신해혁명(1911~1912)을 기준으로 하여 "과거인은 종전의 한자음대로 표기하고, 현대인은 원칙적으로 중국어 표기법에 따라 표기하되, 필요한 경우 한자를 병기한다"라고 되어 있답니다. 공자, 제갈량, 이태백 같은 사람들은 그냥 한자음으로 읽습니다. 이것까지 싹 바꾸려면 너무 어색하고 피곤하겠죠? 하지만 요즘 신문이나 방송에 나오는 중국인 이름을 한자식으로 읽는 경우는 거의 못 보셨을 거예요. 후진타오(胡錦濤)를 '호금도'로, 농구선수 야오밍(姚明)을 '요명'으로 쓰지는 않잖아요? 이 규정이 생기기 전에 이미 익숙해져 버린 사람들, 이를테면 모택동(마오쩌둥), 장개석(장제스), 노신(루쉰) 등이 있긴 하지만 점점 더 괄호 안 표기로 바꿔는 추세랍니다. 우리의 청춘 스타들, 그러니까 장궈룽(장국영), 왕쭈셴(왕조현), 궈푸청(곽부성), 저우싱츠(주성치), 리샤오룽(이소룽) 같은 이들의 표기가 좀 당혹스럽긴 하지만, 이런 경우는 워낙 심리적 거부감이 커서 그냥 한자식으로 쓰는 경우가 많긴 하더라고요.

한자로 된 중국과 일본의 지명 또한 현지음으로 읽습니다. 물론 북경(베이징), 동경(도쿄), 상해(상하이), 대만(타이완) 같은 관례들은 인정하지 않을 도리가 없지만, 이것들을 포함해서 웬만한 지명들은 모두 현지음으로 표기하는 게 트렌드예요. 하기야 요즘에 일본의 지명을 한자로 읽는 경우는 거의 없죠? '오사카', '규슈', '시모노세키'를 '대판', '구주', '하관' 등으로 읽는 건 너무 올드해 보이잖아요. 그래도 중국의 경우에는 여전히 '산동'(山東), '천진'(天津), '연변'(延邊) 등도 많이 쓰이고 있는데요, 특별한 경우가 아니라면 가능한 한 '산둥', '톈진', '옌볜'으로 써주시는 게 좋겠습니다. 물론 글의 성격에 따라 옛 지명으로 표기해야 할 때도 있으니 유연하게 판단하시고요. 예컨대 명나라 시대의 이야기를 할 때는 '난징'이 아니라 '남경'(南京)이라고 써주는 게 좋겠죠?

바다, 섬, 강, 산 등을 어떻게 표기하는지에 관해서도 보고 갈게요. 우선 '해', '섬', '강', '산', '호' 등이 외래어에 붙을 때에는 띄어 쓰고, 우리말에 붙을 때에는 붙여 쓴다는 규정이 있었습니다. '카리브 해', '발리 섬'은 띄어 쓰고, '북해', '지중해'

는 붙여 쓴다는 거였죠. 굳이 이렇게 구분하는 이유는 외래어의 끝 글자와 헷갈릴 수 있어서였는데요, 이제 2017년 6월부터 외래어 표기법이 개정됨에 따라 우리말 뒤, 외래어 뒤에 오는 '섬', '강', '산', '해' 등을 모두 붙여 쓰게 되었습니다.

'산맥', '평야', '고원', '고개', '분지', '사막', '반도', '열도', '군도', '해협', '폭포' 등 자연 지형을 일컫는 2음절어의 경우에도 마찬가지로 적용되는데요, 이제 '고비사막', '파미르고원', '도카치평야' 등도 모두 붙여 쓰시면 됩니다.

다시 돌아와서, '해', '섬', '강', '산', '호' 등은 동양어의 경우 그 나라 말로 읽지 않고 한글로 바꿔 읽는 게 원칙입니다. 이를테면 '시나노강'(信濃川), '아사마산'(浅間山), '비와호'(琵琶湖)로 적지, '시나노가와', '아사마야마', '비와코'로 쓰지는 않는다는 거죠. '하이난섬'(海南島)을 '하이난다오'로 적지 않고, '둥팅호'(洞庭湖)를 '둥팅후'로 적지 않고요. 단, 한 글자짜리 이름은 반복해서 적어 준다는 예외 규칙이 있어요. 예컨대 일본의 '利島' 같은 경우는 원래대로라면 '도섬'이라고 해야 하겠지만, 아무래도 식별하기가 좀 어렵잖아요? 그래서 의미 중복을 감수하고 '島'의 일본어 독음인 '시마'를 한 번 더 써서 '도시마섬'으로 쓰는 거랍니다. '온타케산'(御岳), '하야카와강'(早川), '주장강'(珠江), '위산산'(玉山)에서 밑줄 친 것들이 바로 그런 부분이에요. 이렇게 따지면 우리에게 친숙한 '장강'(長江)과 '화산'(華山)도 '창장강'과 '화산산'이 되는 게 원칙인데, 이 정도는 관례로 그냥 쓰고 있고요.

반면 서양어의 경우에는 글자 수에 상관없이 "지명에 산맥, 산, 강 등의 뜻이 들어 있는 것은 '산맥', '산', '강' 등을 겹쳐 적는다"라는 규정이 있습니다. 예컨대 리오그란데(Rio Grande)는 그 자체로 '큰 강'이라는 에스파냐어예요. '리오'가 '강'이라는 뜻이거든요. 그런데 '리오그란데'라고만 쓰면 보통의 한국인들이 이걸 보고 강을 떠올리기 힘들고, 그렇다고 '그란데강'이라고 하자니 현지에서의 용법과 너무 동떨어지고……. 한 글자짜리 동양 지명과 마찬가지로 의미가 겹치더라도 '리오그란데강'이라고 쓰기로 한 거죠. 유명한 프랑스의 몽블랑(Mont Blanc)도 '하얀(Blanc) 산(Mont)'이라는 뜻인데 '블랑산'이라고 안 적고 '몽블랑산'이라고 적고요. 이탈리아의 몬테로사산('몬테'가 '산'의 이탈리아어), 멕시코의 시에라마드레산맥('시에라'가 '산맥'의 에스파냐어) 등도 마찬가지의 경우랍니다.

행정구역 단위의 표기도 이제 다 붙여 쓰시면 되는데요. '구'(區), '시'(市), '현'(縣), '성'(省), '주'(州) 같은 경우 '지요다구', '리모주시', '이바라키현', '후베이성', '앨라배마주' 등으로 쓰시면 됩니다.

띄어쓰기가 포함된 지명, 예컨대 'Los Angeles' 같은 경우는 '로스 앤젤레스'로 적어야 할지, '로스앤젤레스'로 적어야 할지 고민해 보신 적 없나요? 이 역시 따로 규정된 바는 없지만, 관례적으로 붙여 씁니다. 고유명사와 전문 용어의 띄어쓰기에서 이야기한 것처럼 직관적으로 이해되는 게 중요하니까요. 원어가 'ice cream'이라고 '아이스 크림'이라는 띄어쓰기를 고집하진 않잖아요? '푸에르토리코'(Puerto Rico), '부에노스아이레스'(Buenos Aires), '솔트레이크시티'(Salt Lake City), '포트엘리자베스'(Port Elizabeth)…… 좀 길어 보일 수도 있지만 세계화 시대에 이 정도야 많이들 눈에 익었을 테니 걱정 말고 붙여 쓰시죠.

그리고 붙임표, 즉 하이픈(-)이 들어간 지명들이 간혹 있는데요, 역시 특별히 규정된 바는 없지만 요즘에는 굳이 하이픈을 살리기보다는 생략하고 붙여 쓰는 경우가 많습니다. 의미상 하나의 묶음으로 보는 게 적절하다고 보기 때문이죠. '상트페테르부르크'(Saint-Petersburg), '몽생미셸'(Mont-Saint-Michel)처럼요. 인명 역시 마찬가지라서 예컨대 프랑스의 인류학자 'Claude Levi-Strauss'는 '클로드 레비-스트로스'보다는 '클로드 레비스트로스'로 적는 게 최근의 추세랍니다.

언어별 핵심 체크!

그럼 이제부터는 각 언어별로 아주 조금씩만 더 깊이 들어가 볼게요. 21개 언어의 유의 사항을 모두 설명하지는 못하지만 적용이 어렵지 않고 알고 있으면 도움이 될 만한 것들 위주로 추려 봤습니다. 이 정도는 기본으로 알아 두시되, 혹시 여러분의 글이나 책에서 특정 언어의 고유명사가 많이 등장하거나 등장할 예정이라면, 이 부분만 읽고 만족하지 마시고「외래어 표기법」의 2장과 3장에서 해당 언어의 표기 일람표 및 표기 세칙을 미리 살펴보시고 익혀 두실 것을 추천합니다.

일본어는 히라가나와 가타카나를 아신다면 표기 일람표를 훑어보는 것만으로도 어떻게 써야 할지 감이 잡히실 겁니다. 히라가나와 가타카나를 모르실 경우 (일람표에서 일일이 같은 그림 찾기를 하실 게 아니라면) 로마자 표기를 검색하는 게 가장 빠른 길일 것 같네요. 로마자를 그대로 읽으면 대체로 맞거든요. 'shi'는 '시'로, 'su'는 '스'로, 'tsu'는 '쓰'로, 'zu'는 '즈'로 적는다는 것 정도만 조심하면 될 겁니다. 특히 일본어에서 유일하게 허용되는 된소리 '쓰'는 '츠'로 적지 않도록 주의하시고요. '츠나미', '미츠비시'가 아니라 '쓰나미', '미쓰비시'랍니다.

덧붙여 기억해 두어야 할 것 첫째는 앞서 말씀드린 것처럼 장음을 쓰지 않는다는 것, 둘째는 단어 맨 앞에 'ㅋ', 'ㅌ', 'ㅊ'가 올 수 없다는 겁니다. '東京'(とうきょう)을 표기 일람표에 따라 적으면 '토우쿄우'가 되는데요, 장음을 쓰지 않기 때문에 '토쿄'가 되고, 단어 맨 앞에 'ㅌ'이 올 수 없기 때문에 '도쿄'가 되는 겁니다. 이렇게 단어 맨 앞에 올 때 바꿔 써야 하는 글자들은 다음과 같아요.

카 키 쿠 케 코 → 가 기 구 게 고　　캬 큐 쿄 → 갸 규 교

타 치 쓰 테 토 → 다 지 쓰 데 도　　차 추 초 → 자 주 조

이러한 이유에서 '쿄우토'는 '교토'(장음도 없어졌네요), '토요토미'는 '도요토미', '키요미즈데라'는 '기요미즈데라'가 됩니다. 금각사(金閣寺, 킨카쿠지 → 긴카쿠지)와 은각사(銀閣寺, 긴카쿠지)의 표기가 같아져 구분할 수 없게 되는 난점이 지적되기도 하고, 굳이 이런 규정을 둘 이유가 없다며 폐지하자는 주장도 있지만 여기서 깊이 다루지는 않겠습니다. 아, '쟈'나 '쵸' 같은 표기는 아예 쓰지 않는다는 것도 잊지 말아 주시고요.

　　중국어는 성조가 있어서 어렵다는 이야기 많이 하지요. 하지만 다행히도 한글 표기 시 성조는 깔끔히 포기합니다. 물론 성조가 아니면 구분이 안 되는 고유명사들도 있긴 한데, 그 소수의 경우 때문에 성조를 고려한 한글 표기 체계까지 발명할 수는 없지 않겠어요? 꼭 필요한 경우는 괄호 안에 한자를 병기해 주면 그만인걸요. 아무튼 중국어는 포털의 중국어 사전들에 로마자 알파벳으로 된 발음 표기가 적혀 있고, 이를 '중국어 표기 일람표'에서 찾아 적어 주면 된답니다. 이것 역시 '쟈', '쵸' 등의 표기를 하지 않는 것 외에 특별히 유의할 사항은 없어요. '장졔스'가 아니라 '장제스'인 거 아시겠지요?

　　영어를 비롯하여 독일어, 프랑스어는 모두 '발음기호'로 따져야 한다는 건 이미 말씀드렸지요? 특히 영어는 철자만 보고

적으면 묵음도 많고 발음도 다양하게 나기 때문에 틀리기 십상입니다. 굳이 표를 찾아 대조하지 않아도 써먹기 좋은 약간의 팁을 드리자면, 우선 'ㅐ'와 'ㅔ' 중에 뭘 쓸지 헷갈릴 때 'a'는 'ㅐ', 'e'는 'ㅔ'로 되는 경우가 많아요. 물론 'make'처럼 '에이' 발음이 나는 경우는 이 공식을 쓸 수 없고, 무조건 맞아떨어지진 않지만 대체적으로 그렇다는 거죠. 'family'는 '페밀리'가 아니라 '패밀리', 'bed'는 '배드'가 아니라 '베드'로 써야 하듯이요 ('bad'는 '배드'가 맞겠죠?). 다음으로 'r'은 'ㄹ', 'l'은 'ㄹㄹ'로 쓰는 경우가 많습니다. 'chorus'는 '코러스', 'siren'은 '사이렌'이지만, 'solo'는 '소로'가 아니라 '솔로', 'hologram'은 '호로그램'이 아니라 '홀로그램'이잖아요? 물론 'l'이 단어 맨 앞에 오는 경우(lamp, 램프)나 자음 앞에 오는 경우(salt, 솔트)는 'ㄹ' 두 개를 쓰고 싶어도 못 쓰는 거고요. 다시 한번 말씀드리지만 이 두 가지는 '경향'일 뿐이라 정확하게 쓰려면 꼭 발음기호로 확인을 해 봐야 한답니다.

　독일어의 경우 그래도 알파벳과 발음기호가 영어보다 훨씬 많이 일치하는 편입니다. 다음 사항들 정도만 기억해 두셔도 편할 것 같네요. 움나우트가 붙은 모음 'ä', 'ö', 'ü'는 'ㅐ', 'ㅚ', 'ㅟ'로 쓴다는 것, 그리고 단어 끝의 'b', 'd', 'g'는 '브', '드', '그'가 아니라 '프', '트', '크'로 쓴다는 것! 'Dortmund'는 '도르트문드'가 아니라 '도르트문트'가 되고, 독일 지명에 많이 등장하는 'berg'는 '베르크', 'burg'는 '부르크'가 되지요.

프랑스어는 배우지 않은 사람들이 읽기에는 굉장히 발음이 까다롭습니다만, 일정한 방식으로 표기되는 철자들이 몇 개 있습니다. 예컨대 (항상 그렇지는 않지만) 'u'는 'ㅜ'가 아닌 'ㅟ' 발음이 난다거나, 단어 첫머리의 'h'는 묵음이 된다거나, 어말의 's'나 't' 등도 묵음이 된다거나, 'ille'는 '유'로 적는다거나 등등. 그래서 'Victor Hugo'는 '빅토르 휴고'가 아니라 '빅토르 위고'가 되고, 'Albert Camus'는 '알베트 카무스'가 아니라 '알베르 카뮈'가 되고, 'Marseille'는 '마르세이유'가 아니라 '마르세유'가 된답니다. 다시 한번 말씀드리지만, 영어·독일어·프랑스어의 표기는 높은 확률로 그렇다는 것이지 발음기호를 확인해야 정확하게 알 수 있다는 걸 명심하세요!

에스파냐어는 정말 사랑스럽기 그지없네요. 앞의 세 언어와는 달리 그냥 철자를 보고 읽으면 되고, 특별히 어려울 게 없거든요. '외국어 한 글자는 한국어 발음도 하나'라는 원칙에 어긋나는 글자가 몇 개 있긴 한데 이 정도야 감지덕지죠! 이마저도 표기 세칙에 종류별로 잘 정리해 놓았고요. 참, 브라질을 제외한 남미 국가와 멕시코에서도 쓰이는 거 아시죠? 이쪽 나라 사람들이나 지명에 관해서는 에스파냐어 표기법을 적용해야 합니다. 표기 세칙 중에서는 'gu'와 'qu'의 표기 정도만 알아두면 도움이 될 것 같네요. 뒤에 모음이 붙을 때 '구아', '쿠이' 등으로 두 글자로 적는 게 아니라 한 글자로 합쳐 적거든요. gua(과)/qua(콰), gui(기)/qui(키), gue(게)/que(케)처럼 말이죠.

guo(구오)/quo(쿠오)만 예외예요. '구아테말라'가 아니라 '과테말라', '체 구에바라'가 아니라 '체 게바라'가 되는 건 이 조항 때문입니다.

이탈리아어도 발음 쉽기로는 만만치 않죠. 표기 세칙은 에스파냐어보다 아주 조금 더 복잡하긴 합니다만 그래도 이 정도면 양반이에요. 쉬운 거 몇 가지만 이야기하자면, 된소리를 쓰지 않으니 'z'는 'ㅉ'가 아니라 'ㅊ'로 써야겠네요. '라바짜', '마찌니'가 아니라 '라바차', '마치니'가 맞아요. 그리고 에스파냐어와 비슷하게 다음 글자들은 한 글자로 적어야 합니다. cia(차), cio(초), ciu(추), gia(자), gio(조), giu(주), qua(콰), que(퀘), qui(퀴), quo(쿠) 등요. 'giuseppe'는 '지우세페'가 아니라 '주세페', 'giorgio'는 '지오르지오'가 아니라 '조르조'가 되는 거죠. 단, 'adagio' 같은 음악 용어에 관해서는 이전에 쓰이던 관례를 폭넓게 인정하고 있어서 '아다조'가 아니라 '아다지오'가 맞는답니다! 아, 이탈리아어와 에스파냐어에서는 'c'와 'g'의 발음이 뒤에 오는 모음에 따라 달라지는데요, 여기서 자세히 설명하지는 않을 테니 궁금하신 분은 이 언어들의 '표기 세칙'을 찾아보시길!

포르투갈어는 아시다시피 포르투갈과 브라질에서 사용되는데요, 발음이 많이 달라진 탓에 '포르투갈어'와 '브라질 포르투갈어'의 표기에도 차이가 있답니다. 안 그래도 옆 동네인 에스파냐어와 비교하면 표기법이 좀 어려운데, 표기 세칙 중 몇

몇 조항에는 "다만, 브라질 포르투갈어에서는"이라는 단서가 붙어 있기까지 하니 영 골치가 아픕니다. 그나마 축구 좋아하시는 분들은 브라질 선수들 이름 때문에 약간 더 낯이 익으실지도 모르겠는데요, 'Ronaldo'가 포르투갈 사람이면 '호날두'가 되고(네, 바로 그 유명한 호날두!), 브라질 사람이면 '호나우두'가 되는 거 아시는 분들은 아실 겁니다. 어두의 'r'은 'ㄹ'이 아닌 'ㅎ'이 되고, 어말의 'o'는 'ㅗ'가 아닌 'ㅜ'가 되는 공식은 공통적이지만, 'l'은 포르투갈에서는 'ㄹ' 받침이 되고 브라질에서는 '우'가 되는 차이가 있는 거죠. 따라서 'Gilberto'가 이탈리아 사람이면 '질베르토'가 되지만, 포르투갈 사람이면 '질베르투', 브라질 사람이면 '지우베르투'가 된답니다. 익숙했던 '상파울로'가 '상파울루'로 바뀐 것도, '히우지자네이루'가 맞는 표기인 것도 이 때문이에요. 하지만 '상파울루'와 달리 '히우지자네이루'는 관례인 '리우데자네이루'의 벽을 끝내 넘지 못했기 때문에 표준어는 '리우데자네이루'예요!

러시아어의 경우는 아무래도 흔히 보는 로마자 알파벳을 쓰지 않다 보니 더 낯선 느낌이죠. 키릴문자를 로마자로 변환해 쓰는 (전 세계적으로 통용되는) 표기법도 있긴 한데, 이조차 통일이 안 되어 있어서 혼란스럽습니다. 예컨대 똑같은 키릴문자를 'Nikolay'로 표기하는 방식도 있고 'Nikolai'로 표기하는 방식도 있거든요. 여러모로 친숙해지기엔 무리가 있는 건 사실입니다만, 두 가지만 이야기하고 갈게요. 첫째, 단어 끝의 'v'(키릴문자 'в')는 '브'가 아니라 '프'가 됩니다. '나보코프', '이바노프'처럼요. 둘째, 러시아어 표기법에 따르면 '도스토예프스키'가 아니라 '도스토옙스키'가 맞습니다. 쉽게 생각하면 'ㅅ' 발음 앞에서는 '브', '프'가 아니라 받침 'ㅂ'이 되는 거예요. '차이코프스키'는 '차이콥스키'가, '하바로프스크'는 '하바롭스크'가, '스타니슬라브스키'는 '스타니슬랍스키'가 되겠네요. 하지만 유명 인물들의 경우 관례가 너무 익숙한 나머지 이 규정이 별로 힘을 얻지 못하고 있는 실정이긴 합니다.

「외래어 표기법」이라는 게 이렇게 관례에 약합니다. 애초에 맞춤법이나 띄어쓰기처럼 강력한 규정도 아니고요. 관례를 대체 어디까지 인정한다는 건지, 이 관례는 왜 되고 저 관례는 왜 안 되는지, 그걸 대체 누가 정하는지도 애매하지요. 표기법을 참조하되, 쓰는 분 본인의 감각에 맞게 사용하면 될 것 같아요. 예컨대 저는 '리어나도 디캐프리오'는 정말로, 차마, 감히 못 쓰겠더라고요. '레오나르도 디카프리오' 말이에요.

「외래어 표기법」에는 아직 규정이 만들어지지 않은 언어들도 많습니다. 아랍어, 그리스어, 터키어, 라틴어 등도 빠져 있고, 국가별로 나누기 참 애매한 아프리카인들의 이름은 또 어떻게 적느냔 말입니다. 참고로 "제3장에 포함되어 있지 않은 언어권의 인명, 지명은 원지음을 따르는 것을 원칙으로 한다"(4장 1절 1항)라는 항이 있긴 한데, "원지음을 따른다"라니, 너무 뻔한 얘기 아니겠습니까. 또 상세한 부분이 약간 부실하기도 해요. 예컨대 인명과 지명의 띄어쓰기나 하이픈 처리, 외국 인명에 종종 등장하는 'de'나 'van' 등을 띄어 쓰는지 붙여 쓰는지 등이 명확히 규정되어 있지 않은 상태지요. 몇 년 전까지만 해도 국립국어원에서 펴낸 『외래어 표기 용례집』에 포함된 「외래어 용례의 표기 원칙」이 이러한 부분들을 보완해 주는 역할을 했습니다만, 대대적인 보완에 들어갔는지 비공개 자료가 되어 지금은 찾아볼 수 없습니다. 하루빨리 업데이트되어 공개되었으면 좋겠네요.

마지막으로 현실적인 검색 팁 하나 드리고 외래어 표기에 관한 부분을 마치겠습니다. 포털 등에서 검색이 잘 안 될 때 국립국어원 홈페이지의 '사전·국어지식>외래어표기법>용례 찾기'를 활용해 보세요. 몇 달에 한 번씩 열리는 '정부·언론외래어심의공동위원회'에서는 당시 이슈가 되는 인명이나 지명의 한글 표기를 결정하여 용례에 추가한답니다. 검색해 보면 운 좋게 나올지도 몰라요.

문장부호, 별거 아니라고 보기에는 꽤나 소중한

문장부호 또한 맞춤법의 일부입니다. 어지간하면 잘 쓰고 있지 않나 생각하시겠지만, 그래도 은근히 까다로운 부분들이 있어요. 문장부호를 다루는 「한글 맞춤법」 부록 부분은 "문장부호는 글에서 문장의 구조를 드러내거나 글쓴이의 의도를 전달하기 위하여 사용하는 부호이다"라고 시작합니다. 새삼스럽긴 하지만, 뭔가 '그래도 무시할 수는 없지 않나' 싶은 기분이 들긴 하죠? 문장부호를 정확히 사용하는 것은 의도의 정확한 전달에 꽤 도움이 된답니다. 지금부터 이러한 문장부호에 대해 살펴볼 텐데요,「한글 맞춤법」에는 총 21개의 문장부호가 설명되어 있는데, 여기서는 주요 문장부호 일부만 추려 보았어요.

규정을 보면, 우리가 문장부호를 얼마나 많이, 자주, 그것도 무의식중에 사용하고 있는지를 알 수 있습니다. 흔히 **마침표**라고 불리는 '.'만 하더라도, 아래와 같이 규정되어 있어요.

① 서술, 명령, 청유 등을 나타내는 문장의 끝에 쓴다.
② 아라비아 숫자만으로 연월일을 표시할 때 쓴다.
　　예) 2014.4.16. / 5.23.~7.21.
③ 특정한 의미가 있는 날을 표시할 때 월과 일을 나타내는 아라비아 숫자 사이에 쓴다.
　　예) 3.1 운동 / 8.15 광복
④ 장, 절, 항 등을 표시하는 문자나 숫자 다음에 쓴다.
　　예) 1. 서론 / ㄱ. 머리말 / 가. 고유명사

'마침표' 하면 ①번만 생각하기 쉬운데, 나머지 경우들도 이렇게 떡하니 규정되어 있다니까요? ③ 같은 경우는 원래 없는 용법이었습니다. 이때는 가운뎃점(·)을 쓰는 것이 원칙이었지요. 하지만 2014년, 컴퓨터로 대부분의 글을 쓰게 된 현실을 고려하여 문장부호 규정을 대대적으로 손보면서 입력하기 번거로운 가운뎃점 대신 마침표도 쓸 수 있게 되었죠. 마침표 사용에서 가장 주의할 점은 ②에서 맨 끝에 마침표를 꼭 찍어야 한다는 겁니다. 예제에서처럼 '일'(日) 뒤에도 마침표를 찍어야 하는데 안 그러는 분들이 참 많지요. 잊지 말고 찍어 주시고요, 또 하나 생각해 볼 만한 것은 "따옴표 안에 마침표를 찍느냐 안 찍느냐" 하는 문제입니다. 그러니까,

(ㄱ) 아내가 "밤에는 산책을 가자"라고 말했다.
(ㄴ) 아내가 "밤에는 산책을 가자."라고 말했다.

둘 중에 뭐가 맞느냐는 거죠. ①의 용법대로 평서문의 끝을 맺을 때 마침표를 쓴다는 것은 토를 달 수가 없는 사안인데요, 따옴표 안 문장도 그 자체로 끝을 맺는 거니까 마침표를 찍어야 한다는 주장과 전체 문장이 아직 끝나지 않았으므로 찍으면 안 된다는 주장이 첨예하게(?) 대립했지요. 국립국어원은 (ㄴ)을 고집했지만, 시각적인 부담감 때문인지 일선 출판사들은 대부분 (ㄱ)을 사용해 왔고요. 결국 국립국어원도 (ㄴ)을 원칙으로 하되 (ㄱ)을 허용한다고 한발 물러섰습니다. 어느 경우를 사용해도 되지만, 저 역시 시각적인 이유로 (ㄱ)을 추천하고 싶네요.

이렇게 "찍는 걸 원칙으로 하지만 안 찍는 것도 허용하는" 다른 예로는 용언의 명사형이나 명사로 끝나는 문장이 있습니다. 아래 예처럼 말이죠.

(ㄱ) 내일 오전까지 보고서를 제출할 것.
(ㄴ) 내일 오전까지 보고서를 제출할 것

역시 둘 다 가능하니까 어느 것이 맞는지 고뇌에 휩싸이지 않으셔도 돼요. 반면 제목이나 표어에는 마침표를 찍지 않음을 원칙으로 한답니다! 이 책의 차례를 펼쳐 보시면 제목들에는 마침표를 하나도 찍지 않은 걸 확인하실 수 있을 거예요.

쉼표도 참 많이 쓰지요. 쉼표야말로 요령껏 잘 써야 하는 문장부호입니다. 마침표를 사용하는 경우가 달랑 네 개 항으로 정리되는 데 반해 쉼표의 용법은 무려 열다섯 개 항으로 설명되어 있는데요, 읽어 보면 그리 어렵지는 않아요. 이 중에서 설명할 만한 것 몇 개만 추려서 이야기해 보면, 첫째, 수식구를 명확히 하는 데 사용됩니다.

(ㄱ) 갑돌이는, 울면서 떠나는 갑순이를 배웅했다.
(ㄴ) 철원과, 대관령을 중심으로 한 강원도 산간 지대에 예년보다 일찍 첫눈이 내렸습니다.

두 경우에 쉼표가 없다고 생각해 보세요. (ㄱ)의 경우 우는 게 갑돌이인지 갑순이인지 모르게 되겠죠? (ㄴ)의 경우 '철원'과 '대관령을 중심으로 한 강원도 산간 지대'인지, '철원과 대관령'을 중심으로 한 강원도 산간 지대인지 구분이 안 되고요. 이건 문장부호 사용의 문제 이전에 '문장력'의 문제겠지만, 가능한 한 신경을 써주시는 편이 좋겠습니다.

또 하나 이야기할 것은 "앞말을 '곧', '다시 말해' 등과 같은 어구로 다시 설명할 때 앞말 다음에 쓴다"라는 규정입니다. 그러니까 문장 중간에 '즉'이나 '곧' 따위의 말을 쓸 때 "사람은 그가 하는 말, 즉 언어 습관을 보면 알 수 있다" 형태로 써야 한다는 거죠. "그가 하는 말 즉, 언어 습관" 형태로 쓰면 정확한 용법이 아니에요. 쉼표에서 끊어서 읽어 봐도 앞의 경우가 더 자연스러운 걸 알 수 있습니다. 아, "그가 하는 말, 즉, 언어 습관"처럼 쓰는 건 안 되냐고요? 글쎄요, "'즉' 뒤에는 쉼표를 쓰지 않는다"라는 말은 없으니 틀렸다곤 하기 힘들겠지만 굳이 저렇게 눈에 걸리적거리게 써야 할 이유가 있을까요?

가운뎃점도 보고 갈까요? 쉼표와 용법이 겹쳐서 바꿔 써도 될 때도 많지만, 쉼표로 나뉘는 부분 안에서 또 나뉠 때는 가운뎃점을 써야 합니다. "민수·영희, 선미·준호가 서로 짝이 되어 윷놀이를 하였다"처럼 말이죠. 이걸 모두 쉼표로 이으면 글쓴이의 의도를 정확히 전달하는 데 실패하는 거죠. 앞에서 설명 중에 썼던 문장인데 좋은 다른 예가 있어서 하나 더 가져와

봤는데요, "'늘리다'는 나머지 물건들의 길이·무게·넓이·부피, 세력, 실력, 시간 등에까지 다 쓸 수 있는 말입니다"(211쪽)에서 밑줄 친 부분을 보시면 가운뎃점과 쉼표를 구분해서 사용한 흔적이 보일 겁니다. 아, 그리고 뒤에 오는 단어를 공유하는 경우에는 쉼표보다는 가운뎃점이 더 어울려요. "정치적, 경제적, 사회적 혼란"보다는 "정치적·경제적·사회적 혼란"이라고 쓰는 편이 시각적으로도 보기 좋고, 각각이 '혼란'을 수식하고 있다는 사실을 더 잘 보여 주는 거죠(136쪽 참조).

이번엔 **따옴표**를 볼까요? 별로 어려울 건 없고요, 다 알지만 무신경하게 잘못 쓰는 원칙 하나만 확실히 기억해 두셨으면 해요. 바로 대화나 인용은 큰따옴표로, 생각이나 강조는 작은따옴표로 표시한다는 거! 인용도 아닌 단순 강조에 큰따옴표를 사용하는 경우는 지양해 주세요. 특히 외국어는 작은따옴표를 잘 안 쓰기 때문에 번역하면서 그대로 옮기다 보면 단순 강조에 큰따옴표를 쓰게 되는 경우가 많은데, 작은따옴표로 바꿔 주는 편이 좋겠습니다. 큰따옴표 안에 포함된 대화나 인용은 작은따옴표로 처리한다는 것도 알아 두시고요. "제가 분명히 말씀드렸습니다. '이런 경우에는 작은따옴표를 쓴다고요'라고요"처럼요.

괄호 사용의 기초는 괄호를 열기 전에 끝나는 말과 괄호를 닫은 후 시작하는 말이 자연스럽게 이어지도록 쓰는 겁니다. 예컨대 "어제 저녁(파스타)을 먹고"라고 써야지 "저녁(파스타)를

먹고"라고 쓰면 괄호를 빼고 읽었을 때 "저녁를"이 되어 이상
해지잖아요? 이렇게 조사에 주의하는 것은 기본 중의 기본이
고, 문장 수준에서도 앞말을 정확히 수식해 주는 게 좋습니다.
아래 문장들을 보실까요?

> (ㄱ) 어제저녁에 먹은 것들 중에(떡볶이, 튀김, 순대) 뭐가 문제
> 였을까?
>
> (ㄴ) 어제저녁에 먹은 것들(떡볶이, 튀김, 순대) 중에 뭐가 문제
> 였을까?
>
> (ㄷ) 이 차가 향하는 곳이 어디(경찰서인지 병원인지)인지 도무
> 지 알 수가 없었다.
>
> (ㄹ) 이 차가 향하는 곳이 어디인지(경찰서인지 병원인지) 도무
> 지 알 수가 없었다.
>
> (ㅁ) 이 차가 향하는 곳이 어디인지 도무지 알 수가 없었다(경
> 찰서인지 병원인지).
>
> (ㅂ) 이 차가 향하는 곳이 어디인지 도무지 알 수가 없었다(경
> 찰서인지 병원인지 말이다).

　(ㄱ)보다는 (ㄴ)이, (ㄷ)보다는 (ㄹ)이, (ㅁ)보다는 (ㅂ)이 훨씬
자연스러워 보이죠? 명사 뒤에 이어지는 괄호 안에는 명사를,
용언 뒤에 이어지는 괄호 안에는 비슷한 꼴의 활용형이나 앞에
나온 사항에 대한 보충 설명이 되는 내용을 넣어 줌으로써 좀

더 매끄럽게 읽힐 수 있게 됩니다(물론 공식처럼 딱딱 맞아떨어지지는 않으니 유연하게 판단해야겠지요). 이걸 염두에 둔 채 괄호의 위치도 요리조리 옮겨 보고요. 조금만 신경을 써주면 훨씬 가독성이 좋아진답니다.

괄호 앞의 띄어쓰기도 주의가 필요한데요, 이것 역시 문장을 통해 보겠습니다.

(ㄱ) 그 조치는 허술한 것이었을 뿐 아니라(빠져나갈 구멍이 많았다는 점에서) 효과도 없었다.

(ㄴ) 그 조치는 허술한 것이었을 뿐 아니라 (제대로 시행되지도 않았다는 점에서) 효과도 없었다.

(ㄱ)의 경우 앞의 '허술하다'에 관련된 괄호이기 때문에 앞말에 붙여 쓰고요, (ㄴ)의 경우 뒤에 올 '효과도 없었다'를 앞에서 수식하는 괄호이기 때문에 앞말과 띄어 씁니다. 비록 스페이스바 한 칸 차이지만, 이 두 경우의 띄어쓰기를 다르게 하면 독자들은 혼동을 느낄 수밖에 없어요.

대괄호의 경우 ① 괄호 안에 또 괄호 쓸 일이 있을 때 씁니다. 단, 대괄호를 바깥에 써야 해요. 그러니까 "이번 엠티에는 세 명[박철호(감기), 최규선(술병), 김지경(귀찮음)]만 빼고 모두 참석했다"처럼 써야지 "세 명(박철호[감기], 최규선[술병], 김지경[귀찮음])"이라고 괄호를 거꾸로 쓰면 안 된다는 말씀! ② 고유어에 대응하는 한자어를 함께 보여 줄 때도 대괄호를 씁니다. "손발[手足]"처럼 표기하는 거죠. "수족(手足)"에서는 소괄호를 써야겠지만 "손발[手足]"처럼 괄호 밖의 음과 괄호 안의 음이 달라질 때는 그러면 안 돼요. 이 책 속에서 문장 하나를 가져와 보면, "동작[動]을 나타내는 동사와 성질·상태·형태[形]를 나타내는 형용사로 구분하여 생각하면 될 것 같습니다"(25쪽)에서 대괄호를 쓴 이유를 아시겠죠? 마지막으로 ③ 인용자나 번역자, 편집자가 덧붙인 말에도 씁니다. "나는 그 도시[헬싱키를 가리킨다 — 옮긴이]에 많은 추억이 있다", "간절히 원하면 **우주가 나서서 도와 준**다니 그게 무슨 말도 안 되는 개소리야[강조는 인용자]"처럼 말이죠.

외국어에서는 많이 쓰이는 '콜론'(:)과 '세미콜론'(;)은 한글에서는 굉장히 제한적으로 사용됩니다. 세미콜론은 한국어 문법에서 사용하지 않는 기호이니 되도록 쓰지 않으시길 추천하고 싶고요(대부분은 마침표로 대체가 가능하더라고요), 콜론은 '**쌍점**'이라고 부르는데 ① 해당 항목의 예를 들 때, ② 희곡 등에서 말하는 사람 다음에, ③ 시와 분이나 장과 절 등을 구분할 때, ④ 의존명사 '대'가 쓰일 자리에 쓴다고 규정되어 있습니다. 각각의 용례를 보면 다음과 같습니다.

① 출연진: 이정재, 최민식, 황정민, 박상웅 등

② 중구: 살려는 드릴게.

③ 3시 15분 → 3:15 　　　2장 5절 → 2:5

④ 3대 1 → 3:1 　　　전북 대 포항 → 전북:포항

　심지어 각각의 경우에 띄어쓰기를 어떻게 하는지까지 규정되어 있는데요, ①과 ②의 경우에는 앞말에 붙이고 뒷말과는 띄고, ③과 ④의 경우에는 앞뒤 모두 붙인다고 하네요.

　말줄임표는 2014년 개정에서 굉장히 큰 덕을 본 문장부호입니다. 예전에는 꼬박꼬박 '……'로, 그러니까 '가운데'에 '여섯 개'를 다 찍어 주어야 했거든요. 하지만 이제는 세 개만 찍어도 되고, 심지어 컴퓨터 환경을 고려하여 아래에 찍어도 되는 걸로 바뀌었답니다. '……', '⋯', '......', '...' 다 허용된다는 거! 그래도 출판물에서는 가운데에 찍어 주는 게 좀 더 그럴싸하긴 하겠죠? 어쨌든 한 편의 글 혹은 한 권의 책 안에서는 통일시키는 게 좋겠습니다. 아, 말줄임표에 대해 하나 더 말씀드릴 게 있는데, '생략'의 의미로 쓰이는 말줄임표와 정말로 말끝을 흐리는 말줄임표를 구분해서 써야 한다는 거예요. 어떻게? '띄어쓰기'를 가지고요.

　(ㄱ) 그건 정말 힘든 일이었지. …… 다시는 그런 일을 겪고 싶지 않아.

　(ㄴ) 그건 정말 힘든 일이었지……. 다시는 그런 일을 겪고 싶지 않아.

(ㄱ)의 경우는 중간에 내용이 생략되었다는 의미이고, (ㄴ) 의 경우는 말끝을 흐리는 거 구분되시지요? 이게 너무 쪼잔해서 짜증 난다 싶으시면 아예 (ㄱ)의 말줄임표 자리에 [중략]을 쓰는 것도 나쁘지 않은 선택입니다(문장에서의 위치에 따라 [전략], [후략]도 쓸 수 있겠고요). 이때 사용하는 기호에 대해서는 딱히 규정된 바가 없지만 인용자가 덧붙인다는 의미에서 소괄호보다는 대괄호가 더 어울려 보이네요.

겹낫표(『』)와 **겹화살괄호**(《》), **홑낫표**(「」)와 **홑화살괄호**(〈〉)는 고유명사의 표기에 사용되는데요, '겹 시리즈'는 책의 제목이나 신문·잡지 이름 등에, '홑 시리즈'는 책에 실린 글의 제목, 그림이나 노래 같은 예술 작품의 제목, 상호, 법률, 규정 등을 나타낼 때 쓰는 것으로 규정되어 있습니다. 원래는 낫표 계열이 많이 쓰였는데, 컴퓨터로 그나마 쓰기 쉬운 화살괄호가 차츰 더 많이 쓰이던 찰나에, 2014년 개정에서 아예 큰따옴표와 작은따옴표까지도 쓸 수 있게 개정되었답니다. 주의하실 것은 어느 계열을 쓰든 큰 단위에 큰 기호를, 작은 단위에 작은 기호를 써서 일관성을 갖추는 거예요. 예컨대 노래 제목에 홑낫표를 썼다면, 그 노래가 실린 앨범 제목에는 홑낫표가 아닌 겹낫표를 써주는 거죠. 이걸 엉망으로 섞어 쓰면 독자들이 혼동을 느끼게 됩니다.

마지막으로 **물결표**(~)에서의 유의 사항 하나만 보고 마치겠습니다. 이어지는 숫자를 쓸 때 유용한 이 기호를 무심코 쓰다

가는 독자를 헷갈리게 하기 일쑤거든요. 물론 앞뒤 맥락에 따라 판단할 수 있는 경우도 있지만, '5~60개'를 몇 개로 봐야 하죠? 5개~60개인가요, 50개~60개인가요? 이러한 혼동이 일어나지 않도록 정확히 구사하는 버릇을 들이는 게 좋겠습니다. 만약 후자의 경우를 의도한 거라면 '50~60개'로 적어 주는 게 좋겠지요?

이렇게 3부도 끝이 나고, 이 책의 본문 전체가 끝났네요! 만만찮은 내용들 따라오시느라 수고 많으셨습니다. 아니, 그러길래 어쩌자고 애초에 이 책을 펼치셔서……. 이 책 덕분에 부귀영화까지 누리는 건 아무래도 힘들겠지만, 그래도 여러분의 책 쓰기에, 혹은 글쓰기에, 혹은 국어 생활에, 혹은 연애 생활(!)에 조금이나마 도움이 되었기를 바랍니다. 이어지는 부록도 요긴하게 잘 쓰셨으면 좋겠고요.

부록 다음에 이어지는 '난이도와 중요도에 따른 내용 분류'는 이 책에 등장하는 주요 맞춤법들을 나름대로 재분류해 본 겁니다. 틀렸을 때 꽤나 부끄러울 수 있는 것에서부터 정확히 잘 썼을 때 꽤나 멋져 보일 수 있는 것까지, 초급-중급-고급-최고급으로 나눠 봤지요. 복습 삼아 주욱 읽어 보셔도 좋고, 원고를 탈고할 때 글 쓰면서 혹시 소홀했던 맞춤법이 없었는지를 체크해 보는 용도로 사용하셔도 좋겠습니다.

자, 그럼 저는 이만 물러가 보겠습니다. 그렇다고 그냥 순순히 물러가지는 않을 거예요. 명색이 '책 쓰자면 맞춤법'이라는 제목을 단 책을 기어이 다 읽으신 여러분이, 이 세상 누군가에게는 꼭 맞춤한 책 한 권 써내는 데 성공하시길 기원하면서 물러가는 거랍니다.

부록

보조용언의 종류

'아/어' 꼴로만 연결되므로 붙여 써도 되고 띄어 써도 되는 것들

가다   하루하루 늙어간다. / 차츰 회복되어갔다.

가지다(갖다)   너무 귀여워가지고 말이야. / 덩치만 커갖고.

나가다   한 줄씩 써나갔다. / 사업을 확장해나갈 것입니다.

내다   꼭 막아내겠다. / 그때를 기억해냈다. / 만들어내려고 해.

놓다   가능성을 열어놓았다. / 어디 잘 적어놔. / 너무 더워놔서.

달다   내가 와달라고 했어. / 뭘 자꾸 구해달래? / 좀 이해해다오.

대다   자꾸 떠들어대는 통에 헷갈렸잖아. / 우겨대지 마.

두다   반드시 기억해두겠어요. / 자리 맡아두지 맙시다!

드리다   어머님께 보여드리자. / 도와드릴 일이라뇨?

마지아니하다(마지않다)   바라마지아니한다. / 존경해마지않습니다.

먹다   실컷 부려먹더니만. / 도자기를 깨먹었다. / 날 이용해먹었구나!

버릇하다   먹어버릇해야 잘 먹게 되지. / 지하철만 타버릇해서요.

버리다   막차를 놓쳐버렸다. / 포기해버리고 싶은 마음뿐이다.

빠지다   흔해빠진 디자인 / 애가 순해빠졌니? / 정신상태가 썩어빠짐.

쌓다   왜 자꾸 울어쌓아. / 많이도 먹어쌓네.

오다   어떻게 지켜왔는데. / 내가 봐온 바로는 / 태도를 고수해왔다.

재끼다   일을 하루 만에 해재꼈어. / 하룻밤에 써재낀 보고서야.

젖히다   크게 웃어젖혔다. / 그렇게 노래를 불러젖히더니만.

주다   좀 봐주세요. / 내가 대신 마셔줄게. / 서명해주시겠습니까?

죽다	아내만 보면 좋아죽으려고 한다. / 종일 심심해죽겠네.
*지다	펜이 잘 써지더라. / 점점 더 고와지던데? (* 붙여서만 쓴다.)
치우다	다 먹어치웠단 말이니? / 이참에 갈아치우자.
터지다	사람이 물러터졌더라. / 불어터진 면발 / 느려터져 가지고.

'아/어' 꼴로 연결될 일이 없어 붙여 쓸 수 없는 것들

들다	하려(고)˅들다 / 하기로˅들면 / 하자고˅들다
말다	하지˅마라 / 하고야˅말다
못하다	하지˅못하다 / 바쁘다˅못해
생기다	하게˅생기다
싶다	하고˅싶다 / 하나˅싶다 / 했을까˅싶다 / 했으면˅싶다 /
	할까˅싶다
아니하다(않다)	하지˅아니하다 / 하지˅않다
자빠지다	하고˅자빠지다
*지다	하고˅지고 (* 앞의 '지다'와는 모양만 같은 별개의 단어다.)

'의존명사+하다/싶다' 꼴이라 붙여 써도 되고 띄어 써도 되는 것들

듯하다/듯싶다	곧 터질듯한 분위기였다. / 비가 올듯싶다.
만하다	그거야 그럴만했으니까. / 배가 고플만한 시간이지.
법하다	오해할법한 상황인 거 알아. / 있을법한 일이어야지.
뻔하다	차에 치일뻔했지만 잘 피했다. / 졸다가 지나칠뻔했잖아.
성하다/성싶다/성부르다	배가 부를성하다. / 굴복할성싶으냐? /
	그러고도 무사할성부르냐?
양하다	그냥 모르는양하고 있어. / 귀한 물건인양하다.
척하다/체하다	귀여운척하고 있네. / 잘난체하지 좀 마.

'아/어' 꼴인지 아닌지 앞말의 모양을 살펴야 하는 것들

계시다   (아/어 꼴) 그냥 앉아계세요. / 쭉 깨어계셨어요?

         (아/어 ×) 지금 드시고˅계세요. / 웃고만˅계시더라고요.

나다   (아/어 꼴) 힘든 일들을 잘 견뎌났지. / 다 먹어났네.

         (아/어 ×) 일을 다 하고˅나서 / 떠나보내고˅나니 허전해.

보다   (아/어 꼴) 내가 해봐서 아는데. / 먹어봤더니 맛있더라.

         (아/어 ×) 오래 살다˅보니 별일이다. / 먹고˅보니 상했어. /

                  어디 갔나˅본데? / 확 엎어 버릴까˅보다 /

                  야단맞을까˅봐 말도 못 꺼냈다.

있다   (아/어 꼴) 누워있는 거 너무 좋아. / 눈물이 고여있었다.

         (아/어 ×) 하고는˅있니? / 기다리고˅있는 중이야.

*하다   (아/어 꼴) 얼마나 예뻐했는데! / 두려워할 것 없어요.

                  행복해하는 모습

                  (* '어하다', '워하다', '해하다' 꼴로서 붙여서만 쓴다.

                  앞에 구를 취하는 '들어 하다', '몰라 하다', '없어 하다', '싶어

                  하다'는 예외로 띄어 쓴다.)

         (아/어 ×) 가게˅하다 / 갔으면˅한다 / 가야˅했다 /

                  가려(고)˅하다 / 가고자˅하다 / 가기는˅했다 /

                  가기도˅했다 / 가기나˅하면 / 가고˅해서 /

                  가고는˅했다 / 가곤˅했다

동사·형용사

가다/오다 가져가다 가져오다
건너가다 건너오다 걸어가다
걸어오다 굴러가다 굴러오다
(굴러들다) 기어가다 기어 $^\vee$ 오다
끌려가다 끌려오다 끌어가다
끌어오다 나아가다 나아오다
날아가다 날아오다 내려가다
내려오다 내어 $^\vee$ 가다 내어 $^\vee$ 오다
내가다 내오다 넘어가다 넘어오다
눈 $^\vee$ 오다 다가가다 다가오다
다녀가다 다녀오다 다음가다
닥쳐오다 달려가다 달려오다
데려가다 데려오다 도망가다
도망 $^\vee$ 오다 (도망치다) 돌아가다
돌아오다 되돌아가다 되돌아오다
되짚어가다 되짚어 $^\vee$ 오다 둘째가다
뒤따라가다 뒤따라오다 들어가다
들어오다 따라가다 따라오다
떠가다 떠오다 떠나가다 떠나오다

떠내려가다 떠내려오다 뛰어가다
뛰어오다 막가다 몰려가다
몰려오다 몰아가다 몰아오다
묵어가다 묻어가다 묻어오다
물러가다 물러오다 밀려가다
밀려오다 버금가다 불려 $^\vee$ 가다
불려 $^\vee$ 오다 비 $^\vee$ 오다 비껴가다
비껴 $^\vee$ 오다 살아가다 살아오다
살펴 $^\vee$ 가다 시집가다 시집오다
실어 $^\vee$ 가다 실어 $^\vee$ 오다 앞서가다
에돌아가다 여행 $^\vee$ 가다 오가다
오래가다 올라가다 올라오다
옮겨 $^\vee$ 가다 옮겨 $^\vee$ 오다 옮아가다
옮아오다 으뜸가다 이어 $^\vee$ 가다
이어 $^\vee$ 오다 잡아가다 잡아 $^\vee$ 오다
잡혀가다 잡혀 $^\vee$ 오다 장가가다
장가오다 제일가다 좇아가다
좇아오다 지나가다 지나오다
질러가다 질러오다 쫓아가다
쫓아오다 찾아가다 찾아오다
챙겨 $^\vee$ 가다 챙겨 $^\vee$ 오다 첫째가다

쳐들어가다 쳐들어오다 피난˅가다
한물가다 훑어가다 휘어가다
흘러가다 흘러오다 흠가다

같다 가짜˅같다 감쪽같다
굴뚝같다 귀신같다 그림˅같다
금쪽같다 꿈같다 납덩이같다
득달같다 뚱딴지같다 목석같다
바보˅같다 박속같다 벼락같다
벼력같다 불같다 불꽃같다
비호같다 실낱같다 쏜살같다
악착같다 억척같다 영화˅같다
장승같다 주옥같다 진짜˅같다
찰떡같다 철벽같다 철석같다
철통같다 추상같다 칠흑˅같다
하나같다 한결같다
(※ '같이'로 활용해 부사로 쓸 때는
　　여기 없는 단어라도 붙여 쓴다.
　　본문 36쪽 참조.)

나가다/나오다 값나가다
달려˅나가다 달려˅나오다
들고나오다 뛰어나가다
뛰어나오다 뛰쳐나가다
뛰쳐나오다 몰려˅나가다
몰려나오다 불려˅나가다
불려˅나오다 빠져나가다

빠져나오다 삐져˅나가다
삐져나오다 어긋나가다 엇나가다
우러나오다 잘나가다 튀어˅나가다
튀어나오다 풀려나가다
헤어˅나오다 (헤어나다)

나다/내다 가려내다 갈라내다
감질나다 거덜˅나다 거듭나다
겁나다 겨울나다 결딴나다
결딴내다 결말나다 결말내다
결판나다 결판내다 고장˅나다
골나다 골라내다 광나다 광내다
구경나다 구슬려내다 구역나다
구역질˅나다 긁어내다 기갈나다
기억나다 깨어나다 꾀어내다
ㄲ집어내다 끌어내다 끝나다
끝내다 끝장나다 끝장내다
나타나다 나타내다 남아나다
냄새나다 (냄새피우다) 네모나다
노망나다 녹아나다 놀아나다
늘어나다 달아나다 담아내다
덧나다 도려내다 돋아나다 동나다
되살아나다 드러나다 드러내다
들고나다 (들고일어나다) 들어내다
들추어내다 들춰내다 들통나다
따내다 땀나다 떨어내다 뛰어나다
뜯어내다 맛깔나다 맛나다 모나다

모내다 몰려나다 몰아내다 못나다
묻어나다 물러나다 물어내다
밀려나다 밀어내다 바닥나다
바닥내다 바람나다 박살∨나다
받아내다 발라내다 밝혀내다
배어나다 번질나다 벗어나다
별나다 병나다 부도나다 부도내다
불나다 불내다 불러내다 불어나다
불티나다 비켜나다 빛내다
빚어내다 빛나다 빛내다 빨아내다
빼어나다 뻔질나다 뽀록나다
뽐내다 뽑아내다 뿔나다 뿔내다
뿜어내다 살려내다 살아나다
살인나다 살판나다 샘나다 샘내다
생각나다 생겨나다 생색나다
생색내다 성나다 성내다 성질나다
성질내다 세내다 세모나다
소리∨나다 소문나다 소문내다
손해나다 (손해∨보다) 솟아나다
신나다 실감∨나다 심통∨나다
안달∨나다 알아내다 야단나다
어긋나다 얽어내다 엄청나다
열나다 요절나다 요절내다
욕심나다 욕심내다 욕지기나다
우러나다 우려내다 유별나다
윤나다 윤내다 의심나다 이름나다
일∨나다 일내다 일어나다 자라나다

작살나다 작살내다 잘나다
잡아내다 재미나다 정분나다
조각나다 조각내다 죽어나다
줄뿔나다 지어내다 진력나다
진력내다 집어내다 짜내다
짜증∨나다 쫓겨나다 쫓아내다
찾아내다 철나다 쳐내다 초상나다
축나다 축내다 출중나다 층나다
캐내다 큰일∨나다 타고나다 탐나다
탐내다 태어나다 토해내다
특별나다 틈나다 틈내다 티∨나다
티∨내다 파내다 퍼내다 펴내다
폼∨나다 풀려나다 풀어내다 피나다
피어나다 한턱내다 혼꾸멍나다
혼꾸멍내다 혼나다 혼내다
혼쭐나다 혼쭐내다 화나다 화내다
헤어나다 (헤어∨나오다) 후려내다
힘내다

내리다 → 오르다/올리다/내리다

넣다   끌어넣다 끼워∨넣다
몰아넣다 써넣다 욱여넣다
적어∨넣다 잡아넣다 집어넣다
처넣다 틀어넣다 퍼넣다

놓다   갈라놓다 긁어놓다 까놓다

내놓다 내려놓다 내어놓다
널어놓다 눌러놓다 늘어놓다
돌려놓다 덮어놓다 들여놓다
마음∨놓다 어깃장∨놓다 올려놓다
(올려∨두다) 터놓다 털어놓다
풀어놓다

다니다   건너다니다 굴러다니다
끌려다니다 나다니다 날아다니다
돌아다니다 따라다니다
떠다니다 떠돌아다니다
뛰어다니다 몰려다니다
밀려다니다 붙어∨다니다
싸다니다 싸돌아다니다 쏘다니다
지나다니다 쫓아다니다
치고∨다니다 헤집고∨다니다

닥치다   들이닥치다 맞닥치다
몰아닥치다 밀려닥치다
밀어닥치다 불어닥치다

대다   갈아대다 건너대다 끌어대다
나대다 나부대다 놀려∨대다
닦아대다 덧대다 둘러대다
들이대다 맞대다 몰아대다 문대다
바스대다 벋대다 부르대다
비비대다 빗대다 뻗대다 뻐대다

손대다 쏘아∨대다 울러대다 잇대다
졸라∨대다 주워대다 쪼아∨대다
처대다 치대다

(※ 이 외에 명사 뒤에서 '거리다'와 바꿔 쓸
　　수 있는 '대다'는 접사로서 붙여 쓴다.)

돌다   감싸고돌다 겉돌다 굽이돌다
끼고돌다 나돌다 남아돌다 되돌다
뒤돌다 떠돌다 맴돌다 밑돌다
소용돌다 싸고돌다 앵돌다
엉켜돌다 웃돌다 헛돌다 휘돌다

두다   가만두다 고만두다 관두다
그만두다 내두다 놓아두다 놔두다
눌러두다 던져두다 버려두다
살려∨두다 앞두다 올려∨두다
(올려놓다) 일러두다

듣다   가려듣다 곧이듣다
귀담아듣다 넘겨듣다 번갈아듣다
새겨듣다 알아듣다 얻어듣다
엿듣다 주워듣다 홀려듣다

들다/들리다/들이다   감겨들다
감싸들다 거두어들이다
거둬들이다 걸려들다
걸신들리다 곁들다 곁들이다

396　부록

골병들다 공들다 공들이다
굴러들다 (굴러들어˅오다 or
굴러˅들어오다) 기어들다
꺼내˅들다 꼬부라들다
끄집어들이다 끌어들이다
끼어들다 날아들다 넘나들다
노망들다 녹아들다 누그러들다
달려들다 덤벼들다 덮쳐들다
드나들다 뛰어들다 말려들다
맞아들이다 먹혀들다 멍들다
모아들다 모여들다 몰려들다
밀려들다 받아˅들다 받아들이다
받쳐˅들다 배어들다 벌어들이다
병들다 불러들이다 빠져들다
빨아들이다 사그라들다 사들이다
사레들다 사레들리다 세˅들다
손들다 수그러들다 수발들다
숨어들다 스며들다 시중들다
신들리다 엉겨들다 엉켜들다
오그라들다 오므라들다
자지러들다 잠들다 잡아들이다
장가들다 장가들이다 잦아들다
접어들다 정들다 정들이다
조여들다 좋아들다 죄어들다
줄어들다 찾아들다 처들이다
치켜들다 파고들다 편들다
휘어들다 흘러들다 힘들다

힘들이다

떨다/부리다　고집부리다 궁상떨다
극성떨다 극성부리다 기승떨다
기승부리다 꾀부리다 끼˅부리다
멋˅부리다 배짱부리다 성미부리다
성질부리다 심술부리다 애교˅떨다
엄살떨다 욕심부리다 유난˅떨다
재롱떨다 재롱부리다 주접떨다
주접부리다

떨어지다　곯아떨어지다
굴러떨어지다 나가떨어지다
나누어떨어지다 덜떨어지다
동떨어지다 뒤떨어지다
똑떨어지다 맞아떨어지다
외떨어지다 정떨어지다

맞다　곰살맞다 궁상맞다 극성맞다
눈˅맞다 능글맞다 능청맞다
도둑맞다 들어맞다 때맞다
(때맞추다) 마침맞다 밉살맞다
방정맞다 변덕맞다 뺨˅맞다
생뚱맞다 소박맞다 손님˅맞다
(손님맞이) 수지맞다 쌀쌀맞다
앙증맞다 야단맞다 언어맞다
익살맞다 징글맞다 청승맞다

칠칠맞다 퇴박맞다 퇴짜˅맞다

매다   김매다 논매다 달아매다
동여매다 목매다 (목매달다)
밭매다 붙들어˅매다 얽어매다
옭아매다 잡아매다 절절매다
졸라매다 쩔쩔매다 훌쳐매다

먹다   가는귀먹다 갈아먹다
갉아먹다 거저먹다 겁먹다
고쳐먹다 구워˅먹다 굴러먹다
귀먹다 긁어먹다 꿀˅먹다 놓고먹다
놀아먹다 돼먹다 더위˅먹다
들어먹다 등쳐˅먹다 따먹다
떠먹다 떼먹다 떼어먹다 뜯어먹다
마음먹다 막돼먹다 말아먹다
맘먹다 맞먹다 못돼˅먹다 물먹다
받아먹다 발라먹다 밥˅먹다
벗겨˅먹다 붙어먹다 비루먹다
빌어먹다 빨아먹다 싸˅먹다 썩먹다
알아먹다 애먹다 얻어먹다 욕먹다
우려먹다 잘라먹다 잡아먹다
좀먹다 젖˅먹다 집어먹다 쪄˅먹다
큰맘˅먹다 태워˅먹다 털어먹다
틀려먹다 파먹다 팔아먹다 퍼먹다
편먹다 핀잔먹다 핥아먹다 헛먹다
해먹다

모으다   그러모으다 긁어모으다
끌어모으다 불러˅모으다
쓸어˅모으다 주워˅모으다

못하다/아니하다/않다
마지못하다 마지아니하다
마지않다 머지않다 못지아니하다
못지않다 아랑곳˅않다
안절부절못하다 얼토당토아니하다
얼토당토않다 잘못하다
참다못하다

박다   곤두박다 구어박다 그루박다
꼬라박다 내리박다 넘겨박다
되박다 들이박다 붙박다 뿌리박다
(뿌리내리다) 쥐어박다 처박다
틀어박다
(※『표준국어대사전』기준으로, '빼박다'는
'빼쏘다'의 잘못된 표기이다.)

받다   건네받다 내려받다 내리받다
넘겨받다 돌려받다 되받다 뒤받다
들이받다 떠받다 맞받다 물려받다
벌˅받다 본받다 이어받다 죄받다
치고받다
(※ 이 외에도 명사 뒤에서 피동의 의미를
더하는 '받다'는 붙여 쓴다. 56쪽 참조.)

버리다　내버리다 쓸어버리다
잃어버리다 잊어버리다 저버리다
흘려버리다

보내다　건너보내다 날려∨보내다
내려보내다 내보내다 답장∨보내다
돌려∨보내다 되돌려∨보내다
들려∨보내다 들여보내다
딸려∨보내다 떠나보내다
시집보내다 올려보내다
장가보내다 흘려보내다

보다/보이다　가려보다 가려보이다
간보다 거들떠보다 건너다보다
건너다보이다 건너보다 교정보다
굽어보다 굽어보이다 깔보다
깔보이다 꼬나보다 낮보다
낮보이다 내다보다 내려다보다
내려다보이다 내보다 내보이다
넘겨다보다 넘겨다보이다
넘겨보다 넘보다 넘보이다
노려보다 눈여겨보다 달아보다
대변보다 대보다 돈보다 돈보이다
돌아다보다 돌아보다 돌이켜∨보다
되돌아보다 두고∨보다 둘러보다
뒤돌아보다 뒤보다 들여다보다
들여다보이다 따져∨보다 떠보다

뜯어보다 마주보다 맛보다 망보다
맡아보다 몰라보다 물어보다
밉보다 밉보이다 바라보다
살펴보다 새겨보다 선보다
선보이다 소변보다 손보다
손해∨보다 (손해나다) 쉬어보다
스쳐보다 쏘아보다 알아보다
얕보다 얕보이다 엿보다 엿보이다
올려다보다 올려다보이다
욕보다 욕보이다 우러러보다
우러러보이다 장∨보다 지켜보다
지내보다 짚어∨보다 쩨려보다
찔러보다 찾아보다 쳐다보다
쳐다보이다 치떠∨보다 톺아보다
피해∨보다 훔쳐보다 훑어보다
흥보다 흘겨보다

부리다 → 떨다/부리다

붙다/붙이다　갖다∨붙이다
걷어붙이다 나붙다 내붙이다
눌어붙다 다가붙다 다가붙이다
달라붙다 둘러붙다 들러붙다
따라붙다 말라붙다 맞붙다
맞붙이다 몰아붙이다 밀어붙이다
발붙이다 불붙다 불붙이다
빌붙다 써∨붙이다 쏘아붙이다

얼어붙다 엉겨∨붙다 오그라∨붙다
오려∨붙이다 올려붙이다 옮겨붙다
옴∨붙다 접붙이다 정붙이다
졸아붙다 흘겨붙이다 흘레붙다
흘레붙이다

살다   남의집살다 눌러살다
되살다 드난살다 먹고살다 못살다
붙어살다 얹혀살다 잘살다
쥐여살다 헛살다

삼다   거울삼다 벗∨삼다
소일거리∨삼다 일삼다 자랑삼다
장난삼다 주장삼다 참고삼다

서다/세우다   갈라서다 건너서다
곤두서다 곤두세우다 곧추서다
기대서다 내려서다 넘어서다
늘어서다 늘어세우다 다가서다
다가세우다 돌려세우다 돌아서다
되돌아서다 둘러서다 뒤돌아서다
뒤서다 뒤세우다 들어서다
들여세우다 들이세우다 마주∨서다
막아서다 멈춰∨서다 멎어서다
몰아세우다 물구나무서다
물러서다 벌서다 벌세우다
비켜서다 앞서다 앞세우다

앞장서다 올라서다 일어서다
줄∨서다 추켜세우다 치켜세우다
핏발∨서다

쓰다   갈겨쓰다 글∨쓰다 (글쓰기)
꾀쓰다 (꾀부리다) 날려쓰다
눌러쓰다 당겨쓰다 덧쓰다
덮어쓰다 돌려쓰다 되쓰다
둘러쓰다 뒤집어쓰다 떼쓰다
띄어∨쓰다 (띄어쓰기) 무릅쓰다
바가지∨쓰다 받아쓰다 붙여∨쓰다
비껴쓰다 빌려∨쓰다 손쓰다
신경∨쓰다 악쓰다 애쓰다 용쓰다
인상∨쓰다 풀어쓰다 힘쓰다

아니하다/않다
→ 못하다/아니하다/않다

앉다   가라앉다 걸터앉다
곤추앉다 기대앉다 꿇어앉다
나앉다 내려앉다 내앉다 눌러앉다
늘어앉다 다가앉다 돌아앉다
되앉다 둘러앉다 들러앉다
마주∨앉다 물러앉다 앵돌아앉다
올라앉다 주저앉다 차고앉다

없다/있다   가만있다 가뭇없다

가없다 관계없다 관계있다
관련˅없다 관심˅없다 그지없다
끝없다 느닷없다 다름없다
(다름˅아니다) 덧없다 뜬금없다
맥없다 물샐틈없다 보잘것없다
부질없다 상관없다 상관있다
성의˅없다 소용없다 속절없다
스스럼없다 쓸데없다 쓸모없다
어김없다 어이없다 어처구니없다
염치없다 영락없다 온데간데없다
유감없다 의미˅없다 재미없다
재미있다 전례˅없다 지장˅없다
터무니없다 필요˅없다 하릴없다
하염없다 한량없다 할˅말˅없다
할˅일˅없다 흥미없다 힘없다

오다 → 가다/오다

오르다/올리다/내리다 감아올리다
거슬러˅오르다 건져˅올리다
기어오르다 길어˅올리다
깎아내리다 끌어내리다
끌어올리다 끓어오르다
날아오르다 녹아내리다
달아오르다 들어˅올리다 떠오르다
떠올리다 뛰어오르다 뛰어내리다
물오르다 벅차오르다 부어오르다

부풀어˅오르다 북받쳐˅오르다
불러올리다 불타오르다
빨아올리다 뿌리내리다
(뿌리박다) 솟구쳐˅오르다
솟아오르다 쌓아˅올리다
쓸어내리다 씻어˅내리다
약˅오르다 약˅올리다 오르내리다
자아올리다 차오르다 차올리다
쳐올리다 추어올리다 추켜올리다
치밀어˅오르다 치솟아˅오르다
타오르다 튀어˅오르다 퍼˅올리다
피어오르다 흘러내리다

잖다 같잖다 그렇잖다 꼴같잖다
남부럽잖다 달갑잖다 마뜩잖다
말˅같잖다 시답잖다 어쭙잖다
오죽잖다 의젓잖다 적잖다 점잖다

잡다/쥐다 감아쥐다 거머쥐다
걷어잡다 걷어쥐다 걷잡다
걸머쥐다 겉잡다 골라잡다
균형˅잡다 그러잡다 그러쥐다
꼬투리˅잡다 낮잡다 넉넉잡다
넘겨잡다 (넘겨짚다) 다잡다
따라잡다 때려잡다 땡잡다
마음잡다 맘잡다 맞잡다 바로잡다
부르쥐다 부여잡다 사람˅잡다

사로잡다 손잡다 싸잡다 얕잡다
어림잡다 움켜잡다 움켜쥐다
자리˅잡다 저당˅잡다 종잡다
주름잡다 줄잡다 책잡다 터˅잡다
트집˅잡다 틀어잡다 틀어쥐다
후려잡다 후려쥐다 휘어잡다
훔잡다

젖히다/제치다 뒤젖히다
밀어젖히다 밀어제치다
벗어젖히다 벗어제치다
붙어제치다 열어젖히다
열어제치다

주다 가져다주다 거저˅주다
건네주다 겁주다 꾀어주다
끝내주다 끼어˅주다 남˅주다
내어˅주다 내주다 넘겨주다
놓아주다 봐주다 눈감아˅주다
데려다주다 (모셔다드리다)
도와주다 돌려주다 돌보아˅주다
되보아주다 들려주다 들어주다
맡아˅주다 몰라주다 몰아주다
물려주다 밀어주다 바래다주다
받아˅주다 벌주다 보아주다 봐주다
빌려주다 세주다 알려˅주다
알아주다 일러˅주다 접어주다

죽여주다 찔러주다 찾아˅주다
쳐주다 풀어˅주다 핀잔주다 힘주다

지르다 가로지르다 건너지르다
건어지르다 고함지르다
깎아지르다 ㄲ지르다 내리지르다
내지르다 다지르다 무지르다
벋지르다 뻗지르다 소리˅지르다
싸지르다 앞지르다 엇지르다
엎지르다 윽박지르다 퍼지르다

짓다 갈래짓다 구별˅짓다
구분˅짓다 결론짓다 결말짓다
결정짓다 관련짓다 규정짓다
농사짓다 눈물짓다 단정˅짓다
마무리˅짓다 매듭짓다 옹상˅짓다
웃음˅짓다 종결짓다 죄짓다 줄짓다
집˅짓다 짝짓다 척짓다 특징짓다
한숨짓다

차다 가열차다 걸어차다 기똥차다
기운차다 기차다 꿰차다 대차다
둘러차다 들어차다 들이차다
매몰차다 보람차다 숨차다 알차다
야멸차다 야심˅차다 옹골차다
우렁차다 자랑차다 줄기차다
활기차다 희망차다 힘차다

채다 가로채다 걸어채다 기미채다
낌새채다 낚아채다 눈치채다
알아채다 (알아차리다) 잡아채다

치다/치우다 갈아˅치우다
걸어치우다 고함치다
곤두박질치다 공갈치다 공치다
굽이치다 꼬불치다 내동댕이치다
내려치다 내팽개치다 놓치다
달음박질치다 달음질치다
도망치다 둘러치다 뒤통수치다
뒷걸음치다 뒷북치다 들이치다
때려치우다 땡땡이치다
맞장구치다 먹어˅치우다
메아리치다 메어치다 메치다
몸부림치다 물결치다 물장구치다
밑줄˅치다 받아치다 발버둥˅치다
부닥치다 부딪치다 불어치다
빗발치다 뺑소니치다 뺨치다
뼁치다 뿌리치다 사기˅치다
설레발치다 소리치다
(소리˅지르다) 소스라치다
소용돌이치다 아우성치다
야단치다 요동치다 용솟음치다
잡아치우다 장난치다 줄달음치다
줄행랑치다 집어치우다
큰소리치다 파도치다 판치다

패대기치다 팽개치다 해치우다
헛걸음치다 헤엄치다 호통치다
활개˅치다 회오리치다 후려치다
휘감아˅치다 휘몰아치다

하다 가까이하다 같이하다
개소리하다 게을리하다
그럴듯하다 그럴싸하다
그만하다 고만고만하다
그만저만하다 내로라하다
네모반듯하다 눈곱만하다
달리하다 대문짝만하다
뒤로하다 따라˅하다 멀리하다
멈칫하다 모른˅척(체)하다
못마땅하다 못˅본˅척(체)하다
본척만척하다 본체만체하다
볼만하다 설마˅하다 설마설마하다
아니하다 (아니˅되다)
알은척체하다 알은체하다
오락가락하다 왔다˅갔다˅하다
여간하다 여차하다 울고불고하다
울며불며하다 웬만하다
이만하다 이만저만하다
자칫하다 잘난˅척(체)하다
저만하다 젠체하다 쥐락펴락하다
쥐방울만하다 한몫하다 함께하다
흠칫하다

기타　가닿다 (와닿다)
갈고닦다 갈아입다 값비싸다
값싸다 건너짚다 걸고넘어지다
고해바치다 굴러˅들어오다
(굴러들어˅오다) 귀˅기울이다
귀담아듣다 귀먹다 김새다
깔아뭉개다 꼴좋다 꽃피우다
꾀피우다 꿈꾸다 (꿈˅깨다)
끌어당기다 끓어넘치다
나어리다 (나이˅어리다)
남다르다 남부끄럽다 남부럽다
남사스럽다 남우세스럽다
낯가리다 낯˅뜨겁다 낯부끄럽다
낯설다 낯익다 내리누르다
냄새피우다 (냄새나다) 넘겨짚다
눈감다 눈뜨다 눈멀다 다되다
닫아걸다 동트다 될성부르다
둘러싸다 들고일어나다 들이붓다
들이켜다 따라나서다 떨쳐나서다
떨쳐˅일어나다 뛰어넘다
뜯어고치다 뜯어말리다 뜻깊다
맥˅빠지다 (맥없다) 먹고살다
목숨˅걸다 몸져눕다 못생기다
바람피우다 발가벗다 발˅벗다
밤새다 밤새우다 배다르다
배부르다 벌거벗다 벗어부치다
별다르다 불러일으키다 빛바래다

뼈아프다 (골치˅아프다) 사이좋다
살아남다 색다르다 속˅좁다
속˅시원하다 속˅썩다 속˅썩이다
속˅쓰리다 손꼽다 손부끄럽다
숨˅가쁘다 숨넘어가다 숨˅막히다
숨˅쉬다 숨죽이다 쉬어여기다
쏟아붓다 아니꼽다 아니˅되다
(아니하다) 안고나서다 알아맞히다
알아차리다 알아채다 앞다투다
앞당기다 얻어걸리다 얻어맞다
얻어먹다 얻어˅타다 얻어터지다
(쥐어˅터지다) 얽히고설키다
업신여기다 엎드려뻗치다
에워싸다 올려바치다 웅숭깊다
의좋다 일러바치다 잘못되다
잘못짚다 잘생기다 잡아당기다
재주넘다 정신˅차리다
주제넘다 찢어발기다 차려입다
치˅떨리다 큰코다치다 틈타다
파헤치다 풀어헤치다 피어리다
(근심˅어리다 애정˅어리다
진심˅어리다 치기˅어리다)
하고많다 헛물켜다 헛짚다
흘러넘치다 힘세다 힘입다

명사 · 대명사 · 관형사 · 부사 외

간(間)　고하간 금명간 내왕간
내외간 노소간 다자간 동남간
동북간 만인간 몽매간 부지불식간
불원간 비몽사몽간 서남간 서북간
숙질간 양단간 양미간 얼마간
우중간 인정간 재종간 조손간
종항간 좌우간 좌우지간 좌중간
천지간 친지간 피아간 피차간

것　까짓것 날것 늙은것 단것 딴것
미친것 별것 새것 생것 아랫것
아무것 어린것 옛것 잡것 젊은것
촌것 탈것 헌것 헛것

끝　끝눈 끝단 끝단속 끝마무리
끝말 끝머리 끝물 끝소리 끝손질
끝인사 끝일 끝자락 끝자리 끝전
끝줄 끝판

매(每)　매끼 매년 매달 매번
매분 매사 매시 매시간 매월 매일
매일매일 매주 매차 매초 매해 매호
매회

새[新]　새것 새날 새달 새댁

새바람 새사람 새살 새살림
새색시 새서방 새신랑 새ˇ신부
새싹 새아가 새아버지 새아빠
새아주머니 새어머니 새언니
새엄마 새장가

속　가슴속 계산속 귓속 꿈속
꿍꿍이속 땅속 마음속 맘속 머릿속
몸속 바닷속 뱃속 빗속 뼛속 안갯속
이불속 잇속 장삿속 콧속 품속 핏속

수(數)　수일 수개월 수년 수십ˇ년
수ˇ세기 수차 수차례 수회 수십
수백 수천 수만 수십만 수백만
수천만 수억……

이/그/저/아무　이것 그것 저것
요것 고것 조것 아무것 / 이곳 그곳
저곳 아무곳 / 이날 그날 / 이놈
그놈 저놈 요놈 고놈 조놈 / 이다음
그다음 요다음 고다음 / 이달 그달
/ 이때 그때 저때 입때 접때 / 이번
저번 요번 / 이분 그분 저분 /
이ˇ애 그ˇ애 저ˇ애 / 이외 그ˇ외 /
이이 그이 저이 / 이전 그전 요전 /
이전번 그전번 요전번 / 이 주(週)
/ 이ˇ중 그중 / 이즈음 그즈음

요즈음 / 이쪽 그쪽 저쪽 요쪽 고쪽
조쪽 / 이쯤 그쯤 저쯤 요쯤 고쯤
조쯤 / 이참 그ˇ참 / 이편 그편
저편 / 이해 그해 / 이후 그ˇ후
그간 그새 그동안 아무짝
여기저기 요기조기 이것저것
요것조것 이럭저럭 그럭저럭
이런저런 요런조런 이만저만
요만조만 그만저만 고만조만

전(前) 전날 전남편 전년 전달
전대 전세기 전세월 전주 전처 전편
전해 전회

지난 지난주 (이번ˇ주 다음ˇ주)
지난달 (이번ˇ달 다음ˇ달) 지난해
(이번ˇ해 다음ˇ해) / 지난날
지난밤 지난번 / 지난봄 지난여름
지난가을 지난겨울 (올봄 올여름
올가을 올겨울)

차 개인차 견해차 고도차 높이차
성차 승차 시각차 일교차 연교차

첫 첫걸음 첫나들이 첫날 첫날밤
첫눈 첫닭 첫대목 첫더위 첫돌
첫딱지 첫딸 첫말 첫맛 첫머리

첫물 첫발 첫발자국 / 첫봄 첫여름
첫가을 첫겨울 / 첫비 첫사랑
첫서리 첫선 첫소리 첫손 첫손가락
첫술 첫아들 첫아이 첫얼음 첫울음
첫인사 첫인상 첫입 첫잠 첫정
첫제사 첫째 첫차 첫추위 첫출발
첫판 첫해 첫행보

기타 명사 및 감탄사
가지가지 거참 궂은날 궂은비
궂은소리 궂은일 그즈음 (이즈음
저ˇ즈음) 그쯤 (이쯤 저쯤) 기차표
(배표 비행기ˇ표) 남자아이
(여자아이) 내친김 눈밖 눈앞
눈엣가시 단둘 뜻밖 (문밖 창밖)
마른세수 말뜻 머리맡 먼바다
바깥세상 발끝 발밑 발아래
밭은기침 백번 별문제 별생각
빈방 빈속 빈자리 빈집 빈틈
사이사이 쓴소리 (우는소리
죽는소리 큰소리) 쓴잔 쓸데 앞말
(뒷말) 앞부분 (뒷부분 끝부분)
앞엣것 (뒤엣것) 어린아이 어린놈
어림짐작 (지레짐작) 어젯밤
(오늘ˇ밤 내일ˇ밤) 옛날옛적
옛날이야기 옛이야기 오래간만
오랫동안 우리글 우리말 우리나라

웬일 웬걸 (웬만큼 웬만하다)　　　아주아주 암만해도 어느덧 어느새
은연중 이참 입안 점심시간　　　　어쩌고저쩌고 얼마˅전 여러모로
(아침˅시간 저녁˅시간) 제구실　　오다가다 왜냐하면 이래라저래라
제때 제시간 제자리 제정신　　　　이러니저러니 이러쿵저러쿵
중간중간 집안일 큰놈 (작은놈)　　이를테면 제각각 제멋대로 좀˅더
큰돈 큰애 (작은애) 큰일 하나하나　툭하면 하다못해 (참다못해
하루하루 한가운데 한구석 한동안　듣다못해 보다˅못해) 하루걸러
한때 한마디 한˅뺨 한˅쌍 한창때　하루바삐 하루빨리 하루˅종일
한˅치 한편 헌책　　　　　　　　　한다하는 한발 한시바삐

부사　가끔가다 걸핏하면　　　　　기타 붙여 쓰기 쉬운 구문들
곧이곧대로 그때그때 그런대로　　그래˅봤자　　　동틀˅녘
꼼짝없이 남김없이 (남김˅없다)　해˅뜰˅날　　　해˅질˅녘
너도나도 다˅같이 다˅함께　　　　해˅뜰˅녘　　　몸˅둘˅바
더더욱 더욱더 더˅이상 되는대로　보일락˅말락　　쉴˅새˅없이
두고두고 떡하니 또˅다른 또다시　아니나˅다를까　아닌˅게˅아니라
말없이 (말˅없다) 명실공히　　　　자나˅깨나　　　하나˅마나
바른대로 보아하니 서로서로　　　하니˅마니　　　하라˅마라

부록3 틀리기 쉬운 외래어 표기

굴라크 (← 굴락) [러]

글라스 (← 글래스)

기요틴 (← 길로틴) [프]

깁스 (← 기브스) [독]

나초 (← 나쵸) [에]

나치 (← 나찌) [독]

난센스 (← 넌센스)

내비게이션 (← 네비게이션)

노블레스 오블리주 (← 오블리제)

　　　　　　　　[프]

노스탤지어 (← 노스텔지어)

누아르 (← 느와르) [프]

다이내믹 (← 다이나믹)

다이너마이트 (← 다이나마이트)

대미지 (← 데미지)

대시 (← 대쉬)

데생 (← 뎃생) [프]

데이터 (← 데이타)

데자뷔 (← 데자부/데자뷰) [프]

도넛 (← 도너츠/도우넛)

드라이클리닝 (← 드라이크리닝)

디지털 (← 디지탈)

라디에이터 (← 라지에이터)

랑데부 (← 랑데뷰)

러닝메이트 (← 런닝메이트)

레모네이드 (← 레몬에이드)

레이저 (← 레이져)

레저 (← 레져)

레크리에이션 (← 레크레이션)

레퍼토리 (← 레파토리)

렌터카 (← 렌트카)

로열티 (← 로얄티)

로커 (← 락커)

로켓 (← 로케트)

로터리 (← 로타리)

리더십 (← 리더쉽)

리모컨 (← 리모콘)

리소토 (← 리조또) [이]

리플릿 (← 리플렛)

마니아 (← 매니아) [라틴]

마사지 (← 맛사지)

마시멜로 (← 머쉬멜로우)

408 부록

마조히즘 (← 마조키즘/매저키즘)　　색소폰 (← 색소폰/색스폰)

망토 (← 망또) [프]　　새도 (← 새도우/쉐도우)

매뉴얼 (← 메뉴얼)　　서머타임 (← 썸머타임)

머스터드 (← 머스타드)　　선글라스 (← 썬글라스)

메시지 (← 메세지)　　센터 (← 센타)

멜론 (← 메론)　　셰프 (← 쉐프) [프]

멤버십 (← 멤버쉽)　　소시지 (← 소세지)

모차렐라 (← 모짜렐라) [이]　　소파 (← 쇼파)

몽타주 (← 몽타쥬) [프]　　쇼맨십 (← 쇼맨쉽)

미스터리 (← 미스테리)　　숍 (← 샵)

밀크셰이크 (← 밀크쉐이크)　　수프 (← 스프)

바게트 (← 바게뜨) [프]　　슈트 (← 수트)

바리캉 (← 바리깡) [프]　　슈팅 (← 슛팅)

바비큐 (← 바베큐)　　슈퍼마켓 (← 수퍼마켓)

바통[프]/배턴[영] (← 바톤)　　스낵 (← 스넥)

배지 (← 뱃지)　　스노보드 (← 스노우보드)

밸런타인데이 (← 발랜타인데이)　　스로인 (← 드로인)

벤치 (← 벤취)　　스케줄 (← 스케쥴)

부르주아 (← 부르조아) [프]　　스태프 (← 스탭/스탶)

뷔페 (← 부페) [프]　　스탠더드 (← 스탠다드)

브로슈어 (← 브로셔)　　스테인리스 (← 스텐레스)

브리지 (← 브릿지)　　스트로 (← 스트로우)

블록 (← 블럭)　　스펀지 (← 스폰지)

비전 (← 비젼)　　스프링클러 (← 스프링쿨러)

비즈니스 (← 비지니스)　　시프트 (← 쉬프트)

사디즘 (← 새디즘)　　신시사이저 (← 신디사이저)

새시 (← 샤시/샷시/새시)　　실드 (← 쉴드)

심벌 (←심볼)

심포지엄 (←심포지움)

아웃렛 (←아울렛)

아이섀도 (←아이섀도우)

악센트 (←액센트) [관례]

알레르기 (←알러지) [독]

알코올 (←알콜)

앙케트 (←앙케이트) [프]

앙코르 (←앙콜/앵콜) [프]

애드리브 (←애드립)

애플리케이션 (←어플리케이션)

액세서리 (←악세사리)

액셀러레이터 (←액셀레이터)

앰뷸런스 (←엠블란스/앰블런스)

어젠다 (←아젠다)

에스컬레이터 (←에스칼레이터)

에어컨 (←에어콘)

에지 (←엣지)

엔도르핀 (←엔돌핀)

엘리베이터 (←엘레베이터)

옐로카드 (←옐로우카드)

오르가슴 (←오르가즘) [프]

오리지널 (←오리지날)

오마주 (←오마쥬) [프]

옴파탈 (←옴므파탈) [프]

워크숍 (←워크샵)

윈도 (←윈도우)

유니버설 (←유니버셜)

이퀄라이저 (←이퀄라이저)

인텔리겐치아 (←인텔리겐차)[러]

잉글리시 (←잉글리쉬)

재스민 (←자스민)

재킷 (←자켓)

제너레이션 (←제네레이션)

주니어 (←쥬니어)

주스 (←쥬스)

차트 (←챠트)

초콜릿 (←쵸콜렛/초코렛)

추로스 (←츄러스)

카디건 (←가디건)

카르보나라 (←까르보나라) [이]

카망베르 (←까망베르) [프]

카메오 (←까메오) [라틴]

카바레 (←캬바레) [프]

카스텔라 (←카스테라) [포]

카운슬링 (←카운셀링)

카탈로그 (←카달로그) [관례]

카페 (←까페) [프]

카펫 (←카페트)

캐러멜 (←카라멜)

캐럴 (←캐롤)

캐비닛 (←캐비넷)

캘린더 (←카렌다)

캡처 (←캡쳐)

커튼 (← 커텐)

컬렉션 (← 콜렉션)

케이크 (← 케익/케잌)

케첩 (← 케챂)

코스모폴리턴 (← 코스모폴리탄)

콘셉트 (← 컨셉/콘셉)

콘텐츠 (← 컨텐츠)

콜라주 (← 콜라쥬/꼴라쥬) [프]

콤플렉스 (← 컴플렉스)

콩쿠르 (← 콩쿨) [프]

콩트 (← 꽁트)

쿠데타 (← 쿠테타) [프]

크루아상 (← 크라상)

크리스천 (← 크리스찬)

크리스털 (← 크리스탈)

클라이맥스 (← 클라이막스)

타깃 (← 타겟)

타월 (← 타올)

태블릿 (← 타블렛)

테제베 (← 떼제베) [프]

테킬라 (← 데낄라) [에]

텔레비전 (← 텔레비젼/테레비)

토르티아 (← 또띠야) [이]

톱 (← 탑)

트래디셔널 (← 트레디셔날)

티라미수 (← 티라미슈) [이]

파이팅 (← 화이팅)

파에야 (← 빠에야) [이]

파티시에 (← 파티쉐/파티세) [프]

판타지 (← 환타지/팬터지) [관례]

팡파르 (← 팡파레/빵빠레)

팜파탈 (← 팜므파탈) [프]

패밀리 (← 훼밀리)

팸플릿 (← 팜플렛)

페리 (← 훼리)

포털사이트 (← 포탈사이트)

폴로네즈 (← 폴로네이즈) [프]

프라이팬 (← 후라이팬)

프러포즈 (← 프로포즈)

프런트 (← 프론트)

프런티어 (← 프론티어)

프레젠테이션 (← 프리젠테이션)

프레첼 (← 프레젤/프레즐) [독]

프루츠 (← 후르츠)

프티 (← 쁘띠) [프]

플래시 (← 플래쉬/후레쉬)

플래카드 (← 플랭카드)

플루트 (← 플룻)

피에로 (← 삐에로) [프]

피오르 (← 피오르드/피요르드)

[노르]

피트니스 (← 휘트니스)

해시태그 (← 해쉬태그)

Aaron	에런		[브]알레샨드리
Abraham	에이브러햄	Alfred	앨프리드 [독]알프레트
Adam	애덤 [프]아당		[프]알프레드
Adams	애덤스	Alphonse	앨폰스 [프]알퐁스
Adrian	에이드리언	Anderson	앤더슨 [독]안데르손
	[독/에/이]아드리안	Andre	앤드리 [독/포]안드레
Alan	앨런 [프]알랑 [에]알란		[프]앙드레 [브]안드리
Albert	앨버트 [독]알버트	Andrea	앤드리아
	[프]알베르		[독/에/이]안드레아
Alberto	[에/이]알베르토	Andrew	앤드루
	[포]알베르투	Angela	앤절라 [독]앙겔라
	[브]아우베르투	Angelina	앤젤리나
	[네]알버르트	Anna	애나 [독/프]아나
Alejandro	[에]알레한드로		[이/러]안나
Alexander	[영/독]알렉산더	Annabel	애너벌
	[에]알렉산데르	Anthony	앤서니 [프]앙토니
	[러]알렉산드르	Antoine	[프]앙투안
	[네]알렉산더르	Antoinette	[프]앙투아네트
Alexandre	[프]알렉상드르	Anton	앤턴 [러]안톤
	[러]알렉산드르	Antony	앤터니
	[포]알레샨드르	Archer	아처

Arnaud	[프]아르노	Charles	찰스 [프]샤를
Arnold	아널드 [독]아르놀트	Charlotte	샬럿 [프]샤를로트
	[프]아르놀		[네]하를로터
Arthur	아서 [독]아르투르	Chloe	클로이
Ashley	애슐리	Christian	크리스천
Ashton	애슈턴		[독/에]크리스티안
Auguste	[프]오귀스트		[프]크리스티앙
Augustin	어거스틴 [프]오귀스탱	Clarence	클래런스
Augusto	[에]아우구스토	Colbert	콜버트 [프]콜베르
	[포/브]아우구스투		[에]콜베르트
Barbara	바버라	Dalton	돌턴
Benjamin	벤저민 [독]베냐민	Damian	데이미언 [에]다미안
	[프]뱅자맹	Damien	데이미언 [프]다미앵
Bernard	버나드 [독]베르나르트	Daniel	대니얼 [독]다니엘
	[프]베르나르		[에]다니엘
Bernhard	[독]베른하르트		[브]다니에우
Bertrand	버트런드 [프]베르트랑	David	데이비드 [독]다비트
Bobby	보비		[에/이]다비드
Bridget	브리짓	Denis	데니스 [프]드니
Cameron	캐머런	Diane	다이앤
Carlton	칼턴	Dominique	도미니크
	(cf. 상호 '리츠칼튼')	Douglas	더글러스
Caroline	캐럴라인 [프]카를린	Edgar	에드거 [에]에드가르
Carroll	캐럴		[네]엣하르
Cassidy	캐시디	Edmund	에드먼드 [독]에드문트
Catherine	캐서린 [프]카트린	Eduardo	에드와도
Cesar	[에]세사르 [브]세자르		[독]에두아르트

	[에]에두아르도		[브]가브리에우
	[브]에두아르두	Geoffroy/-ey/-oi	[프]조프루아
Elias	일라이어스	Georg	[독]게오르크
	[독/에]엘리아스	George	조지 [프]조르주
Elliott	엘리엇	Georges	[독]게오르게스
Emma	에마 [에/이]엠마		[프]조르주
Emmanuel	이매뉴얼 [프]에마뉘엘	Gerard	제라드 [독]헤라르트
Ethan	이선		[프]제라르
Etienne	[프]에티엔		[에]헤라르드
Eugene	유진 [프]외젠	Germain	저메인 [프]제르맹
	[네]외헤너	Gertrude	거투르드
Evelyn	에벌린 [에]에벨린	Gilbert	길버트 [프]질베르
Fabian	페이비언 [독]파비안	Gilberto	[이]질베르토
Fabien	[프]파비앵		[포]질베르투
Ferdinand	퍼디낸드 [프]페르디낭		[브]지우베르투
	[독/네]페르디난트	Giorgio	[이]조르조
Francis	프랜시스	Gonzalez	[에]곤살레스
François	[프]프랑수아	Graham	그레이엄
Françoise	[프]프랑수아즈	Greg	그레그
Frederick	프레더릭	Gustav	[독]구스타프
	[프]프레데리크	Gustave	[프]귀스타브
Frederic/-rik	[프]프레데리크	Hannah	해나
	[네]프레데릭	Harold	해럴드
Fredrick	프레드릭	Hayden	헤이든
Friedrich	[독]프리드리히	Hector	[프/에]엑토르
Gabriel	게이브리얼	Henry	[영/네]헨리 [프]앙리
	[독/프/에]가브리엘	Horace	호러스

Hugo	휴고 [프]위고	Judith	주디스 [독]유디트
	[에]우고 [네]휘호	Julia	줄리아 [독]율리아
	[스웨]후고 [브]우구		[프]쥘리아 [에]훌리아
Irene	아이린 [프]이렌	Julian	줄리언
	[네]이레인	Julien	[프]쥘리앵
Isabel	이저벨 [독]이자벨	Julieta	[에]훌리에타
	[에]이사벨	Julio	[에]훌리오
	[브]이자베우	Karl	[독]카를
Jacob	제이콥 [프/이]자코브	Kaye	케이
	[네]야코프	Konrad	[독]콘라트
James	제임스 [에]하메스	Lambert	램버트 [독]람베르트
Janet	재닛		[프]랑베르
Javier	[에]하비에르	Laurent	[프]로랑
Jeanne	진 [프]잔	Lawrence	로런스
Jeremy	제러미	Leonard	레너드 [독]레오나르트
Joachim	[독]요아힘	Leonardo	리어나도
Joan	조앤 [에]호안		[이]레오나르도
Joaquin	[에]호아킨		[브]레오나르두
Johannes	[독/덴]요하네스	Louis	루이스 [프]루이
	[네]요하너스	Louise	루이즈
Jonathan	조너선 [프]조나탕	Luc	[프]뤼크
Jorge	[에]호르헤 [포]조르즈	Lucas	루커스
	[브]조르지		[독/에/브]루카스
Jose	[에]호세 [이]조제		[프]뤼카 [네]뤼카스
Joseph	조지프 [독]요제프	Lucien	[프]뤼시앵
	[프]조제프	Lucio	[이]루초 [에]루시오
Juan	[에]후안		[브]루시우

Ludwig	[독]루트비히	Oscar	오스카
MacDonald	맥도널드		[에/브]오스카르
	(cf. 상호 '맥도날드')	Patricia	퍼트리샤
Manuel	[프]마뉘엘		[에]파트리시아
	[에/포]마누엘	Patrick	패트릭
	[브]마누에우		[독/프]파트리크
Margaret	마거릿	Paul	[영/프]폴
Marian	메리언		[독/네/에]파울
Marilyn	메릴린	Philip	필립 [독/프]필리프
Marshall	마셜	Philippe	[프]필리프
Martin	마틴 [프]마르탱	Rachel	레이철
	[독/에/노/덴]마르틴	Rafael	[영/에]라파엘
Matthew	매슈		[브]하파에우
Max	맥스 [독]막스	Ralph	랠프 [독]랄프
McKenzie	매켄지	Raphael	래피얼
Megan	메건	Raymond	레이먼드 [프]레몽
Michael	마이클 [독]미하엘	Rene/-é	[독/에]레네 [프]르네
	[프/스웨]미카엘	Ricardo	리카도 [에]히카르도
	[덴]미샤엘		[포/브]히카르두
Michel	[영/프]미셸 [독]미헬	Richard	[영/에]리처드
	[에]미첼		[독]리하르트
Miguel	[에]미겔		[프]리샤르
Monique	모니크	Robert	로버트 [독]로베르트
Nathan	네이선		[프]로베르
Nathaniel	너새니얼	Roberto	[에/이]로베르토
Nicolas	니컬러스 [프]니콜라		[브]호베르투
	[네]니콜라스	Roberts	로버츠

Rodrigues/-z	[에]로드리게스	Stefan	스테펀 [독]슈테판
	[포]호드리게스	Stephen	스티븐
	[브]호드리기스	Susan	수전
Roland	롤런드 [프]롤랑	Taylor	테일러
Samantha	서맨사 [이]사만타	Theodor	[독]테오도어
Samuel	새뮤얼 [독]자무엘	Theodore	시어도어 [프]테오도르
	[프]사뮈엘 [에]사무엘	Thomas	토머스 [독]토마스
Sandra	샌드라 [에]산드라		[프]토마
Sarah	세라 [독]자라 [네]사라	Tom	톰 (cf. 상호 '탐앤탐스')
Scott	스콧	Ursula	어설라 [독]우르줄라
Sebastian	서배스천	Victor	빅터
	[독]제바스티안		[프/에/네/러]빅토르
	[프]세바스티앙	Walter	월터 [독]발터
	[에/이]세바스티안	Xavier	하비어 [프]그자비에
Siegfried	[독]지크프리트		[에]사비에르
Silva	[포]실바 [브]시우바	Yves	[프]이브
Simon	사이몬 [프]시몽	Yvonne	[독]이본 [이]이본네
	[에/이]시몬		

※ 여기 실린 성과 이름이라도 특정 인물의 경우 관례를 따르느라 위처럼 표기되지
않을 수 있습니다.

나라 이름

네덜란드 (← 네델란드)

룩셈부르크 (← 룩셈부르그)

르완다 (← 루완다)

마셜 제도 (← 마샬 제도)

미얀마 (← 버마)

방글라데시 (← 방글라데쉬)

베냉 (← 베넹/베닌)

벨라루스 (← 벨로루시)

부룬디 (← 브룬디)

셰이셸 (← 세이셸)

스와질란드 (← 스와질랜드)

싱가포르 (← 싱가폴)

아랍에미리트 (← 아랍에미레이트)

아이슬란드 (← 아이슬랜드)

에티오피아 (← 이디오피아)

오스트레일리아 (← 오스트렐리아)

조지아 (← 그루지야/그루지아)

짐바브웨 (← 짐바부웨)

키르기스스탄 (← 키르키스탄)

키프러스 (← 사이프러스)

포르투갈 (← 포루투갈/포르투칼)

아시아 · 오세아니아의 지명

아시아

규슈 (← 큐슈)

다롄 (← 다렌)

라싸 (← 라사)

뭄바이 (← 봄베이)

벵골 만 (← 뱅골 만)

보르네오 섬 (← 보루네오 섬)

비엔티안 (← 비엔티엔)

삿포로 (← 삿뽀로)

앙코르와트 (← 앙코르왓)

칭다오 (← 칭따오)

콜카타 (← 캘커타)

쿠알라룸푸르 (← 쿠알라룸프)

타이베이 (← 타이페이)

톈진 (← 텐진)

티베트 (← 티벳)

펀자브 (← 편잡)

푸껫 (← 푸켓)

할롱 만 (← 하롱베이)

호찌민 (← 호치민)

홋카이도 (← 홋까이도/홋카이도)

오세아니아

멜버른 (← 멜번)

브리즈번 (← 브리스번)

애들레이드 (← 아들레이드)

태즈메이니아 (← 태즈매니아)

북미의 지명

주(州)·시(市)

내슈빌 (← 내쉬빌)

네브래스카 (← 네브라스카)

노바스코샤 (← 노바스코티아)

뉴올리언스 (← 뉴올리언즈)

뉴저지 (← 뉴져지)

댈러스 (← 달라스)

라스베이거스 (← 라스베가스)

로스앤젤레스 (← 로스엔젤리스)

리치먼드 (← 리치몬드)

매사추세츠 (← 메사츄세츠)

몬태나 (← 몬타나)

미시간 (← 미시건)

밴쿠버 (← 벤쿠버)

브레턴우즈 (← 브레튼우즈)

브루클린 (← 브룩클린)

브리티시컬럼비아

       (← 브리티쉬콜롬비아)

*새너제이 (← 산호세/샌호제이)

새러토가 (← 사라토가)

샌디에이고 (← 샌디에고)

샌안토니오 (← 산안토니오)

샌타바버라 (← 산타바바라)

샌타페이 (← 산타페)

알래스카 (← 알라스카)

애리조나 (← 아리조나)

애틀랜타 (← 아틀랜타/아틀란타)

앨라배마 (← 알라바마/앨라바마)

에드먼턴 (← 에드먼튼/애드몬튼)

엘패소 (← 앨패소)

오리건 (← 오레곤)

위니펙 (← 위니페그)

인디애나 (← 인디아나)

컬럼비아 (← 콜럼비아)

팰로앨토 (← 팔로알토)

펜실베이니아 (← 펜실베니아)

호놀룰루 (← 호놀루루)

기타

게티즈버그 (← 게티스버그)

그랜드캐니언 (← 그랜드캐넌)
나이아가라 (← 나이애가라) [관례]
러시모어 산 (← 러쉬모어 산)
로키 산맥 (← 록키 산맥)
매킨리 산 (← 맥킨리 산)
맨해튼 (← 맨하탄)
베벌리힐스 (← 비벌리/베버리힐스)
슈피리어 호 (← 슈페리어 호)
스탠퍼드 (← 스탠포드)
하버드 (← 하바드)
할리우드 (← 헐리우드/헐리웃)

유럽의 지명

영국
노리치 (← 노르위치)
*버밍엄 (← 버밍햄)
버킹엄 궁전 (← 버킹검 궁전)
사우샘프턴 (← 사우스햄턴)
셰필드 (← 세필드)
애버딘 (← 에버딘)
에든버러 (← 에딘버러)
옥스퍼드 (← 옥스포드)
웨일스 (← 웨일즈)
케임브리지 (← 캠브릿지)
템스 강 (← 템즈 강)
토트넘 (← 토튼햄)

프랑스
마르세유 (← 마르세이유)
몽마르트르 (← 몽마르트)
베르사유 (← 베르사이유)
브르타뉴 (← 부르타뉴)
센 강 (← 세느 강)
스트라스부르 (← 스트라스부르크)
칸 (← 칸느)
플랑드르 (← 플랜더스)

독일
괴팅겐 (← 괴팅엔)
도나우 강 (= 다뉴브 강[영])
보훔 (← 보쿰)
에르푸르트 (← 에어푸르트)

에스파냐
세비야 (← 세비아)
알람브라 궁전 (← 알함브라 궁전)
이비사 섬 (← 이비자/이바자 섬)
카탈루냐 (← 카탈로니아)

이탈리아
베네치아 (← 베니스)
사르데냐 (← 사르데나)
시칠리아 (← 시실리)
제노바 (← 제노아)

토스카나 (← 투스카니)

피렌체 (← 플로렌스)

네덜란드·벨기에

레이던 (← 레이덴)

*뤽상부르 (← 룩셈부르크)

안트베르펜 (← 앤트워프)

에인트호번 (← 에인트호벤)

호로닝언 (← 호로닝겐)

러시아·구소련

블라디보스토크 (← 블라디보스톡)

상트페테르부르크

　　　　　　　(← 상페테르부르그)

알마티 (← 알마아타)

캄차카 반도 (← 캄챠카 반도)

캅카스 (← 코카서스)

크렘린 (← 크레믈린)

키예프 (← 키에프)

타슈켄트 (← 타쉬켄트/타시켄트)

하바롭스크 (← 하바로프스크)

기타 유럽

그린란드 (← 그린랜드)

레이캬비크 (← 레이카비크)

마터호른 산 (← 마테호른 산)

빈 (← 비엔나)

잘츠부르크 (← 짤즈부르크)

제네바 (= 주네브[프])

취리히 (← 쮜리히)

크라쿠프 (← 크라코프)

중남미의 지명

*리우데자네이루 (← 리오데자네이로)

마추픽추 (← 마추피추)

상파울루 (← 상파울로)

아바나 (← 하바나)

아콩카과 산 (← 아콩카구아 산)

이구아수 폭포 (← 이과수 폭포) [포]

치첸이트사 (← 치첸잇사)

쿠리치바 (← 꾸리찌바)

포르투알레그리 (← 포르투알레그레)

※ 새너제이: '새너제이'로 표기하는 데 대한 이의 제기가 많아져 검토 중입니다.
　　　　　코스타리카의 수도인 동명의 도시 이름은 '산호세'로 표기합니다.
※ 버밍엄: 미국 앨라배마 주의 동명의 도시 이름은 '버밍햄'으로 표기합니다.
※ 뤽상부르: 벨기에의 주 이름으로, 동명의 국가 이름은 '룩셈부르크'로 표기합니다.
※ 리우데자네이루: 표기법상으로는 '히우지자네이루'가 맞지만 관례를 인정했습니다.

난이도와 중요도에 따른 내용 분류

[초급] 너무 쉬운, 혹은 틀리면 너무 부끄러운

[중급] 그냥 넘어가기에는 그래도 눈에 걸리는

[고급] 이 정도 욕심은 충분히 부려 볼 만한

[최고급] 어디 가도 고수인 척할 수 있는

난이도와 중요도에 따른 내용 분류   **431**

찾아보기

- 단어 목록에 앞서 '어미' 목록을 배치하였다. 이 부분은 동사 '하다'를 예로 들어 활용한 형태를 가지고 가나다순으로 정렬하였다.
- 바른 표기(ㄱ)와 틀린 표기(ㄴ) 모두를 표제어로 넣었다. "ㄱ(←ㄴ)"과 "ㄴ → ㄱ" 형태로 표기하여 가나다순으로 정렬하되, 두 표제어가 가까이 붙어 있는 경우 "ㄱ(←ㄴ)"만 남겨 두는 것을 원칙으로 했다.
- 'ㄴ' 옆에 붙은 '*'은 'ㄱ'의 맥락에서는 틀린 표기이지만 별도의 뜻으로는 가능한 표기임을 의미한다.
- '='은 동의어 내지는 유의어를 의미한다.
- '|'은 앞뒤의 두 단어가 구분해서 써야 할 단어임을 의미한다.